石原信雄回顧談　一官僚の矜持と苦節

我が人生を振り返る

第一巻

ぎょうせい

目次　第一巻　我が人生を振り返る

目次

第三章　鹿児島県庁時代

第四章　岡山県庁時代

第五章　再び霞が関

第七章　趣味、家族、健康

●聞き手　山中　昭栄

目次

第一章

公務員の仕事とは

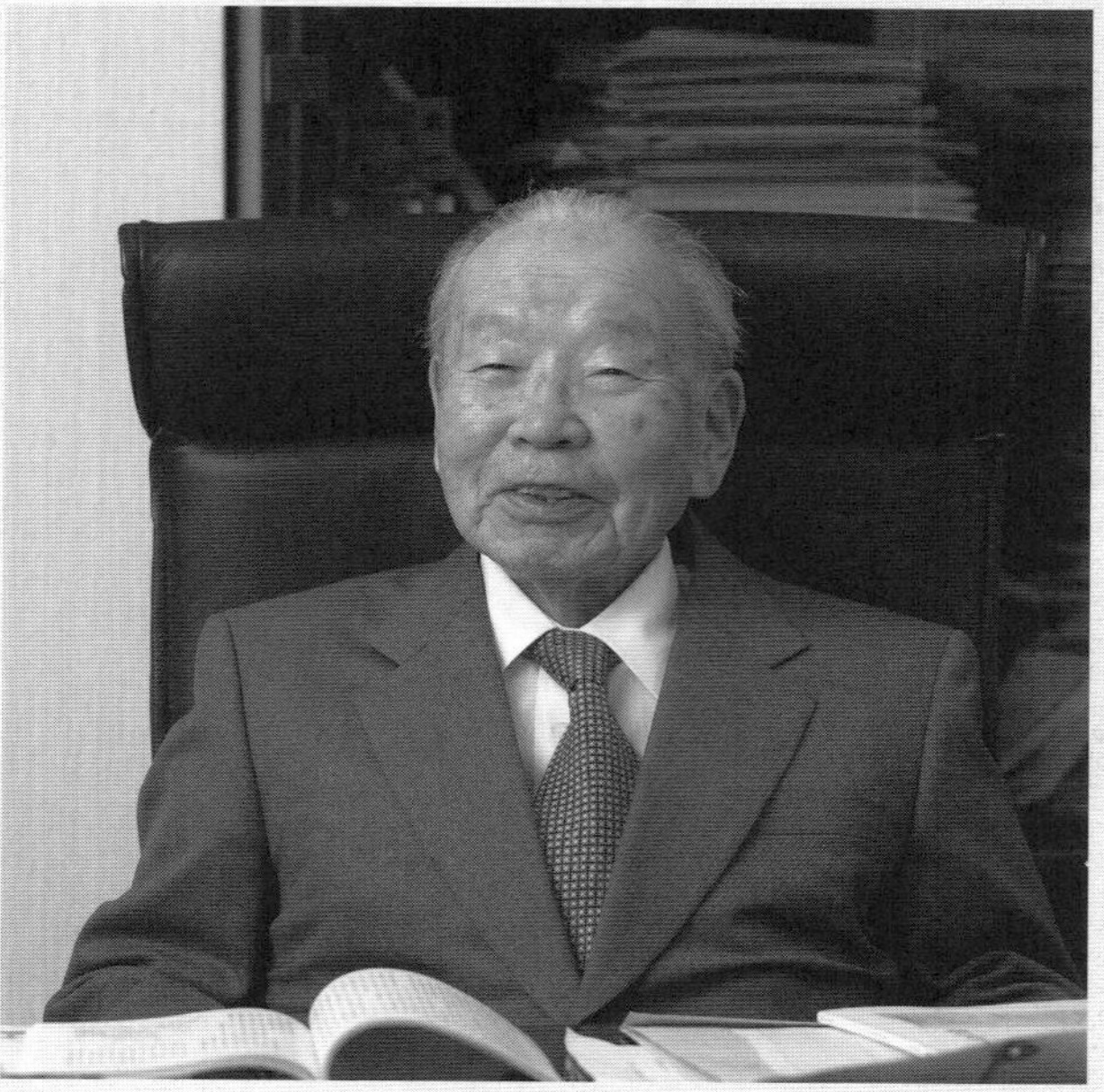

近影（撮影：五十嵐秀幸）

元気の源

——昔は採用年次が一年違うと家来も同然だと言われました。私は石原会長の二〇年後輩ですから、こうも違うと、家来の一体何だということになりますが、同じ屋根の下で仕事をさせていただいているというご縁もありますので、いろいろとお話を伺っていきたいと思います。

日頃拝見していますと、会長のところには千客万来ですね。大体は役所を辞めて七〇歳前後ぐらいまでは再就職でいろいろな仕事をするんですが、会長の場合ははるかにそれを超えて、未だにマスコミの取材や、政府から意見を求められたり、国会に出かけて行かれたりとされているわけです。

次第に齢を重ねてきますと、社会性を失っていく人が多いのですが、九〇歳におなりになって、そうした社会性を失わず、なおかつ、いろいろな人から見解を求められてそれにお答えになっている、その活力は一体どこから出てくるのでしょうか。

石原　僕は、もともと身体は丈夫。今日まではね。公務員もかつては定年が五五歳ですよね。それがやがて六〇歳になって、今や六五歳まで延ばそうかという世の中だけれど、多くの人が大体六〇歳近くまでは現役で、それを過ぎたら第二の人生でね。民間と公務員の場合とでは若干違うのかもしれないけれども。

六〇歳過ぎで現役は退いても、その後、何らかの第二の人生ということで、いろいろな仕事をして六五歳あるいは七〇歳ぐらいまでの間は働いて、それから先は悠々自適というのが普通の人の人生だと思うんです。

最近は日本人の平均寿命が伸びてきて、男性の場合は平均して八〇歳ですから、むしろ七〇歳を過ぎたあと、いかに自分の人生を充実したものにしていくか、人間いくつになってもそれぞれ悩みを抱えたり、場合によっては、時間はたっぷりあったりするわけだから好きなことを探してやる、それが楽しみでもある。ということではないかと思うね。しかし、僕の場合は、一般の平均的な公務員とは違った環境になってしまった。

自治省を退官して、それまでの多くの先輩と同じように、第二の人生として関係の団体の仕事を仰せつかって、僕の場合は、財団法人地方自治情報センターの理事長の仕事だったけれども。一年ちょっとで官房副長官になれと言われて、それで官邸に七年余り。

結局、その分が普通の公務員とは違った経歴になって、また、そのことが僕の人生の貴重な体験にもなったし、何よりも多くの人たちと接触する機会ができた。普通の公務員として過ごしたあとの余生のかなりの部分をそういう仕事をすることになったということは、大変ありがたかったということかな。

いろいろなことがあって苦労はしたけれど、メリットは、とにかくいろいろな分野の知己を得たということではないだろうか。

——そうですね。ある意味、ずっと現役時代の延長だったということですよね。

石原　うん。だから、自分の人生経験のなかでもそのことがとりわけ貴重な体験でもあったし、九〇歳になった今、振り返ってみると、むしろありがたかったと思っています。

――身体がきちんとしていませんと、齢を重ねるにしたがって身体のあちこちに不具合が生じたり、最近では若年性の認知症など判断能力に欠ける病気になったりという人も結構いるわけです。そういうなかで、心身ともに健康を保っておられるということが、未だに引きも切らず、いろいろな人から考え方を求められているゆえんだろうと思うのです。

石原　これは、個人差というか、親から授かった体質というか、そういうものもあるし、それぞれの人の生活習慣や生き方、人生観などにも関係があると思うね。

僕はどちらかというと楽観主義者で、物事をあまり深刻に考えない。いろいろな状況が生まれたときにも、そういうものかと思って淡々と対応するという生き方をしてきたんだけど、これは性格ということもあるね。神経質なまでにとことん究める、あるいは追求するというか、そういうタイプの人もいるし、反面、物事にほどほどに対応するという生き方もある。僕はどちらかというと「ほどほど」の方だね。人によっては、そういうタイプは物足らないと思う人もいるだろうし、もっと信念を貫けと言う人もいる。確かに信念は大事だけれども、相手構わず貫いてしまったら、世の中うまくいかなくなってしまう。

――そうです。部下から見ると、そういう泰然とした上司の方が頼りがいがあるんですよ。

石原　僕は、役所でも先輩や部下との対応で、それぞれの立場でいろいろな考え方もあるだろうし、いろいろな事情もあるだろうから、それに対しては十分理解を示していく。また、人それぞれものの考え方の違いがあるわけだから、それはそれとしてある程度尊重して、しかし、自分自身の意見がないということになると、これまた一個人として存在感すらないようなものでよくないことだから、自分自身の理想や信念というのはあるけれども、それを他の人たちとの関係においては協調的に実行していく。そういう生き方をしてきたので、上司にも同僚にも部下にも大きな恨みを持つとか、敵をつくるということはなかったのではないかなと思うね。

二つの公務員のタイプ　柴田VS松浦VS首藤

――いろいろなタイプの先輩がいますけれども、多くの人は今ご自身がおっしゃったようなお人柄だと思って見ておりましたけれども。自己評価と客観評価との一致ですね。

石原　商売もそうだけれども、特に役人にとって仕事というのは「対人関係」だよね。行政はいろいろな人との対応でやるわけだから、あまり気難しいというか、とことんまでやってしまうような人は、役人向きではないのかもしれないね。

――部下から見ると上司にもいろいろなタイプがあるということなのですが、石原会長は泰然とされている。ご自身で自分の仕事の流儀を振り返ってみて、これは塩梅の問題だと思いますが、詰める方なのか、それともほどほどのところで、先が見えればいいやというようなお考えでやってこられたのか、その辺はいかがでしょうか。

石原　僕は、そういう意味ではあまり攻めたり、詰めたりする方ではないね。どちらかというと協調体制。例えば、僕が長かった地方財政の仕事だが、これは要するに大蔵省、今の財務省との財源の奪い合い。中央政府がどれだけ使うか、地方団体がどれだけ使うか。その財源をどう分かち合うかということのいわば結晶だから。

そのときに僕が仕えた上司でも二つのタイプがあって、「自分の要る分だけは要求してとことん降りるな、大蔵省と徹底的にやる」という先輩もいたし、「国の懐は決まっているのだから、当方の事情は主張はするけれど、向こうだって国全体の立場でやっているのだから、そこはある程度は理解していかなければいけない」という両タイプがあったね。

僕は、相手の立場には基本的に理解を示して、収めるところで収める。しかし、それは安易に向こうの言いなりになるというのではなくて、当方も主張すべきは主張するけれども、収めどころを考えていくという生き方だね、僕は。

——部下から見ると、とにかく尻ばっかりたたかれて、行け行けドンドンで、あと、おれは知らんというのは一番困るんですがね。

石原　そういう意味では、長く僕が仕えた柴田護さんは、主張すべきはしていたけれども、やっぱり相手の立場も常に頭に置いてやっておられたと思うね。柴田さんのときは大蔵省からかなり取るものは取ったけれども、相手に恨みは残っていないんだ。大蔵省のカウンターパートは鳩山一郎さんだったが、結局役人辞めたあともお互いにいい友人でおられた。そういう生き方が僕には合っているのかなと思うね。違うタイプは松浦功さんだね。この人はパッとやって譲らない。だから、今度は向こうにも対抗意識が出る。成果はどちらが多かったかというと、柴田さんの方だったと思うね。いただくものはちゃんといただけたと思うね。

――そして地方団体の人もそういうのをよく見ているのです。本省の財政課長、財政局長がどういう性格の人で、大蔵省に対して、あるいは地方に対してどういう姿勢で接しているかというのは、地方の人はよく見ていますね。

石原　地方との接し方では、同期だけれど、首藤（尭）さんと松浦さんとは両極端です。公務員行政が長かった松浦さんは、給与水準が高い団体は徹底的にたたいて、言い方ひとつとっても含みを持たせるようなこともなく突き放した。筋をビシッと言ってそれで追い返すというタイプだったから、地方の人には反発心しか残らないんだね。

一方、首藤さんは、そういう団体に対しても、「それは直してくれよな」「だけど、相手があることだから一遍にはできんだろうから、少なくとも一定期間でやってくれよ」と言って、初めは大きな声を出すけれども、最後は首藤さんの意を体してやらなければという気持ちにさせるんです。そういうところは地方の人はすぐ分かるから。

――地方の人が財政局長室に入るとき、部屋の主に対して恐る恐る入る場合と、非常に親近感を抱いて入っていく場合と、両ケースありますね。

石原　柴田さんは、親しくしている知事さんとか市町村長さんが、「今日はどこそこへ来たんだけれども、ちょっと顔を見に来ました」と言って、立ち寄っていける雰囲気があったね。

――松浦さんは、相手の顔を見ると「お前、何しに来た」という感じでした……。

石原　松浦さんは頭のいい人だし、言っていることは理路整然としているのだけれど、何となくおっかない人ということで、人が寄り付かなくなってしまう。亡くなった先輩を悪く言うわけではないが、これは性格論というのかな。公務員は対人関係が大事だから、自らの主義主張はしっかりしたものを持っている必要があるけれども、相手の立場や抱いている気持ちにも一定の理解を示すということが必要だと思うね。

第二章

茨城県庁時代

電話局の屋上で

共同採用で茨城県へ

——石原会長は経歴の上では茨城県に入られているんですね。我々のころは四月に自治省に入って、八月に各県に出ました。一か月は自治省から給料をもらって、五月からは赴任先の県の職員併任で、東京事務所に給料をもらいに行ったりしていたんです。会長のころは戦後間もないころでしたが、どうだったのでしょうか。

石原　当時は内務省が解体されたあとで、地方自治庁と地方財政委員会と全国選挙管理委員会の三つに分かれていました。それらは系譜から見ると、もともと旧内務省の地方局だから、僕らのころは、地方公務員幹部候補者試験（国家公務員試験）を通っている者の採用は、共通して地方自治庁の総務課で将来の幹部要員を採用していたわけだ。当時は松村清之さんが課長でした。ただ、悲しいかな、定員がない。

——要するに新卒者を採用する定数の枠がないわけですね。

石原　そう。見習いを養わなければいけないが、総司令部の命令で解体されてしまって定員枠がない。そこでどうしたかというと、一応共同採用だが、初めからそれぞれの県に配属される。つまり県に採用してもらう。だから、僕は、採用試験は国家公務員試験なのに、採用されたのは茨城県庁でした。要するに経歴上は茨城県の事務職員。それが役人の第一歩だったよ。

その後、自治庁が昭和三五年に自治省になって、それなりに体制ができてからは、幹部要員は初めに自治省で採用して、一定期間自治省に籍を置く。いろいろ勉強してもらって、それぞれの県に赴任していく。僕らのときは四月一日から本省の飯を食べさせてもらえない、地方採用だから。いずれ帰るということで入ったけれども、ちょっと心配になったよ（笑）。

――要するに、本当に東京に戻れるのかということですね。

石原　このままお呼びがなかったら、僕は茨城県の職員で終わるのかなと思ったね。いずれ帰ってもらうという話は聞いておったけれど、いつ帰すかというのを言わないんだから。

愛知揆一さんの助言

――戦後の社会的、経済的な混乱がまだ収まっていないでしょうから、定員枠の問題もさることながら、そういう処遇のルールみたいなものも出来上がっていなかったということでしょうね。

大学を出られて、公務員になる道と民間企業に就職するのと、どちらを選ぶのかというのは、やはりお考えになりましたでしょうか。

石原　そうね。僕は、大学を出たときに、公務員試験は別に邪魔にもならないから受けておけという感じでした。当時は民間企業と役人の違いはものすごかったんだ。僕が入ったときは、幹部要員は当時の給料でいうと確か六級職一号だね、六八〇〇円だったな。忘れもしないけれども、民間で一番給料高かったのが倉敷レーヨンで一万二〇〇〇円だったの。

それから三井鉱山が一万一〇〇〇円かな。とにかく今でいう、いわゆる第一部上場企業のようなところはみんな一万円台だった。それが公務員は六級職一号。どこの省もそれで採っていたね。

それならどうして公務員の方を選んだのかということだが、初め企業へ行こうと思って、しかも、行く以上は名の知れたところをと思って試験を受けたよ。

僕が試験を受けたのは昭和二六年だから、ちょうど講和条約を締結したころだよね。いずれ講和条約が発効したら、日本のいわゆる主権が回復されるという雰囲気があった。民間の方が給与は高かったから、民間企業の採用試験を受けたんだ。その当時、必ず聞かれる質問があった。

一つは、朝鮮戦争があった関係もあって、警察予備隊（自衛隊の前身）を総司令部の命令でつくった。それで、いずれこれを本格的な自衛軍、自衛の組織にするという流れだったが、当時はいわゆる再軍備なるものが良いか悪いかという非常に大きな論争があった。それで、東大あたりは大体教授連中も、戦後あまり経っていなかったから、戦争への反省とか道を誤ったといった論調が盛んで、再軍備にはネガティブな人が多かった。法律的にも憲法九条の規定その他から言って、軍隊を持つということは想定されていないというような空気が支配的で、要はネガティブだった。

そこで、聞かれるわけだよ。今の新日鉄、当時の八幡製鉄を受けに行ったら、「君は再軍備についてどう思うかね」と。「それは憲法上許されませんよ」と答えたんだ。そしたら、あとで先輩が、「お前ばかじゃないか」と。「八幡製鉄に行って再軍備反対なんて言ったら、あなた結構ですということになるに決まっているよ」と。重工業だからね。

だから、「法律の許容する範囲内で最小限度の自衛の組織は持つべきだ」という彼らの主張に沿った受け答えをしないと、あれは駄目だということになってしまうわけだ。

それから、もう一つは、これも憲法論、思想・信条の自由。マッカーサーが共産党を非合法化して、徳田球一さんをはじめ多くの共産党員が追放されたが、その「共産党の非合法化は憲法上どうなんだ」という質問が出て、どこの企業を受けに行ってもこれを聞かれる。

八幡製鉄でも「共産党の非合法化というのはどう思うか」という質問が出たよ。「私は、共産党は好きではないけれど、思想・信条の自由を憲法に明記しているのに、特定の政党を非合法化するというのは憲法違反ではないか」と答えた。

やはり駄目だったね。両方言ってしまったから。先輩に「君、本気でそこに入る気があったのかね」と言われた。「入りたかったから受けたんですよ」と言ったら、「何でそんな受け答えをするんだ」と。「『そこはいろいろ議論がありましょうけれど』というような話にしておけばよかったんだ」と言われてね、あとの祭りだよ（笑）。

銀行も受けたね。そのことを先輩に言ったら、「お前のようなやつは銀行には向かないよ。銀行というのはあんまり暴れちゃいかんのだ」「自己主張はいかんのだ」とかね。そして「君のような野人は銀行なんて合わないよ」と言われ、あげくに「金貸しというのはもっとソフトでなきゃいかん」とか、そんなやりとりがあったね。

そうかと言って中小企業は、あまり進んでいく気にならなかったし、それで結局、各省の採用試験を受けて回ったんです。当時の大蔵省とか通産省とかね。地方自治庁は当時、松村清之さんが課長でしたが、何をやっているのか聞いてみたんだ。そうしたら、一番熱っぽくうちへ来いって言ってくれたの。

そして、全体の国家公務員試験のほかにも地方自治庁の共同採用の試験（学科試験）があった。

――面接だけではないのですか。

石原　面接だけではないの。他は大体面接だけだったようだけれどね。それで、面白いから受けてみようと思って試験を受けたよ。どうもその成績がよかったのではないかな。それで「ぜひ来てくれ」と言われました。しかし、内務省が解体されたあとだし、迷って、僕が行った旧制仙台第二高等学校の野口校長先生のところに「今度大学を卒業します」とあいさつに行ったら、「君、就職はどうするんだ」と聞かれたので、「民間企業をあちこち受けてみましたが、みんな断られましたので、しょうがないから公務員でもなろうかと思っています。国家公務員試験に受かっていますから」と答えたら、「ああ、そうか。君、公務員なら愛知君に意見を聞いたらいいよ」と言われて。愛知さんというのは愛知揆一さんのことで、二高の先輩なんだね。野口先生はのちにお茶の水大学の学長になった方。

当時、愛知さんは、大蔵省の銀行局長を辞めて、参議院議員（全国区）で、自民党の副幹事長か何かをやっていた。僕はもちろん面識はなかったけれど、野口先生が非常に信頼していたらしくて、「愛知君に話しておくから、意見を聞いた方がいいよ」と言ってくれて、それで愛知さんのところに行ったんだよ。

湯島の天神さまの近くのお宅だったけれど、愛知さんから「学生はみんな大蔵省とか通産省を希望するやつが多いわな。僕も大蔵省の出身だが、大蔵省の場合はもうすでに基礎が固まってしまっている。仕組みがね」と言われた。あの役所は英語のできる人間が多かったから総司令部にやられなかった。割と上手に対応したんだよ。ところが内務省は初めから狙われてしまったからね。

それはともかく、愛知さんが「内務省はいずれ復活するんだよ。復活せないかんのだ。地方行政というのは戦前と戦後とで非常に変わる。独立したら新しいタイプの自治制度になっていくんだ。地方税財政制度をはじめ、新しくこれからつくり変えないといけない。だから、役人としてはその方がやりがいがあるんじゃないか」と。さらに「出来上がってしまった役所でやるのも一つだけれども、これから戦後の新しい地方自治制度をつくっていくというのは、役人としてはやりがいのある仕事だよ」と言われたんだ。

それで、松村さんから非常に熱心に誘われていたことから、「そういうものですか」ということで自治庁に入ったんだ。だから、僕が自治庁に入った契機というのは、結局、松村さんのお誘いと愛知さんのアドバイス、この二つだな。

縁もゆかりもないけれど……

――なるほど。それで、茨城県ですよね。

石原　一応「どこに行きたい」という希望を出したんだよ。「第二志望まで書け」ということだったんで、第一志望は埼玉県にしたんだ。というのは埼玉県のおじの家から大学に通っていたものだから。僕は出身が群馬県だから近いしね。当時も、かつての内務省も出身県にはやらないという方針だったらしい。やっぱり他の県で勉強しなさいと。

第二志望は京都府。非常に親しい友人がいて、高等学校のころ彼のところにお世話になって、神社だの、お寺だのを見て回り、印象が強かったので、埼玉県が駄目なら京都府にしてくれと。

そうしたら全然希望していない茨城県へ行けというわけ（笑）。いや、がっくりして、ほんと「何でだ！」と思ったけれど、行けというんだからしょうがない、行かなきゃ。

――茨城県は縁もゆかりもなかったんですか。

石原　何にもない。全然ないの。それで、あとで分かったんだけど、茨城県の知事が友末洋治さんという内務省の先輩で、この人が全国知事会の地方制度調査委員会の委員長だった。内務省が解体されて、アメリカの占領下でいろいろ地方制度を大きく変えられたんだね、戦前の制度を。

例えば、戦前、知事は任命制だったけれど、これは公選にする、それから、市町村長も全て公選にするとか、新しい地方自治法ができたのが昭和二二年だが、地方自治制度がまったく様変わりしてね。そのなかでやたらに行政委員会というのができたんだよ、アメリカの。

知事を直接サポート

――独立性の強い行政委員会制度ですね。

石原　例えば教育委員会の委員も当時は選挙だから、アメリカ的な委員会、行政委員会などというのは何となく日本ではなじまない。やはりあれはいかん、きちんと内閣の下に責任体制をはっきりさせないといけないと。

こういうことで占領中にできた地方制度を、独立後は日本の国情に合ったものに見直すという機運があって、とりわけ一番変えられたのが府県制度だから、それを含めて地方税財政制度全般を新しいものにどう再構築するかという検討をするための委員会ができたんだ。

その委員長が友末さんだった。この人は大変な勉強家で、茨城県に行かされたのは、その手伝いをしろという意味だったらしいんだね。

茨城県に決まったら、まだ赴任する前だったのに「国会議員会館に茨城県知事が待っているから来い」と言うんで、行ったんだよ。寒いときで、今のような立派な議員会館じゃないんだよ。行ったら知事がいて、それで「今度お世話になります」とあいさつをしたんだが、あわてておって、僕、オーバーを着たまま知事の前にとことこ歩み出てあいさつしたんだ。そうしたら、じろって見て「ふん、ふん」と言ったまま、ろくな返事もしないんだよ。何だかえらいおっかない知事だなと思ったけれど、あとで秘書課長に「『今度の見習いは礼儀を知らんやつだ』『俺の前にオーバー着たままあいさつだよ』と言われた」と言われてね（笑）。

そうじゃなくて、オーバーを脱ぐ場所もないし、急いで入ったらそこにいたんだよ、知事が。だから、そのままあいさつする羽目になってしまっただけなんだけどね。

――なかなかの傑物だと思われたかもしれないですよ。

石原　いやいや。初対面でそんな印象を持たれてはね。とにかくそういうことで茨城県に行った。ところで、僕の見習い生活は普通の見習い生活と違うわけ。要するに知事が地方制度調査委員会の委員長だから、知事会が事務局をやっていて、改革案の原案を、少なくとも問題点を提示しないといけない。こういう問題についてどう考えたらいいかというのをね。それを、知事が責任者だから、茨城県庁の知事室を中心に税務課や地方課の人間が集まって、議論したんだよ。そのいわば「まとめ役」、連絡役をやってくれという意味だったんだね。

――今では、全国知事会等の事務局がいろいろなサポートをしますけれども。当時は、地方自治庁の役人が実際にそういう知事の活動のサポートができるようにということで、入庁時の試験の成績もよかったから石原信雄を茨城県に送り込もうというような思惑があったんですかね。

石原　県庁の普通の仕事がないわけではないんだよ。ちゃんと総務課に配属されて、総務課の文書事務も条例審査もやっていたんだよ。

それから、当時、総司令部から「公務員制度を変えろ」と、いわゆる職階制の導入を指令された。それで、県でも職階制をどのようにしたらいいのか研究をしていたものだから、当時の人事委員会を兼務させられて、職階制の方も検討メンバーに入って議論したんだ。いやはや、めちゃくちゃでしょと。

――役人になっていきなりですよね。しかし、いろいろな勉強をして基礎がないと。

石原　もちろん僕も大学で憲法や田中二郎さんの行政法などを、それなりに勉強をしたけれど、実務は知らないわけだよね。いきなりそんなところにやられちゃってね。そうしたら、「お前、何々省の誰々君のところに行って話を聞いてこい」と、知事が言うんだよ。

ところで、自治庁の人間について言えば、友末さんが一番信頼していたのは奥野誠亮さんだ。「奥野君に話したから、君、ちゃんと地方財政計画を教えてもらってこい」とか、「平衡交付金の問題点を聞いてこい」とか、地方債の許可制度がどうのこうのとか、とにかくいろいろ言われたんだよ。

それから、大蔵省の高木文雄さん。事務次官をやって、国鉄総裁をやった人が文書課長だったときに、「高木君に話してあるから、これこれのことを聞いてこい」と言われたんだ。全体の話は田中二郎先生のお出ましだよ。「君も先生の講義を受けただろう。今、軽井沢におられるから、全体の制度設計について先生のご高説を聞いてこい」とね。

茨城県に赴任していきなりだからね。田中先生は大学で行政法を教わっているからいいけれど、高木文雄さんは初対面だよ。「これこれは何でしょうか」と尋ねたら、あの人は人がよくて「そうか、そうか」と、いろいろ相談にのってくれた。当時は主税局長だったかな。

とにかく「それ主計局長だ」「やれ主計局次長だ」「行ってこい」とね。正宗啓次郎という和歌山県出身の人のところに行けとか、いやはや。こっちもしかし、役所の序列とか何も知らないわけだから、知事に言われたとおりおっとり刀で行って「会わせてください」と言うしかない。

――今、振り返ってみると冷や汗ものですね。

石原　そのときは役所の序列などを知らなかったからね。どれだけ偉い人か分からないんだけど「知事に言われましたから」と言うと、向こうも「ああそうか」ということで、えらく丁寧に話をしてくれる人もいるんだ。でも、第一、名刺なんか持ってないわけだから「何だ若造、俺のところにいきなり来て」と、嫌な顔をされたこともあるよ。当時の文部省や厚生省も行ったかな。要するに改革のテーマになりそうなところの責任者に知事に言われたことを聞いて回ったよ。

それで、聞いてきた話をベースにして、何が問題になりそうかというのを一応項目ごとに並べて、あとは県庁の、例えば農地制度だったら農林部長とか、教育制度だったら教育委員会の責任者とかに来てもらって、彼らはそれぞれの現場をやっているわけだから、それで一応問題を整理して、それを知事会に持ち込んで、知事会の事務局としての案にするという作業だから、何のことはない、自治庁に戻ってきたときと同じ仕事をしていたわけだ。

ぎりぎりの生活

――水戸では下宿ですか。

石原　わりと県庁近くの、ご主人が日立製作所の技師をしていた人の奥さんで、ご主人が亡くなって、それでその離れみたいのがあって、そこに下宿していた。その離れがまん中で仕切られていて、下宿人が僕ともう一人いたよ。

六八〇〇円の月給で、手取りが六三〇〇円ぐらいだったのかな。下宿代が確か四〇〇〇円だった。その四〇〇〇円に加えて、現物で米五升出せって言うんだよ。

――その米はどうされたんですか。

石原　現物だとヤミ米買うしかない。すると、月給は映画館に一回行ったらおしまい。こんなことで将来どうなるのかと心配だったね。それくらい当時は厳しかったよ。もちろん赴任するときに、何があるか分からないからということで、親からなにがしかの食いぶちは持たせてもらって行ったんだが、苦しかった。

経済的には大変だったけれど、やっている仕事は大学時代に教わった内容をすぐ実践に移せるような仕事だったわけで、果してその点がよかったのか、悪かったのか……。というのも、民生関係の仕事だとか、農業関係の仕事だとか、現場を僕はあんまりやっていない。本当はそういう分野の仕事をやらせるために地方に見習いとして出すんだが、そういうの僕はなかったね。

――制度設計の仕事をいきなりですからね。

石原　制度設計の方に初めからね。初めから自治庁がやっているような仕事になってしまったわけだ。

思い出深い「見習い」生活時代

――県庁には何年おられたのですか。

石原　一年と三か月かな。昭和二七年の四月一日に行って、二八年の確か六月三〇日だね、帰ってきたのは。自治庁で帰ってきたのは、財政課で、奥野誠亮財政課長だった。水戸もそうだが、当時は東京もまだ大変住宅事情が厳しい。勤め始めたのだから、おじの家にまたやっかいになるというわけにはいかない。そうしたら、茨城県の東京事務所が小石川にあって、そこにちっちゃな部屋があって、そこでもよかったらつないで居てもいいと言ってくれてね。しばらくそこに仮住まいしたわけだ。知事が上京したら今までの仕事の引き継ぎみたいなこともあるし、もう自治庁に戻っているのに、知事も未だに自分の部下のようなつもりで「あれを調べろ」「これを調べろ」という関係だったから、僕がいた方が本当は東京事務所の所長も助かるわけだ。知事の相手をしてくれるから。

――その小石川にはどれくらいおられたんですか。

石原　半年以上いたな。それでも、ものすごく助かった。

――いずれにしても、茨城県での一年数か月は、遊ぶと言ってもお金はないし、仕事ばっかりだったということですね。でも、多少の空いた時間はどのように過ごされたんですか。

石原　僕は茨城県に行っても、筑波山にも登っていなかったし、大洗だって行ったか行かないかぐらいだよ。休みの日も、原案づくりで。そういう意味では地方を謳歌するというのはなかったね。

――いろいろな意味で今とは時代も全然違いますし……。

石原　時代が違うからね。食糧難だし、住宅事情は悪いし、世の中全体がまだまだ生きていくのに精いっぱいだったね。

実家へ帰ったら、「東大まで出て、何でそんなつまんないとこ行ったんだ」って、地元の町長が言うんだから（笑）。

でも茨城県庁時代、月給は安かったが、非常にありがたかったのは、実績に応じて超過勤務手当をくれること。僕の場合はめちゃくちゃ超勤が多いわけだよ。出張して帰ってきてからも仕事をするから、みんな夜勤になるわけ。下宿に帰っても誰がいるわけじゃないし、県庁で仕事をしても同じことだからってやったから、しばらくしたら超過勤務手当をもらったの。そういうものをもらえることなんか知らなかった。あまり月給と変わらないぐらいだった。

それから、東京への出張が多いんで、汽車賃の二等が出たんだよ、当時。それでね、実際乗るのは三等だから。三等実費で二等とで差額が丸々！

宿泊代も出るわけね、当然。僕は東京に行ったときは、おじの家へ行くわけだよ。だから、東京出張だとおじの家からの用足しだから、旅費といっても宿泊代が要らないわけだよ。

あとで「けちなことすんな」と言われたことがあるけれど、見習いだから三等に乗るわけだよ。だって、見習いが二等車に乗ったらかえっておかしいことになる。三等は赤、二等はブルーかな、色が違う。確かに座席も二等車はいいんだが、乗客は皆ちゃんとした紳士やサラリーマンで、見習いの小僧が乗ったらかえって違和感があるだろう。

——まあ、まあ、うまくできていますね（笑）。

石原　小林與三次さんが行政部長だったかな、自治庁の二九年組の採用試験のときに、実際に現地体験で後輩たちに「県庁の現場でどういうことをやっているのか」「実際の生活がどうかっていうことを説明しろ」と言われたんだ。これから入ってくる人に対する説明会があったので、僕は今の話をしたわけ。「月給は安いが、超勤と旅費で手取りは倍以上ある」と話したら、二九年組の連中はそれは自治庁っていいところだなと思って、僕の話で入ったっていう人がいて、あとでだいぶ、小林悦夫さんなんかに恨まれたよ。けれど、僕は、うそを言ったわけじゃない、実体験を話したんだ。本当は僕みたいな例はあまりないからね。ただ、二九年組で僕の話を聞いて、よさそうだなって自治庁に来たって人が、入庁してみたら普通の公務員だったとね。

僕の場合が特異なケースだったんだ。だから、見習い時代というのは、そういう通常の官公庁の幹部候補生としての体験と違う体験を僕は、しちゃったんだね、いいにしろ悪いにしろ。

第三章

鹿児島県庁時代

小石川・後楽園にて
　—昭和二九年結婚

屋久島宮之浦岳にて
　—山に魅せられるきっかけとなる

地方交付税計算で赴任遅れる

――東京にお戻りになって、本省の仕事をされるわけですが、しばらくしてまた地方勤務で鹿児島県ですよね。

石原　そう。財政課長は奥野誠亮さんから柴田護さんに代わった。柴田さんが課長のときに僕は鹿児島県へ赴任したわけ。

――結婚されたのは、鹿児島県へ行かれる前でしたか。

石原　結婚したのは、茨城県から帰ってからね。二八年に帰って、僕が結婚したのは翌年の二九年だったな。鹿児島県に赴任するときには結婚していて、長男が生まれたばかり。鹿児島県に行ったのが三一年。八月一六日付じゃなかったかな。

初めは、七月一日付で来てくれと鹿児島県から言われたらしいんだね。ところが僕は当時、地方交付税の、特に合併の関係を多くやっていた。合併の特例や何かを。それで、地方交付税の計算が終わるまでは困ると県に頼んで赴任を遅らせてもらった。

当時は、平衡交付金が地方交付税制度に変わって二年目のときだけど、みんな手計算だよ。

――私が愛知県地方課で見習いをやっていたときにも夏の暑い時期にステテコ姿で手計算でした。

石原　県も市町村も、全部手計算でね。それを市町村分は地方課が全部検収したものを持って、それをもう一度財政課でチェックして、最終決定する。その作業が終わるまで赴任は困ると言われて。それで、発令が八月。全部終わってから赴任したんだから。本省の都合で着任を遅らしてもらったんだよ。

――地方交付税も基礎数値を入れれば需要額が出てくるというのではなくて、手計算でないと制度は覚えないんですね。ミスも多いんですが、その制度の趣旨や仕組み、なぜ補正係数はこうなっているのかなどは手計算でやって初めて分かるんですね。

石原　そうそう。全部手計算。計算機を回して、それで検収やらないと計算ミスが結構多いんだよ。でも、計算しながら納得したり、疑問を持ったりするわけだよ。だから、僕は今でも言うんだけど、地方交付税の補正係数はたくさんあるけれど、あれはほとんどが地方からの要望でつくったんだよと。というのは、計算しながら、「僕んとこ、これではおかしいじゃないか」という疑問を持って、それで、地方からのいろいろな要望や意見を聞いてその中で合理性のあるものを取り上げるということだよね。初めからあった制度は段階補正と態容補正ぐらい。今はいろんな補正をやっているわね。あれはみんな「地方から何とかしてくれ」と言われて、それで制度化したんだよ。

――そうです。本省の財政課から見ているとよく分かると思うんですが、県によってよく勉強しているところと、あまり勉強しないでそういうものだと思い込んで地方交付税をもらっているところとがあると思うんです。

石原 そうそう。そうだ。確かに地方の意見といっても、特に地方課だね。そこによく勉強している職員がいる県があるんだよ。そこがいろいろな試算をやって財政課に意見を言ってくるわけ。市町村から言われているからでもあるんだろうね。

僕、今でも印象に残っているのは、愛知県の地方課長で岡崎市の出身の加藤さんという人と、彼の下にいた三橋君、この二人はよく勉強しておってね。この二人がよく意見というか、クレームというか、言ってきた。熱心だったね。

――その三橋さんは、私が愛知県の地方課にいたときいろいろ教えてもらいました。穏やかな優しい人でしたが、地方課のなかで地方交付税の神様みたいな。

石原 ほんとうに話を聞いていると、もっともだなと思って納得して、それを補正係数に採用して、どういう計算式にしたらいいかというのを、これはこちらで考えないといけないから、そうやってつくったのがずいぶんあるよ。

それから、一番大きなのは合併。町村合併促進法で、当時、一万近くあったものを三分の一に最終的にした。あのとき小林與三次さんが行政部長（後に行政局、自治行政局）で、宮澤弘さんは振興課長だったかな。長野士郎さんが行政課長。合併が当時の自治庁としての一番の重点項目で、段階補正が真ん中あたりでも、合併すると低い方になるんだよ。そうすると、手取りで損しちゃうわけだ。

それで、これは何とかしないといけないということで、初めは合併団体について段階補正の特例というのをやった。合併してもしばらくは経費の効率化に時間がかかるからと言って、五年間ぐらいは元の段階補正を適用するというような特例を設けていたわけ。

ところが、それでも駄目なケースがあって、不交付団体と交付団体が合併すると帳消しになっちゃう。それで、不交付団体は合併したがらないわけだよ。それで、これは何とかしないといかんということになって、「君、考えろ」と言われて、それで、今でもやっている合併算定替を考えたんだ。

要するに、合併しないで元のまま存在したものと仮定して、それぞれ計算した額の合算額と、一方で合併後の計算額とのいずれか大きい方を採用する。今でもその制度は残っている。あれは僕が見習いのとき言われてやった。


――平成の大合併のときも同じですね。

石原　うん。あれは、結構大変だった。合併してしまうといろいろな統計が合併後の市町村単位でしか出てこないわけだから。ところが、合併中なかりせばと言って元のままじゃ、そういうものは新しい数値がないわけだから、どうフィクションをするかというような、技術的に難しい問題があった。
ところで、僕は、見習い時代、茨城県で県の本来の仕事、例えば文書課で条例審査もやったよ。それから人事委員会兼務だから、公務員制度の改正問題、職階制の検討もやった。もちろん上司がいたわけだけど、どうしたらいいかってね。でも職階制は日本的ではないんだね。要するに職種によってきちっと分けちゃうわけだよね。

――ええ。職務を複雑性とか困難性とかで分類整理するのですね。近代的な人事制度だとは言われていましたけれど。

石原　アメリカはそれでやっているわけだから。日本の場合は、特に当時の地方公務員なんてそうそうきちっと機能別に分けるというような発想がないんだよ。要するに全体としてどうするかという話だから、職階制というのは、結局仕事の内容を分解してしまうわけだから、なじまないんだ。でも「職階制の準備をしろ」と本省からの指令があってやっていたわけだよ。結局、この素案をつくるまでには至らなかったがね。

――人事制度は今でもいろいろなことをやっていますが、職階性については結局形骸化してしまって、確か行革の中でやめてしまったと思います。

石原　職階制は日本ではちゃんとしたかたちで実施しなかったんだね。できなかったんだよ。

「地の果て」鹿児島

——さて、夏場は地方交付税の算定で、鹿児島県の内示は出ても一か月ぐらいずれたわけですよね。ご長男が生まれたばかり。東京から鹿児島まで大変だったですね、赴任が。官舎の手配は地元の人がやってくれたんですか。小さいお子さんを抱えて、もちろん慣れない土地ですし、引っ越し一つとっても大変だったと思いますが。

石原　当時、鹿児島県は再建団体で大赤字。それで、まだ沖縄が返ってきていないから、東京から見ると鹿児島県が地の果てだわね。いや、えらいことになったなと思って、それに、長男が生まれたばかりだから、家内に言うとショックだろうと思い、家内に言おうか、言うまいかと悩んでいたんだが、発令されたら言わないわけにいかないから、それで言ったよ。家内もやっぱり相当ショックだったらしいね。

——一番南が鹿児島県。離島がたくさん南に延びていますしね。

石原　そうそう。沖縄はずっとあとだが、奄美大島が昭和二八年に復帰したんだ。僕が行ったのは三一年。だから、奄美が復帰することに伴う特例があって、当時の行政局の振興課に奄美担当があって、そこが全部予算要求していたの。

一番奥が与論島。その手前が沖永良部。それから徳之島、大島本島と。大島本島が一番本土に近い。それでも本土から三〇〇㎞あるんだね。

——鹿児島県では文書課長と財政課長ですが、出張で離島に行くという機会はあったのですか。

石原　県政座談会というのを県下のあちこちでやっていたんだよ。僕は広報課長として、知事と一緒に奄美大島へ行ったな。船で行ったんだが、普通の船じゃないんだ。西海丸といって、海上保安庁の漁業取締船なんだ。違法操業を取り締まる船。ところが、船が接岸する岸壁がないから、名瀬の港に入って「はしけ」に乗り換えて上陸したんだ。

そんなことで座談会をちっちゃな島でもやっていたんだけど、いい経験だったね。いや、大変な時代だよ。広報課長をやったおかげで、鹿児島県庁の人でも行っていないような離島にも行っている。

鹿児島弁と奮闘

——県政座談会というのは、知事が市町村長さんたちと意見交換をするというものですか。

石原　そう。議員さんとかも入れてね。県政座談会は広報課長が司会。県側の知事と担当部長がひな壇に並んで、それで地元の人、市町村長や議員さん、それぞれの地区の代表みたいな人たちがいて、県政のいろいろな問題を取り上げて、知事から説明して、要望を聞くというものです。困ったのは鹿児島弁で、よく分からないわけだよ。

みんな僕が言うことは分かるわけ、標準語だから。だけど、向こうが言うことが分かんないわけだよ。知事や県の部長さん方は、さすがに座談会のような正式のときは標準語なんだよ。しかし、ほかの人は、地の言葉で言う。そこで、有能な課長補佐が鹿児島弁の通訳をしてくれたんだ。「今、あの人はどういう人で、今こういうことです」と。それでこっちは分かったようなふりをして、司会進行する。すると「おはよう」とか「ありがとう」ぐらいの話は分かってきて、それで何となくやったが、初めは困ったね。

――鹿児島弁を聞いて分かるようになるのには、どのくらいかかりましたか。半年くらい？

石原　半年以上だね。それで、僕は今でも語学ってのはそういうものと思う。自分でしゃべらないといくら聞いても分からないんだね。だから、ヒアリングができるようになるためには、自分でしゃべることが同時並行だな。英語も本当に分かるためには、英語をしゃべろうとしないと駄目なんだ。鹿児島弁もそう。僕だってしゃべる特訓をやったんだよ。

――それは先生がいたんですか。

石原　僕は、恥ずかしいけど、努めて宴会なんかでは下手な鹿児島弁でやるわけだよ。そうすると、土地の人間じゃないから下手なのはしようがないが、みなさんも悪い気はしないんだね。

あるところで、鹿児島弁は全部一緒だと思って、そこの土地の人の話を聞いてそれをやったら、勝目清さんという割と有名な鹿児島の市長が私に、「課長さんね、鹿児島弁を習っているそうだけれども、そんなの大隅半島の方の鹿児島弁だとか、薩摩半島の先っぽの鹿児島弁なんていうのは、方言ですよ」と、要するに上品でないから、鹿児島弁を勉強するんなら、本当の鹿児島弁を勉強してくれと言うわけです。

そして、霧島温泉の「おりはし」という古い旅館の女将に習えと言うんです。「あの人は島津以来の最もオーソドックスな鹿児島弁をしゃべるから、あの『おりはし』の女将に習いなさい」と言われたことがあるの。鹿児島弁のさらに方言なのか、鹿児島弁の標準語なのか分かんないわけだよ、こっちは。一回間違ったのを覚えると、初めが大事だと、「しっかりした鹿児島弁を習いなさい」と言われた。

しかし「おりはし」の女将のところまでしょっちゅう行くわけにいかないから、県庁の中でもちゃんと教えてくれる人がいてね。正統な鹿児島弁を僕は一所懸命やったよ。そうしたら、不思議なものでね、しゃべる稽古をしたら聞く方も分かるのね。

三ぼれ主義

――ところで、自治省に入る人というのは、ドメスティックというか、要するに内国型で、語学があまり得意ではない人が多いような気がします。

石原　そうだけど、大事なのは、やっぱり内務省の三ぼれ主義だよね。「カミさんにほれろ、仕事にほれろ、地元にほれろ」と。この「地元にほれろ」というのが非常に大事なことだと思うね。任地の土地を愛して、その土地に溶け込めということだね。

僕もそれは一所懸命に鹿児島弁を習って、そして習ったら使ってみたくなって、あちこちで使ったんだよ。広報課長だから、僕は鹿児島ＮＨＫの県政座談会という番組で記者相手に県政のいろんなテーマをしゃべるときに「鹿児島弁で県政座談会やってみたい」と言ったら、ＮＨＫに怒られてね。今、一所懸命に子どもたちに標準語教育をしているのに鹿児島弁でしゃべるなんてもってのほかです、とね（笑）。というのは、鹿児島弁ばかりで標準語をしゃべれないと、就職のときハンデになると言うんだよ。当時は大阪とか東京に出て行っていたからね。

――進学や就職とかで出ていくわけですね。

石原　就職することが一番の課題だったわけ。たくさんいる子どもたちを送り出さないといけない。この子どもたちが鹿児島弁でえらくハンデを負っていると。だから、ＮＨＫが中心になって標準語教育を一所懸命にやっていたんだ。ＮＨＫが一所懸命、標準語教育をやっているのに、県の広報課長に鹿児島弁を使われたんじゃ大迷惑だと言われてね。

でもね、とにかく下手でも鹿児島弁をしゃべるとみんな喜んでくれるんだよ。だから、鹿児島弁を一所懸命に稽古をしたら、県政座談会のときの司会も楽になったね。

自治省の後輩でね、鹿児島県に行って鹿児島弁をわりと勉強したのが、三一年採用の柳庸夫君。東京に戻ってしばらくしてから、柳が僕に向かって「鹿児島弁なら僕の方が上ですよ」と威張るんだ。「そうか、そんなことねえだろう」と言ったんだけどね。それから香山充弘君も結構勉強したらしいよ。鹿児島県の財政課長やったから。

あとは鹿児島弁を勉強したやつはいないな。鹿児島弁を一所懸命習って、ある程度誇示したのは、柳君と香山君だよ。

地方行政を担当する役所として大事なことは、その土地を愛する、赴任地を愛するということだよ。僕は「三ぼれ主義」に徹すれば世の中穏やかになる、うまくいくと思っているよ。

先生に同情してフランス語で受験

――言葉の話ですが、石原会長はフランス語の辞書がボロボロになるまで勉強したことがあると聞きましたが……。

石原 それは仙台二高のときの話。昭和二一年だったかな。旧制の第二高等学校は、文科の場合には第一外国語が英語とドイツ語の二つしかなかったんだ。それで、戦後、第二外国語としてフランス語科をつくったんだ。その第一号として僕はフランス語になったわけ。別に希望したわけじゃないんだ。振り分けられたんだよ。

――それでも、同じ日本の鹿児島県でも、群馬県でも、方言があるところと、外国語、英語でも、ドイツ語でも、フランス語でも、普段自分の話している言葉とは違う言葉を勉強して自分も身につけようとする場合、抵抗感というものは昔からなかったですか。

石原 そうね。ただ旧制高校は帝国大学に上がるためのワンステップだからね。どこも英語とドイツ語はあったんだ。フランス語は確か一高とか三高とか、それから浦高かな。フランス語をやっている高等学校は割と数少なかったよ。というのは、フランス語をやる人っていうのは、文学とか絵画とか芸術志向の人なんだよね。一般的にはやはり英語が主流。医科はドイツ語が割と多いがね。

――日本は戦前ドイツ医学を輸入して学生に学ばせましたから。登山用語にもドイツ語がたくさん使われているようです。

石原　もともと仙台にはなかったんだが、戦後、野口明さんという校長先生が暁星中学（東京都千代田区富士見）の出身で、ここの外国語がフランス語だった。野口先生は自分が校長になってフランス語科をつくりたかったらしいんだね。それで、初めて戦後つくった。そこに僕らは割り振られたわけだよ。好きで選んでないから初めは戸惑ったよね。英語は中学校でやったけど、フランス語なんて聞いたこともない。ただ、戦後ということもあり、結構フランス映画の人気があった。

男優ではジャン・ギャバン、女優ではダニエル・ダリューとかの人気があって、『巴里祭』とかいうのは戦後非常に流行ったね。

フランス語の先生は確か広島幼年学校かどこかで教えていた人で、発音もよかったし、真面目な人だった。フランス語の基礎からやった。

フランス語というのは動詞の変化がたくさんあるんだよ。現在、過去、過去完了と。他に女性と男性、性別とかね。変化がやたら多いんだよ。それを覚えさせられるわけ。今は忘れちゃったけどね。

もっとも、しゃべるといっても相手がいないんだから、会話はなし。もっぱら読むだけ。本を読むためのフランス語みたいなものだわね。

――フランス文学をやっているといったら、相当ハイカラな人だと……。

石原　クラスメートの中には、そういう方面に行った人が多いね。今でもテレビに出て美術鑑賞を解説している高草茂君は、岩波書店に入って美術評論をやった。本人は絵も描く。そういう方面に行く人にはフランス語というのはいいんだろうね。僕はしょうがなしにやったようなものだけど……。

良かったか悪かったかはともかくとして、問題は三年生のとき、大学の試験を受けるのに外国語を選択せにゃいかんのでどうするのか。東京大学を受けたものの、一高ではフランス語で受けた先例がないわけだ。英語やドイツ語は先輩がそれで受けているからどの程度のレベルかという相場観があるわけ。ところがフランス語は、自分のレベルで通用するのかしないのかが分からないわけだよ。

それでみんなビビって、フランス語が第一外国語なのに、英語やドイツ語で受けた奴がいるんだ。そうしたらね、担任のフランス語の教師が悲しそうな顔するわけだよ。「私は一所懸命教えたんですけど」とね。東大の試験をフランス語じゃなくて英語で受けるって言われたら、やっぱり「私は何やったんでしょうか」ということになるよね。僕は、先生がかわいそうだからフランス語で受けてみようと思って、フランス語で受けたんだよ。

そしたら、結果よかったんだね。見たらやさしいわけだよ。翻訳ものだったけど、何だったか内容はもう覚えていないが、問題文を見たらさーっと大体分かるわけだよ。ところが、あとで英語の問題を見たら、これが相当難しい。これでは英語を受けた奴は駄目（不合格）だなと思ったが、案の定だったよ。フランス語をやってて英語で受けた奴はみんな落っこっちゃったよ。

――フランス語はその後、役に立ったということはなかったのですか。

石原　実務的にはそんなに使う機会もないし、役に立ったことはなかったけど、時々フランス語が出るときは、やっていない人よりは分かるわな。読むことはやったから。フランス語は、リエゾンとかエリジオンとかって、前と後ろをくっつけちゃうんだよね。そうすると、やっぱりフランス語に慣れた人はいいけど、初心者というか、普段使っていない人にはフランス語は聞きにくいね。

赤字再建団体からの立て直し

――鹿児島県の話に戻りますが、非常に財政状況が悪くて、赤字再建団体の代表格だと言われていたようですが……。

石原　再建団体の指定第一号だったかどうかは知らんが、とにかく真っ先に再建団体になったわけだよ。というのは、これは基本的にはドッジ・ラインが影響していると思うんだよね。ドッジ・ラインで当時の配賦税を理屈抜きに半分にされたんだよ。インフレ対応のために配賦税が半分にされたんだ。

その後遺症があって、昭和二九年に平衡交付金が地方交付税に切り替わったときに、そのときのベースで地方交付税率を決めたわけだ。それが絶対的に地方財源が足らなかった大きな要因だった。そのために、二九年の決算で、四六都道府県のうち三六道府県が赤字。黒字団体は一〇団体しかなかった。東京と大阪。それとあと福岡とか。炭鉱地帯か大都市を抱えているかで、それ以外は全部赤字。

なかでも鹿児島県はもともと経済が疲弊していたし、戦時中にものすごい爆撃を受けたから、戦災も一番ひどかった。それから、当時、やたらに台風があったんだよね。鹿児島県ではルース台風（昭和二六年）というのがあって、大変な被害をもたらしたんだ。

そういういろんな悪い材料が重なって、鹿児島県の財政は大変だった。

そこに赴任したものだから、僕も本省の財政課におって地方財政再建促進特別措置法（後の地方公共団体財政健全化法）を起案した一人だから、いかに厳しいかっていうことは分かっていたつもりだったんだけど。鹿児島県は想像以上にひどくてね。月給日に月給もらえないいんじゃないかと思ったんだ。

――多くの赤字団体にとって、税源の涵養といっても長い時間がかかりますから、結局国が手当してくれる地方交付税とか起債ぐらいしか財源調達のみちはないわけですよね。

石原　そう。結局それは今言ったように、地方団体全体が疲弊したわけね。それで、それを当時の自治庁関係者が努力して、だんだんにこれを改善していって、最終的に僕が課長補佐のときだけど、昭和四一年度の予算で地方交付税率を三二％にしたんだよ。これで地方財政はなんとか安定するが、僕が赴任した三一年ごろというのはまだまだ途中で、例えば僕が赴任する直前などは、佐賀県が月給日に月給が払えなくて大騒ぎになっていた。だから、教員なんかも月給もらえない。しかし、学校の先生だから教室にいる子どもを放り出すわけにはいかないし、大問題になっていたの。

ところが、財政の指標から言うと佐賀県よりも鹿児島県の方が悪いんだよね。それで、僕は本当に二〜三か月給料もらえないんじゃないかなという覚悟で赴任したんだけど、行ってみたら、貧乏は貧乏なりにやりくりしていた。とにかく着任した月の月給日に月給もらえたから。給料をもらってびっくりした。そのくらい財政の指標としては厳しかったね。

神武景気に救われる

――財政課長として、実際に県の予算をつくるときは苦労されたんでしょうね。

石原　途中で広報課長から財政課長に代わったんだけど、ありがたいことに昭和三二年のいわゆる「神武景気」でね。朝鮮戦争のときの特需で景気が一度上がって、またダウンして地方財政が危機に陥って、二九年時点が最低だったんだ。

それで、昭和三〇年一二月に財政再建特別措置法ができて、再建団体には一時融資があった。赤字地方債を認めたわけ。それで何とか凌いで、あとはそれを計画的に償還する。その際には利子補給をやって、というようにね。鹿児島県はそれを真っ先に受けたわけだが、そうすると、収支としては赤字だけれども、赤字を棚上げするための地方債が認められたから、資金繰りがついたんだね。もちろん、計算上の赤字は大きかったから、財政が悪いことは間違いないんだ。

ただ、地方交付税率が徐々に引き上げられたのと神武景気の影響で、全国的に地方団体の財政状況も少しはよくなっていった。昭和三三年に僕が財政課長になったときは、表向きの県の財政はかなり厳しかったから査定も厳しくやった。ところが、実際はかなりの税収が年度途中から入ってくるんだよ。でもそのことは言わない（笑）。

——税務課も隠すところがありますが、財政課も言わないですよね。

石原　要するに税務課に「入ってきた税金で予算を組んだ以上はとにかくあとはリザーブしといてくれ」と言うわけ。入れると、決算で収支がよくなる。せっかく厳しいことを言って抑えておいたのに、議会が「もっと予算を出せ」と言うに決まっているんで、「しばらく外に出ないようにしろ」と言ったわけだ。

昭和三三年、三四年ごろになったら、風向きがかなり変わってきたね。最低の状態からは脱しておった。決算上の赤字は大きいけれども、再建団体になって赤字棚上げ債を認めてもらったものだから、資金繰りはつくようになった。

——鹿児島県ではある意味、初めての管理職ですよね。部下がたくさんできたわけですよね。

石原　僕がいた広報部署が大きな所帯で、特に文書課がそれまで各部がやっていた文書事務を全部集めて集中管理をやったものだから、タイピストも全員集まっていたし、ずいぶん大きな課だったね。一〇〇人ぐらいいたんじゃないかな。

——しかも、課長は若い。

石原　課長補佐が年配の方で、実に人格者でね。この若造が何とかやれたのも、この課長補佐が立派だったからだと思うね。旧制の第七高等学校、造士館《ぞうしかん》を出た人で、なかなかよくできた人だったね。そういうベテランのいい課長補佐がいてくれたんで、僕も何とか務まったということじゃないのかね。

——その後も自治省の見習いが県の課長で赴任するときには、サポート役のいい課長補佐をあてがってくれる配慮を、県の方がしていたと思うんです。

石原　そうですね。僕は、そこは理解があったと思うね。知事や副知事、あるいは総務部長なりがそういう配慮をしてくれたのではないかな。非常に穏やかないい人で、庁内でも人望のある人だったね。それでずいぶんと助けられたという面があるね。

——若い課長で、頭がいいということは分かっているけれど、みんながいろいろ見ている。実務は課長補佐なりが全体のとりまとめをやってくれる。だけど、管理職としての振る舞いや部下への接し方などいろいろ気にはされませんでしたか。

石原　一つの課を預かるわけだから、それの責任感はあるわね。よき課長補佐に恵まれて大過なくやれたというのが正直なところ実態だね。
実はね、僕は鹿児島県に赴任するときに、南日本新聞という地元紙が僕は独身だと報道したんだよ。単身赴任だったからね。家内が長男生まれたばかりで連れて行けないので最初は単身赴任だった。新聞社の記者に「単身赴任です」と答えたら、記者が「独身」と受け止めたらしく、新聞に「新課長は独身」と載ったんだ。それで僕の課は私学、私立の学校も所管だったんだが、私学の校長先生や理事長さんがあいさつに来るわけ。「鹿児島県士族」と書いてあるでっかい名刺を持ってくる。なかには、立派な髭を生やした人もいる。そういう人が「ところで課長さん、うちにはとってもいい子がいるから、嫁さんはぜひうちの子を」なんて言われて、「いや、私は家内がいます」と言ったら、「新聞に独身ってあるから、うそを言ったって駄目ですよ」なんていうやりとりもあったよ（笑）。

大事にされた「中央」出身者

――私も大館税務署長のときは、正真正銘独身だったんですが、地元の新聞を見たというおばあさんが来てうちの孫娘を嫁にもらってくれと。あとで聞きましたら相当な山持ちでした。でも、そういうおせっかい焼きが地方にいるからまた楽しいしほほえましいですよね。

石原　うん。明治維新で鹿児島の士族が中心となって明治政府をつくったわけだから、やっぱり中央から人が派遣されてくるということに対する拒絶反応はほとんどなかったね。そういうものだと思って大事にしてくれたよ。あれはありがたかった。

当時は、例えば長野県とか、県によっては中央官庁から若い課長が来るのに排斥運動があって、えらい苦労をした人がいるんだよね。

――茨城県でも水戸駅から県庁までの道路沿いの電柱に顔写真を貼られて、「〇〇帰れ」と書かれているんですよね。

石原　僕は見習いだから、それはなかったが、課長くらいになるとあるね。ただ、若造がいきなり課長で来ることに対する一種の抵抗感というか、そういうのはあったと思うね。

当時は、自治省の先輩、後輩でそういう苦労をした人はずいぶんいるよ。ただ、幸い鹿児島県はそういうものだって割り切っていたね。むしろ中央から来た役人を大事にして帰してやる。そしたら、いずれ中央でお世話になるときに、役に立つという発想だ。だからお客さまというか、非常に大事にしてくれたね。恐らく鹿児島県に赴任して嫌な思いをしたという人は少ないんじゃないかね。とにかく大事にしてくれた。いい思い出があるから、その後、帰ってからも鹿児島県のためになるならという気持ちになるわけだよ。排斥されると恨みしか残らんようなことになって、そういうのは地方団体にとってもよくないよね。

――自治省から見ていますと、どこの県はどうだ、こうだっていうのが全部分かりますしね。

石原　分かる、それは。それ分かるの。僕はあまり、そういうのには関心がなかったんだけど、当時からどこの県は厳しいとかどこの県はよく受け入れてくれるというのはあったようだね。

茨城県は、僕は見習いで行ったから、全くそういう嫌な思いはしなかったんだけど、役付きで行った人に対しては茨城県は厳しかったようだね。

結構、排斥運動みたいなのがあった。「水戸っぽ」というのか、そういう気質があって、要するに幹部で来るやつに対しては拒絶反応を起こす。

寝台急行で鹿児島県へ

――ところで鹿児島県は、今は飛行機でひとっ飛びですが、赴任されるときには寝台特急で行かれたんですか。

石原　特急じゃないね、寝台急行。「きりしま」と、もう一つは「さつま」だったかな。「きりしま」は熊本経由。それから「さつま」は宮崎経由。両方とも急行の夜行列車で、はっきり覚えているのは、「きりしま」の方が速いの。「きりしま」は二九時間。「さつま」は宮崎経由で三二時間。宮崎経由の方で行くときは、東京で寝台車に乗って、名古屋の辺で夜が明けて、瀬戸内海を日がな一日走ってようやく博多。博多だったか門司だかで、まだ寝台に乗っていて鹿児島へは朝着く。これの方が身体は楽なんだ。寝台で横になっている時間が長いから。

「きりしま」は二九時間なんだけど、こちらの方は、午後だったかね。東京を出て、どこか名古屋辺で、熱海過ぎてだったかな。あの辺で寝台になるわけだ。それで、下関あたりで夜が明けて、それで鹿児島にはその日の午後着く。そんな感じだったね。

僕はあのときは確か「きりしま」で行ったんだ。それで三か月後くらいだったかな。一〇月ごろ、家内が息子と家内の両親と四人で、確か「さつま」という、二日寝台に乗るやつで来たんじゃないかと思うんだ。というのは、赤ん坊だものだから、横にしておいた方が移動が楽なんだね。そんな思い出があるね。

――三か月で単身解消ということですか。家政婦さんを頼まれたと聞きましたが。

石原　それはもっとあとのこと。鹿児島で家内は二人目の子どもを出産するために入院したんだが、その間、長男の面倒を見ないといけない。しかし、僕は勤めがあるから。それで、子どもの面倒を見てくれて、かつ、食事も用意してくれる人がほしいということで、僕のすぐ隣の官舎の宮崎県出身の太田さんが「実家の方でそういう人がいるかどうか聞いてあげる」と世話をしてくれたんだ。宮崎市の隣の清武あたりの人で、農家のお嬢さんをあっせんしてくれたんだ。このお嬢さんがとてもいい子で、子ども好きでもあって、長男は僕よりもお姉ちゃんの方に余計なついたぐらい、結局その方が助かったってことね。

通常の家政婦さんというのではなくて、子どもの面倒を見てくれて、かつ、家事もしてくれる人だね。そういういい人をあっせんしてもらって、当時、僕の役人の月給でも対応できる程度の謝礼で来てくれたわけだ。

――子どもの出産は奥さんの実家でということが多いのでしょうけど、鹿児島県で産んだ方が楽だということだったのでしょうね。

石原　鹿児島県だから、行ったり来たりというわけにはいかない。当時はとにかく東京へ行くのは大変なことだったんだ。

だから、地元で手伝ってくれる人をあっせんしてもらったんだ。そしたら、僕の先輩で大阪府の財政課長の山下稔さんも「家事を手伝ってくれる人がほしい」と言っていて、僕が「そういうことやってる」と話したら、「うらやましいな。大阪じゃあもう自分の月給ぐらい出しても来る人がいないんだよ」と話をしたのを覚えている。そういう意味じゃ、二人目の子どもが生まれるときに鹿児島県にいたというのはものすごくラッキーだった。

生活費が安いから、県庁の課長の月給なんてたいしたことはないんだけど、そういう意味での経済的な緊迫感はまったくなかったわけだ。むしろ東京のときよりもやりくりは楽になったよ、家内は。

屋久島で登山に魅せられる

――県政座談会で離島に行かれた話がありましたが、屋久島にも行かれたことがあるのですか。

石原　財政課長のときに財源探しの問題で屋久島の国有林、いわゆる屋久杉のことを考えた。当時、林野庁の営林署があって、林業事務所といったのかな。そこでどんどん屋久杉を切って高い値段で大阪の市場で売って稼いでいたわけだ。

一方、こっちは財政再建団体で四苦八苦していたものだから、林野庁に掛け合った。「屋久杉は元々島津藩のものだったのを明治新政府の財政を固めるために寄附した。その島津藩のあとの鹿児島県が今再建団体で困っているわけだから、その売り上げの一部を県に出せ」と言いに行ったわけだ。

そうしたら、現地は当事者能力がありませんと言うので、結局、本省に行ったら、今度は「大蔵省が駄目だと言っている」というような話になって、「じゃ、一遍現地を見に行こう」ということになって、財政課の係長を連れて屋久島に行ったんだ。

それで営林署まで行って状況を見たんだが、当時は屋久島に来る人なんていないわけだ。食糧難だし、不便なときだから。しかし、僕はいい機会だからと思って、伐採した屋久杉を運搬するトロッコに乗って事業所まで行って、すぐ近くの屋久島で一番高い宮之浦岳という九州で一番高い山に、営林署の人と一緒に登ったんだ。そのときだね、山登りはいいものだなと思って、それで病みつきになったわけ。

――今でこそ世界遺産で有名になりましたが、当時だったらそんなに行く人はいないでしょう。

石原　当時は観光とか、そういうの全然ない。だから、営林署の人は詳しいから案内してくれてね。僕は伐採して売った上がりをよこせって文句を言いに行ったわけだから、向こうもあんまり怒らせてはいけないという意味で腫れ物に触るような態度で僕のご機嫌を取ろうとしたんだろうな。「案内します」ということで、この山に上がったんだ。それが登山の始まり。

——杉の伐採が国の収入になって県の取り分というのは結局はなかったんですか。

石原　僕は「売り上げの半分と言いたいところだけども、一割でも二割でも地元へ交付金というかたちでもいいからくれ」というような話をしたら、「大蔵省に掛け合ってくれ」という話で埒があかない。それで結局、材木を運び出すのに県道を通るわけだから、「道路改修費と積み出す港湾の整備費の一部を持て」と言ったんだ。そして「それは分かりました」ということで決着した。その後、屋久杉は伐採禁止になってしまってね。しかし、当時そういうことがあった。

——まだ安い外材がそんなに入ってきていないし、戦後の復興で木材の需要もかなりあったでしょうから。

石原　そうそう。まだ国産材が中心でね。

その屋久杉の議論をしたのは昭和三三年ごろだと思うね。国の財政は当時非募債主義といって国債は出さない完全超健全財政。一方の地方はみんな赤字で、赤字再建団体がかなりあって赤字棚上げ債を出してやっているときだから、ひどい話だと、僕はずいぶん文句を言ったことがあるんだ。

山に夢中

——屋久島がその後の山登りの皮切りというわけですか。

石原　山登りに病みつきになった。自治庁に帰ってきて、山の話になったら、山梨県の財政課の人たちが「山だったらうちにいい山があるから夏休みになったら来い」という話になってね。それで、山梨県の、今でも元気な石川さんという財政課の係員の方が窓口になってくれて行ったよ。

山梨県は林務部長というのが偉い。帝室林野、恩賜林というのが富士山の山麓や何かに広がっているわけで、その恩賜林会計が、ものすごく儲かって県の財政に貢献していたんだね。その林務部の人が「財政課と一緒に北岳へ登ろう」と言ってくれて登った。だから、東京に帰って来てから一番初めに行ったのが北岳。

――北岳は三〇〇〇m級の山ですよ。本格的な登山ですね。

石原　ベテランの方が一緒に登ってくれたんだ。山岳部の人がどういう準備をしたらいいか教えてくれて、いろいろ注意事項も受けた。

北岳行って、帰りは甲斐駒ケ岳の方から下りた。結構道のりがあったことを記憶している。それ以来あちこちでそういう話をしたら、今度は長野県の財政課の人が、「山梨の北岳に行ったんなら今度は来年でもいいからうちの穂高へ来てくれ」と言うんだよ。長野県の財政課の人だったと思うけど、やはりものすごく山登りの好きな人がいて、それで穂高にも登った。

山登りに魅せられた鹿児島県から自治庁に帰ったときの上司が柴田護さん。局長だったかな。それから、二三年の近藤隆之さん。この人は山梨県で総務部長をやっているから山登りやっていたんだね。途中で目が悪くなってやめたが、当時、柴田さんも近藤さんも山登りが好きだった。

そんなことで、本庁に帰ってからも北岳に行って、その次は穂高に行ってというように、機会あるごとに全国の山、特に高い山に登るということが楽しみになったね。三〇〇〇m級の本格的な山にね。だから、僕は高いところはほとんど登っているよ。

――いつごろまで登られていました？

石原　一番最後に登ったのが八ヶ岳。これは自治省の役人を辞めたときだね。その後、僕は官邸に行ったものだから、全然登山なんてできなくなった。ところが、官邸をお払い箱になったころにはもう体力が、今度はね（笑）。だから、一番初めに登ったのが屋久島の宮之浦岳で、最後が山梨県の八ヶ岳。その間、有名な山はほとんど登った。

夏休みとか、土日とかを使ってね。例えば岩手山は岩手県に研修の講師を頼まれて、財政課長のときだったかな。一日早く行って岩手山に登って、翌日研修をして帰るというようにいろいろ時間は苦労しながら、やりくりしながら、とにかく山に登るということでね。

北海道では大雪山旭岳。青森県では津軽富士の岩木山。ここは、今は便利になって車で上がるんだけど、僕はそういうのは嫌だから、麓の岩木山神社からちゃんと昔の登山ルートで登った。

――研修の講師もそういう楽しみが前か後ろにあるといいですね。

石原　そうそう。その分だけ早く行って、山に登って翌日研修するという工夫をしながらね。それから、秋田県でいうと鳥海山。いい山だったね。ここでは秋田県の税務課長の伊藤廉君が一緒に来てくれた。関東で一番高い日光白根山。草津の白根もあるが、日光白根の方がずっと高い。日光は男体山がきれいで有名だけれど、男体山よりも日光白根山の方が高い。日光白根は夏休みでね。湯ノ湖があるよね、日光に。そこに湯元温泉があるが、そこの旅館のご主人が、僕が茨城県で見習いをしていたときに財政課の課長補佐をしていた人の弟さん。婿として旅館に入った人で、「利用したらどうですか」と言われたので、夏休みにその弟さんの旅館に行ったんだ。家内やほかの家族は下で適当に時間つぶしをやっているんだけれど、僕は山に登りたくなって、一人で湯元からバスで金精峠というところまで行って、そこから白根山に登ったが、これもいい山だったね。

――いろいろなところに登って危ない目に遭ったとか、なかったですか。

石原　一番怖かったのは、北穂高から奥穂高に行く途中に岩を抱えて渡るようなところ。たまたま雲が湧いてきたからいいけど、雲がないと五〇〇ｍぐらい下まで何もない狭いところなんだ。

それで、長野県出身の小林實君が一緒に行くと言ってくれてね。そしたら、山小屋から先はその狭いところを抜けないと向こうに行けないわけだよ。彼は一緒に行くのを嫌がって、「こんなことならついてくるんじゃなかった」と、ぼやいていたのを覚えているよ。

でも戻るわけにはいかない。向こうに行くしかない。それで、地元の人で副知事をやった池田宗兵衛さんはよく知っているので、「こっち行けばこう行けますよ」と道だけ教えてもらって、勇んでついてきた小林君は「私、じゃ、下で待っていますから」と、ついてこなかった。

――それは雲が湧いていて、下が見えなかったからまだよかったということですか。

石原　たまたま下が見えなかったんだ。僕だって、あれ雲がなかったらちょっとビビっただろうね。ほんと、全然見えないんだからまだよかった。でも、気持ち悪かったね。三〇mぐらいあったかな、その区間が。岩を抱くようにして狭いところを、断崖絶壁にとりつくように。

甲斐駒ケ岳にもあったな。戸隠の蟻の塔渡りとか剣の刃渡りとかいって、そこもやっぱりかなり危ない。尖った岩の間をすり抜けるように通っていく。両方向が狭くなっている。あまり高い山ではないんだけどね。途中にそういうところがある。僕は、これは厳しいなと思ったね。わずかな足場しかないんだ。まさに刃渡り。それが甲斐駒ケ岳にもあるね。

それから富山県の剣岳。ここにも鎖で登っていくところがある。断崖を二〇mぐらい鎖に伝わって登っていくところがある。このくらいならと登れる気はしたけどね。僕の前に女子大生か何かが登っていて、途中で下を見たら怖くなっちゃって、「キャーキャー」言っているわけだ。それで、彼女が落ちたら、僕はこうやって鎖につかまっているけど、頭から落ちたら僕も一緒に落ちちゃうからね。それで僕は怒鳴って、「前向いて行け。早く上がれ」と言ったことを覚えているよ。このときも怖かったね。上で手を離されたら僕の頭の方に落ちてきたら、その勢いで僕だって持ちこたえられないから、下に落ちちゃう。

この剣岳と、それから北穂から奥穂に行くところ。甲斐駒ケ岳の塔渡りと戸隠の刃渡り。この四か所だな、厳しかったのは。

財政再建の苦労

――話を戻しますが、鹿児島県の財政課長のときに、財源が厳しいというのは赤字再建団体だったということだけとっても分かりますが、それ以外に予算査定で苦労されたことはありますか。

石原　当時、財政再建計画をやっていたから、とにかくそれに合わせないといかんので、そのときに一番問題になったのが給与を引き下げるということ。定数を抑えるのと給与を下げるのと、要するに昇給延伸。昇給しない、それから、諸手当もカットする。

特に僕が覚えているのは、教員の定数。専科教員と言ったが、学級編成を基本として教員の定数を決めるんだけど、その他に専門の先生を配置するといって定数に上乗せしていたんだ。それを僕は「やめてくれ」と、教育長と大げんかしたことがある。人件費を抑えないといかんから手当をカットしろと。昇給なんてもう再建計画が終わるまで駄目というような議論もしたね。

隣の宮崎県が黒字団体だったが、そこには旭化成があったからね。一方の鹿児島県は大赤字なのに、宮崎県がやっているのに鹿児島県は何でやらないのかと、組合が要求するわけだ。「うちは台所事情が全然違うんだから問題にならん」と言ってね。結局、人件費が一番の問題で、組合を含めてやたら教育委員会などと議論したね。

そして僕が覚えているのは、超過勤務手当。ある程度は認められなきゃ、残業が多いんだから。だけれども超過勤務手当と出張旅費、これに目をつけたわけだ。

農政部のある課長だったか、土木部の課長だったか、いろんな事業費ごとに出張旅費と超過勤務手当が出てくるんだよ。それで待てよと思って、試しに係員に「その本人がいろいろな名目をつけてあげてきたやつを全部足してみろ」って言ったんだ。そしたら、出張旅費を全部足すと一年中出張していないといかんようになっちゃうんだ（笑）。

僕はその課長に、「あなた出張旅費の要求をしているけど、いつ仕事をするんだね」と、「あなたの方で要求した出張旅費を、全部僕の方で調べてみたら、役所へ来る暇がなくなるじゃないか」と言ったら、本人が黙っちゃって、やおら「すいません」って。それで、それを理由に切った。超過勤務のときもそうだった。「いつ寝るんだ」と。

要するに、本体の理屈のつく会議、事業費ごとにそういうのを主幹か、課長か、何かのところにくっつけてくるわけだね。それで、「一人でそんなにこなせるのかね」と、「寝る暇あんのかね」と言って、全部バーッと切っちゃった。要求する方も必死だけど、削る方も対策を考えないとね。

それから、事業費の請負契約の支払いの話。財政課長がハンコをついたら払わないといけなくなるから、決裁書が山のようになっている。

業者の方が「もう仕事は済んでいるわけだから早く払ってくれ」と事業課に行くと、財政課長の決裁がないから駄目だと言われたと財政課に言って来る。しかし、係長とか係員が「課長、ハンコついちゃ駄目ですよ」と。

――「駄目です」と言うんですか。

石原　ハンコをついたら払わなきゃいかんからね。かわいそうな話だけど。中小の建設業者なんかは手形でやりくりして、「もう払ってもらわないとどうにもならない」と直訴に来るわけ、財政課長のところへ。それは気の毒だなと思って、積んである決裁書類の下の方から順番にハンコをついて、「出納の方で払います」とね。業者はやっと払ってもらえると喜んで出納に行くわけだよ。そうしたら、そこに税務課が待っている。「税金の滞納分を先にいただきます」と。いや、ひどかったね、それは。だから、業者の方は気の毒だったよね。

帳簿上黒字になれば当然事業税や何か払わないといけないからね。それは本当に心を鬼にしてやらないとできない。

奇縁、好縁

――そうですね。財政課長の仕事は、予算の関係と議会対策が主です。当時は鹿児島県では議会はどんな感じだったでしょうか。

石原　非常にありがたかったのはね。警察庁長官をやられた柏村信雄さん、当時は警察庁次長だった。山形県の出身で内務省の先輩なんだよ。この人は若いころ鹿児島県の財政課長をやっていた。昔、財政課はどこでも「庶務課」と言っていたが、その庶務課長をやっていた。

それで、僕が鹿児島県に行くことになったとき、ある先輩が「柏村さんのところにあいさつに行った方がいいよ。あの人は前に財政課長をやっているから、いろいろ参考になることを教えてくれるだろうから」と言ってくれた。それで、柏村さんのところにあいさつに行ったら喜んでくれて、当時の鹿児島県の思い出話をしながら、「じゃあ君、これから鹿児島県に行くのなら、僕が課長のときの庶務主任だった米山君を紹介するから、赴任したらあいさつに行け」ということになった。この米山恒治さんという人は、県庁の「特進」の中でも一番の人で、実は、トラブルがあって僕が赴任したときは議員ではなかったんだけど、県議会のものすごい実力者だった。

もとは議員だったけどたまたまそのときは議員でなかったわけ。何かのことで自分が責任をひっかぶって辞めていたときだったんだ。だから、議席のないときに、柏村さんの名刺を持って僕があいさつに行ったら喜んでくれて、「柏村さんちゅったら立派な人だ」とか何とかって、それで、「自分もいずれ復帰するから、困ったときは応援するから」と言ってくれてね。

そのうちに議員選挙があって復帰したら、一番の実力者だからたちまち議長になったわけ。それで僕も財政課長になって、米山さんと全部話を先につけちゃうわけ。

そうすると、米山さんは天皇みたいな人だから、予算なんかは米山さんが「財政課長、それでいいよ」と、「じゃあ」と今度は米山議長が議会の各会派の代表を呼んで、そこに僕が説明に行って、「ご苦労さまでした」

だった。

だから、僕は議会対策ではずいぶんと米山さんという大ボスにバックアップしてもらって、あまり苦労はなかったね。

昔は庶務主任というのはいわゆる地元の特進の一番できる人が就くポストで、米山さんは確かに非常に有能な人だった。それだけ器量人だったんだね。

そういう意味じゃ、やや不遇の身にあったときに僕は柏村さんの名刺を持ってあいさつに行ったから、本人はえらく喜んでくれて。その人が復活したら議会を完全に把握したから。幸運も手伝ったんだな。

――人の縁というのはある意味、運ですね。

石原　運だね。僕は柏村さんという人がどういう人かって知らなかったんだよ。柏村さんのところに行った方がいいと言ってくれた先輩は昭和二三年の山下稔さん。柏村さんがそういう経歴だというのを知っていたんだね。本人は仕えているはずないから。そのことがものすごく私は助かったね。

第四章

岡山県庁時代

那岐山頂にて

商工部長、企画部長として

――次に地方に赴任されたのは岡山県ですね。

石原　昭和四二年でした。

僕は鹿児島県で財政課長をやっているから、総務部長の仕事はある程度知っていたが、初めは商工部長だった。僕の前任者は通産省から来ていた人だった。まったくそういう方面をやったことがないし、僕をどうして商工部長にしたのか知らんけど、初めは非常に心配だった。岡山県に出る前は、自治省財政課の課長補佐で、僕は群馬県出身だから、お隣の栃木県に内務省の先輩がいて、「総務部長でうちに来い」と僕に言うんで期待していたんだが。官房長や総務課長はどう考えたのか知らんけど「岡山県に行け」と言うわけ。岡山県には全然縁がないし、知らない土地だし、しかも商工部長だなんて言うんだよね。

正直言って務まるかなと思うし、非常に心配だったね。喜び勇んで行ったわけじゃないの。非常に不安にかられたなかで、不本意な気持ちを抱いて行ったんだけどね。

僕は四月一日に行って、何日か目に川崎製鉄水島製鉄所の高炉の火入れ式をやるというので、それに出た。それが僕の商工部長としての初仕事。知事の名代として行ったわけ。

三菱重工や三菱自動車、当時の三菱化成。あと、サノヤスドック（サノヤス造船）とか。水島のコンビナートには主要な企業はみんな立地していたね。

商工部長だから、そういう水島の企業の方、県内の中小企業の方との折衝の仕事があったけど、大企業は商工部じゃなくて企画部なんだよ。水島の大企業の人たちもよく知っていたけど、やっぱりほとんど地元の中小企業の人たちとの付き合いだったね。

昔から中小企業が割と盛んなところで、その人たちと親交を深めたんだけど、中小企業の人たちというのは、自分の代か、親の代かで事業を始めた人、オーナーが多いんだよ。だから心構えが違うんだ。水島に来ている大企業の人って、要するに役人と同じなんだよ。本社から出向して現地の責任者になっている。だから、われわれと体質的には似ているが、地元の中小企業の社長さんは全然違う。自分の代で、あるいは自分の親の代でつくった会社をどうやってこれから継続させていくかっていう、いわゆるオーナー意識が強いから、ものの考え方が違うんだね。

日本の商工業というのはこういう人たちによって支えられているんだという実感を持ったね。

——行かれたのが昭和四二年。高度成長期ですね。

石原　これから水島の工業開発が本格的に稼働する時期だった。その余波というか、恩恵を受けて中小企業も、例えば児島などは学生服だとか、繊維関係、備前の焼き物関係、イグサ関係とかが盛んだった。そういういろんな分野の中小企業の皆さんとずいぶん親しくなったね。

観光も商工部の所管でね。岡山県をどうやって売り込むかということは一所懸命やったね。それから、観光の方では、北部の中国山地の方を売り込もうというので、岡山三湯という温泉に来てもらおうと売り込んだ。一番有名なのが湯原温泉であとは湯郷温泉に奥津渓温泉。ここに特に大阪から来てもらおうということで一所懸命やった。それから蒜山、大山を売り込む話とか。そして後山《うしろやま》。ここはあんまり有名ではないが、宮本武蔵が生まれたところであのあたりにきれいな山がある。兵庫県と鳥取県と岡山県の県境で、氷ノ山や那岐山を含めて一帯が国定公園になっていてそれを何とか観光で売り出そうということをやったのを覚えているな。

マスカットは温室で、高級品で、売り込んでいたよ。これは観光というよりも農業、農林省の方の所管だけどね。

辛かった加藤知事と長野さんの一騎打ち

――ところで、岡山県の知事に長野士郎さんがなられたのはもっとずっとあとですね。

石原　そう。長野さんはもともと総社市の出身だから、郷里に帰ったわけ。長野さんが帰ったのは昭和四七年。僕は四二年から四五年までおったわけだ。

長野さんは行政局長から財政局長になって、事務次官になったんですね。たしか事務次官在任は一年に満たなかった。

僕が部長でお仕えした加藤武徳さんが三期目を狙ったときに、長野さんと一騎打ちになって長野さんが勝ったわけ。加藤さんはその後参議院に行った。それで、自治大臣で帰って来られた。僕が官房審議官をしているときに自治大臣になられた。だから、ご縁だね。

大先輩の長野さんと僕がお仕えした加藤さんが一騎打ちになったのが辛かったね。自治省のお利口さんたちは、長野さんは先輩だからとみんなでワーワーやったけど、僕は遠慮したわけ。悪いけど、自分の仕えた加藤さんもやっぱり内務省の先輩なんだから、岡山県から自治省に戻ったからといって手のひらを返すようなことはできないわけ。僕はもう岡山県に行かないようにして避けたんだが、結果的に長野さんが当選された。その後、岡山県に行く用事ができたものだから、長野さんのところにあいさつに行く前に、加藤さんのところに行ったんだよ。

加藤さんも落選中で、この先どうしようかというときだったの。僕は慰めがてら行って、お世辞でもなんでもなく、ある程度本当の気持ちで、「選挙の結果、残念でした」と、「私の先輩がああいうことになって」という話を言い訳じゃないけど、言いに行ったわけ。「できたら、経験を生かして参議院に戻ってください」と。そしたら参議院に戻ってきたわけ。それが今度は自治大臣に来られた。

事務次官の森岡敞さんは長野さんの選挙を一所懸命やったわけだから、気まずいわけだよね。それで、僕は加藤大臣のところに行って、「大臣、今の事務次官や官房長は自分たちの先輩だからというので立場上長野さんを応援せざるを得なかったんです。それはぜひ理解してください」と。そうしたら加藤さんは、「君、心配するなよ。私はそのことを根に持つというような人間じゃないから、仕事は仕事と、遠慮せずに必要なことは言ってくれ」と、そう言われたので、僕は森岡さんたちに報告したら、やっぱりみんな喜んでね。ほっとしたみたいだった。いや、ほんと初めはずいぶん気まずい雰囲気になっていたんだ。

加藤さんは決して、長野さんとの一騎打ちに伴う恨み言みたいなことを一言も言ったことはない。一切それは意識させないように、自治省の幹部が気持ちよく仕事ができるように、自分の方で努力されたね。さすがだと思うよ。

――知事経験者で、その後国会議員になられて自治大臣をお務めになった方はほかにもいましたよね。そういう人は地方の苦労もよく分かっていますよね。

石原 そうね。町村金五さんがそうだよ。北海道知事、そして自治大臣をやったわな。あと、僕が知っている方では、安孫子藤吉さん。農林省の官房長から山形県知事、石破二朗さんは鳥取県知事から、いずれも自治大臣。地方のことを知っていたので、自治省の仕事も非常に理解が早くて仕えやすい大臣だったね。石破さんは建設省の事務次官から参議院議員になられた。僕は石破さんには税務局長でお仕えしたな。

――平林鴻三さんがのちの鳥取県知事ですかね。

石原 そうそう。平林君が石破さんにかわいがられて、ずっと総務部長をやって、あとで知事になったの。平林君が知事選挙に出るときは、僕は岡山県におったときじゃないかな。

僕は県境を越えて平林君の選挙の応援に行ったんだから。岡山県の北の県境は鳥取県だから、鳥取県の人がずいぶん岡山県にいるんだよ。それで僕は岡山県内で、隣の県の知事選挙だから公務員法違反にはならないから、ずいぶんいろいろ調べてね、鳥取県出身の人たちに「平林をやってくれ」と頼んで回ったものだよ。それで鳥取県に行って平林君に会ったら、彼が「いや、今日はどうもありがとうございます」じゃないんだよ。「先輩、私は眠くてしょうがない」と言うんだよ。演説ばかりやって回るからあまり寝る時間がないわけだ。彼は身体が大きいし、「君、大変だな」と言ったら、僕に開口一番、知事候補者が「いや、眠くてしょうがない」とね。彼らしいんだよ。でも、人望があったよ、彼は。部下からも非常に慕われたね。人柄だね。

情より知、女性上位？ 岡山県気質

――岡山県の人というのは、特にどんな気質ですか。

石原　岡山県は、要するに「役人」ね。知に走るというか、「情」より「知」の県だね。理屈を言う人が多いんだよ。僕が行っていたころに感心したのは、大学進学率が女性の方が男性より高かった。岡山県の女性は、なかなか大したものだよ。

びっくりしたのは、僕が総務部長のときに人事で誰をどうしようかっていうときに、本人じゃなくて奥さんが陳情に来るんだから。「うちの主人は今まで恵まれなかったからどうにかしてくれ」とね、奥さんが総務部長のところに来るんだよ。

いくらなんでも知事は怖いから行けないけれど、総務部長は東京から来た人間だからということだろうね。「部長さん、うちの主人はこれこれこうでとても仕事をしたのに前の知事に嫌われていたから、何とかしてくれ」とか、そういうのを本人は何にも言わないの、奥さんが言いに来る。

――群馬県はかかあ天下と言われますが、やはり岡山県も？

石原　群馬県はかかあ天下で、僕の子どものころもかみさんの方がお風呂は亭主より先に入るようなところだから、それは分かっているが、岡山県も女性の方が、要するに頭が上回るというか、失礼だけど、女性のレベルが男性よりも高いんだよ。利口な人が多いものだから、県外から来た人は苦労するわけだ。閉鎖的でもないね。僕は今でも岡山県の人たちとたくさん付き合っているけれど、僕自身は結構それなりに楽しい生活を送らせてもらったよ。

明らかに知的水準は高いね。確か、長野県と岡山県が教育水準は高いって言われているから、東京から赴任する人にとっては難しい県だと言われている。理屈で負ける可能性のある県なんだよ。長野県と岡山県はよほど勉強してかからないと恥をかくと。でも理屈ばかりだと厳しいよ。その点、鹿児島県は「ハート」の県だ。あんまり理屈を言うと嫌われる。岡山県の場合、理屈できちっと勝たないとばかにされる。

公害防止計画をつくる

――企画部長時代のことをもう少しお聞きしたいのですが……。

石原　僕は、岡山県の商工部長というのはそんなには長くなかったんだよね。途中から企画部長に代わるんだけど、企画部長での初仕事は公害防止計画なんだ。

当時、公害が深刻な問題だったのは、四日市と千葉と水島なんだ。四日市公害というのは大気汚染がひどくてぜんそくで有名だけど、水島も同じような問題があった。それから、千葉も同じだった。それで、僕が企画部長になったときに、公害防止計画をつくることになって、三県が集まって相談したんだ。当時、千葉の企画部長が万代忠典さんといって二五年の採用。この方は岡山の人。それから、三重の企画部長は吉本宏さんで、僕より一期上の大蔵省の二六年採用の人。この三人で公害防止計画をどうしようか相談して、公害防止計画をつくることになった。

当時は亜硫酸ガスの排出を抑えないといけないから、僕は、水島の重油をたくさん使う企業を集めて、それぞれ「排煙対策をしっかりやってくれ」とお願いしたわけだ。いい油を使うと硫黄分が少ない。安くて悪いものは硫黄分が多い。悪い重油を使うとSO_2が余計出るわけ。それで、SO_2を抑えるためにいい油を使ってくれと。だけどいい重油は高いわけだよ。企業側は嫌がるわけだけど、そんなことを言っていたら水島全体がもたなくなる。

一番先に問題になったのは、四日市ぜんそくだけど、水島の場合にはイグサの先枯れというのが起こった。イグサは先っぽが枯れると商品価値がガタッと落ちちゃうんだ。それで農家が大騒ぎになって、調べてみたら、亜硫酸ガスが原因だということが分かって、それで亜硫酸ガスを抑えないかんということになった。公害防止計画の主力は、大気中の亜硫酸ガスの抑制と、それからあとは水。海水の汚濁。

――瀬戸内海でも、水島は漁場としてはいいところだったのではないですか。

石原　大気汚染の方は、地域全体の亜硫酸ガスの濃度を下げるためにはどうしたらいいかということで、逆算していくと、油を余計に使うところほどいい油を使ってもらわないと困る。川崎製鉄とか三菱自動車だとか大手がみんなね。「いい油を使ってくれ」と言うとクレームがつくわけだ。「今ごろ県が何を言うんだ」と。前の三木行治知事のころに県が「『あれもやります、これもやります』と言うから、うちはよそに行こうと思ったのを水島に付き合ったんだ」と。「それを今さら、話が違うじゃないか」と食ってかかられて。だけどこちらは、「世の中変わったんだから、どうしてもこれは協力してもらわないといけません」と。そのせめぎ合いだね。

もう一つは水質汚濁ね。特に油が出る。そうすると、あの辺の漁業者に響くわけだ。あそこはいい漁場で、児島の漁業協同組合が、これがまた強い。県は児島漁連と企業との間に挟まっちゃうわけだ。水島の企業と児島漁連が対立して、なんとかそれを収めないといけないから、今度は水の排出規制をやるわけだ。

各企業の工場の廃水口のところでどれだけ汚染物質、特に油分が含まれているのかということを調べて「これじゃ困る。もっと水をきれいにするための装置をつくってくれ」と。金はかかるけれども、工場排水が多い企業ほどきちんと施設をつくってくれということになるんだが、大体みんな川崎製鉄なんかが中心になるわけ、排気ガスも水も。川崎製鉄はとにかく岡山県が三木知事のときに三拝九拝して来てもらったところだから。

――県は個別の企業を相手にやるわけですか。それとも企業は企業でグループみたいなものをつくって県と交渉するのですか。

石原　公害防止というのは、当時は厚生省が所管だったのね、環境庁がなかったから。厚生省の公害課長と県の企画部が組んでやるんだが、不信感があるわけだよ、企業の方に。それで、僕もいろいろ考えたよ。そしたらそのころ、通産省も日本の企業を守るためには公害対策をやらないといけないということで、通産省自身もいわば自己防衛のために公害部というのをつくったんだよ。

それで、その公害部長が群馬県の人だったんだ、高崎市の出身で。それで、僕は同じ県民だというんで、通産省の公害部長を立てて企業と話した。そしたら企業の連中は同じ基準を持って行っても、厚生省だと拒否反応を示すんだ。

要するに恐怖心があるんだね。「もっと厳しいことをやられるんじゃないか」と。ところが、通産省は自分たちの側にいて守ってくれるという安心感みたいなものがある。そこの部長が来て「ここまでやらないと企業自体がもちませんよ、通産省も困るんですよ」と言うと、「それならしょうがないか」ということになる。初めは公害防止計画を厚生省ペースでやっていたから全然進まないんだ。それで同じ数値だけど、通産省の公害部長と話し合ってそちらが持って行って企業と話したら、本社の方からそれは受けろという指令が来る。出先は権限があまりないんだよね。でも、彼らは頑張るんだ。それをこっちが本社の方に手を回して……。公害防止計画は岡山県が早かったの。割と早くまとまっちゃった。

――あのころは経済成長とそれに伴う弊害、いわゆる「都市問題」がどこでも深刻化していました。公害も企業立地が特に進んでいるところは、それぞれで企業の業種によって特質があって、防止計画をつくる際には、ある意味、手探りみたいなところがありましたよね。

石原　そう。手探りだよ。だって、法律がないんだから。何もないなかで三県が相談して実質的に計画をつくったんだ。

それが一つのきっかけになって、僕が東京に帰ってくるころには、国でも全国的な規制の必要性を感じるようになって、昭和四五年に、いわゆる公害国会というのが開かれるんだ。公害防止関係の十数本の法律ができて、それで画期的な前進があった。しかし、僕らがやっていたのはその前なんだ。

それで当時、拠点開発という方式があって、企業立地の拠点になる県の企画部長会議のときに、僕は「これから各県とも企業立地を進める場合に、公害防止というものを真剣に考えないと行き詰ってしまうから各県みんなで公害防止について協議をしていこうじゃないか」と言ったら、秋田県の丸山良仁さんという建設省から来ていた企画部長が「あんたたちはもうだいぶ企業立地が進んでいるからそんなぜいたくなことを言うが、こっちはこれから来てもらわないといかんのだから、公害防止なんて言ったら来てくれなくなるよ」と反対なんだよ。

だから、県によっても企業立地がかなり進んで公害防止計画の取り組みをしていた地域と、そういうものがこれからの地域とが混在していたんだね。


――大規模開発、拠点開発というのは、むつ小川原や志布志《しぶし》湾ですか。

石原　新全総のね。新全総のところの発想なんだね、拠点開発っていうのは。

その拠点の中でも、もう水島とか四日市とか千葉は先を行っていたわけ。そういう先行していたところは、これから全国で拠点開発をやろうというころにはもう公害問題の方が優先したわけ。例えば茨城県の鹿島もこれからという時代だから。だいぶタイムラグがあった。

僕らはまさに手探りで規制の枠をつくったわけだ。「地域の環境を守るためには何をなすべきか」と。各企業にはどこまでやってもらわないといけないというのを逆算でやったんだ。岡山県の企画部にも数学の得意なやつがいて、彼に計算してもらった。

将来的に水島の企業立地をどこまで進めるのかという計画があるわけだ。その振興計画に基づいて企業が立地した場合に、現状のまま推移した場合には大気汚染がどの程度まで進んでしまうか。それを環境基準に合わせるためには、どれだけ各企業がSO_2を減らさないといけないか、それぞれ逆算でやって、SO_2の排出量を企業ごとに割り当てたんだ。ここまでに抑えてくれと。そのために具体的にどうするかは、企業で考えてくれと。こっちは結果としてそれ以上出ないようにしてくれという議論をしたね。

――環境行政という意味では、国の取り組みよりもそれぞれ問題を抱えた県の方がだいぶ進んでいた。

石原　そうそう。ずいぶん前からの取り組みだったね。やっぱり四日市と水島と千葉が公害問題の走りだよ、工業地帯の公害問題という意味での。そこでの経験がベースになって、全国的な環境立法になったわけだから。

交通体系の整備　新幹線の延伸と道路整備

——新幹線開通はオリンピックのときで、「東京—新大阪」ですね。岡山県まではまだ先のことでしたね。

石原　僕のときは「大阪以西に延ばせ」ということで、岡山県は四国の玄関口だから、中四国全体がメリットを受けるからとりあえず岡山県だという運動をしたんだ。岡山県から先はいつでもいいと（笑）。

もう一つは広域道路網の整備で、伊丹あたりまで来ていた中国縦貫道を津山まで持ってこいと。それともう一つが瀬戸大橋。明石〜鳴門は、当時の技術ではちょっと考えられなかったので、児島から坂出まで瀬戸内海に浮かぶ島伝いに橋を架けるわけだ。その当時の架橋技術の粋を集めればできるという、東大の橋梁工学の先生が可能だと言っていたので、それでやってくれということを当時の建設省や運輸省に陳情してね。

そして、その橋は道路だけじゃなくて、道路・鉄道の架橋だと。岡山県と香川県が組んで運動したんだ。あのころ自民党の幹事長は香川県出身の実力者の大平正芳さんだったかな。僕も何遍か大平さんのところに行って陳情したのを覚えているよ。

橋を架けるというのはまだ夢で、とにかく新幹線を岡山県まで持ってくるというのが現実味があったわけだから。そのときに当時の国鉄から言われたのは、その代わり県の方でも努力してくださいと。用地対策だよね、用地買収とか補償とか。水田や畑の中を切られると三角の土地で残ってしまうとか。真ん中を取られちゃうんだから不整形で残っちゃうんだ。そうすると、農家の方はそこだけでは耕作できないわけだよ。ところが新幹線を通す敷地としては要らないわけだから全部ひっくるめて買うわけにはいかない。そういう意味での周辺の土地対策は地元で責任持ってくれるかと国鉄に言われた。

国鉄には「責任持ってやるから」と言って、周辺の市町村長と一緒に何遍も陳情に行ったことがある。「土地の問題は心配ありませんから」「協力しますからとにかく延ばしてくれ」と陳情した。

——県の土木部には用地の専門家がたくさんいますから、そこは任せてくれということですね。

石原　そう。だから、僕は「土地の問題は県に任せてくれ」とね。兵庫県は通過だからお義理でやったようだけどあまり熱心じゃないんだよ。岡山県はとにかく来てもらわないといかんから。兵庫県でも姫路市は熱心なの。姫路市は新幹線ができると止まる予定だから岡山県と一緒になってやると言ってね。だけど、神戸はあんまり熱心ではないの。どっちにしても大阪に行けば用が足りるわけだから。そんな思い出があるね。

大学での講義

——岡山大学で集中講義をやられたと伺いました。

石原　そう。僕が企画部長のときに、岡山大学で県政全般について集中講義をやってくれと頼まれてね。県の仕事があるなかで、自分も勉強になるからと思って引き受けて一週間ぐらいやったね。当時は新産業都市とか新産・工特といった、国土地方開発計画に基づく開発というのが企画部の主な仕事だと認識されていたのでそちら方面の話と、水島ではすでに公害問題が起こっていたから、公害問題というものにこれからどう対応するかという、二つのテーマで集中講義をやろうと考えていたら、学生の方から「工業開発はもう分かっているから公害の話をしてくれ」と要望があって、多くの部分を公害問題について話しました。

――それはある程度科学的な知識も必要だったでしょう。

石原　大体、県の企画部長というのは事務屋だわね。だから、企業の人は、科学のことは知らないと思っている。だけど僕は幸い、戦時中に応用科学をやっていたから、原子記号を読めるわけだ。それで、水質汚濁の話になるとｐＨがどうだとか何だとかということになると、彼らは「事務屋に何が分かるか」といい加減なことを言う。そこで、僕は「話が違うじゃないか」と言ってギャフンと言わせるんだ。すると相手は「どうして部長がそんなことを知っているんですか」と怪訝な顔をするから、「俺は昔、応用科学をやったんだよ」と言うと、態度がガラッと変わってね、本気で話をし始めるんだ。

大学の集中講義では、そういう技術的な、科学的なものも含めてしゃべったわけ。学生が一番関心を持ったね。

それで、講義の準備をしないといけないから、昔の本を引っ張り出して、戦前の化学の本をガサゴソ探してね、勉強したよ。「亀の甲」の化学式をね。うそを言うわけにいかないから。日本では有機化学は、「亀の甲」の方が現場では必要なんだね。

饅頭談議

――商工部長のときに、岡山県であった全国和菓子大会でのあいさつが有名です。

石原　僕が着任してからわりと早い時期に岡山県で菓子屋さんの全国大会があったんだよ。商工部長はそういう大会があったときには出席して、県の代表としてあいさつをしてきたらしいんだね。それで、部下が「今度は菓子屋さんの大会があるから部長のあいさつ状を用意しますから」と言って来たんだよ。僕は「いいよ、自分で考えるから」と言ったら、部下はその方が楽だから、「よろしくお願いします」とね。

そうは言ったものの、事前にあいさつを考えもせずに大会に出席してね、僕はぶっつけ本番で全国の饅頭談義をやったんだよ。「どこの饅頭はどういう特色があって、こういうところがいいとか悪い」とかって。

――饅頭がお好きだというのはそのころからですか、それとももっと前からですか。

石原　饅頭は、僕は子どものころからの好物だもの。自治省の課長補佐をしていたころもね。僕が饅頭好きだっていう情報を得て、みんなが土産に持ってきてくれる、県や市町村の人がね。陳情に来ると、僕の前任者の土屋佳照さんは呑兵衛だからお酒の差し入れが多かったんだよ。

土屋さんのころはお酒を持ってきたんだが、僕は饅頭。だから課員ががっくりするわけだよ（笑）。

そういうことで僕は全国の饅頭の味を実体験として知っているものだからね。だから僕はその菓子屋さんの大会で饅頭談義をやったんだよ、実体験に基づいてね。

そうしたら、菓子屋さん方が喜んで、今までいろんな県で大会をやっても、商工部長のあいさつはとおり一遍で面白くなかったと。しかし、今度の部長は原稿なしで北から南まで饅頭の評価をしてくれたと。われわれの商売に理解のある人だってえらく喜ばれちゃったよ。

――群馬県はもともと美味しい饅頭が多かったということですか。

石原　群馬県では原嶋屋というところがあんこの入った饅頭をつくっているけど、本流は焼き饅頭だね。あんこが入っていなくて、みそを塗って食べるの。焼いたものが主力。よそは大体あんこが入っているよね。岡山県は「大手饅頭」。あんを薄く包んだやつなんだね。でも、薄皮じゃない、透明のやつだよ、「大手饅頭」というのは。もともとは児島かどこかあの辺に同じような饅頭があるんだよ。それを上品にしたわけ。それで、「大手饅頭」と称して。だから、吉備団子と「大手饅頭」だよね、岡山県のお菓子と言えば。吉備団子は結局餅だよね。吉備団子という名の吉備餅。

薄皮饅頭なら、福島県郡山市の「薄皮饅頭」。これはほんとに饅頭の皮が薄い。「大手饅頭」は、あんが先にあってその周りを薄い透明の皮で仕上げている。

広島県の「もみじ饅頭」は、安芸の宮島のもみじをイメージしたわけだね。

――饅頭も人によって好き嫌いがあります。あんこには「粒あん」と「こしあん」がありますが、どちらがお好みですか。

石原　粒あんの方があずきがごまかせないんだ。いいあずきはつやが違うんだよ。こしあんは全部濾《こ》してしまうから、特にこしあんで砂糖をたくさん入れて甘みを強くしたら、もうあずきのいい悪いが分からなくなるんだよ。だから、粒あんの方がいい。粒あんだと悪いあずきを使ったらすぐにばれるよね。いいあずきというのは皮につやがあるんだね。だから、粒あんだといいあずきを使わざるを得ないんだよ、饅頭屋は。こしあんだともう何もかも全部濾しちゃって、かき混ぜちゃうから。通は粒あんの方を選択するわけね。それから、あんまり甘みを強くしない方がほんとうのあずきの味が分かるから。ちょっと塩気があってね。薄味の方があずきのいい味が分かるわけ。だから、ほんとうのお菓子というのは甘みは薄味の方がいい。

――今日まで全国のいろいろな饅頭を食されたということですね。

石原　ほとんどはもう経験済みでね。全国でいろいろ挙げ始めるとね。最中《もなか》で一番大きいのは金沢の「加賀さま」というもの。葬式饅頭で一番大きいのは静岡県三島の饅頭。厚みがあって大きいの。栗饅頭なら全国で一番大きいのは、小倉だよ。小倉の「栗饅頭」。それから、きんつばで一番大きいのは、山梨県の市川大門という市川宗家の出たところがつくっているもの。大きな弁当箱ぐらいの大きさで、今もつくっているかどうか知らないけど、昔はあったよ。きんつばというのは普通は小さいんだが、市川大門のきんつばは一個がとにかく大きい。一つのきんつばを昔の財政課の課員全員で食べきれないほど。

それから白あんの品のいいもので、和歌山県に紀州大納言っていうのがある。とても大きいの。大きさで言うとそういうことだね。

味だとそれぞれだね。だけど僕は、一番の甘党としてのスタートは、伊勢の赤福。赤福に始まって赤福に終わる。とにかくあちこちでいろいろなものを食べ尽くして、赤福は単純だけど一番飽きがこない。ひと口ふた口なのがいいんだよ。ただし、赤福はご承知のようにこしあんだからね。あれも駅で売っているのと伊勢神宮の内宮の店で売っているのとでは味が違うんだ。名古屋や京都でも売っているけどね。伊勢で食べる方がおいしいね。材料が違うのかもしれないけど、あそこの赤い毛氈《もうせん》を敷いた壇で食べるのが一番うまい。

「赤福に始まって赤福に終わる」。僕はそう言っているんだけどね。一番スタートで一番最後。食べ尽くして飽きがこないのが赤福だと。いろいろと凝った饅頭は、ちょっとはいいけど、ずっと食べていると飽きがくるね。赤福はもともとが一口だから、飽きがくるまでいかないわけ。

医者に脅かされる!

――お酒類は昔からあまりおやりにならなかったのですか。

石原　アルコールは昔から駄目だね。鹿児島県に行くまでは一滴も飲めなかったんだから。家族にも、あまり酒飲みはいないんだよ、僕の家は。みんな甘党だね。

僕は饅頭を食べ過ぎて、それで、虎の門病院で糖尿の気があると言われてね。財政課長のときだよ。脅かされたんだよ。このままいって糖尿病が悪くなったら元に戻りませんよと。

それで僕はその医者に「実は私は甘いのが好きで、とりわけ饅頭は好きなんです」と言ったら、「それがいけません」と。「甘いものも少しはいいが、食べ過ぎたら、取返しがつきませんよ」と脅かされて。たばこ吸いは、節煙はできないけれど、禁煙はできるという話だからね。甘党もそうなんだよ。「ほどほどに」ということができないんだ。「ほどほどに」と言われても、そこで止めるのは難しい。僕はそれから一念発起して一切お菓子を絶ったことがあるの。

――何のきっかけで虎の門病院に行かれたんですか。

石原　健康診断でね。それで検査したら糖が出ているというわけだ、尿検査でね。それで脅かされて、「今なら間に合う。よく食べ物に気を付けろ」と言われたんだ。「特に甘いものとかでんぷん質のものをあまり食べるな。野菜を食べろ」とか「良質の肉がいい」とか言われたが、僕はあまり肉は好きじゃないんだよね。でもやっぱり命の方が大事だと思ってね、それで、しばらく甘いものを絶ったことがある。どのくらい続いたかなぁ……。

――それは周りに宣言してやめたんですか。あるいは心に秘めて。

石原　持ってこられると困るわけだ、目の毒だから。だから持ち込まないでくれと。どのくらい続いただろう。でも、やっぱりそうは言ってもというんで、勧められると嫌いじゃないわけだから、少しずつ少しずつね。饅頭の禁断症状はたばこほどじゃないよね。ほかのものを食べりゃいいんだから。たばこはイライラしてね、よく分かるよ。後藤田正晴さんだとか、山本悟さんが止めたとき、僕は目の前で見ていたけど、そりゃ大変だよ。ああいう禁断症状は甘党じゃないね。ただ、目に触れなけりゃいいんだけど、人がおいしそうに食べていると、やっぱりつらいよね。

今は甘いものも食べるけど余計には食べない。齢を取ったから、ちょうど自動制御装置というわけではないけれど、齢が自動制御装置になっている。

今でも僕のところへは、お酒を持ってくる人はいないよ。みんなお菓子だよ（笑）。まだそういう僕に対する印象が残っているんだろうね。

知事との間合い

――岡山県の話に戻りますが、部長を三つおやりになって、これは困ったなとか、責任者として進退窮まったとか、特にご苦労をされたということはなかったのですか。

石原　そういう問題は幸いにしてなかったが、ただ、知事の加藤武徳さんは非常に真面目な人で、独自の流儀というか、好みがあるんだね。それで、知事に対するいろんな批判、知事としてあまり歓迎できないような情報というのもあるわけだ、やっぱり。割と厳しくやっておられたから。

ところが、そういうことは地元の人は知事に言わないんだ。僕は加藤さんにはそれを言った。「やっぱりこれはやめた方がいい」とか、「こう言っていますよ」とか、具体的なことは忘れてしまったけど。そういうことを言うとしばらく知事はご機嫌が悪いんだけど、あとになってやっぱりよく言ってくれたという感じだったね。

僕が行ったときは、知事は二期目だし、あれこれ詳しいものだからみんな遠慮もする。だから地元の部長は知事に苦言を呈するというようなことはないんだね。僕は、これは言わないと知事が将来困るだろうと思うような話を知事にするわけだ。ちゃんとあとで分かってくれたね。

――特に自治省から地方に行ったときに、課長でも部長でも、副知事でもそうですが、知事との、地元の幹部の人たちとは違った距離感というものがあるはずですね。

石原　本来そうなんだよ。一定期間お世話になるわけだから、知事のためによくない、喜ばしくない情報でも必要なものはきちんと上げるということはできるわけよね。一定期間たったら国に帰るわけだから、そういうときこそ地元の人では言いにくいことを言わないかんなというのが僕の考えだったね。

県議会ともそうだったよ。議会の実力者にも駄目なことは駄目で、県の部長連中が言いにくい話を僕はしたね。

議会対策

――議会というのは、総務部長が大体議会対策を仕切るわけです。

石原　鹿児島県は財政課長が議会対策責任者だったけど、ボスの米山さんが全面バックアップだったものだからうまくいった。

岡山県の議会には、天野さんと鉢谷さんという二人の実力者がいて、天野派、鉢谷派の派閥対立があった。同じ自民党だけど、天野さんは笠岡の出身で、知事も笠岡だから、天野さんはどちらかというと知事与党的。鉢谷さんは岡山の人で、やや知事に批判的。この両派の対立が結構あって、僕は両方とも同じように付き合ったね、公平に。だから、知事のサイドだった天野さんはもちろん自分の味方だと思っているから、格別気を使うようなことも少なかったけれど、やや批判的ではあるものの鉢谷さんの方とも僕は同じように付き合ったね。

――そうすると議会対策その他でそれほど難しいというところでもなかったのですか。

石原　僕が岡山県はとてもいいと思うのは、四年近く商工部長、企画部長、総務部長をやって、県議会の皆さんと晩飯を食べたことが一遍もないんだから。その辺ははっきりしていたね。

僕は土屋佳照さんに聞いたけど、大阪は難しい問題が起こると、議会対策で課長や部長は議会のボスと一杯やって、雰囲気を和らげてからやるっていうんだ。岡山県にはそれがなかった。

だいたい僕はね、根回しとか答弁の調整というのをやったことがないの。議会とは、わりかしフランクに付き合っていたよ。トラブルがあって、「部長が出て来い」ということもあんまりなかったな。ほかの地元の部長はどうしたか知らないけど、僕は議会と夕飯を食べたことが一遍もなかったくらいだから。むしろそっちの方が珍しいんだろうね。普通のお付き合い。ただし、別に気まずいわけでもない。ざっくばらんに付き合っていたね。仕事の話もそうだけど、趣味の話までね。それほど付き合いは悪くなかったね。

子どもの教育と住まい、家族旅行

――部長時代は、余暇など時間的な余裕はありましたでしょうか。

石原　商工部長のときは観光も担当しておったから、現地に行ってそこの旅館だとか業者の皆さんと話をしたり、そういうことが楽しみだった。県下をよく歩いたよ。

ただ、子どもがまだ小さかったから、ほとんど旅行をしてないね。唯一の家族旅行は正月休みだったかね。二人の子どもを連れて、家内と四国へ行って、高松市内や金毘羅《こんぴら》さまあたりを見て、高知の桂浜に行って。それから、ずっと高知の海岸を通って、足摺岬へ行って、そして愛媛県に入ってから宇和島で泊まって松山、坊ちゃんの道後温泉を見て帰った。一週間ぐらいかけて、それが唯一の家族奉公みたいなものだね。

――お子さんが小さかったということで転勤に伴って子どもの教育をどうするかというような悩みはありませんでしたか。

石原　そういうのはない。岡山県のときは上の子も下の子もどちらも小学校だったから。一緒に、岡山県の附属小学校に入れた。まだ単身赴任するというような齢ではなかったから。鹿児島県の課長のときは子どもが生まれたころだし、部長のときはまだ小学生だから、連れて行ってね。

僕は、岡山県に赴任する前は埼玉県の大宮に住んでいたんだが、大宮より岡山の附属の方がレベルが高かった。

中学生になったときは東京に帰ってきていて、僕は目黒区にあった東山の住宅だったから、高校は、上の子どもは昔の四中の戸山。下の女の子は昔の都立の女学校、駒場高校。だから、子どもの進学でどうこうというのはあまり記憶がないね。もう成り行きに任せて。

――財政課の課長補佐のときですね、大宮におられたのは。

石原　大宮は官舎ではなくて、県営住宅。私の前任者の植弘親民さんが、どういう経緯か知らないが、県営住宅に入っていたんだ。その植弘さんが岐阜県に行くというんで、そのあとに入ったわけ。植弘さんはたしか大分の出身で昭和二四年の人、首藤堯さんと同じ。

僕は、最初は、東武東上線の上福岡というところに公団住宅ができるんで、そこに入居したらいいんじゃないかと言われたけど、できるまでのつなぎでということで、前任者が住んでいた県営住宅に入った。環境がよくて、もう引っ越しするのがめんどうくさいからって、ずっと課長補佐の間は大宮にいて、それで、岡山県に行って、岡山県から帰ってきたときは、今度は目黒区にあった東山の公務員宿舎。

――特に自治省は東京と地方の往復で、県に行けば、宿舎の手当はきちんとしていますからいいんですが、東京に戻ってくるときはたいへんですよね。

石原　今でも苦労が多いんだろうけど。自治省は内務省が解体されたときに、内務省時代の官舎というのはほとんど警察庁や建設省の方に取られちゃって、地方局の関係は何もなかったわけ。官舎がないわけ。だから、自治省の先輩は官舎がないものだから、苦労して自分の家を建てるわけだが、今やそういうのが都心部になって、松島五郎さんとか鎌田要人さんとか首藤堯さんね、みなさんいいところに住んでおられるけど、当時は大変だったわけだよ。

僕も松島さんが財政課長のときにお宅に伺ったら、練馬の見渡す限り麦畑の中で、課長もえらいとこに家をつくったなと。でも今はとてもいいところになっちゃって（笑）。鎌田さんだってそうだよ。練馬の中村というところだけど、やはり当時はかなり辺鄙なところだったらしいけれど、今はもう環八の近くでいいところだから。何が幸いするか分かんないね。

――今はずいぶん官舎も整備されてきています。

石原　われわれのころは、住宅は本当にひどいものだったね。大宮は、人には来てくれるなっていうようなところだよ。だけど自然に恵まれて環境がよかった。カブトムシは捕れるし、川に行けば魚は捕れるしね。子どもたちは伸び伸び育ったね。

――岡山県庁時代の思い出はいかがでしょうか。

石原　そう。僕は初め商工部長で観光が所管だったんで、わりと県内のあちこちに行って、観光資源としての可能性などを見て回ったというのが思い出として残っているね。

企画部長になったときはもうもっぱら水島の公害防止だとか、広い意味での立地政策の関係、それから交通体系の整備。当時、山陽新幹線を早く岡山県まで延伸しようという運動をしていたわけだよ。それからもう一つは、中国縦貫道を伊丹から津山まで延ばそうとした。さらに、まだかなり夢より一歩出たぐらいの段階だったのが瀬戸大橋の架橋促進。この三大プロジェクトを一所懸命にやったというのが企画部長のときの思い出でね。そのあとの総務部長のときはもう財政再建の総仕上げという感じだな。

第五章

再び霞が関

家族と蒜山登山（昭和四三年）

課長補佐の仕事

――少しさかのぼりますが本省での生活、課長補佐時代のことと、岡山県からお戻りになって課長を三つ経験されて、審議官と局長をおやりになったあたりのお話を伺いたいです。

石原　まず課長補佐だけれども、鹿児島県の財政課長を経て財政課の課長補佐で戻ったのが昭和三五年。そのころから日本経済がいわゆる神武景気などを経て、岸内閣が安保改定の問題で退陣したあとの池田内閣で所得倍増計画などが叫ばれるような、岡山県でいうと水島の開発なんかがあって、全体として日本経済が戦災復興の段階から新しい経済発展へと、いわゆる全国総合開発計画をベースにしてさらなる飛躍を遂げようとする、そういう段階で僕は課長補佐時代を過ごしたの。

――財政課と交付税課の課長補佐を七年ぐらいやられました。課長補佐は、課全体の仕事の要でもあります。

石原　当時は財政課で地方交付税もやった。あのときは課長補佐が四人いたのかな。それで、地方財政対策をはじめとして財政全体と交付税の問題をやっていて、途中から交付税課を独立させてね。初代の交付税課長は侍従長をやった山本悟さんだったように思うけどね。

僕は財政課と交付税課の課長補佐を兼務していて、主たる仕事は地方財政計画の策定や地方財政法の担当だった。

僕は、自治省では見習い、課長補佐、課長、審議官、局長、事務次官と、全部のポストを経験したんだけど、やはり一番仕事を覚えるというか、仕事をする時期というのは課長補佐じゃないかな。

課長補佐は、現場の具体の仕事をする一方で、課長、局長を補佐して対外的なこともやる。特に当時の自治省としては、僕は財政だったから大蔵省との関係が非常にポイントになるんで、大蔵省の特に主計局や主税局のみなさんと大変親しくなったけれども、それが地方の立場と中央の立場の接点になるわけ。

そういう意味で、役人生活の中で身に付くというのか、課長補佐時代をいかに過ごすかということが、役人生活全体、生涯の基礎づくりみたいになると言っていいんじゃないかな。

僕の課長補佐時代は、残業が普通だったんだよ。昼間は地方からの陳情やいろんな方、お客さんと会ったり、それから各省との折衝。こういうことを大体通常の勤務時間内でやって、外回りから帰ってきて、内輪の相談というのは、ほとんどもう五時過ぎからだから、まず一〇時前に家へ帰るなんてことはほとんどなかった。

――あのころの宿舎は大宮でしたよね。

石原　そう。課長補佐のときは大宮で、通勤時間がかかったけど、それでもよかったのは、大宮は国電（京浜東北線）の始発駅だから朝、必ず座れるわけ。これは身体の上でものすごく楽だったね。有楽町まで行って日比谷公園の中を通って自治省へ歩いて通った。そういう時代がずっと続いたね。歩くことはそんなに苦痛には思わなかったね。

――課長補佐に限りませんが、どの上司に仕えるかによってずいぶん違うような気がします。どういう仕事をやるかを含めて、やはり上司に恵まれるかどうかというのは、その人の役人人生にとっては結構大事なことのように思います。

石原　僕がお仕えしたのは初めは奥野誠亮さんで、次いで柴田護さん。柴田さんには見習いで課長としてお仕えして、また課長で帰ったときは柴田さんが財政局長。あとで事務次官にもなられたけど、柴田さんが一番付き合いが長かったんじゃないかな。

柴田さんは、もちろん仕事が趣味のような人だったけれども、あまり細かいことまでは言わない。ある程度任せる。それで肝心なところはちゃんとね。各省折衝でも行き詰ってしまうと向こうのトップと話してくれるというのをそれはよくやってくれた人で、突き放すということはしない人だったから。

僕は、そういう意味で役人生活を通じて一番ご縁があったし、お世話になった人と言ったら、柴田護さんだろうね。

――鹿児島県から戻られたときの発令は総理府事務官。だから、まだ自治庁で省に昇格するときでした。

石原　僕が帰ったときは自治庁で、自治省設置法が国会にかかったときです。安保騒動で国会が大変な混乱状態だったけれども、茨城県から出ていた丹羽喬四郎さんという内務省の先輩が政務次官で。この人が熱心に与野党を説いて回ってくれた。他の法案がどうなるか分からないなかで、自治省設置法をとにかく拝み倒して通してくれた。これは自治省関係者にとって一番ありがたかったね。

自治省になる直前に自治庁に戻って、僕が在職中に省になった。

だから、そのときに僕が痛感したのは、見習い時代は総理府事務官で、法案の閣議決定をするときには通常どおり事務次官会議にかけていく。地方交付税の算定内容を具体的に決めた地方交付税法の施行令は総理府令になるわけ。そうすると、きわめて技術的な内容の条文を総理府の文書課に説明して、そこのハンコをもらわないと総理府令を出せなかった。彼らは地方交付税なんて分からないから、地方交付税の「イロハ」の「イ」の字から説明してかからないと省令の法令審査に入れない。

そういう悲哀みたいなものがあったけど、自治省設置法が通って自治省限りで省令を出せるようになったので、自治省の文書課だけクリアすればいいということになった。そこは同じ省だし、ある程度の理解があるものだから、大変ありがたかったね。実感としては予算や会計を担当する人たちもそうだったと思うけれども、僕は特に地方交付税の省令を出すときに、省になったということのありがたみを本当にしみじみ感じたね。

――自治省の特色の一つに、Ⅰ種採用のキャリア、上級職と、ほかの役所ではノンキャリアと言っている職員を、自治省では「見習い」と「特進」という言葉で分けていることがあげられます。特進の人たちにも特別の存在感を持っている人が結構たくさんいますよね。

石原　これは内務省時代からの傾向だけれど、県庁でよくできる人を特に抜擢というか、推薦してもらって自治省に来てもらうというケースが多かった。だから、いわゆる特進組の人はよくできる人が多かったですね。

私がいた財政課の場合は、非常に計算業務が多いのと各省折衝が結構多かったので、そういう意味ではいわゆる特進組の人たちのウエートが高かった。仕事の面ではほとんどキャリアの見習いと特進とでは差がなかった。同じような仕事をして同じように付き合った。

――そうですね。それと一つ、特進の人、今は主幹と言うんですが、昔は主任と言って、課の職員が毎日残業するので、晩ご飯の用意とか、遅くなってタクシーで帰ってもらう手配とか、要するに課員の生活面の面倒を主任という人たちが全部やってくれていましたね。

石原　大体特進のなかでもできる人が主任になり、そういう意味での裏方的なことをやってくれる。やがて県に戻ってから課長になり、部長になるという。そういう人はやっぱり自分自身の能力もあるし、それから人との付き合い方もちゃんとできるという人が主任になっていたね。

僕が特に印象に残っているのは、奥野財政課長のときの筆頭の課長補佐が津山出身の山本治夫さんで、特進の方だった。内務省時代採用になった、よくできる人だった。

平衡交付金の計算体系というのは、かなりの部分、山本さんの力に負うところが大きいんです。大方針は奥野さんが決めたけれども、細かい技術的な面は、山本さんの力に負うところがあったんじゃないかな。

僕は岡山県の関係でご縁があった人で、ずいぶんかわいがってもらったんだ。そういう意味では、伝統的に自治省の場合、いわゆる特進と言われる人たちは優秀ですよ。各県のよくできる人を連れてきたってことがあるからね。県に帰ると部長になったり副知事になったりしている人が結構多いね。

市町村税課長時代と市町村税

――今はまったく違いますが、昔は課によって、いろいろな制度改正の解説を雑誌などに掲載してその原稿収入とかがある課と、あまりそういうのがなくて夜食代一つとっても不自由して、主任が苦労される課とがありました。石原会長の場合には岡山県から戻られて市町村税課長になられたわけです。

石原　僕は財政局におったものだから原稿料云々といったことは、全然知らなかったけれども、市町村税課に来たら、そういう原稿料収入がある。考えてみたら、財政の方は制度を決めたらそれでそのとおりやるだけだったけれど、税務行政というのは、それぞれの地方団体が法律に基づいて条例をつくって実際の賦課徴収業務をやるから、税の仕組みはもとより毎年の制度改正の内容をよく理解しないと仕事ができない。

毎年の制度改正があると、それぞれ担当ごとに分担してもらってそれを雑誌に投稿する。今は違うようだが、当時はそれが課の収入になって、執筆した者はもちろん、一部は課でプールして、当時は税務局全体のいろいろな食糧費や何かに充てて、予算の不足分を補ったんだよ。

――あのころはまだ人事院ビルで、三階の一番角っこで、春には外務省とかの桜がよく見えました。

石原　そうそう。桜並木があって。僕は市町村税課長のときに、外務省の桜がきれいで、花見会をやろうということになった。それが今でも続いている。場所は変わったけれど、歴代の市町村税課長経験者は毎年ご招待いただいている。昔はちょうど角っこの一番眺めのいいところでやった。

税制改正

――岡山県から戻って昭和四六年度の税制改正がすぐに始まったわけですね。

石原　昭和四五年の秋に帰りました。当時、四六年度税制改正で印象に残っているのは、木材引取税に対して、製材業者が林野庁も一緒になって、やめろという動きがあった。いわゆる木引《もくひき》と言っていたもので、これは山元しかないから普遍性がないの。しかし、山元の市町村にとってはきわめて貴重な財源。それで、この廃止論が出て、税収は全体でも当時の金額で確か二〇～三〇億円と、わずかな額だけど、税源に乏しい山林の所在市町村にとっては貴重な財源だった。

例えば長野県の御嶽山《おんたけさん》のある団体は村民税がせいぜい一〇〇万か二〇〇万しかないのに、木引が何千万かある。そうすると、木引がなくなったら税がすっとんじゃう。自民党の税調でもずいぶんと議論があって、廃止論が勢いづいていたけれども、地方団体にとっては死活問題だというので、当時、財政局長の長野士郎さんと税務局長の鎌田要人さんが「絶対にそれは認められない」と反対した。

鎌田さんが僕に「君な、木引つぶされたらお互いに辞表出そうや」と言うんです。僕は岡山県から戻ってまだ一か月しかたってないのに、もう辞表って言われて「えっ？」と思ったけど、そのくらいの意気込みで反対だとやったね。

――木引は、結局いつまで続いたんですか。電気税、ガス税なども同じような運命だったのでしょうか。

石原　木引は、地方消費税ができるときまで続いたね。

電気税、ガス税とか木材引取税とか、要するに流通税系統のものは全部地方消費税に吸収されたが、当時としては貴重な財源でね。電気税、ガス税も大きな電気を使う企業があるところにとっては馬鹿にならなかったね。

電気税、ガス税は、毎年毎年非課税対象をどうするかという課題があった。新しい製品が出たときは、その製品を普及させるために電化を国民生活に影響があるというので非課税にしていたんだが、それがあとで普及したらもう非課税じゃなくて課税してもいいじゃないかという、そのせめぎ合いを特に通産省とよくやったね。

通産省が、要するに非課税品目を広げるという方で、自治省は反対の方でね。僕はそれで非課税品目の問題でずいぶん通産省と議論して、そのときに福島県選出の渡部恒三さんとずいぶんやり合ったことを覚えている。

そうしたら、ずいぶん経ってからだけど、渡部恒三さんが自治大臣になったとき、渡部大臣が「あのときはやりあったな」なんて言ったのを覚えているけどね。

市町村税課の税目というのは、そういう意味では非常に地域性のあるものがあって面白かったよ。

――あのころは高度成長から派生したいわゆる「都市問題」があって、地方制度調査会でも大都市制度の在り方の議論が始まったのですが、大都市税制をどうするかという議論も始まりかけたころでした。事務所・事業所税の議論もあのころでしたか。

石原 僕が市町村税課長のときに事業所税というものができた。あれは大都市の立地規制のためのものだという議論もあったし、そうではなくて都市税源の涵養だという説明もあったし、要するに両方の議論があったけれど、都市の税源強化ということでは意味があったと思うね。

それから非常に印象に残っているのは、課税最低限の議論。税務局長になってからだったかな。所得税の課税最低限を引き上げると当然所得税は減収になるけれど、地方税までお付き合いさせられるわけだ。それで、毎年毎年課税最低限を引き上げるたびに住民税が減っていくと。

所得税はいわゆる能力課税だけれども、住民税は能力課税だけじゃなくて地域住民のいわば会費的な性格を持つものだと。住民サービスを受ける対価としてできるだけフラットに広く負担してもらうというのが住民税の本質だという考え方があって、そういう意味では、所得税と住民税、課税最低限を同じにする必要はないじゃないかとね。ところが、実際に国会でそういうことが議論されると付き合わされるわけだ。

それで僕は考えて、非課税限度額という制度、今でもあるけど、要するに生活保護費の支給基準が拡大されると、それに応じて所得税の課税最低限を引き上げているわけです。しかし生活保護費の基準は社会保障の面からの議論だし、住民税は、本来地域社会の会費だから、スライドさせる必要はないじゃないかということで、生活保護基準とのスライドをやめたの。住民税は独自に一定の所得水準から負担してもらうという、住民税の限度額というのを決めていった。

そうしたら生活保護費の基準が引き上げられても、住民税の税収があまり影響を受けなくなったの。地方からは非常に喜ばれただけど、奥野さんから「君、余計な知恵出したな」と言われた（笑）。奥野さんはどちらかというと、生活保護基準と所得課税とはある程度スライドさせてもいいのではないかという考えだったんじゃないかな。「反対」とは言わなかった。

――昔はそういうふうに税についての独自というか、独特のというか、自分なりの理念に基づいた考えを持っている人がたくさんいたような気がするんです。

石原　そうね。やはり地方税と国税とでは性格が違うんだと。国税は時の経済政策に沿って法人税その他課税の在り方を考える。それから、所得税について言えば、あくまでも能力主義で、税の負担能力によって累進課税をする。これが近代的な税制だというふうに考えられている。

ところが、住民税の場合は、もともとが戸数割といって世帯ごとにフラットに負担することが基本だったわけ。それがだんだん所得水準を加味するようになって、特にシャウプ税制のときに住民税は所得税の一定割合だというようにしてしまったわけね。そうすると所得税の政策減税をやると住民税が自動的に付き合わされる。それは果たしてどうなんだろうかということになった。住民税は本来地域社会の会費だということだね。

だから、所得税の課税とは違った面があっていいということね。もちろん均等割があるんだけど……。所得割についてもそういう性格を持たせた方がいいという議論をして、だから、課税最低限も住民税の方を低くしているし、さらに僕は非課税限度額というラインを取り入れたんだけれど、あれが住民税の本質を示しているんじゃないかと思うね。

――そういう意味では、今一〇%の一定税率を所得の課税標準としてはいますが。

石原　地方税は比例税率がいいという説が昔からある。所得税は累進課税だ、だから、住民の所得のうち底辺の部分はフラットに地方税として、会費としていただくと。その上積みの部分は国税として累進課税でやってもらうということでいいという考え方があるわけよね。

――当時の参事官が石川一郎さん。府県税課長が山下稔さん。固定資産税課長が後に徳山市長をやられた小川亮さん。こういうメンバーで税務局の空気が一変したそうですが、当時は税のスペシャリストという幹部の人たちが集まっていたんですね。

石原　税のスペシャリストというか、地方税に対する執着みたいなものを持っている人がいたね。鎌田さんもその一人じゃないかね。柴田さんもわりと税にはこだわりを持っていた。特に地方税について愛着とこだわりとね、鎌田さんは税務局長、財政局長、事務次官とやった。特に税については非常に愛着というか、執着というか、強いものを持っていたね。

昔は財政のスペシャリストと税のスペシャリストと、何となくそんな感じの人がいた。そういう意味では、鎌田さんは税のスペシャリスト、首藤さんは財政のスペシャリストになるかな。

――市町村税課長のあとに地方債課長と財政課長をおやりになって、また税務局長で戻ってこられます。当時は政府税調と自民党のいわゆる党税調とがあって、どちらかというと政府税調は大蔵省と調整しながら作文をどうやってきれいに書くか、党税調はある意味丁々発止の世界だと思うんですが。

石原　政府税調では、要するに制度論というか、税の体系論とか制度論というのを、学者先生や経済界の方が入って、税の長期的な、本質的な議論をやっていた。

それから、毎年度の税制改正、すなわち税の非課税の特例、あるいは課税最低限、税率をそれぞれどうするかという、直接その年度の税収に響くような改正は自民党税調の方がリードしておった、そちらで具体的な議論が行われたということが言えると思う。

だから、毎年度の税制改正については、自民党税調がどうするかがやはり関心事だ。一番そのシンボリックな人が山中貞則さんね。あの人はもう税、ずっと税一筋でやった人で、山中さんのご了解がなければ決まらないという面があった。

――当時の党税調と傍目で見ていて今の党税調というのは様変わりですね。

石原　そうね。最近の様子を見ていると全く今昔の感に堪えないというか……。

僕が税務局長をやっているころもそうだし、それから、官邸に行ってからも、個別税制になると自民党の税制調査会というのが絶対的な力を持っていたね。

今でも思い起こすのは、消費税を導入したとき。消費税はもともとは大平内閣のときに一般消費税として提案して、つぶされて、中曽根内閣では売上税としてやろうとしてやはり駄目だった。竹下内閣で初めて実現したけれども、具体的に消費税の全体の仕組みをどうするかとか、税率をどうするかというときは、わざわざ竹下総理が山中税制調査会長のところに説明に行ったんだよ。総理大臣が税調会長のところに行って協力を要請したんだ。

――あのころは正副会長会議が絶対的な権威を持っていたということですね。

石原　そう。今「インナー」とか言っているけれど、正副会長が実質的な枠組みを決めるという実態があったね。それに対して党の商工、農林、社労とかの各部会が要望を出すと。部会長が代表してこうしてくれ、ああしてくれといってね。それに対して税調の正副会長会議でどうするかということで大体方向を決めておったと言えるんじゃないかな。

大蔵官僚との交流

――それで大蔵省の主税局と自治省の税務局が局長以下会議に同席をするというパターンでずっと続いてきたわけですね。

石原　非常に印象に残っているのは、税制改正の山場になると税制調査会長の山中貞則さんのところに、経団連会長や経済界のお偉方が要望に来るわけ。それで、彼らが控室で待っているときに、われわれ主税局や税務局の職員が説明に行くと、山中さんは必ず職員の方を先にしてくれるの。それで、財界の大御所は外に待たせている。

それだけやはり、実務面を重視しておられたね。それが山中税調の一つの力の源泉だったんじゃないかな。

――侃々諤々、最後は結局、山中貞則さんの鶴の一声。

石原　税調会長のところで最後の断を下す。その前に正副会長会議で大体のところを採んで、最終的な問題、いわゆる政策マター、政治マターになると会長が裁断すると、そういう場面が多かったね。特に事務方の説明を最優先で聞いてくれたのはありがたかったね。

――そうですね。市町村税課長のときの税制三課長が福田幸弘さんでした。税制改正も地方財政対策も、大蔵省との付き合いがあります。具体的にはどういうお付き合いが大切ということですか。

石原　福田さんは大物でね、映画評論家で、博覧多識というか、幅の広い人だったよ。僕と同期だけどね。大蔵省との付き合いは、不思議なご縁もあってね。僕は茨城県から帰って自治庁の財政課で見習いをやっていたときに地方交付税も担当していたんだよ。それで、地方交付税担当になると、特に特別交付税というのは個別の財政需要を調べる。僕はたまたま三重県担当だった。

三重県で伊勢湾台風の前に大きな台風被害があったの。海岸堤防がみんなつぶされた。それで、その復旧するのにどういう問題があるか三重県に行って調べてこいということになった。

そうしたら三重県の庶務課長（今は財政課長）が長岡實さんだった。それで、長岡さんにもいろいろ話を聞いたことがあるんだ。専売公社総裁をやられた長岡さんは昭和二二年で、林忠雄さんなんかと同期だね、山本悟さんとも。長岡さんには、それからご縁ができて、大変かわいがってもらった。それと当時、主計官が相澤英之さんだったかな。だから、鳩山威一郎さんと相澤さんと、それから塩崎潤さんと。だから僕はそういう人たちを見習いのころからわりと知っていて、ずいぶん長い付き合いになったよ。

それから、課長補佐で帰ったときはカウンターパートが山口光秀さん。僕より一期上の人なんだけど、山口さんが和歌山県の財政課長をやって本省に戻ってきたのね。長岡さんもそうだけど地方のことをよく知っているわけですよ。だから、例えば山口さんの場合は和歌山から帰ってきて地方財政担当になったものだから、話は非常にしやすかった。要するに地方の裏も表も知っているわけだから。

――大蔵省も見込みのある人を青森、三重、石川、和歌山と、県の課長や部長で出していましたね。特に大蔵省と自治省というのは税財政で大げんかしたりしつつも、やはりお互いに相手を理解し合っているところがあったのではないでしょうか。

石原　そうそう。単に議論するだけじゃなくて、お互いの立場に対する理解があったな。だから、大蔵省にもいろいろなタイプの人がいたけれど、僕は長岡さんとか山口さんとか、わりかし幅のある人とご縁ができたのは、これは生涯非常にプラスになったね。

沖縄出張

――沖縄復帰が昭和四七年で、復帰の前年に市町村税課長として沖縄出張に行かれていますが、どういう用務で行かれたんですか。

石原　沖縄が本土復帰した場合に、いろいろな制度をどうするかという問題があった。地方税制、特に市町村税制をどうするかということで、沖縄の現地の状況と過去とを突き合わせて対策を立てないといけないので、税の実態調査をしてこいという。それで復帰直前の沖縄に行ったわけ。

特に当時問題になったのが電気税、ガス税で、これが沖縄にはなかった。それで、当時五％だったかな。特に電気ね。復帰したらいきなりこれに課税するというのでだいぶもめた。それで僕が現地に行って、それが可能かどうかという調査をしたり、住民税についても日本の税制をやれるか、市町村が対応できるかどうかということの確認のために行ったわけ。

離島まで行ったから、一週間ぐらい。通貨はまだドルで、僕は出張旅費をドルに替えて行ったんだから。一ドル三六〇円のころ。

アメリカ出張

――全米租税学会でアメリカに出張されたのもそのころでしたか。

石原　そうそう。市町村税課長のときに全米租税学会に行ってこいと言われて、本当は筆頭課長の府県税課長の近藤さんが行くはずだった。ところが、用事ができてしまって、急遽僕に行けということになった。本当に慌てたんだ。

全米租税学会に行ってもね、僕は、旅行するぐらいならいいが、もともと英語があまり得意ではないから、学会でレポーターが専門用語も使ってする話が分からない。

それで、当時は高田信也君がシカゴの観光事務所長をやっていたんで、彼に頼んで、現地で日系の通訳を紹介してもらったの。だけど学会に行ったら、全然この通訳が駄目なんだよ。というのは、みんな限られた時間に早口でリポートするから、その通訳が「申し訳ありません」と、彼女が泣きそうな顔で通訳できないっていうわけだ。アメリカ人でもこの話は分かりにくいって。

――普通に英語を喋れても税の専門用語までは無理ですよね。

石原　その通訳は駄目だったわけだが、僕の隣にマコーレーさんというサウスカロライナ大学の教授がいて、親切な人なんだね。僕と彼女のやりとりを見ていて、彼が僕にも分かるように非常にゆっくりした英語で、「今の話はアメリカ人でもなかなか難しい。早口だし、専門用語だし、だから、私が彼に要点だけ話をするから」と、英語でその通訳の人に言ってくれた。それで彼は僕にも分かるようにゆっくりと、彼は今どういうことを言おうとしているかというようなことだけを説明してくれたんだ。もちろん英語でね。

一週間ぐらいだったたか、毎日会議があるんだけど、彼は、必ず僕の隣に来てそういうことをやってくれた。僕が頼んだ通訳は女性で自分の子どもさんを保育所に有料で預けているんで、その費用も払っているわけよ。僕は「あなた、自分の子どもさんを預けて来てくれたんだからちゃんと受け取ってくれ」と言って、報酬は差し上げたんだけどね。

——その会議はどこでやったのですか。

石原　ミズーリ州のカンザスシティ。ルーズベルトの次の大統領、トルーマンが生まれたところだった。また、結構戦後流行ったゴルフのケネススミス（Kenneth Smith）というゴルフ道具をつくっている会社があった。古い街で、アメリカの古きよき時代の面影が残っている街だったね。僕が街をぶらぶら歩いていると、街の人が寄ってきて「どこ探してんだと、私が案内しますよ」と親切な人が多かった。これにはびっくりしたね。

当時ワシントンもニューヨークも一人歩きできないっていうくらい治安が悪くて。ところがここは、アメリカでも田舎の方で、のんびりした感じの、時がゆったり流れるような古きよき時代のアメリカって感じでした。

——ところで、石原会長が財政課長のときの局長・松浦功さんが、大蔵省が地方財政計画の査定をするとかしないとか言ったというので大げんかしたと聞いたことがあります。

石原　僕が財政課長のときの局長は、初めは鎌田要人さんで、その後が松浦功さん。地方債計画の説明に行ったら、吉瀬維哉さんが理財局長で、いろいろ言い出したものだから、松浦さんが「俺は説明に来たんで、陳情に来たんじゃないぞ。でも、説明だけはする」と啖呵を切ったところ、今度は相手の方がいろいろ多過ぎるとか何とかと言ったものだから、松浦さんは「こっちが調達するんだから余計なこと言うな」というようなやりとりだった。びっくりしたね。

——局長と課長の関係でいうと、我々から見ても、石原会長と松浦さんとでは人間としてのタイプも違うような気がしますけれど、やはり仕えやすい、仕えにくいということがあったのではないですか。

石原　松浦さんは歯に衣を着せずにものを言う人。頭のいい人だったし、勘が鋭かった。激しい気性だし、部下からすれば厳しい面があったね。

ただ、後に参議院選挙に出るとき、松浦さんはずいぶん先輩に言われたんだ。「選挙に出る以上は自分で一歩下がってやらないと、頭を下げないといかん」と。特に柴田さんがよく言っていたね。松浦さんは激しい性格の人だったけれども、柴田さんの言うことはよく聞くんだね。不思議だね。やっぱり何か琴線に触れるものがあったのかね。柴田さんもよく松浦さんにアドバイスして、それなりにかわいがっていたね。難しい人だったけど、柴田さんだけは別格だった。

審議官、官房長、財政局長

——財政担当審議官のときの話になりますが、公営企業金融公庫の再編や、東京都の起債訴訟が起きたのもそのころですね。

石原　東京都の起債訴訟は、僕が審議官のときだったかな。東京都が美濃部亮吉知事の末期で、東京都の財務局長は佐藤さんだった。磯村光男さんが副知事だったかな。

あのころ東京都は職員の給与を上げるし、福祉の先取りはやるし、それで初めのうちは税収も伸びていたんだけど、バブルがはじけて落ち込んで、赤字団体になりそうになった。それを避けるために適債事業の範囲をかなり広く読んで、弾力的な運用で起債の許可をしてやるかどうかという相談をしておった。

ところが、こうした担当レベルでの苦労を知ってか知らずか、憲法記念日に美濃部さんが「地方自治の立場から地方債の許可制度というのは違憲だ、廃止すべきだ、地方自治の本旨に反する、地方債の発行は本来自由であるべきだ」という大演説をぶったわけだ。

起債の許可をほかの地方団体よりも少し緩めるというか、特例的にある程度起債を認めようかという話をしているときに、上の方が、許可制度が違憲だという訴訟を起こすということで大騒動になった。

それで、訴訟を起こすためには都議会の議決がいるわけね。起債の許可制度が憲法違反だって訴えの提起をするときには。都議会では、知事がそう言っているのをサポートするのかどうかで、当然自民党は政府と同じ立場だからとんでもないという。ところが、社会党は地方自治だから本来そうあるべきだという。

当時、新自由クラブが都議会のキャスティングボートを握っていて、公明党は知事与党だったな。それで、新自由クラブがどういう態度に出るかによって可決されるか、否決されるかが決まるという状況でね。そこで、新自由クラブから説明に来てくれというので、僕が行ったわけだ。

許可制度がなぜいるかというと、余計なおせっかいではなくて、限られた資金、当時は結構資金がタイトで、だから、資金配分の問題のわけだよね。民間の企業の設備投資に向かうのと公共投資の方とでどう資金を振り分けるかという問題が絡んでくるのだから、地方自治の制約ではなくてむしろ許可制度によって地方団体が資金調達をする際にそれが適正に確保されるという面があるんですよと。

だから、許可制度をやめてしまって、まったく自由にした場合は、企業の方が有利な条件で起債したら地方団体は発行できなくなりますよと。これは抑えるのではなくて地方の枠として資金を確保する手段としてやっているのであって、特に東京都の場合は、実はむしろ他より少し緩めにやってくれと言ってきているのですから、訴訟なんか起こされればこちらもちゃんと普通の地方団体と同じようにやらざるを得ませんよと。

こういう話をしたら、聞いていた新自由クラブの人たちは「俺たちにはまったくそういう説明はなかった、やはり許可制度でないといかん」という話になって、結局、美濃部さんは提案ができないで終わった。そういうエピソードがあった。

――その後、税務局長をおやりになって、森岡敞さんが事務次官在任中に急逝されて、石原会長は官房長になられたんですね。官房長というのはある意味その役所の大番頭ですね。人事もやるし、国会対策もやり、庁内調整の要みたいな立場です。あのころ自治大臣は加藤（武徳）、澁谷（直蔵）、後藤田（正晴）、石破（二朗）さんと続いていました。

石原　そうそう、森岡さんが急死されて、近藤隆之さんが事務次官になって、僕が急遽官房長になったの。僕が官房長でお仕えしたのは、山形県出身の安孫子藤吉さんだ。加藤武徳さんのときは審議官で、澁谷直蔵さんのときに税務局長になったんだ。澁谷さんは福島県の出身で、旧制二高。高等学校の先輩なので、僕も非常に親近感を持っていたし、かわいがってもらった。

税務局長として、そのあと後藤田さんと石破さんにお仕えして、安孫子さんのとき、昭和五六年六月に官房長になった。安孫子さんのあと世耕政隆さん、山本幸雄さん。そして田川誠一さん。このとき僕は財政局長。そのあと古屋亨さんが大臣になられたのが五九年一一月だから、僕は事務次官になっていた。

事務次官の役回り

――ある方が事務次官になって中曽根さんのところにあいさつに行ったら、「事務次官はどういう役回りをするんだ」と聞かれて、「事務次官は組織の統率と大臣の補佐的役割です」と答えたら、「よろしい」と褒められたと聞いたことがあります。また、大蔵省出身で防衛庁の事務次官をされた佐藤謙さんは、事務次官の役割は「つっかえ棒」だとおっしゃっています。石原会長は、事務次官というのをどういう存在だと思われていますか。

石原　事務次官は、一般職ではあるけれども「政」と「官」の接点に立つ。あるときは「官」、部下を統率して時の政権にお仕えするという面があるし、また、場合によっては政権の方針で「ちょっとまずいな」と思うときは、身を挺してでもご意見を申し上げるという立場。

局長以下、一般職の人は将来があるから、時の大臣が嫌がるようなことは言いにくいわけだけれども、「どうしてもこれだけは」というようなことは、時に申し上げなければいけない。事務次官というのはそういう役割じゃないかと思うね。まさに政と官の接点、それが事務次官の役割だと思うね。

――本省の課長のあと指定職の審議官。特に自治省の場合は、優秀な人が多いなかでポストが少ないですから本省の局長ということになればその人の能力やめぐり合わせというのか運も左右すると思うのですが、人生はどう転んだところであらまし定まっているとはいえ、さらに事務次官となると大変ですよね。

石原　指定職というのは一般職ではあるけれども、特別職に非常に近いポストだと理解した方がいいんだろうね。

指定職のなかでも事務次官はやはり民意代表で、政権が無理難題を要求した場合には「盾」になるという必要があるし、また一方、時の政権を助ける意味で部下を統率して政権にお仕えするという両方の面があると思うな。

第六章

政・官を離れて見てみると

内閣官房副長官を退任し、花束を手に官邸を去る（写真提供：時事通信社）

思い出の自治大臣、地行御三家

――官房副長官として、当時の事務次官会議を主宰したり、各省庁の事務次官と様々なやりとりをされていますが、傍目で見た事務次官とご自身がおやりになったのと、気風が変わったと思われたことはありましたか。

石原　官邸で各省の事務次官を眺めておって、やはり大局が見られる事務次官と全くそれが見られない事務次官と両方ありますね。要するに、時の政権との対応の仕方について、ある程度幅を持って対処することは、本人に力がないとできないわけだ。それができない人は部下の言うままに突き進むか、それとも部下が嫌がるような話でもそのまま鵜呑みにして下へ下ろす。器の小さい事務次官と器の大きい事務次官とがいるね。大体どこの省でも何代かに一人くらいは大物事務次官が出てくるんだよ。大物事務次官というのは、政と官の接点に立って常に大局判断ができる人。度胸もあるし、対応能力もある。そういう人が僕は事務次官の器としてふさわしいと思う。

時の政権に対して言うべきことは言うと同時に、時の政権の政策遂行によって部下を完全に統率していくという両方の能力が求められると思うんだけれど、全然そうでない人がいるわけ。省益に固執してしまって、内閣としての統一方針にまでとことん反対してしまうような事務次官もいる。

――官僚のあるべき姿、望ましい公務員像があるのかないのかは分かりませんが、政と官の関係や霞が関の役人気質は、特に民主党に政権が代わっていろいろありました。

石原　もうかなり昔のことだからね。僕がわりと印象に残っているのは、渡海元三郎さんと福田一さん、江崎真澄さん、町村金吾さん、小川平二さんかな。僕は小沢一郎さんのときに事務次官をやめた。それが昭和六一年七月。葉梨信行さん以降は官邸でのお付き合いになるね。以降、梶山静六さん、坂野重信さん、渡部恒三さん、奥田敬和さん、吹田愰さん、塩川正十郎さん、村田敬次郎さん、佐藤観樹さん。野中広務さんまでは官邸で付き合っているな。

大臣では、やはり僕が一番ご縁があったと思うのは渡海元三郎さんかな。渡海さんはいわゆる「地行御三家」のひとりでね。地行御三家は、予算のときに地方のサイドに立って、税調でも非常に頑張ってくれた。渡海さん、奥野誠亮さん、亀山孝一さんだな。

自治医科大学のこと

――自治医科大学ができたのが昭和四七年で、石原会長が地方債課長のときでした。都市問題や過疎過密で、地方の医師不足も深刻化していましたね。

石原　秋田大助さんが自治大臣で、鎌田さんが官房長のときに「一日自治省」というのをあちこちでやったんだよ。それで高知県でやったときに、「お医者さんが足りない、何とかしないといけない」ということが市町村長から切実な訴えとして出て、そのときのやり取りが自治医科大学ができたきっかけだね。文部省なり、厚生省なりにいろいろ陳情するけれども、国立大学ないし私立大学の設置は過疎地まで手が回らないといって、いくら待っていても埒があかない。だから、自治省主導で医師を養成する専門の学校をつくってくれという話になって、それで自治省としても、そうしようということになったわけだ。

医科大学は各都道府県ごとにあるわけね。だけど、市町村長がほしいのは、臨床本位の医学を学ぶというところなんだ。ハイレベルのものは国主導でやってもらったらいいけれども、地方としては、お年寄りをはじめ日常的に診てくれる開業医がほしいということだね。それで、そういう専門の医専だね。大学だとカリキュラムなどで費用もかかるし、職員も大変、教授陣も大変だから、医専をつくろうという話になったわけだ。

医専をつくるということでかなり検討を進めていたところに、文部省や厚生省から「何で自治省が大学をやるんだ」という話が出てきたり、「医専なんかをつくられたら日本の大学のレベルが下がってしまう」「安上がりで安直な医者をつくるということは全体として医療の水準を下げてしまう」という反対論が起こってきた。

そんな状況だったから、国の役所として直接自治省主導でやるのは難しいかなということで、今後は全国知事会が乗り出して、いわば地方の、各県の共同の力で医科大学をつくるということになったんだ。

全国東西で二つつくるという案ができた。どこにつくるのかという段になって、大学に医学部がなかったのが栃木県。しかも栃木県が誘致に非常に熱心だった。県の林業試験場のところが空いているからということで、そこに自治医大をつくることになったんだ。

そしたら、壬生町に私立の独協医科大学ができたんだよ。藤尾正行さんという猛者がいて、彼が中心になって壬生に民間の大学をつくった（昭和四八年開学）。それで「自治医大なんてつくる必要はない」という反対論もあったけれども、全国知事会としては、やはり地方向けのへき地医療を確保するための要請活動をして、地方主導でつくるんだということにした。場所も東北線沿いのいいところで土地があるというので、今の自治医大ができた。そういう歴史なんだ。

まさに地方主導でことを進めるという役割を担ったわけ。その一つの典型的なケースが自治医大じゃないかと思うね。


――規模が大きく、医療というある意味特殊な分野に足を踏み入れるわけですから、その組織形態をどうするか、とりわけ運営の財源をどうするか。


石原　ギャンブルというと競馬だが、これは農林省所管です。中央競馬会が主催権を持っていて、地方競馬もあるものの、長く中央競馬会は畜産振興に収益金を回していて、地方の医療にまで出せないということになった。通産省所管の競輪も機械振興のためだからということで駄目だった。

それで、当時、競艇が非常に好調で、都市が主催者だから、地方に理解があり、競艇の収益金の一部を拠出してくれた。残りは各県が分担し、宝くじの収益金も交付されている。

宝くじは、栃木県が地域医療等振興自治宝くじとして発行して、全国市場で売るというかたち。

いずれにしても、競艇の収益金、宝くじ、そして各県の拠出金。当面の建設費には地方債をちょっと使ったような気がするんだけどね。地方債を栃木県に発行させて、全国のためだから元利償還を特別交付税でみる、そんな議論をした記憶があるけどね。松本和雄君が栃木県の財政課長をしていたころだね。

――石原会長は当時地方債課長で、宝くじを所管しておられました。

石原 ギャンブルもそうだったんだ。この話は僕が相談にのって、要するに地方全体のためになるのだからと前向きに対応した記憶があるね。

――当時の期待以上に自治医科大学の附属病院の医療水準は高くなってきています。

石原 自治医科大学がスタートした直後だったか、たまたまその話に東大医学部の中尾喜久先生（初代自治医科大学学長）が相談にのってくれて、そのころ、東大の医学部で学園紛争が起こり、非常に学部が荒れた。そこで、東大医学部の優秀な先生方を中尾先生が引き取って、自治医大へ来てもらって、教鞭を執ってもらった。自治医大はそういう幸運にも恵まれて、教授陣が非常にハイレベルでね。

例えば自治医大で教えてくれた森岡恭彦さんという人は、東大医学部に入ってから、後に昭和天皇の手術を拝命された。今、永井良三先生が学長をやっておられるが、代々東大の医学部と非常にご縁ができていい先生に来てもらっている。こういうことから、自治医大はいまやハイレベルの学校になった。初めは医療現場の臨床、要するに患者に接する第一線の診察医をつくればいいというぐらいの考えでいたけれども、途中からいい先生が来られたものだから、今は一流の医大になった。

――センター試験をやる格好になっていますが、学生の偏差値が非常に高いという評判です。

石原　都道府県が共同で設立した私立の大学だから、各県が推薦してくるんでね。例えば医師の国家試験は、私立大学の卒業生なんて受からない医学生が大分いて、問題になったんだ。ところが自治医大の学生は一〇〇％受かる。使命感に燃えてしっかり勉強もするんだろうけれども、やっぱり優秀な学生が集まっていることが立証されて、関係者としては非常に鼻高々だったんだ。

地行族の活躍

――公務員として仕事をするに当たって、特に課長や審議官、局長になってきますと、政治家との付き合いが出てきて、その付き合い方も大変です。自分の性に合わない、肌が合わない、それでも我慢しなくてはいけない場面もあったと思います。

石原　国政には、内政や外交などいろいろな分野があって、それを得意とする政治家がそれぞれいて、いわゆる「族」というのができるわけ。例えば安全保障関係だと国防族だとか、郵政関係だと郵政族とか。その中で地行族という、地方行政に熱心な人というのはいわば奇特な人なの。

特定の業界と結びついているわけではないからカネにも票にもならない。地行御三家といわれる先生方は、地方行政に関係する話になると強力にバックアップしてくれた。特に地方交付税の確保ね。地方交付税を中心に地方財源をどう確保するかということが大きなテーマになることが多かったし、国税と地方税の税源配分の中で地方税をどう充実強化するかということがいつも大きなテーマだった。

予算編成のときには、各種の補助金、公共事業や社会保障などいろんな分野があるけれど、そうしたなかで地方行政の一番の中心は地方交付税だね。金額が一番大きいから。しかし、特定の利害に熱心な先生方からはむしろ敵視されて、地方交付税であんまり頑張られると他の補助金が寂しくなるというので、いわば利益相反関係にあって、地行族の先生方は非常に苦労された。

そうしたなかでも御三家と言われる人は、終始、地方が大事だと言い続けておられた。「国政は、実際には地方で動いているのだから、地方の足腰を強くするための財源を確保しないとだめだ」と言って、予算編成のたびにバックアップしてくれた。

僕の記憶では三人の先生が特に中心だったけれど、そのほか、宮城県出身の警察の先輩だった山本幸雄先生、運輸省の自動車局長だった細田吉蔵先生、この方の息子さんの細田博之さんが今、衆議院議員だよね。それから後藤田正晴さんね。

後藤田さんは税務局長もやられたし、また官房長官を長くやったし、国政と地方とのバランスを考える、地方一辺倒じゃないんだ。厳しかった。しかし、大事なときは応援してくれた。そういう先生方が記憶に残るね。


——政治家のなかには、根回しに行っても「分かった」と言うだけで、何の力にもなってくれない人もいます。そして、行かないと「何で説明に来ないんだ」と怒る人もいますね。

石原　要するに、調子よく言っても、あまり頼りにならない、力にならない人っていうのも結構いるよね。御三家をはじめ今名前を挙げたような先生方は実際に動いてくれたし、力もあったね。

それから、わりとユニークな考え方で、それが我々にとってありがたい先輩だったのが運輸大臣をやられた丹羽喬四郎さん。茨城県の出で、息子さんの丹羽雄哉さんが厚生大臣をやられた。

丹羽さんは隠れた地行族だったね。内務省出身だが、警察畑の人なんだね。荻田保さんと同期。荻田さんにはエピソードがあってね。

終戦のとき、特高警察は、思想警察だったから、総司令部の命令で即刻解雇されたんだ。そのとき、荻田保さんが東京都の財政課長で丹羽喬四郎さんが警視庁の官房主事だった。それで、退職手当も何も全部なしでインフレ時代に放り出されてはかわいそうだというので、東京都のいわゆる専決処分で警視庁の特高の退職金や何かを払ったんだね。総司令部は、そういうことをやれとは言っておらず、ただ「解雇しろ」と命令していたんだがね、こんなような武勇伝がある人で、後に自治庁時代の政務次官をやっていただいて、地方税制のときなどは、結構応援団になってくれたね。

――確かに地行でいろんな議論があって、今名前が挙がった人たちが結局最後はおさめてくれたということですね。

石原　そうそう。特に渡海さんが当時の自民党の中枢に対して影響力のある人で、それから亀山先生が福田赳夫先生と非常に親しかったんだね。それで、亀山上皇、亀山上皇って言って、福田大蔵大臣が「亀山上皇に言われればしようがないな」なんてね。
例えば、昭和四一年度の予算のとき、地方交付税率を三〇％台から四一％までいっぺんに引き上げた。もちろん大蔵省は大反対だった。最後は、御三家のうち亀山先生が乗り込んで、福田大蔵大臣に直談判した。福田さんの下は全部反対なのに「亀山上皇に言われりゃしようがねえやな」なんて言って、それで四一％にしちゃったんだよ。これはもう明らかに福田さん、赳夫先生の地方に対する配慮なんだよ。
そのとき福田先生が言った言葉が、部下に対して「国と地方は車の両輪だ」と。「車っちゅうものは片っぽだけ回ったんじゃ駄目なんで、両方が回んなきゃ前へ進まないんだ」と。「国の財政と地方財政がともに回らなきゃ駄目なんだ」と。福田先生の見立てでは、「地方交付税は四一％で両方がうまく回るんだ」と。「国の財政は、それでも大丈夫だ」という話をして、そうしたら、大蔵省の幹部はみんな黙ってしまったと、そんな話があるんだけどね。

——総理大臣になった政治家でも、地方に非常に理解がある人と言葉とは裏腹にわりあい冷たい人がおられたと思うんです。

石原　福田さんは地方に理解のある総理だったね。大蔵大臣のときからそういう感覚があったから、ありがたい人だった。

——なるほど。石原会長のご性格からすれば、腹に据えかねる、気に食わない政治家はおられなかったということですかね。

石原　もちろん、何というか、役人に対して非常に意地悪というのか、批判的な先生もいろいろいたけど、決定的に、もう見るのも厭だ、傍にもいたくないというようなことにはならなかったね。

嫌な人でもそれはそれでこらえて、当方はやっぱり地方をバックアップせないかんから、頭を下げて何とか理解をしてもらうという場面もあったわね。

――自分の仕事の流儀や哲学に合わない、しかし政治家がいろいろ言ってくる、そういう場合に、それに従うのか、「いや、それはそうじゃない」と言って自分の流儀を貫こうとするのか、石原会長の場合はどちらですか。

石原　僕は財政の仕事でもそれ以外のことでもそうだけれども、いろんな問題に直面したときに、常に相手側の立場というものに対してはある程度理解する。なぜそういう主張になるのか、どういう背景があるのかということを十分に調べて理解して、その上で議論する。当方の言い分だけ言いっぱなしで、突っ張るというのではなくて、相手の立場もよく聞いた上で、なるべく説得して結論を出すという流儀だったね。

ふるさと納税

――大臣の考え方と自分の考えが違うということもあります。自分の出世だけを考えれば、大臣の言うことを聞いていればいいということかもしれませんが、気骨ある生き方、役人のあり様もあるかと思うんです。例えばふるさと納税で、税の理屈に合う合わないという議論になって、大臣に異論を唱えたという話も聞こえてきています。

私も沖縄県の辺野古の問題で、「大臣と防衛施設庁長官の路線対立」とずいぶんマスコミにも書かれました。

石原 それはあるね。僕も市町村税課長とか税務局長をやっていて、やはり税の論理というものがあるんだよね。特に地方税の論理というのね。

要するに、よく言われる国税の場合には応能主義で地方の場合は応益主義、応益原則。地域サービスに対する負担を住民に求めるという限りにおいて地方税は応益性を加味した税であるべきだということだね。同時に国民全体としてみた場合、国・地方ともに行政としてはサービスに見合っただけの費用は確保しないといけないから、国税と地方税とが競合することはよくあるわけね、同じ人からいただくわけだから。

その場合、どちらを優先するかという議論がよくある。国政万般のバランスのなかで考えていくわけだが、地域の行政が健全に運営されなければいけないという側面も重要だから、そこら辺の均衡の問題があるね。

往々にして国会議員さんのなかには、国税優先で、その余りがあれば地方が取ってもいいが、まずは国がとるという考え方の人が結構いるんだけれども、そうではなくて、行政の質、内容によって、応益原則によって地方に課税権を認めた方がいいというものもあるわけだから、それはきっちり主張すべきはするということじゃないかね。

税務局長のときは、僕はそういう発想で議論して、ある程度理解を得たと思うんだけどね。

――そのあたりの理屈からするとふるさと納税はなかなか微妙ですね。

石原　今の応益原則との関係だけれども、その地域の住民がその地方団体から受けるサービスの費用の一部を負担するという基本から考えれば、住民が自分の生まれ故郷に税金を納めるなんてことになると、それはサービスに対する対価として負担する話じゃないわけね。いわばノスタルジアみたいな、地方税の論理からすると、やや異質になるわけよね。

ふるさとの人たちのためにやっている行政に一部貢献するということがあってもいいじゃないかいう議論も出てくるわけだけれど、純粋に地方税の応益原則の議論からすると、若干疑問が出てくるわけだ。

だから僕は、税をやる者は、筋は筋でちゃんと主張して、しかし最終的には国会議員さんが国政を預かっているわけだから、議論した上で最終的にこうするということになれば、それは役人である以上は、従わなければいかんと。無原則に従うのではなくて、筋は筋として主張した上で、最終判断は従うということじゃないのかね。

ふるさと納税も僕はそういうものだと思うよ。だから、初めからふるさと納税ありきではなくて、応益原則からくる地方税の本質からみて、どの程度までが許容されるのかという話じゃないのかね。

――景品やふるさと産品が欲しいあまりに故郷でもない地方団体に納税をする。寄附ならしないけど……。

石原　寄附は、それはそれでいいんだよ。ボランティアだから。ただ、納税というのはやはり一つの原理原則に従って行われるわけだから、ふるさと納税という言葉はいいけど、一種の寄附だと考えればいいんだね。そういうかたちをとって寄附、ふるさとへ寄附する。それを税制的にフォローアップしているということじゃないのかね。

自治官僚としての資質

――部下にもいろんなタイプの人がいたと思います。自治省には学業成績や公務員試験成績が割合といい人が入ってくるわけですが、課長補佐ぐらいまでは優秀にみえても、そこから意外に伸びない人がいたりします。特に自治省で仕事をする場合に、大事な資質、例えば調整能力やセンスのよさ、物事の軽重を的確に判断できる能力とかいろいろあると思うんですが、石原会長はどのような資質が特に必要だとお考えですか。

石原　民間企業の場合でもそうだと思うが、役人の場合は基礎的な勉強はしっかりやってもらって、それで若いうちは原理原則に忠実に議論をし、主張すべきものだと思う。ただ、政治レベルになるとまた別の判断があるわけ。政党によって政策の重点が変わってくるしね。

それから、特に自治省の場合でいうと、国政とのバランスね、国政と地方政府の行政との接点に自治省はあるわけだから、その辺の調整をどうとるか、どのあたりで調和を図るかという視点で、若いうちは地方の論理、地方のサイドに立った議論をどんどんやったらいいと思う。

課長補佐ぐらいまでは、税なら税の議論を展開したらいいと思う。課長になると他の省との議論もあるから、徹底抗戦ではなくて、ある程度まとめを意識するようにする。それで、局長になれば、政治との接点に立たされるわけだから、大局判断もできるようにならないといけない。そういうある種の柔軟性、弾力性というのを持ってもらいたいと思うね。

言い換えれば、課長補佐以下のときまでは純粋に議論で、どんどん活発な議論をし、研究してもらいたい。それをどう調整するかというのは課長段階で、いわば第一次の調整役。局長になると、他の省庁なり、時の政権の政策との調整というものを考えるという、レベルによってある程度変わってくる。むしろ変わらなきゃいけない。学者先生のような議論を局長になってもやっていたんじゃ、これはまとまらないからね。だから成長するというのか、大局判断ができるようになってもらいたいと思うね。

省庁再編

——省庁再編で旧自治省が郵政省、総務庁と合体して総務省になり、ある意味、ずいぶんと物分りのいい役所になったのかなと、私などは傍目で見て思います。われわれが入ったころは、自治省というのは体制内野党だとよその役所から言われて、とことん突っ張って地方のことしか考えていないということも言われたと思うんです。

石原　その議論は、国政対地方、国政対地方行政という対立軸で捉えたときに、自治省はいわば全地方を代弁して渉るべきだということが必要なんだという考え方に基づいている。しかし、そういう自治省の役割もしょせんは国政の中の一部なんで、最終的には国全体との調和、調整というものをせざるを得ないと思う、する必要があると思う。

それで省庁再編のときに、例えば長野士郎さんは「自治省は他の省庁との統廃合に加わらないで、むしろ昔の地方行政委員会のようなかたちで独立してしまった方がいい」と主張してきたんだ、国政とはあくまで対峙して。

戦後、特に財政の場合は地方財政委員会というものが政府の機関とは別にあって、予算編成のときにも原案送付権を持ったりした時代があったりしたものだから、自治省は地方の立場に立ってものを言うのだから、省庁の総合的な枠組みの中に入らない方がいいという考えなんだね。

――要するに独立性の強い行政委員会制度として自治省を位置付けるということですね。

石原　しかし、さはさりながら、国政全般の中で地方の立場を主張するには本陣の中に入った方がいい、別城でやったのでは力の限界がある。政府の一員として中にいた方が地方の立場に立っていろいろな主張をしやすいし、政策も実現しやすいという議論と、両方あったの。

それで、僕の記憶では長野さんが独立派。一方で小林與三次さんや宮澤弘さんは、地方のためにも統廃合の中で内閣の中の重要な一角を占めるのが実質的だという議論をして、結局、総務省ということになったんだ。

ただ、ちょっと割り切れなかったのは、橋本龍太郎総理が省の数を「一〇にする」ということに非常にこだわったんだね。それで、地方行政の中心の自治省は「総務省」ということで総合調整というかたち、名は体を表すということで非常にいいということだったが、郵政省が残り、それをどうするかという段になって、結局、数合わせで総務省にくっつけちゃったわけ。

僕は、その当時はもう外にいたんだけれども、どう考えても旧自治省と郵政省は縁がない。それをあえて一緒にしたのは非常に理解しにくいし、もうかなり経つし今でも総務省としては一緒にやっているわけだけれど、幹部は苦労しているんじゃないのかね。

——情報通信とか新しい仕事の分野で地方との接点があるといっても、それはどこの役所の仕事もそうであって、自治と郵政とではおよそ畑が違う。

石原　全然違う畑の人だからね。例えば事務次官も郵政出身の事務次官が地方行政といったら、なかなかなじみがないし、逆に自治省出身の事務次官が郵政の仕事にかかわる、これは結局、郵政の方の審議官か何かにやってもらうしかないから、やっぱりこれは正直言って賛成できなかったね。

国土交通省も運輸省と建設省を中心に国土庁、北海道開発庁をくっつけたわけだけれど、曲がりなりにもそれはそれで一体性というものがある。しかし、旧自治省と旧郵政省は直接の関係がないわけね。ちょっと無理があると思うね。

――省庁再編は、官房副長官をお辞めになって以降の出来事ですね。内閣機能の強化や国家の行政事務の効率化をうたい文句にしてなされたわけですが、その省庁再編をどういう目でご覧になっていましたか。

石原　省庁再編のときに意見を聞かれて、官邸機能の強化は大賛成、省庁再編は数にこだわらずに機能別にうまく再編成すべきだと意見を申し上げたんだ。役所の機能を重視するというのは、要するにどういうことをするかという仕事の内容、性質本位で考えるべきであって、数にこだわるべきでないと意見具申したんだけれども、残念ながらあのときは橋本総理のご意見があって、とにかく数を減らそうと、役所の数を半分にすると。二二ある省庁を一〇省にまとめるということを打ち上げて、これは行政の簡素化みたいなイメージで言ったのだろうが、僕は率直に言って失敗だったと思うね。

必ずしも機能的に同じではない役所を数合わせで合わせたというのは、決して評価できない。いい例が総務省、昔の自治省と郵政省とをくっつけて総務省にしたというのは、そこには全く理念がないわけ。数合わせのためにそうしたわけ。

それから厚生省と労働省をくっつけたり。一口に厚生労働というけれど、労働行政というのはむしろ通産省の産業行政と裏表なんでね、厚生省は社会保障の方だから。これも僕はあんまり賛成できない。国土交通省は四つの省庁を一つにしたんだけれど、巨大な組織になってしまって、果たして機能的にうまくいっているか、有機的に一つの省としての意味を発揮しているかというとそうでもないのではないか。だから僕は、数ではなくて時の政権の政策が効率的に浸透するように、各行政組織が機能しやすいように組織をつくることがいいのであって、そのためには数にこだわるべきでないと、今でも思っているね。そういう意味では、あのときの省庁再編成は失敗だった。今でもその影響は出ているんじゃないかと思うね。

――あれだけ大きな再編成ですから一〇年に一度とか、失敗だったから見直そうといった動きにはなかなかならないですね。

石原　一度やってしまうとなかなか見直せない。特にひどいのは内閣府。あっちこっちから寄せ集めて一つにしたというだけで、まったく機能していない。職員も二、三年で親元に帰るわけだし、まったく官邸機能の強化になっていない、今の内閣府は。

そもそも全体が数合わせだからね。一番の失敗例だね。

後藤田五訓

――「後藤田五訓」というものがあります。「省益を忘れて国益を思え」「悪い、嫌な事実は速やかに報告せよ」「自分の意見を持て」「決定に従い、速やかに実行せよ」「自分の仕事ではないと言って争うな」というものです。

これが霞が関官僚のあるべき姿だと思うのですが、現実は、時代の変遷とともに霞が関の公務員の気質、国家に対する思いや仕事に対する矜持というものがかなり変化してきているのではないかと思いますす。石原会長が自治省の現役のころと官房副長官時代、あるいはお辞めになった今とで、霞が関の役人気質についてどのように思われていますか。

石原　僕は、それぞれの省の役人が省益を忘れろというのは留保つきで言えることであると思うね。正確にいうと、各省の職務、その所管行政についてはしっかり勉強してもらいたいし、専門家であってほしいと思う。しかし、国政との相互調整という問題になると、各省がそれぞれの立場で突っ張ったままでいたのではまとまらなくなってしまうから、課長ぐらいまでは、それぞれの所管行政の立場から十分掘り下げた議論をして勉強もしてもらいたい。しかし、国政全体との調整という点については、少なくとも局長クラスになったら、それとの関係も考えて柔軟に対応する。そういう幅を持ってもらいたいなと思うね。

僕は、官房副長官として国政全体の調整役を長い間やったけれども、そのときに、やはり各省の事務次官なり局長のなかには、あくまでも自分の省の立場を最後まで突っ張るタイプと、最終的には国政の方針に従うというタイプとがある。僕はやっぱり普通の課長ぐらいまでは頑張ってもらって、それぞれの考え方を主張してもらって結構だが、局長、事務次官になったら、全体との総合調整という観点から違った考え方も受け入れる幅を持ってもらいたいなと思うね。

例えばウルグアイ・ラウンド交渉のときに、北米産の米の輸入を認めるか認めないかという議論があった。米は、日本は昔から食糧管理法で管理してきていて、要するに代々農林省の方針というか、自民党の農林族は米は一粒たりとも輸入してはならないという国会決議を何遍もやっているし、国産を基本とするという方針で一貫してきたわけだ。

ところが、ウルグアイ・ラウンド交渉でアメリカは、米の輸入を認めなければ交渉は絶対まとまらないという。日本は貿易の自由化で成り立っていくんだから、米の輸入の是非を理由としてウルグアイ・ラウンドを拒否するわけにはいかない。そこをどうするかというときに、代々の農林省の幹部には、それは絶対に駄目だという幹部と、最終的には国政の大方針だからやむを得ないだろうという二つのタイプがあって、僕が官邸にいるころ、今でも覚えているけれど、彼はのちに慶應病院で亡くなったけど、当時の農林水産事務次官が「最終的には農家がちゃんと成り立っていけるようにしてもらえれば部分的な輸入もやむを得ない」ということで折り合ってくれたわけ。それで、今の輸入アクセスという、関税の撤廃ではなくて一定量だけ妥協として北米産の米を輸入して、それは食料にしないで畜産の、家畜の餌にするという妥協策でまとめたんだ。

――ガット・ウルグアイラウンド。牛肉・オレンジの自由化のころの議論でしたか。

石原　そう。要するに貿易自由化の話の中でそれがネックになったんだ。

そのときに、当時の農水事務次官らが「最終的には政府の裁定に従う。しかし、農家を守ることがわれわれの使命でもあるから、農家はきちんと守ってもらいたい」と言うので、「ミニマム・アクセスで、輸入米は家畜の餌に使って、国民の食料はあくまで国産でいく」ということになった。「米づくり農家は守る」という収めにした。

――官房副長官の立場で見ておられると、国益よりも省益で頑張っているというのは厄介ではありますが、まだ可愛げがあるかもしれません。逆に後藤田五訓の最後の要するに自分の仕事じゃないといっていいわば消極的権限争いをすることで不快な、嫌な思いをされたことも結構おありだったのではないですか。

石原　うん、そう。逃げるというのかね、これは。

逃げるというのは、人によって、自分の問題ではないといって逃げる場合もあるし、自分の主張と違った結論になったときに正面から受けないで逃げる場合もある。

要するにそういう問題は必ず国会で取り上げられたりするわけね。国会で農林族から猛烈反対をくうわけだから。そのときに、内閣にやられたからしようがないって答弁するのと、やっぱり総合判断してこうせざるを得なかったという苦しい胸の内を訴えつつも、とにかくご理解をいただくというタイプ。二つあったね。

政府として決めた方針だから、国会ではそれぞれ各族議員は自分たちの立場を強烈に主張するし、政府の案がそれに少し外れるところがあればそれを追求してくるから、やはり政府委員というのは、それを政府全体として受けていかなければいけないから、その場合に、「自分はこうだけれどもしょうがなくて、させられた」という逃げの答弁をするのと、「それはそういう立場もあるけれども、総合判断として、国益全体を考えた場合に、こうせざるを得ないんだ」という政府全体の立場に立った答弁をすると、二つのタイプがあるね。

国やはり僕は、事務次官、局長クラスになったなら、逃げ口上というか、弁解がましいことではなくて、国益全体の立場に立ってこうせざるを得なかったから理解してくれという生き方をしてもらいたい。また、現にそうする幹部が多いのだけれど、なかにはね、国会で追及されると自分もそれは反対したと言う人もいる。逃げ口上を言うタイプがあるけれど、これは見苦しいね。

政府委員制度から政府参考人制度へ

――かつては、局長クラスが政府委員として、国会の委員会に出ていき、手を挙げれば答弁できました。ところが政府委員制度がなくなり、政府参考人制度になると、事前に理事会で質問者の了解を取って、委員会の開会時に政府参考人として登録する議決を経ないと答弁できなくなってしまいました。

石原　あれは小渕内閣のときだったと思うね、政治主導に関する法律、議員立法でやられたんだね。そのときに政府委員制度をやめて、国会答弁は全て政治家の責任でやるということになった。役人は参考人で、資料の説明までは参考人として出ていても、政策の議論は役人がしちゃいかんというんだね。「全て政治家がやれ」という話になった。だから、建前としては政治主導ということになったけれども、僕は、もう政府委員時代の人間だからということもあるが、実際の政策論議の深まりは政府委員制度の方がいいと思うね。

本当の政策の中身が分かっている者が、制度の基本を理解しながら国政との調整過程を踏まえて説明する方が議論が深まるわけ。ところが、政策の基本をやっている役人は資料の説明までで、政策の議論は政治家がやれとなると、その政治家がその所管行政について詳しければいいが、政権交代で素人の政治家が大臣になったりした場合には議論が深まらない、問答無用になってしまう。

――役所がつくった答弁資料を棒読みするだけですよね。

石原　そうそう、棒読み。だから、政治主導に関する法律で政府委員制度をやめたけれども、昔の政府委員制度の方が議論が深まるし、実質的にも民主主義の原則に合うと思うね。かたちにとらわれて、実質を失ったというのが政治主導に関する法律だと思うね、僕は。

――昔、久保田円次さんという防衛庁長官がいて、「これは非常に重要な問題なので、政府委員をしてお答えいたさせます」という答弁をされました。失笑を買ったというか、ある意味、本音として国会論議の実態を語った。

石原　そうそう。有名な話ね、大平内閣のときの話だ。久保田円次さんは、群馬県の僕の出身の選挙区なの。いい人でね。この人はもともと文教族で、教育関係には非常に熱心な人だけど、防衛は素人。ところが、防衛庁長官になったわけね。僕はあのときは税務局長で、委員会室の後ろの方に座っていて「困ったな」と思いました。本人は正直な人だからああいう答弁になって、結局、大平総理が引き取って答弁したんだけど、文部大臣になっていればあんなことにはならなかったんだがね。やはりああいう場面を見ても、政府委員制度がある方がほんとうの議論の深まりにつながると思うね。

――政府委員制度の下でも、事務次官は基本的には国会に出ず、局長と審議官が対応します。官僚にとっては、役所の仕事と、それ以上に、国会対応、国会答弁をいかにそつなくこなすかということも非常に大事な資質であったわけですが、その政府委員制度がなくなって、ある意味、霞が関の局長は、非常に肩の荷を降ろしたというか、楽になった。

石原　楽になったと同時に一種の虚脱感というのか、喪失感というのか、何かそういうものがあるね。僕は、率直に言って、われわれの世代は政府委員の辞令をもらったことでようやく一人前の役人になったという実感を持ったね。

あの政府委員バッジで、要するに一人前の役人として認められたという自負みたいなものを持ったの。それが仕事の張りにもなった。そういう意味で、僕は、政府委員制度を廃止したというのは政治主導、政治優位を印象付けることだったんだろうけれども、実質的に国政そのものの審議を深めるためには、過ちだったのではないか。かたちだけにとらわれ過ぎたんじゃないかと、今でも思っているね。

現代公務員事情

――最近、総務省や経産省、財務省なども、官僚が四〇代、五〇歳になるかならないかくらいで役所を辞めて選挙に出たりして政治家に転身するケースが結構多くなったような気がします。そのことについてどのようにお考えですか。

石原　政策を十分に議論するという立場からすると、公務員である以上は限界があるから、特定の行政分野について自分が公務員としての制約を超えてもっと追究したいと、自分が関心を持っている政策テーマを実現させたいと、その場合には、国会議員として国民の信託を得て国政の場で活躍したいという志は、僕は非常に積極的に評価していいと思う。

――でも志だけではなかなか選挙に勝てません。

石原　選挙は選挙でね、それぞれの選挙区の事情とか、本人の素質だけでなくいろいろな条件が整って初めて当選できるわけだから、是非の議論よりは本人の選択の問題として、いったん公務員を志した人間が最後まで公務員として定年までやる方もあるだろうし、途中で国政に転じて、制約を外して政策、自分の求める政策の実現に貢献したいという方に進みたいという人もいるだろう。そういう意味で国政の方を選ぶというのは、僕は本人の選択の問題であって、決して悪い話ではないと思う。

――途中で学者や研究者に転身するという人もたくさんいます。

石原　両方あるね。公務員としての制約を超えて自由な立場でより深く特定のテーマについて研究をしたいと学者の道を選ぶ生き方もあるだろうし、またもっと実践的に国政の場を狙って選挙に出るという選択もあるだろう。これはいろんな選択肢があっていいと思うんだけどね。

――世の中の人たちが公務員をどのように見ているか。利権や役得が多いと誤解しているところもかなりあると思うんです。その結果、やっかみやひがみの的にもなっているわけです。そういう役人に対する世の中の見方というのは昔と今とでどうでしょう。

石原　そうね、役人というか公務員の場合は、昔はいわば超エリートで、天下国家を支えているんだという気概で、まさにエリート集団として自負を持っていたし、またそのようにも見られていたんだけれども、戦後になってからは、特に最近は公務員というのはやはり公僕だと。国民のしもべだという見方の方が強くなっている。

さはさりながら、公務員は、それぞれの所管ごとに一定の国政の担い手、国政の実行の役割も担っているものだから、どうしても権力の行使、国家という権力の行使を手伝うわけだから、そういう意味での役人の利権、あるいは統治者としてのおごりというものに対する批判、やっかみが出てくる可能性はあるわけね。だから、公務員たる者は常にその辺は自覚してもらわなきゃいけないと思う。公務員に対しては、あくまでも建前として公僕だから、自分たちの召使だからと主張する人もいるし、やはり権力の行使に当たっている以上どうしてもおごりがあるという批判も出てくる可能性があると。

基本的には、国民の税金で給料をまかなっているわけだから、「公」というものに従っていると、「公」の役割の一翼を担う存在だという意識を持って処してもらいたい。

特に地方行政の場合には、統治者として住民を見るのではなく、やはり住民にサービスする担い手として、住民に接するという自覚を持って当たってもらいたいね。

――国家公務員も地方公務員も基本的にはその意に反して辞めさせられることはないという意味で身分が

保障されていますし、世評いわゆる堅い商売なわけですが、最近は特に若い人で国家公務員試験の受験志望者が少なくなって、公務員という仕事が魅力のないものになりつつあるのか、あまりに政治主導などと強調されると、それほど面白味のある職場ではないと思っているのか、民間企業の方が給料がいいからという打算的な気持ちからなのか、公務員を志望する若い人が昔に比べると減っているような気がするんです。

石原　そうだろうね。昔は公務員はエリート集団だという見方もあったし、当の公務員もそういう自覚があった。ところが最近は、エリート集団でなくて公僕だという。だから、公務員としての誇りをなかなか持ちにくい環境になっていることがあると思う。

待遇の面でも、公務員の給与は民間給与の平均値を基準につくられることになっているから、優秀な成績で大学を出るような人たちはどうしても一流企業の方が目に付くわけだ。一流企業の給与水準と公務員の給与水準では明らかに一流企業の方が高い。そうした一流企業と比べた場合の給与面での格差というものが出てくるし、税金でまかなわれている公僕だという見方の方が強くなってきているものだから、仕事がきつくて大変な割には待遇もそれほどではない。

一般の会社と違って役所が潰れることもないし、身分も安定しているからもっと謙虚であれと、いばるなと批判的な目で、時に冷たい目で見られるケースが多いということが背景にあって、学生にとって魅力ある職場ではなくなってきているということがあるんじゃないかね。

――裏金問題や官官接待などが問題になって公務員倫理規程ができて、早期退職慣行も是正されました。定年の六〇歳まで現役で勤めることや、年金をもらうまでに何年もあるのに再就職の規制がかかったりするように、公務員の魅力と感じられていたものがなくなってきたというのも一因ですかね。

石原　それは大いにあるね。やはり役人、公務員としての役得というのかな、メリットというものが減ってしまって、一方で、公務員に対する見方が良きにつけ、悪しきにつけエリート集団として評価されていたのが、今はそうではない。また、処遇もそれほどではないし、社会的な評価も低い。

結局、だから、そういう意味で、総合的に公務員の職場に魅力がなくなってきているということが言えるんじゃないかね。

――夜一二時過ぎまで国会対応をして、翌日は早朝から政府委員室（国会連絡室）で大臣答弁の打ち合わせ。終電ぎりぎりで一時間、二時間かけて官舎まで帰るのはしんどいからタクシーを使うとぜいたくだと言われる。あるいは、都心の官舎に民間の賃貸に比べてかなり安い家賃で住んでいるとか、そういう何かあらぬことに対する一般世間の批判、一種のバッシングみたいなものもあって、公務員がそれほど魅力のあるものとは思われなくなって、それだったら民間に行った方がいいということになる。

石原　だから、実質的な処遇の割には社会的な評価が低いと。そういう意味での公務員の魅力というものが昔に比べて落ちているのは否定できないのじゃないのかね。

――石原会長が戦後東大に在学中はどうだったのでしょうか。われわれのころは、一番勉強しているのは司法試験を受けようとしている人、次に勉強するのが公務員志望、あまり勉強しない者が金融機関や民間企業に行きました。

石原 そうね、僕らのころは戦後で、講和条約が発効して、占領がとけて、主権を回復したときに役人になったわけだけど、そのころの役人志望者というのは、戦後の新しい日本をどうつくるかという意欲、使命感みたいなものを持って入ってくる者が多かったね。給与はもちろん当時でも一流企業の方がずっとよかった。それでも結構優秀な人材が公務員になっていたね。

それはどこの省でもあった。それぞれの分野で全く新しい制度をこれからつくっていく、あるいは定着させるという時期だったから、仕事に対するやりがいは、単に給与だけじゃないという気持ちだった。仕事に対する情熱、誇りを持てるかどうか。こういう選択肢のなかで公務員の道を選んだ者は結構多いと思うんだ。

最近は、ある意味でいろんな制度がそれなりに定着してしまっているし、一方、公務員に対する世間の見方や評価も率直に言って昔より高くないからね。だから、やっぱり学生諸君が学校を出て民間に行くか、公務員を選ぶかというときの選択肢としては、僕は、昔よりは今の方が落ちているんじゃないかと思うね。

民主党政権

――平成二一年に民主党政権になって、ある意味極端になったというか、逆に官僚の方がやる気をなくしたとまでは言いませんが、政治家に言われたとおりにやっていればいいというモチベーションの喪失にもなった気がしますが、どうでしょうか。

石原　いろいろ評価はあるわけだけど、僕は役人の立場から言うと、民主党政権に一番幻滅を感じたのは、鳩山内閣がスタートして一番先にやった事務次官会議の廃止で、僕は大変な失敗だと思う。事務次官会議というのは、役人が政策を決めているわけではなく、各省が法案を閣議にかける前に関係省庁間の意見調整ができているかどうかを確認する場なんだよ。調整ができていなければ、もう一遍差し戻して、それで、大臣は政治家だから大臣を交えてどうするかを決めるということなんだ。

要するに閣議の場では政策調整なんてできないの、実際は。非常に限られた時間内に法案をどんどん閣議決定していかないと国会で間に合わないわけだから。だから、閣議というものの時間的な制約を考えれば、事務次官会議の場までにきちんと調整ができているかどうかを確認するという手法が非常に効率的なの。それをやめてしまったということで、省庁間の実質的な連携が非常にとりにくくなった。僕は大失敗だと思うね。

――確かに役所から見ると、事務次官会議にかけるためのタイムリミットみたいなものがあって、それまでに精力的に調整する。調整がつかなければ事務次官会議にもかけられないから、法令として世に出ていかないという意識でみんなやっていたわけですよね。

石原　そうそう。それで僕は、時の民主党政権のなかに決定的な誤解があってこういうバカな結果になってしまったと思うんだ。

事務次官会議で役人が政策を実質決めてしまって、閣議はそれを追認するだけという評価があって事務次官会議をやめたと思うのだけれど、これは大変な認識の誤りなんだよ、誤認もいいところ。

会議に至るまでの過程では、各省で政治家である大臣や副大臣以下で真剣に議論をして、他の省庁との合意ができない部分をどう省として調整するかを議論した結果として事務次官会議に諮られるわけだから、事務次官会議で確認したものというのは、その前の過程で、各省庁レベルで大臣の政治的な判断を経ているわけ。それを役人だけで決めているなどというふうに誤認して事務次官会議をやめてしまった。これ大変なミスでね。

——そうですね。明治以来一二〇年続いてきた事務次官会議をやめてしまった。改革気取りとしか言いようがありません。同様に、政治主導と称して官僚を意図的に排除するパフォーマンスとして、各役所のなかでも政務三役会議なるものをつくって事務次官以下は一切ノータッチだということにした。予算要求に際しても、議員が電卓を叩くという、まったくのはき違えをやって滑稽としかいいようのない状況に陥ってしまったわけですね。

石原　そう。政務三役会議かぎりで予算要求の原案をつくる議論をするとね。そのために国会議員が計算機を持ち込んでやるとか、あるいは閣議にかける法令の検討を政務三役会議でやって、そのときにバッジを付けた人が六法全書を持ち込んで議論している。役人は外でそれを眺めているという。こんなバカな話はなくて、ちゃんとそれぞれの専門職員がいるわけだから、彼らを使って法令の審査もやり、予算の積算もやって、その最終結果について政治判断をすればいいんだから、それが効率的だし、実質的なんだ。かたちだけ捉えた政治主導というのは、私は国政の停滞以外の何ものでもないと思うね。

――各省の局長以上に、いったん辞表を出させるといってアメリカの猟官制みたいなことをやろうとして大見得を切ったこともありましたね。

民主党政権のそういう間違った政治主導、考え違いはありつつも、他方で公務員の側にもある意味、そういう民主党の姿勢に媚びを売るような発言もあったりしました。

戦後ＧＨＱに取り入って抜群の戦闘力で復権を果たした財務省ですら、当時の事務次官が「時の政権に仕えるのは公務員の責務だ」と言ってみたりして、政に向き合う官の基本的な姿勢も少なくとも民主党政権のときは揺らいだり変質したりしてきているんではないかと思いました。

石原　人によってはそういう傾向があることを否定できない向きもあったと思う。だけど僕は、やっぱりあるべき姿としては、時の政権に、最終的にはその政策判断には従うと、その時の政権が選択する政策をいかに効率的に実行に移すかが役人の役割なんだから。

それは、最終結論に至る過程においてそれぞれの行政の専門家、プロとしての見方や考え方というものがあるわけだから、それはちゃんと主張して、その上で時の政権が最終決定する。やはり最終的には政治に従わなきゃ。これは民主主義なんだから。政治に従わなきゃいけないんだけれども、ただ言われるがままに、自分の信念というものと全く関係なしに、唯々諾々として追随するというのは、僕は役人の悪いくせだとしか思えないね。

それぞれの行政分野において、行政の論理、筋というものがあるわけだから、筋は筋としてしっかりと主張して、その上で最終的な政策判断を仰ぐ。そして決まった以上はそれに従う。こういうことではないのかね。

このプロセスにおいて、それぞれの行政のプロとしての説明、主張をするのかしないのかと。それなしに、ただもう政権のおっしゃるとおりですということで済ませてしまうのは、僕は、一番安易なやり方だと思うけど、それではやっぱり住民、国民がかわいそうだ。国民の立場に立って、こうあるべきだと主張して、意に反することであったとしてもその時の政権の政策決定には従うと、なんといってもそのプロセスが大事だと思う。全てイエスマンで終始してしまう生き方というのは、僕は公務員のあり方としては好ましくないと思うね。

僕は民主党政権でも最後の野田佳彦さんが総理だったときには、公務員の論理というか、それに対するある程度の理解を持って政権運営を行うという姿勢が見えていたと思う。僕は、この点に関して言えば、野田政権は評価されてしかるべきだと思うね。


——国家の行く末を考えて、党首討論で当時の自民党総裁の安倍さんにその消費税の税率の問題を含めて国会議員の定数削減への取り組みを約束させて負けると分かっていた解散に踏み切った。

石原　それなりに国政全体のバランスを考えて、国民負担と国政とのバランスというか行政サービス水準と負担の問題とかそういうものに正面から向き合って、単なる人気取りではなく行こうとした姿勢は、僕は評価できると思うね、野田政権については。

公務員としての気概

――少し話の視点が変わりますが、昔と今と比べるのがいいのかどうか分かりませんが、概して霞が関の官僚はやや小粒になってきたという気がするのですが、どうでしょうか。

石原　そうね、われわれ年配の者からすると懐古趣味になるのかもしれないけれども、やはり昔は公務員としてのプライドみたいなものがあって、いろいろな場面場面で主張すべきときは主張する。しかし、最終的には時の政権に従っていくと、そういうところがもっと強かったと思うんだね。それがどうも最近はちょっと見えてこないという気がするんだね。

――私が今でも思い出すのは、石原会長の一年後輩の関根則之さんのことです。

関根さんが税務局長のときに、私は課長補佐で仕えていたんですが、自民党税調の正副会長会議で、特別土地保有税の扱いが問題として取り上げられたときに、大蔵省主税局長の福田幸弘さんがあたかも国税であるかのような発言をした。要するに当時の「大蔵省が保有税をどうするか決めるんだ」ということを言ったのを関根さんが聞きとがめて、山中貞則さん以下の居並ぶお歴々を前にして、「おまえ何言ってんだ。土地保有税は地方税だ。地方税は俺たちが決めるんだ」と息巻いたことを、まだ覚えているんです。そういう人は結構おられたと思うのですね。

石原　ある種、税務局は地方税の論理というものを非常に大事にしていたね。これは関根君だけではなく、歴代の税務局長はそういうタイプの人が多かったね。関根君もあのとき頑張った方だし、例えば近藤隆之さん、彼も地方税としての論理を非常に強く主張して大蔵省と議論していたね。だから、そういう気概はやはり大切なんじゃないかね。

われわれのような年配者から見ると、やはり昔の役人はそれぞれの論理というものを大事にしたね。主張すべきはした。もちろん最終的には政治の決定に従うが、決定に至る過程においては、信念をもって、筋を通してそれぞれの立場をきちっと主張しておったね。最近は、それが少し見えてこない。

日米構造協議

――平成七年に官房副長官をお辞めになった後、沖縄の基地問題や省庁再編、三位一体改革、地方分権、さらに平成の大合併、道州制論議等々、その後に起きた事象がありました。石原会長ご自身で思い入れがあるテーマは何でしょうか。

石原　日米構造協議だね、市場開放。これは確か海部内閣のとき。「日本の市場をもっと開放しろ」というアメリカの圧力。日米の貿易のインバランス、今でもトランプ大統領が言っているんだが、両国間の貿易収支は日本側の圧倒的黒字になって、それでアメリカ国内でそれに対する強い反発が起こって、日本の家電製品なんかをつぶしたりね。

何かというと日本製品を目の敵にしていた時期でね。なぜそうなったのかというと、実は、日本の製品の方が安くて丈夫だから売れているんだけれども、アメリカ人はそう思わないわけだ。日本が市場を閉鎖的にしているからアメリカ製品が日本に入っていかない、フェアではないということなんだ。

「俺たちにも市場開放しろ」ということで、例えば入札の問題。日本の民間事業はコマーシャルベースだったけれど、公共事業は外国の建設業者が入れないようになっている。それをアメリカと同じようなルールにしろとか。それから独占禁止法で、いわゆる旧財閥系列企業間で取引して他所を入れないというのはおかしい。独占禁止法が甘過ぎる、もっと厳しくしろというようなことまで、諸々の話があった。日本の業界からすればみんな嫌な話ばかりなんだよ。

各省とすれば日本の業界がみんなネガティブなものだからたいへん苦労したんだけれども。僕は各省の幹部を呼んで、日米間の問題は行き着くところ安全保障だ、日米の共同防衛でなければ日本の安全保障は成り立たないのだから、貿易面でも国際社会の常識に沿ってやらなければいけないのだとずいぶん説得して、最終的には各省とも協力してくれて日米構造協議というのは妥結したわけ。

慰安婦問題

——慰安婦問題も大変でしたね。

石原　慰安婦問題というのは、もともと問題にはなっていなかったが、吉田清治という人が『朝鮮人慰安婦と日本人』という本の中で、済州島で女性を強制連行して慰安婦にしたという趣旨の話を書いて、それを朝日新聞が取り上げたんだ。それで韓国国内が日本に対する怒りや反発でものすごく燃え上がって、そのときに宮澤総理が韓国での首脳会談で「日韓はこれからも前向きで未来志向でいきましょう」と言ったところ、群衆に取り囲まれて、「慰安婦問題で謝れ」とか「賠償しろ」とか言われて収拾がつかないようになってしまってね。

結局、その当時のことを実態調査しようと約束して、関係各省が協力して調査をやろうということになったわけ。問題になったのは「日本が強制連行をしたか、しなかったか」ということだったんだ。彼の書物では、有無を言わさず奴隷狩りみたいに連れて行ったとなっていることから、これが国連の人権委員会なんかでも取り上げられるようになってしまった。

ところが、要するに慰安婦というのは、普通の労働者に比べて五倍ぐらいの賃金が支払われていたんで、お金がほしくて、家計を助けるために応募した人が大部分なんだよね。しかし、やはり戦争が激しくなると実際に戦闘が行われている地域にも行くものだから応募者が減ってきて、当時の軍としては、業者が募集するわけだけれど、募集手数料をすごく出して募集してもらってもなかなか集まらない。それで、地元の警察官と結託して、要するにだましたり脅かしたりして連れてこられた少女もいたらしいんだよね。だから、それはゼロではないんだよ。

だけど、極めて例外だけれども、そのことを認めろということになった。それで、初めは加藤紘一さん（官房長官）が談話を出したときには日本側は認めなかったんだよ、調べてもそういう事実は具体的には出てこないんだから。だけど、どうもそういうことがあるようだというので、河野洋平さん（官房長官）が「これは認めざるを得ない。強制に当たる部分があった」と謝罪する談話で出した。そこで、見舞金を出して一件落着したんだよ。

盧泰愚（ノ・テウ）大統領のときに話がついて、次の金泳三（キム・ヨンサム）大統領のときに、正式に決着したんだよ。もうこれはこれでお終いという話を、また蒸し返してきたんだよね。

そのことがあって、アジア女性基金（女性のためのアジア平和国民基金）をつくって、慰安婦に対して、朝鮮半島だけではなくて当時の台湾にもフィリピンにもインドネシアにもあったはずだから、それからもう一つ、オランダね。オランダ人もだいぶ犠牲になったわけだ。こちらはわりと早い段階で賠償して手を打ったんだけれど、インドネシアやフィリピンではそれをやっていなかったんで、それを含めて調査した上で関係者に見舞金を渡すという事業をやったわけだ、アジア女性基金で。

そういうことで決着していたものをまた韓国が蒸し返したんだよね。そういうことだから、内閣としてはこれはとても苦労したけれども、一般国民や地方団体関係者がどこまでこのことに関心を持っているかだな。

――韓国ではまた少女像をつくったりして、反日のシンボルみたいにこの問題が使われてきています。

石原　平成二七年に、いつまでもこんなことで言い争っても無駄だということで、朴槿恵（パク・クネ）大統領と安倍総理との間で最終決着しようと、一〇億円の基金をつくって全額日本が拠出することにして、実際に日本は金を払ったんだよ。そのときに、この問題はもう蒸し返さないという約束もしているんだよ。それをまた向こうが騒いでいるから誠に不愉快な話なんだ。

――結局は、日本と韓国の関係が戦後七〇年以上経っても安定していない象徴ですね。一方、日本の領土となった台湾とはずいぶん違います。国民性なのでしょうかね。

石原　韓国にとってはこれが一番アピールしやすいテーマなんだ。人間の、女性の尊厳に対する大変な侵害というか、国辱的なもので。向こうの教科書にも書かれている、それが。それを子どものころから教えられるものだから、慰安婦だった人は全てそういうひどい目に遭ったという話になっている。南京大虐殺と一緒なんだよ。

――今では反政府の学生運動の一環として従軍慰安婦問題を取り上げています。

石原　ちょうど、女子大学生の年齢の人たちが一番被害者になったわけだから燃えるわけだね、この話は。情緒的にも分かりやすい話だからともすれば何遍でも出てくるわけだ。

そもそも河野談話で収まって、また蒸し返して、日本がアジア女性基金をつくって補償して、それで一応軌道に乗ったところで、また蒸し返して、それで安倍総理になってからもう一回この話は最終決着しようと合意したのに、今度またそれをキャンセルして日本側に賠償しろとか謝れとかと言っているんだから。いつまでもそういうことを繰り返していたのでは日韓両国民の未来志向の関係に入れないわけだな。

湾岸戦争と国際貢献

――湾岸戦は、海部内閣ですね。

石原　そう。一九九〇年（平成二）の八月にイラクのフセイン大統領が突然、隣のクェートに侵攻して一週間で全部制圧してしまった。それは他のアラブ諸国にしてみたら大変な脅威なわけで、特にアメリカが湾岸地域の平和のためこれは許せないといって、いわゆる「多国籍軍」を結成して、結局イラクを押し返した。クェートの主権・領土は完全に元に回復し、イラクが降伏して終わった。

そのときの日本は、湾岸地域から石油を最も多く輸入していた。その日本は憲法上の制約があって多国籍軍に参加できないので、代わりに経済的な財政的な面での協力をしようということで、初め一〇億ドル、その後三〇億ドル、さらに九〇億ドル、計一三〇億ドル出した。しかし、お金を出すだけでは日本の貢献が見えないという意見があった。

それで、初めは現地に自衛隊の医療部隊を派遣した。けれど、場合によっては武器を使わなければならない最前線には行けないということになった。それで後方支援だけやりますということで、物資輸送のお手伝いをすることになった。その場合でも、ホルムズ海峡から中には、戦闘に加わる可能性があるから行けないということだった。

しかし、各国は「それじゃ何にもならない。医者は前線においてこそ足りないので、前線から離れた後方基地では医者はもう足りている。日本は何ら貢献したことにはなっていないではないか」という話から、日本として果たしてこのままでいいのかという話になってね。

最終的には、国連憲章に基づくＰＫＯがあって、それは平和維持活動だからそれには参加してもいいのではないかという話になって、それでＰＫＯ法というのをとりまとめて国会に出したわけ。

ＰＫＯは要するに紛争地域で治安の維持・確保などに当たるわけだから、そのメンバーは民間人ではなく自衛隊員を使うしかないんで、その前提で法案をつくったのだけれども、当時、社会党をはじめ野党が反対して、結局、海部内閣では成立しなかった。

そして宮澤内閣になって、ＰＫＯ活動の中で武器使用の可能性の少ないことが想定されない活動だけをする、そういう内容で成立したわけ。

いずれにしても、憲法上の制約があるなかで、ＰＫＯ活動に参加することによって、我が国も国際平和にそれなりの貢献をする道が開けたという意味で画期的なことだと思うのだね。

――法律の前に、湾岸戦争の後始末で掃海部隊が行きましたよね。

石原　当時、掃海艇を出すか出さないかという議論があったわけ。実は、その前にも中曽根内閣のときに、やはり掃海艇を出そうかどうしようかという話になったことがあったんだ。そのときはイランとイラクとの戦争だね。

国際社会は、イラクがイランにやられてしまいそうだと、これを救うために立ち上がったわけだけれども、国内外で日本もそれなりの貢献をすべきではないかという状況になった。

当時イランが機雷を投機したものだから、船舶の航行にとって非常に危ないので、それを取り除くのに、掃海能力の高さでは国際的にも評価の高かった自衛隊に声がかかった。

中曽根総理も「それはいいではないか」と言ったけれども、イランとイラクはまだ戦闘状態にあったから、戦闘海域に掃海艇が出動するということは、憲法の制約から不可能だと法制局が反対したわけだ。要するに戦闘行為に参加することにつながり憲法九条違反になるというんで、それで諦めたんだ。

そういうことがあったので、海部内閣のときに起きた湾岸戦争の際にも、掃海艇を出すかどうかという議論になったわけだ。

実はそのときに、内心は掃海艇を出してもいいんじゃないかと思っていた。なぜかというと、もうイラクが降伏してしまっていて、戦闘状態がなくなっているんだから、自衛隊法の規定に基づいて掃海艇を派遣しても違法ではない、違憲ではないという見解を記者会見で述べたんだよ。だけれども海部総理は反対だったんだね。それで「誰がそんなことを言ったんだ」とひどく怒ったらしいんだけれど、僕には直接言わなかったんだ。秘書官にそう言って怒っていたというんだね。

ところが、法的に可能ならばなぜやらないのかと、周囲がうわっという雰囲気になったんだ。というのは、それまで日本は人的貢献が何もできないということを負い目みたいに感じていたものだから、自衛隊法上合法的に貢献できるのであればそれはやるべきだという声がものすごく高くなってきたわけ。

――そのときは官房副長官として、防衛庁や外務省、内閣法制局からも意見を聞かれたわけですね。

石原　いや、僕は、その発言をしたときは、防衛庁の意見を聞いてみたらどうなんだということだよ。当時事務次官が依田智治君だったが、技術的な問題はあるけれども、法的には可能だということを聞いていたので、それで、記者のぶら下がりで質問があった際に「法的には可能だ」と言ったんだよ、そのとおりなんだから。法制局の見解を聞いたわけではない。だけど、法制局も結局反論も何もしない。だって、戦闘行為が終わっているんだから。

しかし、どうするかは内閣の判断だと言ったのだけれど、海部総理は非常にご不満だったらしいんだよ。だけど、法律論だからね。やるべきだとかどうとかを僕は言ったわけではない。それは政治問題だから総理の判断ということだけれど、法的な見解を聞かれたから、「それは可能だ」と言ったまでのことだったんだが、大騒動になってね。

だけれども、やはり湾岸地域から一番メリットを受けているのは日本だということはみんな知っているわけで、その日本が国際社会において何らの人的貢献もしていないという負い目のようなものを感じたものだから。世論の雰囲気としてもね。

だから、経済界も含めて法的に可能ならば是非やるべきだという声が猛然と起こって、それで、内閣としてもそうしようということに変わったわけです。それは非常に大きな転機だったね。

――あのときに掃海部隊の指揮官で行ったのが、落合畯《たおさ》将補です。無事任務を果たして帰ってきて海部総理に報告をしたら、総理は「よく頑張ってやってくれた。何か反省点があったら言ってくれ」と言ったらしいんです。そこで落合さんは「ヘリコプターを持って行ければよかった」と答えたところ、海部総理が「どうしてヘリを持って行かなかったのか」と聞き返したので、落合さんは「いや総理、あなたが持って行ってはいけないと言ったでしょう」と。

石原　海部総理を非難するつもりはないけれども、彼はいわゆる平和主義者、三木派だからね。三木派は自民党のなかでも一番何というか、リベラルな、平和に熱心な方だからね。だから、明らかに消極的だった。ところが、国際社会の空気からすれば、「できるのにやらない」と言ったら「何だ」という話になってしまうわけ。

当時、外務省も通産省も防衛庁も、何としてもこの際、法的に可能ならばやってもらいたいという空気があった。もちろん実際に掃海活動をする防衛庁は「行けと言われれば行きます」と言っていたんだ。

――総理の肩を押す人がいなかったら、あのときできたかどうか分からないですね。

石原　そうなんだ。正式な記者会見で言ったわけではないんだよ。全社の「ぶら下がり」で言ったわけだ。そうしたら総理は怒るし、大騒動になって、結局、世論が「やれるのにどうしてやらないのか」ということになった。

――ルアンダに自衛隊がPKOで初めて行ったときはどうだったんですか。

石原 ルアンダに自衛隊が行ったときは、自社さ政権だった。ジープに機関銃を二丁取り付けるようになっているんだが、社会党で川崎市出身の岩垂寿喜男さんなどが「平和部隊がどうして武器を持って行くんだ」と言って、ジープに機関銃を付けるのを反対したんだ。ところが、それではとてももたない。PKO部隊が自分で武装していないと難民が強盗になって襲ってくるケースもあるんだ。みんな、食べ物に飢えているから、そこに自衛隊が物資を運んでいくと、その難民が正常な状態ではないものだから、食べ物を積んだ車が来たら、それこそ秩序も何もなくワッと寄って来て奪い去ってしまうんだよ。

PKO部隊が平和維持活動を安全に遂行するためには、隊員がちゃんと武装していなければ駄目ですということを何遍も説明したんだけれど、なかなか岩垂さんたちが納得してくれなかったんだ。

それで僕は村山総理に「関係者が現地に行ってどういう状況かよく見てもらった方がいいでしょう」と言ったんだ。「それならそうしよう」ということになって、岩垂さんに行ってもらった。そうしたら、やはりそういう現地の実態が分かってね。難民がいっぱいいるなかに自衛隊が食料を持って行くと、殺気立っているわけ。こっちがちゃんと武装していると手を出さないが、丸腰で行ったら、すぐやられてしまう。

そういう生々しい現場をルアンダに行って見てもらって、やはり平和的な業務であってもそれを円滑に遂行するためには、自衛隊員が完全に身を守れるような備えが必要ということで、それなら武器の携行を認めようということを急に言い出した。

武器を使うためではなくて平和目的を遂行するために行っているのだから。駆け付け警護も、それから基地の防衛にも武器使用を可能なようにした。国際社会にしてみたら当たり前の話なんだ。そういう国際社会、特に紛争地域における実態というものをまったく見てない、頭の体操で平和論を唱えていた者がいかに国際社会では通用しないかということを立証した話だろうね。

政権交代と選挙制度　連立政権の誕生

——官房副長官をお辞めになったのが平成七年で、細川護熙連立内閣が誕生したのが、その二年前の平成五年、いわゆる五五年体制が、細川内閣の誕生によって崩壊したと言われています。その崩壊前後とで政治のありようは劇的に変わったのでしょうか。

石原　細川内閣が誕生した背景を考えてみると、宮澤内閣までは五五年体制で、ずっと自民党が政権の座に就いていたわけだ。国会でもいわば圧倒的多数を持っていた自民党がなぜ崩壊したかというと、一番大きな原因は選挙制度の改正にあった。

竹下内閣のときにリクルート事件が起こって、政治と金の問題が非常にクローズアップされ、そもそもどうして政治と金の問題が起こるのかということになり、それは「派閥政治」にあるとされた。自民党の様々な派閥をまとめていくためにその領袖というのは非常に金がかかる。そうするとどうしても政治資金をめぐるトラブルが起こりやすい。それで、派閥ができる原因である中選挙区制度を改めようということになった。

——同じ自民党に属していても、議員同士食うか食われるかの関係におかれているわけですからね。

石原　小選挙区制にすれば派閥で争うということはなくなる。一つの選挙区で政党と政策によって一人の議員を選ぶということになれば、ダーティな問題はなくなるのではないかという声が強まって選挙制度調査会での議論もそういう時の流れに沿ったものになったわけね。

それで、自民党も小選挙区制を導入すると決めたのだが、実態としてはなじめない人が多かった。しかも、小選挙区制は人材を育てるどころか、小粒な人間ばかりになってしまう、世襲制が定着してしまう、という反対意見も根強かった。その代表格が梶山静六さんだった。

自民党のかなりの人が梶山さんに同調して「(小選挙区は)時期尚早である」ということだった。梶山さんは、当時導入を決めたけれども、実施時期についてはもっと先の話だという主張をしたのに対して、小沢一郎さんや羽田孜さんは、速やかに小選挙区制を導入すべきだというので党内が割れてね。

宮澤総理とすれば党議決定しているのだからいずれ小選挙区制を実施することはあるけれども、今は党内の意見が分かれているから時期尚早だという立場をとった。これに対して小沢さんたちが不満を持って自民党を出てしまった。それで他の野党とも組んで宮澤内閣の不信任を出して、それが通ってしまった。その結果、宮澤内閣が総辞職して、国会を解散して選挙。そして蓋を開けてみたら自民党は選挙前よりも議席を増やした。しかし、数は増えたけれども小沢さんとか武村正義さんとかが自民党を出て行ってしまったものだから、結果的に自民党以外の野党連合の数の方が上回ったわけ。
それで、首班指名選挙で、野党は統一候補として細川さんを立ててきた。その細川さんをくどいたのは小沢さんで、実質あのときの非自民の連合を仕組んだのは彼なんだね。それで政権交代が起こった。
複数政党による連立が本格的にできたのはあのときからで、それ以後細川内閣、羽田内閣と続いた。この野党連合のなかで一番大きな政党は社会党だったけれども、政権の運営問題で小沢さんたちと村山富市さんを党首とする社会党とかの意見が食い違ってしまって、それで野党連合は壊れた。そして、今度は自社さ政権というものを亀井静香さんと社会党の野坂浩賢さんが仕組んだ。四〇年にわたって対立してきた自民党と社会党が一緒に政権をつくった。

――それと「さきがけ」ですね。

石原　細川内閣の後の羽田政権はわずか二か月で退陣して、武村さんのさきがけが入って「自社さ政権」ができて、社会党党首の村山さんが総理になる。しかし、数が多いのは自民党であって、途中で橋本龍太郎さんにバトンタッチして自民党政権になるという流れだね。
しかし、「自社さ」や非自民連合による細川政権などが誕生したというのは、長く続いた自民党の一党支配的な体制が崩れて、その後、複数政党による連立という政治形態ができたという意味で一種のエポックメーキングなことだと思うね。

——官邸からご覧になっていてどうだったのでしょうか。いろいろな政党ができたり政権の組み合わせも変わったりして、それまで自民党と社会党とで、腹合わせとか根回しとか裏取引とか、自社で実質的に国会運営をしていた、いわゆる「国対政治」が機能しなくなってしまったのではないかと言う人もいます。

石原　うん、変わっていったことは間違いないね。そのきっかけをつくったのは、僕は小沢さんだと思うね。彼が宮澤内閣に見切りをつけて非自民の連合政権を仕組んだわけだから。その後、消費税の問題で社会党と意見が分かれて、小沢さんを排除するかたちで「自社さ政権」が誕生した。それもまた途中から自民党になって、橋本龍太郎さんから小渕恵三さん、森喜朗さんと続いて小泉純一郎さんとくる。小泉さんはわりと長く続くのだけれども、その後の福田内閣や麻生内閣、その過程で自民党のなかが少しガタガタして、それで民主党が政権を取ると、そういう流れだからね。

そういう意味で、自社の二大政党による話し合いのなかで続いた自民党の長期政権が宮澤内閣で終わり、複数政党による離合集散、その組み合わせによって政権が変わっていくという流れができたということだろうね。

意思疎通の重要性

——政治構造のエポックメーキングの時期を挟んで官房副長官をおやりになり、お辞めになって後任が古川貞二郎さんですね。その古川さんが「四つの回路の流れが大切だ」とおっしゃっています。四つというのは、官邸のなか、各役所のなか、官邸と各役所、それと役所相互間。この四つの回路の意思疎通が、政府がきちんと機能する上で大事で、あえて私がもう一つ付け加えれば、政府と政権与党との意思疎通ですね。

石原会長は、官房副長官をおやりになっていたころと、お辞めになってもうずいぶん経ちますが、その後、外から眺めておられて、今申し上げた四つあるいは五つの意思疎通の回路をどうご覧になっておられますか。

石原　僕もしばらく離れているから、最近のことについては論評するだけの材料がないんだけれどね。ただ、役所間の連携というのはいつの時代にも必要なことなので、当然のことなんだね。それが今、前よりももっとうまくいっているのかいないのか、それはよく分からないけれど、どういう政権が誕生しようとも、それを支える官僚組織を考えた場合、官邸と各官僚組織、それから各所管の横の連携、それらは密でなければいけないと思うね。

僕自身は、政党や時の政権と官僚組織との関係について、特に違和感を持ったということはないね。その点は今でも比較的うまくいっているのではないかね。

僕は官僚組織、個々の官僚というのは、やはり行政のプロ集団であり、その構成員だから、時の政権が変われば新しい政権の政策遂行にお仕えする、支えるということなんで、官僚組織が政策に影響を与えるというのはある意味邪道なんだね、あってはならない。そういう基本的な姿勢を貫けば、自然と役所間の連携もしっかりとしたものになるはずなんだね。

ただし、行政のルール、守るべき筋道というのはあるはずだから、それを無視した政策は必ず破綻するんでね。そういうときは官僚組織の方から政権に対して意見を述べたり、正そうとしたりする姿勢は必要だと思う。特にトップ、官房副長官なり各省の事務次官なりというのはそういう役割があるのだろうと思うね。

——とりわけ官僚組織全体を束ねる官房副長官は巷間「官僚の中の官僚」といわれます。最近はそれほど長くおやりになっている方がおられないせいもあるかもしれませんが、官房副長官の重みというものが傍目で見ていて減じてきているのではないかと。

石原　何代もの内閣にわたって副長官を続けてやるという人がいなくなってしまったものだから、その存在感が薄くなったということは言えるのだろうね。

かつては政権が代わっても、新しい総理や官房長官に事務方をしっかり束ねてほしいという期待があって官房副長官は代わらないでそのままやっていたものだから、自然に存在感が出てくるのだけれど、最近は政権が代わるたびに官房副長官も代わっているようだしね。政権によっては、政権途中で官房副長官が代わることもあったりするものだから。率直に言って今の事務の副長官の存在感というのは昔よりは何か低くなっているというのかな、そんな感じはするね。

良い悪いじゃないんだよね。事実がそうだということだよね。

三位一体改革

――平成一六年に「三位一体改革」と称して、地方交付税や補助金、税制の手直しをやりました。あのときに「構造改革」の名の下にいろいろな規制緩和もなされました。とりわけ地方団体にとっては五兆円を超える地方交付税の削減がされたわけです。「後で戻す」と言われて渋々地方団体は飲んだ。三位一体改革については、石原会長は、当時、どうご覧になっておられましたか。

石原　「三位一体改革」というのは、聞こえはいいけれどね。政府与党は大いに宣伝していたが、これも失敗例の一つだね。

というのは、国庫補助金を減らして地方団体の自主財源である地方税を強化する。地方交付税も含めて依存財源を減らして自主財源を増やすということをやった。地方自治の前進で非常にいいことだと、当時マスコミも含めて評価する声があったが、僕のように地方行政に長くかかわって、その実態をつぶさに見てきた人間からすると、地方というものを抽象的に、観念的にしか捉えていなかったのではないかと思うね。一番欠落していたのは各地域の稼ぎ力の差に対する正しい認識だね。

財政力の差は厳然としてある。補助金と地方交付税を減らして地方税を増やすといったって、理念的にはいいかもしれないけど、結果はどうなるかというと、もともと税源が豊かな東京や名古屋に地方税が集中してしまって、それ以外のほとんどの交付団体は地方交付税も減る、補助金も減るのだから「泣きっ面に蜂」で、本当に困るわけ。三位一体改革という名前に酔って大失敗。地方の実情、財政力に恵まれない地方団体の実情を知らない人のやったことだね。

――町村は五兆円を超える地方交付税が削減されて、あのときは「戻す」ということでやったんですね。その後総務省は、地方財政計画ベースでは一般財源総額を増やすということだったのですが、戻ったか戻らなかったか結局よく分からないままです。

石原　少しずつ戻してはきているけれども、地域格差は拡大してしまった。三位一体改革は、ほんとうの意味での自治行政の強化に逆行してしまった。貧乏団体の自治を切り捨てて、富裕団体をさらに豊かにした改革なんだから、こんなばかなことはないわけだ。

――三位一体改革は、政策決定の手法の一つとして経済財政諮問会議ができて、民間の有識者を交えてつくられた「骨太の方針」で決定されました。経済財政諮問会議で予算編成の枠組みも決めるという手法はいかがでしょうか。

石原　それは、メンバーが問題だと思う。三位一体改革のときもいわゆるエコノミストと称する人たちが経済財政諮問会議の議論をリードしていたけれど、そういう人たちは日本経済あるいは日本の財政を単一のものとしてマクロに見ている。

ところが実際は、地方行政というのは個々の四七都道府県であり、一七〇〇市町村で行われているわけだ。その市町村の個別の事情をまったく無視して、要するにトータルとして官と民がどうあるべきかという感覚でいるから、地方の自治が大事だ、だから依存財源よりは地方税の方がいいんだと、短絡した発想になってしまう。これをリードした経済財政諮問会議のエコノミストたちはそういう感覚だったわけ。地方行政の実態を知らない人たちが地方の制度改革、地方税財政制度の改革にかかわったことが悲劇のもとなんだ。

――荻田保さんは「地方財政はアジサイの花だ。アジサイは、全体は一つの花のように見えるけれど、小さな一つひとつの花が集まって一輪の花になっている。だから、全体を見ると同時に個々バラバラ、いろんなかたちをした花びらも同時に見なければいけない。地方というのは財政に限らずそういうものだ」という趣旨のことをおっしゃっていました。

石原　そうだよ。そのとおりなんだ。だから、地方財政という一つの言葉でくくられているけれども、それは、実態は四七都道府県ごとに事情が全然違うわけ。さらに、一七〇〇市町村ごとにまったく事情が異なっている。個々の地方団体は、それぞれが置かれている状況のもとで住民生活を守っているわけだから、そもそもマクロで、トータルで判断してはいけないんだ。

地方税財政制度を考える場合には、その改革が各地域にどのような影響をもたらすかを常に検証しながらやらなければいけない。往々にしてエコノミストたちはマクロでしかものを見ない性癖があるものだからそこが欠落するわけ。

だから、地方自治制度もそうだが、地方税財政制度の改革は、まさに荻田さんのお話のように、地方財政、地方行政は一つの抽象的なものではなくて、非常に数多くの地方団体の多種多様な問題のトータルであるということを忘れちゃいけないんだよ。

新型交付税は大間違い

――竹中平蔵さんが総務大臣になられたときに、いわゆる新型交付税なるものが出てきました。要するに地方交付税の算定が非常に複雑だから、人口や面積など、できるだけ単純化した指標で需要の算定をすればいいではないかということでした。どうご覧になっていますか。

石原　小泉内閣のときだね。僕は、大間違いだと思う。地方交付税の算定内容が非常に複雑だというのは、各地方団体の実情をできるだけ反映させようとした努力の結果なんだ。だから平衡交付金から地方交付税になって、長年にわたって関係者が各地域の実情を念頭に置きながら、いかにして恣意的な配分ではなくて、客観的なデータで個別の事情を反映させるかというので各種の補正係数を積み重ねてきたんだ。だから、その結果、当然計算は複雑になるよ。外から見ると非常にややこしいし、役人の独善だと映るかもしれないが、そうではなくて各地域の多様性を反映させた結果なんだよ。それをエコノミストが単純化する。新型交付税もその一つだよ。「シンプル・イズ・ベスト」なんてとんでもない。

せっかく長年多様性に対応すべく積み上げてきた論理を全部否定してしまって人口や面積だけで単純化する。それで済めばいいけれど、その結果何が起こるかというと、非常に特殊な事情を抱えた地方団体が犠牲になるわけだ。トータルとしてはすっきりしたかもしれないけれども、個別の地方団体を見てみると、やらなくてもいいところにいって、必要なところから削られてという結果が起こっている。

——あのときも、「複雑だと言っても別に自分たちが計算するわけじゃないでしょう」と言う人もいました。

石原　そうそう、「計算式は複雑だからけしからん」という言い方。それはその結果がどうか調べてみないといけないね。素人が来て、分かりにくいから「これ駄目だ」って言っているようなものなんだよ。僕は新型交付税なんてとんでもない間違いだと思っている。

地方六団体の役割

——総務省もそこは大臣に言われたということで困っていたようです。

石原　役人は時の政権の方針に最終的には従わざるを得ない。これは民主主義の原則だから。ただ、結果が大変なことになるというのはしっかり申し上げるべきなんだよ。それは賛成、反対の話ではなくて、事実をちゃんと認識してもらうということだ。それから地方六団体がそこはしっかり頑張らないといかん。

——総務省も新型交付税については、財政力の弱い地方団体に影響が及ばないようにだいぶ工夫したようです。その地方六団体を石原会長はどういうふうにご覧になっていたんでしょうか。

石原　都道府県、市町村、規模の大小で単純化することによってメリットを受ける地方団体とデメリットを受ける地方団体と両方あるからね。

単純化する場合は、大きい地方団体は有利になって、貧しい、小さい地方団体は不利になるケースが多いんだよ。そうすると、小さい地方団体は六団体の中でも発言力があまりない。大きな地方団体が大体、会長や副会長を務めているものだから。地方六団体自らの問題だから、当然、弱小の地方団体のことも主張すべきなんだよね。しかしながらとかくそこは十分配慮されない。そうすると、結局、実情を知っており、また、それを代弁できるのは担当官なんだよ。担当官はよく知っているわけだ。だけど、これは悲しいかな、担当官というのは行政組織のなかでも、高い地位にはいないわけ、政務プロ集団だから。だから、実情を知っているものの意見が反映されないまま中途半端な知識で単純化が行われると、こういう悲劇は繰り返されるんだな。ほんとに困っている地方団体は泣き寝入りという現象がしばしば起こるんだね。

地方分権改革

――平成一二年の地方分権改革について、省庁再編や三位一体改革の前後ですが、四七五本の法律が一括法で出されました。そのなかでは、とりわけ機関委任事務の廃止が大きく、国と地方の関係をもう一度見直すことになりました。国と地方は車の両輪だと言われていろいろな改正がなされたわけですが、この地方分権一括法による分権改革をどのようにご覧になっていましたか。

石原　地方自治を本当に正面から捉えた、理念としてはまったく正しい方向だと思うね。それから、実際に行われたものも中途半端ではあるけれど、方向性は間違っていないと思う。例えば一番象徴的な機関委任事務制度の廃止について、機関委任事務制度は戦前からのもので、お上の仕事を地方の機関に委任するということだ。いわば主務大臣の命令で機関である知事や市町村がそれにしたがって仕事、行政を執行する。機関委任事務でも戦後になっても命令違反があったら罷免できるようになっていた。それは途中から改めたが。だから機関委任事務制度というのは、およそ地方自治の理念に反する制度だったわけ。それを変えたというのは当然の改正であると思っている。

さはさりながら、国の仕事を本来当事者ではない地方団体に担当してもらうためには対等な当事者としての委託、受託の関係である必要があるというのも当然のことだし、僕は正しい行き方だと思う。今はいわゆる法定受託事務として対等な契約当事者として中央政府と地方団体の関係はあると。これは地方自治の理念から言ったら当たり前で経費の面などで何か不満があれば意見も言うし、拒否もできる。本来、そうあるべきなの。その方向に向いたという意味で地方分権一括法は近年にないヒットだと思っている。

——それまでも地方分権は言われてきました。

石原　言葉では言われてきたけれども、地方分権を現実のものにするとか、強化するといった言葉で言われてはいたけど、本筋のところでの実行はあまりされていなかったね。中央省庁の意向もあってなかなか進まなかったというのが実態で、地方分権一括法はそういう意味では画期的な法律だったと僕は思うね。

これは地方制度調査会主導でいったからね。まさに地方主導でできた法律だし、そういう意味でも画期的なんだよ。僕は評価できると思うね。

——国と地方は車の両輪だとよく言われます。たしかに片方がなくなったり、ちぐはぐであったりしてはまっすぐ前に進まないわけです。俗に国と地方は対等だと主張する人が多いようですが、石原会長は国と地方の関係についてどうお考えですか。

石原　「対等」という意味は、要するに国の都合で地方を、その意向を無視して自由に動かすというのではなくて、地方の事情を国に理解させたり、自分たちの主張を地方ができて、国も最大限それを尊重したりというような制度にするという関係にするということなのだね。

しかし、制度的に国家として統一した方向を決めるのはやはり国なんだよね。日本は連邦国家ではなく、単一国家なんだから、事柄の性質上、中央政府がイニシアティブを取らなければならないものというのは当然にある。しかし同時に、執行に当たっては実際の任に当たる地方団体の言い分は、十分反映させなければならない。要するに「お上」の指示で一切問答無用というのは、いけないいんでね。だから、国と地方は横の関係も縦の関係もあるわけで、一口に対等かどうかと決めつける議論は意味がない。

また、両輪というのは、「国と地方の関係がうまく動くようにしなさい」という意味で、分断国家にするというような意味じゃない。そこら辺の理解の仕方については間違えてはいけないと思うね。

——地方分権、権限移譲といっても、首長のなかには、本音では、わずらわしい余計な仕事はいらない。自由に使える金だけほしいという考えのところがあったりします。

石原　そう、だから、地方のわがままが許されるというものではないんだ。やはり国全体の、いわゆる国民の平等、公平性は担保されなければいけないから、地方自治、地方分権は、各地域の意向はしっかり反映するようにしなさいという意味では大事だけれども、勝手なことを認めるという意味ではないんだよね。国全体としての整合性はどうしたって必要なのだから。

――団体自治や住民自治は憲法に保障されているわけですから、地方自治を否定する人はいないとは言うものの、実際は、旧自治省、今の総務省が地方のことを心配する割には、地方団体のなかには国民全般や中央政府から不信感を抱かれたり、期待になかなか応えてくれなかったりという面も相変わらずあるわけですね。

石原　数ある地方団体のなかには、顰蹙を買うようなことや正当化できないような不適切な行いをする首長が出たりする。それは選挙制度のなせる技だけれども、これはやはり良識によって判断されなければいけないのではないかな。どういう結果であれ、その地方で選んだものである以上、認めろというわけにいかないからね。

地方議会及び地方議員

――地方がしっかりする上で重要なのは議会の役割ですね。一部の地方議会や地方議員のレベル、働きぶり、意識が旧態然だという気がしてなりません。

石原　地方議会議員の資質の向上は昔から言われているし、それなりに努力していると思うんだけれど、まだまだ努力してもらわないといけないし、地方議会の議員の資質の向上ということが地方自治の充実発展にとっては不可欠だと思う。

地方議員に議員活動をしっかりやってもらうために議員報酬がどこでも支給されているし、僕もそれ自身を否定するものではないけれども、議員という地位が生活の手段になってしまっているということは、やはりいかがなものかと思うね。結果的に同じ人が選ばれることは別にあってもいいんだ。住民からの信頼が非常に高くて、他の人には代えられないという人が出てきてもおかしくないんだけれども、生活の手段として議会の議員のポストを考えるのは邪道だね。いかなる理屈を並べても、これはサポートされない。

――首長が報酬を削ると、議会も「右へ倣え」で議員報酬を削る。首長とは他の政党に所属している議員はやはり生活の糧でやっているというところがあるから実際は辛いことなのでしょうね。

石原　だから、そこは邪道なんでね。もともと地方議員は無報酬だったんだから、戦前は。名誉職だったんだ。それが戦後はみんな有給になった。それ自体は、しっかりした議員活動してもらうためにはいいと思うけれども、議員報酬と首長の報酬とは若干違うので、首長が自分の方針で報酬を削ったからといって、比例的に議員の報酬も削れというのはおかしいと思う。議員報酬というのは議員活動に必要な、ふさわしいものとして決められているわけで、そのために報酬審議会なんかもあるわけだから、議会は議会として独立して判断すればいいことで、なにか首長さんとの比較で云々というのは、本来役割が違うんだから連動する話じゃないと思うね。

ふるさと創生一億円

――竹下内閣の「ふるさと創生一億円」事業や石原会長が官房副長官をお辞めになったあとの「地域振興券」など、国の政策としての地域の振興や活性化のための補助金や交付金の在り方は、地方の立場から見たらどうなのでしょうか。

石原　竹下内閣のときに「ふるさと創生」ということで地方交付税を一律一億円配分した。あのころは経済の調子がよかったから税収増が見込めたし、年度末に国税の補正増があって、その一定割合としての地方交付税が確か三〇〇〇億円だったかな。ちょうど三〇〇〇団体に一億円ずつ配るくらいの補正増があった。

それをどうするかということでいろいろ議論して、それでは竹下内閣の公約だったふるさと創生という目的で、その地域にふさわしい仕事ができるように、使途に縛りをかけずに、地域を元気にする施策を考えて実行に移してもらえるような配り方にしようという話に決まったわけ。

そのときに、実は、初めは、地方交付税の一般的な常識からすると、人口がそれこそ一〇〇〇〇人にも満たないところと三〇〇万を超す大きな横浜市のようなところと当然事情は違うのだから、ある程度団体規模に応じて包括的に地方交付税を配ろうかという案に傾いていたんだけれど、自治大臣の梶山静六さんが、「それは役人的な発想である。むしろ横浜市に二億、三億いっても意味がないが、小さな村に一億円いったら、これはもう大変貴重な財源になる」と主張された。

僕は「それは財政の常識からすると乱暴じゃないか」という意見を申し上げたけれども、梶山大臣は譲らなかったね。それで、竹下総理のところへ行って議論した。梶山大臣が、「地方の問題は自治大臣の自分に任せてくれ」と言うので、竹下総理も「それでは最終的には自治大臣の責任でやってくれ」ということになった。こういう経緯があるんだよ。

確かに小さな村では一億円といえば大変な財源で「どうしようか」と悩んだ地方団体も多かったようで、お金は来たけれど、はたと困った。全国のあちこちでそういう現象が起こってね。

有名な話だけれども、淡路島の津名町は、その一億円で金塊を買ってきて役場の前へ置いた。それでいい知恵が出るまで金塊で保管しておこうと。ところが「それは面白い」ということで話題になって、全国から視察が来たという笑い話もあるんだ。

理念としては、自分たちで考えて一番ふさわしいものに使うということなんだが、そのときにいいアイデアがなかったら少し時間をかけてやったらいいんで、すぐに使わなければいけないというものでもないと思うのだよね。だから、金塊にして持っていたことに対して、冷やかしたり、批判的なマスコミの論調もあったが、僕はそれはそれで一つの知恵なんだと思う。本当にいい使いみちができたときにその金塊を処分すればいいのでね。金の場合はあまり価格変動がないから、目減りしたりするリスクもないし、一つのやり方かなと思ったね。

――皮肉な言い方をしますと、日ごろ「財源がないから仕事ができない」と言っていたところが一億円あげるからといわれて、途端に何に使おうかと悩んでしまった。

石原　今までは「お金がないからできない」と言い訳していたところに、ポンと一億円がきたものだから、「さあどうしようか」とあわてた。もちろんいいアイデアでやったところもあるのだけれど、かなりの団体がすぐに使わないといけないという思い込みで、例えば「温泉をやろう」と、ボーリングにそのお金を使って温泉を掘り当てたならまだいいけど、何本掘っても湯は出なかったということになったりした。一億円全部それで終わったなんていうところもあるし、非常に有効に使ったところもある。

それぞれの地方団体の責任において地域の問題を考えるきっかけをつくったという意味では、どういうケースであっても一概に失敗だとは言い切れないと思うね。

平成の大合併

――平成一五年に地方制度調査会が「今後の地方自治制度のあり方に関する答申」を出して、基礎自治体の在り方や大都市制度、広域自治体に関する提言をしました。その前ぐらいからはいわゆる平成の大合併といわれるものが始まりました。

石原　終戦後、議員立法で町村合併促進法ができて、当時一万近くあった団体が三三〇〇になった。それが第一回の戦後の再編成。明治のころは七万あって、今でいう「大字」ね、あれはもともとが一つの村だったわけ。それで、明治二一年の市制町村制を施行するときに大合併をやって、七万を一万五〇〇〇ぐらいに再編成した。それで戦後になって、終戦後一万近くあったものを、町村合併促進法によって三分の一にして、それでしばらく推移したんだけれども、さらに平成の大合併でもう一度行政の広域化に対処する体制をつくることや、地方自治の強化を図るという二つの目的で一七〇〇余りに再編成したわけだ。

この再編成が良かったのか悪かったのか、いろいろ意見が分かれているね。ほんとうの意味での地方自治を実現する上で広域の単位にした場合には、基礎的な自治体の在り方としてはかえってマイナスだという意見が結構ある。

基礎自治体は、住民の目の届くところ、お互いにコミュニケーションができる範囲でなければいけないので、それ以上は広域行政として都道府県なりがやればいいのであって、行政単位としての市町村を見た場合には、住民の生活圏との関係でそんなに大きなものはかえってふさわしくない地域が今でもあるし、僕もその辺の議論は傾聴すべきだと思うね。

――合併そのものは自主合併ということになっていますが、実際は地方交付税のことがありました。また、

「強制ではない」と言いながら取り残される不安から合併を余儀なくされたというのが実態ではないかという見方をする人もいますし、当時推進していた人のなかにも、今になってあれは失敗だったという人もいます。時代の流れとしてはしかたがないということだったのでしょうか。

石原　自主合併だとは言いながら、国や都道府県が奨励、誘導した。特に小規模な町村を相当無理して一つの地方団体にまとめたのは、私は必ずしも成功だったと言えないね。広域行政ということであれば都道府県があるわけだし、あるいは自治体連合というものもあるのだから、そういう手法を使えばいいのであって、基礎自治体は住民相互のコミュニケーションが取れる範囲、まさに生活圏から乖離したものであってはいけないのではないかと思うね。

――地方自治法では人口五万人を超えると「市」という要件が決まっているわけですが、合併特例法では三万人になれば「市」になれることになっています。市と町村は、生活保護など事務配分は確かに違うのですが、一万人を下回っている歌志内市のようなところもあれば五万人を超えている村もあります。地方自治法上の市町村制度をもう一度考え直さなくていいのかと思うのですが、その辺はどのようにお考えでしょうか。

石原　市町村の人口規模に応じて権能に差を設けるという考え方には一つの合理性はあるのだろうけれども、いちばん住民に密着した行政を担当する市町村の区域は、住民相互間の意思の疎通が図られる、交流が図られる範囲であるべきであって、人口規模によって画一的に決めるべきではないと思うね。

だから、面積が相当広くても人口が少ないようなところは、それ以上広げたら関係のない地域が一つの地方団体になってしまうわけだから、基礎自治体の在り方としてはいいことではないと思うね。住民相互間の意思の疎通、生活圏の実態を反映したもの、交流がある程度図られるような単位であるべきで、人口規模だけで一律行政権能を規制していくというのはいかがなものかと思うな。

――奥野誠亮さんがご存命のときに「今君たちは制度を変えすぎる」と苦言を呈したことがありました。奥野さんが何を念頭におっしゃっていたのかは分かりませんが、税財政制度に関しては常に地方税財源の実質強化という一定の方向に向かってます。行政制度では、石原会長が言及された人口規模に応じて云々ということで言えば、指定都市や中核市、特例市は何のためにつくっているのだということですね。人口規模に応じて少しでも多くの事務権限を付与することが地方自治、地方分権のとるべき方向性なのか。私は奥野さんの苦言をそう受け止めたのですが、最近はいろいろ変えすぎるという気はしませんでしょうか。

石原　奥野さんが言ったのは、基礎自治体は住民相互のある程度の交流ができる範囲、つまり同じ村の人間だ、同じ地域の人間だという共同体意識が持てる範囲で考えるべきで、いたずらに広域合併を進めるのは邪道だということ。僕も賛成だね。

だから、当時、自治行政局は大きくまとめることに熱心で、自治財政局はどちらかというとそれをフォローアップするだけだった。僕は財政が長かったので、一律に人口規模を大きくしていくという行き方は果たしてどうかなと。むしろ住民意識を大事に考えて、結果として大きな地方団体もできれば、小さな地方団体もできる。そういうことでいいのではないか。それが地方自治だとね。頭から地方団体は最低一万人程度はなければならないという発想は、僕は間違いじゃないかと思うね。

――一定規模以上ないと行政能力がないと決めてかかるわけですね。

石原　地方自治の強化にならないというね。それが僕は間違いだと思う。人口規模が大きくて、やたらに広い範囲の地方団体ができてしまうと、行政そのものはかえって非効率になるかもしれない。やはりリーズナブルな行政ができる範囲は、必ずしも人口規模では割り切れない。いろんな要件によって決まってくるのだから、基礎自治体は大きな地方団体も小さな地方団体もあっていい。要するに基礎自治体としての住民のコミュニケーションが保てる、共同体意識が持てる範囲にすべきで、そしてそれを前提としてその地方団体ができる範囲の権限を与えればいいのであって、権限を与えるために地方団体の規模を大きくするというのは発想が逆ではないかと思うね。

道州制

――合併と連動してくる話として、道州制の議論があります。これは戦後出ては消え、消えては出てと今日まで来ています。道州制について石原会長はどのようにお考えなのでしょうか。

石原　僕はかつて官邸時代、中央政府の立場から行政を見ていたころ、交通が発達して情報伝達手段も高度化してくれれば行政の効率化を図るために道州制というのも一つの方向かなと思って、必ずしも反対ではなかった。しかし今、官を辞してつらつら地方行政を見ていると、日本の現状からすると道州制は頭の体操であって、実現、強行すべきものでないと思うね。明治以来の四七都道府県はそれなりに定着しておるし、それぞれの県民意識もできている。

だから、交通・情報手段が発達して、行政の分野でも広域的な対応を図る体制の整備が必要だと言われるけれども、今の都道府県の区域を単位としてもなんら不自由はないわけだから、これをあえて行政組織として再編成する必要ないと思うね。要は、新しい時代にふさわしいような国から地方への事務権限の配分の在り方を検討すればいいので、広域行政単位としては今の都道府県でいいのではないか。無理して再編成する必要はないというのが今の僕の実感だね。

――およそ国民的な議論にはなっていませんしね。都道府県単位の規制を嫌がって、規制緩和の観点から道州制を主張する人が、財界を中心に見られるわけですね。

石原　だから都道府県単位で推進しないで広域的にやろうというのは、行政の内容に応じた決め方でいけるのであって、広域団体としての都道府県を再編する必要はないと思うんだよ。行政権能の配分の問題で対応できると思うんだ。

――道州ができると、国の権限のうち、司法や通貨、外交・防衛以外は基本的に道州でということになる。そうすると、国の機能のかなり大きな部分を占めている公共事業を含めて資源配分を全国的にいかに公平にやるのか、社会保障制度や税財政制度をどう仕組むのかという重要な論点についても具体的には何も提示されていません。

石原　「まず導入ありき」の前のめり議論なんだよ。また、そういう資源配分の効率性を担保するのであれば、それとして制度化する必要があるが、広域自治体を再編しようとすれば、当然国の一定の関与が出てくる。税財政制度でも同じだね。相当大きなばらつきをどうするのか。

いずれにしても、道州制を主張する必要性を点検すれば、地方団体の権限の配分の決め方によって十分対応できる。何も今の府県単位で制約されているなどと考える必要はないんだよ、決めようなんだから。

危機管理と首都機能移転問題

――官房副長官のときに首都機能の移転の議論がありました。あのときには誘致合戦があちこちで起こりました。

石原　首都機能の移転というのは首都の移転そのものじゃないの。要するに今のまま何事もなければ別にそんなことを考える必要はないけれども、首都直下型地震が避けられないと言われていたんだね。今でもそうなのかもしれない。可能性が取りざたされている。

もしそういうことが起こった場合に、今の首都機能、中央政府の活動やその他の経済の機能が麻痺状態に陥ってしまうことが考えられるから、やはりそれを補完する手立てを考えなきゃいけないということなんだ。もし東京が直下型でやられた場合には、例えば日本銀行の場合は大阪支店に中央銀行としての機能をもたせる。ＪＲの場合は、大宮の操車場である程度やるようになっている。ところが中央政府にはそういう代替機能が整備されていない。だからそういういざというときのことを考えて、政府の枢要な機能を一時的に持っていくところを、どこかあらかじめ想定しておいた方がいいというのが首都機能移転論。当時考えていたのは大宮で、関東地方の各省庁の広域行政を担当するのがさいたま新都心にあるんです。

首都直下型地震で東京が機能麻痺になった場合には、あそこが中央政府の機能の一部を代替できるように日ごろから考えておくという一つの案だったんだね。そういうことを含めて、それとは別のところに新しく首都機能を担当できるような都市を整備するといった議論もしたんだけれども、一長一短あってね。やはり一番現実的なのは、大宮に各省の関東地方を管轄する広域行政担当組織があるんだから、非常事態のときには、あそこで中央政府の機能を担当できるような仕組みを日ごろから準備しておくということではないかと思うね。

——官邸におられて国家の安全や大災害への対処などの危機管理にとりわけ腐心されていたのではないかと思うのですが。東日本大震災もそうですし、直下型地震もいつ来るか分からない。

石原　そういうことを考えたのは阪神・淡路大震災のとき。まさに神戸地方は麻痺状態になったわけね。そういう事態が東京で起こった場合、どうなんだということだよ。あのときは阪神地域は大変な状況に陥ったけれども、中央政府はまったく影響がなかったから十分に支えることができた。

ところが、首都直下型地震が起きた場合には、中央政府自身が同じようなことになるわけだから、その機能を代替するところをあらかじめ準備しておくという備えが絶対に必要だと思ったわけ。非常事態のときの受け皿になり得る体制を日ごろから準備しておく、想定しておくということは、僕は今でも必要だと思うね。

――それにまつわるいろいろな誤解や期待がありましたね。

石原　首都機能移転の準備をしようということであれこれ調査しておったら、石原慎太郎さんが東京都知事になって「東京から首都を移すなどということはもってのほかだ」と大声を上げて、何となく首都機能移転論が立ち消えになっちゃったわけ。あれは首都移転ではないの。首都機能を代替する準備をしておこうという話で、それ以外の何ものでもない。東京の機能をよそへ持っていく昔の遷都論じゃないんだ。

僕はあのとき、首都機能移転のためのいろいろな検討をしようといっていたのに首都の移転と勘違いされて、慎太郎さんが反対したら世論までが何となくそんな雰囲気になってしまって、それでもう止まった。だけど、今でもその必要性は全く変わっていない。

幸い今日まで首都直下型地震が起こっていないからいいけれども、いずれの日にか必ず起こると言われているから、やはり備えはしておかないといけないと思うね。

――東日本大震災では津波の被害が一番大きかったわけですが、質の異なる福島の原発の問題も起きました。それ自体たいへんなことではありますが、東京からは離れたところで起きている。直下型になったら、そんなことでは収まらない。一部の地域の問題ではなくて、まさに国家の機能が喪失するかどうかという問題です。

石原　そう、東京直下型地震が起こった場合は、まず交通機能が完全麻痺してしまう。情報網も寸断される。そうしたら政治や経済、国民生活が全て機能不全に陥ってしまう。そのときにどうするんだねということです。バックアップ機能をしっかりと準備しておかないと、いざことが起こってからではどうしようもないんだよね。

国家機能の喪失という事態が起こり得るわけだから、バックアップ機能を準備しておくというのは当たり前のことなんだよね。だから、その後立ち消えになってしまったのは非常に残念なんだ。しかし、幸いなことに首都機能移転についての国会決議は生きているんだよね。衆参で議決しているんだよ。首都機能移転について検討するようにという趣旨の国会決議がある。だから僕は、とにかくもう一度この問題については今の政府の責任において検討してもらいたいと思うね。

地方公共団体金融機構の誕生

――自治医科大学設立の経緯にある意味、匹敵すると思うのですが、昔から旧自治省は地方団体金融公庫をつくりたいと願い、平成一九年に政策金融改革の一環として、公庫を改組して地方公共団体金融機構ができました。

石原　当時の自治省あるいは自治省関係者、ＯＢを含めてね、「地方行政に必要な資金調達機能というものを包括的に持った組織をつくるべきだ」ということになった。都市銀行、中央銀行は国全体の立場でものを考えているんで、地域の様々な状況に即応するという点が二次的になるから、それを守る金融組織が必要だという主張をずっと続けてきたんだが、残念ながら大蔵省が反対して、公営企業だけについて資金供給能力を持った組織をつくったんだ。

包括的に地方の財政運営に必要な資金調達を担当できる組織をつくるべきだということが悲願でもあった。僕は今の金融システムの実態からするとまあ必要な資金調達ができているわけだから機構が一つの到達点だと考えていいのではないかと思うね。

スペシャリストかゼネラリストか

――文部科学省で、大学への再就職云々で大騒ぎになりました。

石原　公務員再就職規制ができたのは、小泉内閣のときだったかね。役所が直接業界に働き掛けてＯＢを送り込むのを禁止する趣旨の法律ができたわけだけど、文部科学省の場合、報道では、現役の人事課が資料提供してかなりの数の幹部が天下ったことはけしからんという話になっているんだね。

局長を辞めて大学教授になっているわけだが、一定のカリキュラムを消化できるだけの実力がないと教授というのは務まらない。「大学側の求めに応じて人材を提供した」ということではないかと思っているが、マスコミ報道は「天下り規制違反」だという論調だけどね。

実際いろんな行政分野についてかなりハイレベルな知識や技術を持っている役人がいるわけ。この人たちが現役を退いた後も持っている知識が欲しいというところがあるわけだよ。その場合、人材供給をするというのは、これは決して悪い話じゃないんでね、国民のためになる話だし。

役所が斡旋したり、本人が現役のときから就職活動をするというのは確かに法律に抵触するわけだが。学生にとっては、より高いレベルの知識を持っている人の方がありがたいわけだから、そういう意味で、行政分野によっては非常に貴重な人材というのは役人にもいるんだよね。例えば国土交通省で言うと、技術屋の優秀な人は大学の建築学の教授になっている。それは本人の知識や能力に着目して、いわば人材提供を受けているわけだ。そういう実態があるのであれば、それは堂々と言うべきなんだね。

能力もないのに役所の権威で押し込んでいくのは許されないけれど、非常に優れた能力の役人を人材として欲しいところで活用するというのは、学生にとっても国民にとってもいいことなんだよ。

――ところで、旧自治省では、スペシャリストよりもゼネラリストが求められると言われてきました。しかし、スペシャリストとゼネラリストと分ける意味があるのかどうか。スペシャリストで身を立てるということも必要だという考え方もありうると思うのですが、役人の生き方としてはどうなのでしょうか。

石原　幹部職員についてはゼネラリストがいいと一般的には考えられているね。技術分野はスペシャリストが必要だろうが、幹部職員は必ずしもスペシャリストである必要はない。むしろゼネラリストであるべきで、いろいろなことについてバランスよくものが見られるということが大事だといわれているんだけどね。

しかし、僕は、今の社会では、それぞれの行政分野についてかなり詳しい人で、かつ、幹部になる人は、同時に組織全体をどうまとめていくか、対外的な折衝をどうするかという能力も持ってもらわなければいけないと思うね。

だから、ガチガチの技術屋がいいとは思わないけれども、幹部になる人が全てゼネラリストで、これといった特技、専門分野を持っているかどうかにかかわらず、とにかく組織全体のことはちゃんとやりますという人物であればよいと決めてかかるのはいかがなものかと思うね。

——物足りないんですかね。

石原　やはり行政の高度化というものがあるんだから、一応役人生活のなかでそれぞれ得意分野というのがあっていいと思うのだけれども、財政や税制、あるいは特定の技術的、専門的な分野について詳しい人間がそれで一生やれというのもどうかなと思うんだよ。

しかし、同時に幹部職員になる人は全体を、組織全体を眺められる。組織全体を束ねる能力も備えてもらわないといけない。

　ということは、両方を持ってもらわないといけないということになると思うんだ、幹部は。ある程度は個別分野についても一定の認識を持ってもらわないと、これからの行政というのはできないと思うんだよ。だから、昔流のゼネラリストたれというのには、僕は必ずしも賛成できないね。

第七章

趣味、家族、健康

群馬県立太田中学校時代

旧制第二高等学校時代

余暇

――ところで、石原会長の余暇について。現役のころは多忙で、なかなか時間はとれなかったのでしょうね。

石原　うん、まあね……。われわれは、戦後占領が解けてこの戦後の日本の行政をどうするか、僕は地方行政の道を選んだけれど、教育の分野でも社会保障の分野でも建設の分野でも、それぞれの当時の公務員は戦後の新しい体制づくりにかかわったからね。また、事務次官の仕事もハードだったから、余暇を楽しむというような精神的、時間的なゆとりを感じるということはあまりなかったように思うね。

では朝から晩までしゃにむに仕事ばかりをしていたかというと、もちろんそうでもない。休暇はあったし、それで趣味を活かす人はあったと思うのだけれど、僕自身は不器用な方だから、ゴルフだとかマージャンだとか何をやっても下手でね。だけど、足が丈夫だったものだから山登りが好きで、毎年、夏休みになるとあらかじめ目標を決めておいた山に登った。それは現役時代からやったんだよね。

――鹿児島県時代の屋久島からですね。

石原　うん、もうずっとね。見習いのころから「歩く」ことについては、関心もあったし実行もしてきたね。それはまた自分の健康保持のためにもよかったなと思っているね。

――旧自治省の時代は、特にゴルフやマージャンが非常に好きな人が幹部から下まで多くいました。石原会長は、ゴルフは昭和三〇年半ばごろに始められたと聞きますが。

石原　僕が始めたのはゴルフがはやり始めたころだった。財政課の課長補佐のときに奥野さんが局長でゴルフを始めたんだよ。そのお供で行くというのでゴルフをやらされたんだけれど、幸か不幸か、僕は不器用なものだから、いくらやっても上手にならないんで、だからゴルフに凝るということはなかったね。歩くのがまず得意な方だったから嫌いじゃなかったけれど、スコアはいつも悪くてね。

それから、あのころはいわゆる居残りマージャンというのがあった。国会待機が長くてね。質問が取れるまではそのまま何もしないというのも、ということでマージャンをやった。当時は役所でマージャンをやってもいいということだったので僕もやったんだが、これもまた、やれば負ける。

――あのころは役所のなかでマージャン卓を囲むのが許されていたのですね。いつごろまでですか。

石原　あれは、河野一郎さんが建設大臣のときで、みなさん居残りマージャンをやっていたら、守衛のなかに大臣に直訴した人がいるんだね。

要するに、居残りマージャンをされると守衛の帰りが遅くなるわけだから、規制してくれということなんだ。実は国会待機のために黙認されていたわけだけれども、質問が取れた後もやっているやつがいるわけだ、朝まで。そうすると、守衛はたまらないわけだよ。それで、誰かが直訴して、それで河野さんが怒って「けしからん。部屋でのマージャンはいかん。やるなら外に行け」という話になったんだよ。

役人の月給も低いし、それから国会は毎日質問取りで、何だったらその時間つぶしに大目に見てもいいだろうということだったのだろうね。

――マージャンが禁止になってからは、トランプやサイコロをやりましたね。旧人事院ビルは、大理石なのに安普請みたいで、サイコロを気合を入れて振ると、下の階に響くわけですね。いささか不謹慎だったのですが、税制改正資料のような厚い本を応接テーブルの上に載せて、その上でやってもなお響く。

石原 なぜだか響くんだよ、下にね。同じ部屋にいて僕らは気にしていなかったんだけど、下から苦情が来てね。それで、あれは禁止になってしまったんだよ。今はスマートになったし、そんなことはやらないと思うがね。

あのころは大した娯楽もないし、また国会待機の時間が長くてね。今は国会の方もなるべく早く質問を通告してもらうようになっているようだけど、当時は結構遅くなってね。質問者の居所が分からないときなどはひどかったね。もうほんとに午前さまになってからでないと質問が取れないんだから。そのままずっと待っていないといかんの。

当時は、予算がないから超過勤務手当ももらえないし、要するにただ奉公で朝までというような、どこの省もそういう状況だったね。

読　書

――ええ。ところで、仕事関係の書籍はたくさんお読みになったと思うのですが、仕事以外で本を読むというのは、いかがでしょうか。

石原　僕はもともと本を読むのが好きで、子どものころからよく本を読んでいたけれど、役人になってからは専門書が中心になってしまったね。文学だの哲学だのというのは役人になってからあまり読む暇がなかったし、読んでいないね。

学生のころはよく本を読んだ。子どものころもね、今でも思い出すんだけれど、お風呂を沸かすのに今はガスでやるけれど、昔はお風呂を薪で焚くわけだよ。そうすると、親からお風呂番を言い付けられて、沸くまでやらされるんだけれど、僕はいつか、薪をくべたりしながら本を読んでいたらそっちの方に熱中して、火が消えているのをすっかり忘れてしまって、それで本を読み終わったら夕方になっていて、お風呂沸いているかって聞かれて、湯加減を見たら全然沸いていないんで、えらく怒られたことがあるわ。

海外出張、海外旅行

――日米租税協会でアメリカに行かれたということでしたが、それ以外ではどういうところに行かれていますか。

石原　アメリカは、市町村税課長のときに、府県税課長の近藤さんの代わりにミズーリ州のカンザスシティに行って。その後、財政担当審議官だったか地方債課長だったか、神戸のポートアイランドの埋め立て事業で財源調達にドイツで外債を発行することになって、その調印式に、大蔵省の高橋元理財局長と一緒に行きました。自治省も局長級の人が行くはずだったんだが、急に行けなくなって僕一人がドイツに行ったんだ。もちろん現地には神戸市長もいた。大蔵省の大将は高橋元さん。自治省は予算がないから、本人分しかなく、随行を連れて行けないんだよ。

財政局長のときには、鈴木都知事と東京都債の発行の関係でスイスに行って、事務次官のときに、宝くじ制度のことで、非常に宝くじが盛んだったスペインにも行った。

――自治省を退官されてからは官邸に入られたら当然そんな海外出張の機会はなかったでしょうね。

石原　官邸では全然、外国には行けないからね。ただ、官房副長官のとき、竹下総理の東南アジア歴訪のお供をしたことがある。リクルート問題が起きて、竹下総理が責任を取って辞めるということを発表したあとなんだけれどもね。タイ、マレーシア、インドネシア、フィリピンと、一週間ぐらいだったね。これは大変印象に残る旅行だったね。

――その後官房副長官をお辞めになってもうかなりになりましたが。

石原　それからしばらくはぶらぶらしていて、家内の慰労を兼ねて二人でヨーロッパ旅行をしたんだ。

僕はモロッコに行ってみたいと思っていてね。パリからスペインに行って、そこからモロッコに渡った。帰りはまたスペイン経由で。それとモスクワにも行ったね。シベリア上空を通ってモスクワに行って、当時の日本大使館の人たちにお世話になった。サンクトペテルブルクを見て、それからベルリン、チェコスロバキアにも行った。ブダペスト、ウィーン、それからボンと。これは退官後すぐだったな。モロッコにはもう一回別のときにも行ったね。

――ウィーンやプラハも印象に残った街だったと思いますが、モロッコと言えば、カサブランカとかマラケシュ、フェス。エキゾチックな異国情緒に浸ってみたいと思っても結構遠いんですよね。

石原　うん。モロッコに行ったときは、もちろんスペインにも行って、あとポルトガルね。それからあのときはイスタンブールにも行って、そこからアテネに行った。

それから、もう一つは外務省から非常に勤務状況の厳しいところの在外公館の実態を第三者の目で調べてもらいたいという要請があった。在外公館に勤務している職員の待遇改善を勧告してもらいたいという意味なんだろうね。外務省から頼まれて中南米に行ったよ。

あのときは、当時まだアメリカと国交回復していなかったキューバね。キューバとメキシコとトリニダード・トバゴと、それからボリビア。ボリビアとアルゼンチンとブラジルと。それから、もう一つ、これまた外務省に頼まれたのは、オーストラリアの北にあるパプアニューギニア。大変環境の悪いところで、大使館員が苦労しているところも見てもらいたいということなんだ。佐藤行雄君がオーストラリア大使だった。

――しかし、せっかくはるばると中南米に行かれたのに、大使館の実態を調査するということではあまり観光をする暇もなかった。

石原　観光はあまりしてないね。外務省のお金で行ったんだから。ほんとうに時間がかかった。東京からニューヨークに飛んで、そこからフロリダ経由でメキシコに行って、要するに直接には行けないんだよね、国交がなかったから。アメリカとキューバは断交だったから。だから、メキシコからキューバのハバナに行ってね。それで勤務状態を調べて、またもう一回メキシコに戻って、今度はトリニダード・トバゴに行って。あそこはカリブ海の小さな島国が連なる果てだな。もう南米のベネズエラにくっついているような。

メキシコに戻ってからボリビアに行ったんだ。飛行場が四〇〇〇mくらいの標高が高いところにある。首都のラパスだって三八〇〇mだから、富士山の頂上ぐらい。だから空気が薄い。大使館員がそこで長く暮らすと、ヘモグロビンが濃くなってしまうんだそうだ。それで脳梗塞を起こす危険があるんだ。

現地の人は体質的に順応しているからそうはならないが、普通の気圧のところの人間が長く住んでいると脳梗塞を起こす危険がある。だから、時々、平地に下りなきゃいけない。そういう実態を見て、要するに外務省はわがままで予算や人員の要求をしているのではないということを理解してほしいと言われて実際に行ってみたら、確かにね。もう飛行場について機内から降りたらすぐマスクだよ。マスクをしてくださいと言われるの。空気が薄いんだよ。大変なところだ。内陸に行くとサンタクルス、今度は標高が低いところで普通の街だけれど治安があまりよくない。そういうところも見てから、アルゼンチン、ブラジルのリオデジャネイロにも行ったが、こっちはまあ勤務環境の厳しさはそれほどでもない。要するにボリビアに行った帰り道で寄ったわけだ。だから、主たる目的は、トリニダード・トバゴとキューバとボリビアね。これはいずれも大変厳しいところ。そういう環境の中で外務省の職員が苦労している様子を拝見して、外務省の職員の処遇をある程度考える必要があるというようなレポートを出したわけ。

――アンデス山脈を背にして向こうはペルーですが、ボリビアに観光目的で行く人はどうですか。

石原　僕がボリビアに行ったときに現地の人から言われたのは、「日本からは要人が来るには来ているけれども、大臣経験者が一人も来ていない」ということ。「だからどなたでもいいから国務大臣をよこしてくれ。あなたが帰ったらそれを政府に進言してくれ」と言われたよ。国務大臣が誰も行ったことがないんだって。

――結構世界中くまなく行かれていますよね。

石原　そう。いろんな機会に個人で行ったり、外務省に頼まれて行ったり、それから自治省時代に仕事で行ったりで。官邸時代は竹下総理のお供で東南アジア。だから、ほとんどのところに行っているかな。自治省の立場で行ったのはごく限られているけれど。

あとはベトナム、中国、それから韓国とか、これは役人を辞めたあとプライベートで行った。特に中国は何回も行っていて、北京も上海も行ったよ。

中国に行ったのは地方自治情報センターの理事長のときかな。今では考えられないけれど、中国の中央政府や北京とか上海の大きな都市の職員にコンピューターの使い方を教えるという講座をどこの役所も引き受けてくれないというので、地方自治情報センターが引き受けたんだよ。

要するに当時は、中国では会計処理は手計算が中心で、コンピューターでいろいろ経理を処理するというのはやっていなかったわけ。その基礎的な技術を中国に、一種の海外協力で外務省の肝いりだったんだろうね。やってくれと言われて、自治省の所管ではないし、経済産業省なり当時の郵政省だね。だけどみんな断っちゃって、それで地方自治情報センターで引き受けたわけ。

そうしたら中国側が非常に感謝してくれて、一遍中国を訪問してくれというので、それで行ったの。大竹山龍男君が随行で、あと野村哲夫君。

行ったら中国は大歓迎で、あのときは北京と西安、上海と回った。今ではとうてい考えられないような大歓迎だ。例えば、当時北京は自動車はほとんど走っていない。みんな自転車。今、北京が、大気汚染で非常に困っているようだけれど、僕が行ったころはきれいなものだった。北京、好日晴天。毎日天気がよくて空気はきれいだしね。

――およそ日本で暮らしていると普通は意識しませんが、海外旅行の際には、ひったくり、置き引き、すりには気を付けるようにと注意喚起されます。

石原　僕は盗難の被害に遭ったことはないね。ただ、市町村税課長のときに初めてアメリカに行ったときは、とにかく通訳も何もない。しかもアメリカには地域によって訛りがある。要するにわれわれが学校で習った英語と違うんだよね、発音が。全然分からなくてね。もちろん仕事の面では、永田尚久君という男が自治省からサンフランシスコ総領事館の領事で行っていたんで、彼にずっと一緒についてもらって、仕事の用は足したんだけど。ところが、彼も自分の仕事があるからいつもというわけではないんだね。何か飯を食いに僕一人で行ったら、自分のほしいものを注文しても通じないんだよ。いや、苦労したね。発音が違うんだよな。

一番困ったのは、飛行機の便。僕はサンフランシスコからシカゴへ行ったんだけど、国内線だよね。国内線だと便名で言うんだよね、何番、何番と。それを聞き取ろうとしても早口で分からないんだよ。それで、こう見ててね、そうだ今度のあれ、僕のフライトじゃないかと思って、搭乗ゲートに向かったんだけれど、航空会社の職員が早く行けって。そんなアナウンスをやっていたということなんだけど、とにかく早口で分かんない。心配だからものすごく注意して聞いているけれど、分からないんだよ。それでこう自分のチケットを見せたら、すぐ行けってね。

健康談議

――体重が増えて糖が出たので甘いものを控えたと。

石原　財政課長のときに、僕は甘いものが好きだから、来られる人が地元の饅頭を持ってきてくれていたんだよ。嫌いじゃないから全部食べて、味がどうだったかを論評していた。そんなこんなであまりに食べすぎたら太って、糖が出てね。

ただ、変なときに役に立つもので、岡山県の商工部長のときに、菓子屋の全国大会で即興のあいさつができた。どこの県に行っても商工部長は飲んべえでお菓子が嫌いなやつが多いんで、部下はそういう意味ではずいぶんとがっかりしていたけれど、初めて話の分かる部長にあいさつしてもらったと喜んでいた。

――糖が出て、健康に気を付けられたのですか。

石原　そのときは虎ノ門病院で検査を受けたんだけれども、医者が「あなたこのままいったら糖尿病になってしまいますよ、そうなったらもう戻らないですよ」と言われて、えらく脅かされてね。それで、甘いものは控えた。ところが、禁煙もそうだけれど、甘いものも、少しにするというのは難しいんだ。だから、もう一切断った。しばらくは甘いものはもう一切口にしないと。何年くらいだったかな。財政課長時代の二年ぐらいは決心が持ったかね。だけど甘いものが好きだからその後復活したけれども、一遍、懲りているから、とにかくむちゃ食いはもうやめてね。節度のある食生活をしている。

――たばこは吸っておられたのですか。

石原　たばこは初めから吸っていない。たばことというのには変な思い出があってね。旧制中学のころ、たばこを吸っているのが見つかると停学になるんだよね。ところが、不良、少しぐれたような先輩がたばこを吸うんだよ、隠れて。それで何かのときに、僕はそういうのは嫌いだったんだけれど、上級生にある日呼び出されて「おまえは先生にいい顔ばかりしてけしからん。たばこ吸え」と言われたので、「いや吸わない」と言ったら殴られてね。「とにかく吸え」と言われて口にくわえさせられて「力いっぱい吸い込め」と言われ、それで吸い込んだら、いや、何とも変な気持ちになってね。金輪際こういうものは口にしないと思ったよ。そういう体験があったものだから、社会人になってからもたばこは見るのも嫌だった。

――節度のある甘党。甘いもの以外に、特に健康に留意されたことは。

石原　僕はどちらかというと、よく食べる方だったからね。だから、あまり食べすぎてもいけないし、健康管理は気を付けるようにしてきたね。僕は歩く。とにかく歩く。

そして、僕は、大食いはやらない。幸い、もともと野菜が好きなんだね。だから、ご飯のときは野菜もよく食べるから、結局お米のご飯はそう食べられないわけ。同じ年の同僚や先輩と比べると僕が健康だと思うのは、一つは歩いていること、歩くのが趣味だということ。あとは野菜が好きなことかな。

田舎の人間は塩辛いものをよく食べるんだよ。肉体労働をする関係だろうね。子どものころから塩辛い料理に慣らされているから、甘塩の料理がどうも物足りない。

だけれども、その点は、家内はサラリーマンの娘だから甘塩なんだよ。それで、僕は、初めは家内の味付けに不満だったんだけど。家内がつくった料理に醤油をかけたりして怒られてね。だんだん慣らされて今は甘塩。これが高血圧にならない一番の理由じゃないかな。田舎の人はね、僕の親族でも田舎の友達でも循環器系の病気にかかっている人が多いのは、やはり食事の塩気が強いんだな。

故郷・群馬の思い出

――石原会長の故郷は群馬県ですが、そのころの話をお聞かせください。

石原　そうね。僕が小学校のころは戦前でね。服装は、小学校一年生のころはみんな着物だよ。洋服の子どもは少なかったんだ。木綿の着物でね。一年生のときの当時の写真を見ると、一人か二人は洋服の子がいるけど、みんな学校の先生の子弟とか、駐在さんとか、街から来た子どもだけで、土地の子どもはみんな着物だったね。

小学校に入ったのは昭和八年だったな。高学年になるころはみんな小倉のズボンになる。みんな長ズボンになるんだよ。小倉の黒いズボン。ところが、なかに都会から来ているサラリーマンの子どもなんか二、三人いるんだが、この子どもたちは、紺色のサージの服で半ズボンに靴下だよ。そうすると、子どもなものだから、「半ズボン、半ズボン」とバカにする。そっちの方がはるかにスマートなんだが、そんな思い出があるね。

今は半ズボンの子どもの方が多いんじゃない？　特に夏などはね。僕なんか子どものころは、夏でもちゃんと長ズボンだったね。中学校でもそうだったよ。もっとも僕らの中学校のころはもう戦時中だった。旧制中学校のころというのは、長ズボンも長ズボン、ゲートルだよ。ゲートルをちゃんと巻いて行かないといけない。

――昔の写真を見ると、そういう姿の子どもが多かったようですね。兵隊も半長靴にゲートル。石原会長は太田市でしたか。

石原　いやいや、もともと太田はあの辺の中心でね。僕の実家はもともと伊勢崎の在なんだよ。伊勢崎は工業高校と商業高校だけで中学校がないの。それで中学校は太田になる。

当時は前橋が一番。県庁所在地だから前橋の中学校があって、高崎があって、それから太田中学や館林中学があってね。たしか桐生にも中学があったな。桐生と沼田と渋川かな。それで僕の実家があったあの辺は太田中学だけだった。

伊勢崎銘仙の生産が盛んだった。伊勢崎は工業と商業の街だったね。それから足利も。足利中学、足利商業、あの辺の子どもは栃木県に通っていたんだ。佐野中学ね。栃木県は渡良瀬川を挟んですぐ隣だから。太田と桐生と足利というのは本当にすぐなの。

――それで太田中学校を卒業されて。

石原　僕のような農家の長男にとって、当時、一番理想的なかたちは実家の農業を継ぎながら、中島飛行機に勤めるということだった。

職工と技師という身分みたいなものがあるのね。その上に技師長とか何かもあるけれど、桐生の高等工業学校を出て入社すると、すぐ技師になれるんだよ。ところが中学校や工業学校を卒業してから入ると、もう一生かかっても最後の段階で技師になれるかどうかだ。

そんな事情だから、親の希望もあるし、もう戦争も末期だったけれども桐生の高等工業学校に進学したんだ。当時は桐生工専（桐生工業専門学校）といったんだけれども、桐生工専のときに終戦になったわけだが、アメリカの占領下に入って中島飛行機がつぶれたわけだ。

爆撃も一番先にやられた。中島飛行機に行けなくなったので、さあどうしようかということで、中学校の恩師に相談したんだよ。そうしたら、「それぞれ向き不向きがあるからな、君はむしろ文系の方がいいんじゃないか」なんて言われて、それでもう一度旧制の高等学校に行き直したんだ。僕は、だから同年の人たちよりも二年遅れている。だから何もしないで初めから旧制高校に行っていれば自治庁の昭和二五年採用になる計算だったんだ。

ところが当時は、文系の高等学校に行くようなものは国賊扱いだよ。理系はいいわけだ、すぐ技術でもってお国の役に立つからということで。だけど文系といったら先生が勧めない。文系は「穀つぶし」と言われたんだ。

――桐生工専のときは学徒動員でロケット燃料関係の仕事をされたとか。

石原　そうそう、学徒動員。僕は桐生工専で化学をやっていたものだから、渋川の関東電化という工場があって、そこでロケットの燃料をつくった。希硫酸を濃縮していくと過酸化水素ができるんだよ。それを燃料にしてロケットを打ち上げるという。飛行高度が高いB二九にプロペラ機は届かないわけだから。しかし使い物にはならなかった。そして終戦は、関東電化の渋川工場で迎えた。

――石原会長がよく言われる高柳磯五郎先生というのは。

石原　恩師だね。社会党の山口鶴男さんにとっても恩師。山口さんも高柳さんも前橋中学。山口さんはそこから桐生工専。僕は太田中学から桐生工専。高柳先生は前橋中学のあと、旧制浦和高等学校から東大の仏文科に進んだのではないかな。国語の先生だったから東大の国文科を出たのかな。

この先生がいろいろ相談にのってくれる人で、終戦になって中島飛行機がつぶれてしまったので、相談に行ったら、僕がもともと文系を志望していたのを知っていたから、「戦争も終わったんだし、文系に行きたいんならやり直したらどうだ」と言ってくれて、それで決心して二高に行った。

――群馬・太田市は今と昔でかなり様変わりをしていると思うんですが、故郷、ふるさとというのはどういうものなのでしょうか。

石原　そうね、「ふるさとは遠きにありて思うもの」というけれど、僕は遠くはないわけだ。だから、しょっちゅう帰っていたね。高等学校時代も大学時代も。高等学校はもちろん仙台で全寮制だったけれど、大学に通っていた初めのころは戦後まだ間もないから、まだ食糧難で、大学一年生のときは、うちから自転車で本庄まで行って、本庄から高崎線で上野まで行って大学に通っていた。学校の授業が始まるのは確か九時ごろからだったかな、わりと遅かったから通えたんだよ。

だから、「遠きにありて思うもの」というようなイメージではないんだよね。役人になっても実家にはしょっちゅう帰れたしね。

――実家は農業ですね。

石原　そう。僕は長男だから当然家を守ることを期待されていて、中島飛行機に就職すれば家を守りながら勤めができるという環境だったのだけどれも、戦争が終わってしまったから。僕は、昔はどこもそうだったけれど兄弟が多くて、弟が地元の農学校に行っていて器用なんだ。だから弟の方が百姓には向いているわけだ、明らかに。本来は長男が跡を継ぐというのが普通だったが。

――ご両親はどう思っておられたのですか。

石原　僕が太田中学に行くと言ったら、父の親戚が大反対。両親は「本人が行きたいんならいいだろう」と言ってくれていたんだけれども、おじさん、おばさん連中が「農家の長男が中学校に行って大学まで行ったらろくなことはない」と反対したんだ。

近所にまた悪い意味での模範がいてね。近くの地主のせがれが、どこかの私立大学、早稲田とか慶應ではなかったな、彼が私立大学に行ってカッコよくやっていたけれども、結局家業を放り出してしまって財産を失い、家を傾けたという先例があるわけだ。そういうことがあったものだから、うちの祖父母、僕のばあさんが「農家の長男が学校なんかに行ったらろくなことはない」と考えている人だったんだよ。

というのもね、うちの祖母というのは、尾島町というと中島知久平さんの出たところ、そこの大地主の娘だったんだけれど、お姉さんが婿を取ったのはいいが、そのお婿さんが大学出だったんだろうな、県会議員になって、派手に政治活動をやって身上全部つぶしちゃったんだよ。

そういうことで井戸塀になっちゃったわけだ。うちの祖母は、実家の婿が大学を出て派手に政治活動をして井戸塀になったんで、農家の跡取りが学校なんかに行ったらいいことはないと信じていたわけだ。そういう教育を受けていたものだから、おじさん、おばさんたちは、農家の長男が農学校に行かないで中学校に行くというのでは将来このうちはどうなるのかと心配するわけだ。だから、みんな反対でね。

――でも、そういう意味ではご両親は理解があった。

石原　おやじは「行きたいのなら行ったらいいじゃないか」というフリーな人だった。おふくろは、実家の人たちの学歴がわりあい高かったものだから、遠慮していたのかどうか何も言わなかったけれど、とにかくおやじは反対しなかった。

　幸い弟が、学校の成績の方はそれほどじゃないが手先が器用だったものだから農学校に行って、戦争が終わったころにはそのまま自然に弟が跡を継いで農業をやるということになっていた。当時は食糧難だから、農業が非常に重視されていたわけだね。おかげで僕も大学を出られたんだがね。

――普段はどのようなご両親でしたか。

石原　子どもに対してあまり干渉しないというのかな。もちろん農家でしょっちゅう忙しいから、「仕事の手伝いをしろ」とはずいぶん言われたね。変な話だが、僕は子どものときから「農家の手伝いをしろ」と何遍も言われたけれど、「勉強しろ」と言われたことはないんだ。というのは、要するに生半可に勉強して生半可に学校へ行ったらろくな人間にはならないという感覚があったんだろうね。勉強しろって言われたことがない。勉強は、あまりしていなかったなあ。

――しかし、太田中学校は一番で卒業されたとか。

石原 いや、そんなことはないだろう。いや、一番ではないよ。実家がそんなわけだから勉強なんかしないで農作業の手伝いばかりしていたおかげで、太田中学校にやっと入った方だよ。

――一番勉強したのはいつごろですか。

石原 中学校に入ってからね。周りが勉強をする雰囲気だったんだな。みんな進学という問題があるものだから。いい先生も多くてね。小学校のときは学校の教科書だけであと何もしていないし。

――放任主義の方がいいみたいですね。

石原 僕は自分自身がそういう教育を受けたし、環境もそうだったから、子どもに「勉強しろ」と言ったことはないな。とにかく今の人からすればちょっと信じられないような環境だったよ、僕ら戦前の農家の長男というのは。家を守るということが最大の使命なの。

次男、三男はどうでもいい。長男だけはしっかり家を守っていかなければならないという感覚だったね。でも弟が跡を継いだことは結果的に正解だったと思うね。

――ご実家は米作中心ですか。

石原　うちの実家は養蚕が主でね。機屋をやっていた。あとは野菜。水田があまりない地域でみんな一応お米はつくっていたけれど、陸稲《おかぼ》ね。桑畑の桑を抜いて少し掘ってから土をのけて稲を植える。養蚕が中心だったんだが、戦時中はお米の作付けが優先になったから、急遽、桑畑を田んぼに変えて米をつくったりしたけど、うまくないんだよ。それでも戦争中で食糧難だから、お米でさえあればおいしいと思って食べていたけれど、よそに行っておいしい米を食べたら全然比べ物にならないんだよ。

親は昔ながらに、僕が都会に行ったら米を送ってくるわけだよ、「食べろ」と言って。ところが勤め人になって茨城県に行ったら米がうまいんだな。本当にうまい。お米というと魚沼産のコシヒカリや秋田こまちなどが有名だけれど、茨城県の、特に南部あたりの米が一番うまい。

あの辺は花こう岩風化地帯で、鬼怒川に沿うかたちで南北に流れている小貝川の流域の米が僕は日本で一番うまいと思うね。親は、戦中、戦後はとりわけ食糧難だったから、米が何よりの贈り物だと送ってきてくれるわけだけど、正直に言ってうまい米を食べちゃったら、我が家の米はうまくないんだよな。

家庭と仕事と

――特に霞が関で勤務していますと当然帰りは毎日遅い。もっぱら奥さんが家庭を守ると。私も北海道にいるときなどは毎日午前様で、女房から「うちは母子家庭だ」と嫌味を言われていましたが、ご自身振り返ってみられて、どういう夫であり父親であったのでしょうか。

石原　僕の場合も、若いころから忙しい日々だったので、子どものことは家内に全面的に任せっぱなしでほとんどタッチしなかったね。だから、うちの家内も「うちは母子家庭だ」と言ったことがあるけれど、亭主に対する不満というよりも官僚の家庭の実態というのはそういうものだと割り切っていたと思うね。東京での生活はもう文字どおり家庭のことを省みる暇がなかった。ほんとうに忙しい毎日だったし、家内もそういうものだと割り切っていたんじゃないかな。

――鹿児島県や岡山県など地方勤務のときには多少の時間的なゆとりもあったのでしょうか。

石原　鹿児島県時代はまだ子どもが小さかったから一緒にどこかへ行くという状況ではなかったから、家庭と仕事のバランスの問題を、あまり意に介けることはなかった。岡山県時代は比較的時間があったので、子どもたちも一緒に家族で旅行したりしたことがあったね。だから岡山県時代が、多少はまともなサラリーマンの家庭生活だったと言っていいんじゃないかな。

叙勲

――平成一二年に勲一等旭日大綬章を受けておられます。ご自身の歩みのなかでも大きな出来事だと思いますが、いかがですか。

石原　僕は、官邸勤めのときに叙勲を担当したこともあって、自分と同年次の、同年輩の全員の叙勲が終わるまでは、自分は受けないという気持ちで、後輩たちにもそう言っていたんだ。そのうちにそういう人たちがほぼ叙勲を受け終わったものだから、僕にどうしても受けてくれということになった。

人によっては叙勲制度そのものを否定的に捉えて辞退する人もいるけれども、いつまでも固辞し続けて叙勲制度をネガティブに感じさせるような行動は取りたくないという思いもあったし、後輩たちからとにかく「受けてくれ」と言われたので受けた。そういうことかな。

叙勲というと役人以上に民間の人の方が関心が強いんじゃないかね。というのは、民間の人で叙勲の対象になるのは非常に限られてくるものだから、希少価値になる。ところが、公務員の場合は一定の役職に就くと、いわば自動的に在職中の実際の功績如何にかかわらず、事務次官で辞めたのか局長あるいは審議官や課長で辞めたのかという最終ポストによって決まってくる。民間の人ほどの「選ばれた」という感激が公務員にはそれほどないんだろうと思うね。言うなれば、自動的というか、流れの中で叙勲を受けたという感じを抱く人が多いのではないかね。

――七〇歳が古希で一つの節目だとしますと、叙勲により改めて大過なく過ごしたという感慨にふけるきっかけになるところもあるのでしょうね。

石原　そうね。僕は叙勲を担当していたときの実感からすると、むしろ民間の場合の方が非常に等級にこだわる。それと特に議員さんは非常にこだわる人が多いね。議員さんの場合、当選回数や在職年数というもので基準に当てはめて、いわば機械的に勲等を決めるのだけれども、地方政界などをみると当選回数こそ少ないけれども非常に実力があって、議長あるいは議会会派の幹事長をやったり、当選回数が少ない割に比較的目立つポストを経た人でも、叙勲となると当選回数で査定されるものだから、勲等に対して非常に不満があるというケースがある。それに対して異を唱えるというか、どうしてそうなるのかという、そういうことに接した経験があるね。

（了）

〔主な公職等〕

平成９年１月　第４回行政改革会議に有識者として出席
　　　　２月　財団法人女性のためのアジア平和国民基金理事（平成12年から理事、平成19年解散）
　　　　12月　浦和市・大宮市・与野市合併推進協議会（任意協議会）会長
　　10年６月　中央省庁等改革推進本部顧問（～平成13年４月）
　　15年９月　桐生市、太田市、尾島町、新田町による東毛地域合併協議会（法定協議会）会長
　　　　11月　国家安全保障に関する官邸機能強化会議座長（～平成19年２月）
　　26年２月　衆議院予算委員会に参考人として出席（従軍慰安婦問題）
　　　　４月　参議院統治機構調査会に参考人として出席（従軍慰安婦問題）
　　28年11月　第４回天皇の公務の負担軽減等に関する有識者会議に有識者として出席

平成30年２月現在、以下の職も務める。

- 一般社団法人日本躾の会　名誉会長
- 公益社団法人日本広報協会　名誉会長
- 一般社団法人日本倶楽部　会長
- 防災情報機構特定非営利活動法人　最高顧問
- 特定非営利活動法人日本防災士機構　最高顧問
- 一般社団法人日本介護事業連合会　最高顧問
- 特定非営利活動法人新日本歩く道紀行推進機構　名誉顧問
- 東京大学同窓会連合会　名誉顧問
- 公益財団法人日本法制学会　名誉顧問
- 災害救援ボランティア推進委員会　特別顧問
- 公益財団法人 ひょうご震災記念21世紀研究記念　特別顧問
- 野村證券株式会社　顧問
- 川崎・しんゆり芸術祭実行委員会　顧問
- 公益財団法人日本生産性本部　幹事会幹事
- 一般財団法人地域総合整備財団　評議員
- 公益財団法人未来工学研究所重要インフラ対策委員会　委員
- 公益財団法人徳川ミュージアム　相談役
- 中核市市長会　相談役
- 一般財団法人日本通信教育学園　理事

石原信雄（いしはら・のぶお）　一般財団法人地方自治研究機構会長

大正15年11月	(24日)群馬県佐波郡剛志村で、農家の長男として生まれる
昭和８年４月	尋常小学校入学
15年４月	旧制太田中学校入学
20年４月	桐生高等工業学校入学
21年４月	旧制第二高等学校入学
24年４月	東京大学法学部入学
26年10月	６級職国家公務員採用試験合格、地方公務員幹部候補者採用試験合格
27年３月	東京大学法学部政治学科卒業
４月	地方自治庁入庁、茨城県総務部総務課事務吏員となる
９月	茨城県総務部文書課兼務
11月	茨城県人事委員会事務局兼務
28年２月	茨城県知事室秘書課兼務
７月	自治庁財政部財政課
31年８月	鹿児島県総務部広報文書課長
34年１月	鹿児島県総務部財政課長
35年６月	自治庁財政局財政課課長補佐
７月	自治庁から自治省へ
36年２月	自治省財政局交付税課兼務
42年４月	岡山県商工部長
８月	岡山県企画部長
43年12月	岡山県総務部長
45年11月	自治省税務局市町村税課長
47年４月	自治省財政局地方債課長
48年８月	自治省財政局財政課長
51年11月	自治省大臣官房審議官(財政担当)
54年10月	自治省税務局長
56年６月	自治省大臣官房長
57年７月	自治省財政局長
59年７月	自治省事務次官
61年７月	退官（34年間在職）
８月	財団法人地方自治情報センター理事長
62年７月	竹下内閣の内閣官房副長官(事務)に就任
平成７年２月	内閣官房副長官退任（在任約７年３か月、2,668日）。東京都知事選に出馬の意向を固める。
４月	東京都知事選挙に立候補、落選
８年４月	財団法人地方自治研究機構理事長（平成18年から会長、現在に至る）
12年５月	勲一等旭日大綬章受章

【聞き手略歴】
山中昭栄（やまなか・しょうえい）●一般財団法人地方自治研究機構理事長
　昭和24年生まれ。昭和47年、東京大学法学部卒業、自治省入省。自治省税務局府県税課、大館税務署長、鳥取県財政課長、自治省税務局企画課課長補佐、北海道財政課長、和歌山県総務部長等を経て、平成5年消防庁救急救助課長。防衛庁教育課長、管理局長、官房長等を歴任して、平成15年、防衛施設庁長官、平成17年退官。全国町村会事務総長を務めたのち、平成25年より現職。

石原信雄回顧談　一官僚の矜持と苦節　第一巻
我が人生を振り返る

平成30年4月1日　第1刷発行

編　集　石原信雄回顧談編纂委員会
発行所　株式会社　ぎょうせい

〒136-8575　東京都江東区新木場1-18-11
電　話　編集　03-6892-6508
営業　03-6892-6666
フリーコール　0120-953-431
URL：https://gyosei.jp

〈検印省略〉

印刷　ぎょうせいデジタル株式会社

ISBN978-4-324-10164-3
(5108262-00-000)
〔略号：石原信雄回顧談〕

石原信雄回顧談　一官僚の矜持と苦節

第三巻

官邸での日々

――内閣官房副長官として

ぎょうせい

目　次　第三巻　官邸での日々—内閣官房副長官として

目次

目次

目次

第一章

後藤田さんのこと

事務次官会議であいさつ（写真提供：時事通信社）

――自治省退官後、官房副長官として七年余にわたり七人の首相にお仕えした時代のことについて伺います。昭和六一年に退官後、地方自治情報センター理事長を務めていらっしゃいました。副長官就任の打診は、どのようなタイミングで、またどのようなかたちであったんでしょうか。

石原　私が退官したのは昭和六一年七月二日付じゃなかったでしょうか。その後、地方自治情報センターに移ったのは一～二か月後です。すぐではなかったのです。

中曽根康弘総理の秘書で上和田義彦さんという、中曽根さんが信頼していた有能な秘書がいるんです。翌六二年にその人が私を訪ねてきた。当時、中曽根内閣の官房副長官は厚生省出身の藤森昭一さんでした。

藤森さんは中曽根内閣時代ずっとですから、四年以上務めていまして、それで多分、中曽根総理としては、「次の内閣のときは藤森君は代わるから、そのあとに考えてるようだよ」と。中曽根総理は次の人に対する何か考えをお持ちだったようで、何となくそんな話が私のところに来たんです。それが予告だか何だか知らないのですが、でもはっきりした通告じゃなかったものですから、「はあ？」なんて言っていたんですが。上和田さんは同じ群馬県の人なんです。

その後、正式に「官邸の方に来るように」と言ってきたのは、後藤田正晴さんです。後藤田官房長官から連絡がありました。当時、安竹宮、つまり安倍晋太郎さん、竹下登さん、宮澤喜一さん、この三人が後継総理候補者だったわけです。そのうちのだれが総理になるのかという話はぼつぼつ始まっていた、そのころでした。後藤田さんから電話があって、「君にこのあとやってもらうことになるよ」と、総理が決まってないのにそういう連絡ですから、変な話だなと思っていたのですが、結局、中曽根裁定で竹下さんに落ち着いたわけです。そういうことで竹下内閣が六二年一一月六日にスタートしたんですが、その一〇日ぐらい前に後藤田さんから「いろいろ準備しておけ」という話があったんです。

普通は、官房副長官は次の総理自身か、あるいは官房長官予定者から内示があるはずなんですが、私のときは後藤田さんからの連絡でした。事務の新しい副長官も次の総理による人事ですから、恐らく中曽根さんは最終的に竹下さんを裁定したので、そのときに竹下さんと人事について話していたんじゃないかなと思います。というのは、私が官邸に行ったときには、当然のことという感じで、総理も官房長官もそういうふうに見受けられましたから。だから次の竹下総理が小渕恵三官房長官と副長官の就任予定者について調整しておったように思います。

――そうですか。中曽根さんは同郷のよしみ、それから後藤田さんは旧内務省の先輩です。

石原　後藤田さんは、警察庁長官から田中内閣で官房長官になって、中曽根内閣でも官房長官ですが、自治省の官房長をやっておられていたんです。それから後藤田自治大臣の下で私は税務局長ですから、当然存じ上げていました。私が自治省の幹部のときも、後藤田官房長官からいろんなことでご指示があったりして、それから自治省の案件でも、内閣にかかわるような大きな案件は、私は後藤田官房長官のところによく説明に行っていましたので、後藤田さんには内閣で直接お仕えしたような感じだった。ですから恐らく竹下さんや小渕さんと相談して、後藤田さんが私に言ってきたんじゃないでしょうか。その辺は想像ですけれども。

——総理よりも先に副長官が決まるというのは、確かに珍しい話ですね。

石原 そうなんですが、ただ私は竹下さんをよく知っていたんですよ。あの人は大蔵大臣を五回もやってますし。それから直前は自民党の幹事長でした。

幹事長のときも随分と接触がありましたし、大蔵大臣のときも接触があったから、よく知ってたんです。それから小渕さんは同じ群馬ですから。そういう意味では、就任早々から総理や官房長官との関係では、いわゆる初対面じゃなくて、前からのお付き合いという感じだったんです。

——官房副長官は、「官僚の中の官僚」とか「キングオブ官僚」と言われます。この副長官就任の打診は後藤田さんから電話であったということですが、かなり責任が重いポストなのに躊躇しなかったのですか。

石原 そうですね。私もその前に自治省の事務次官を二年もやっていましたから、事務次官会議は官房副長官が実質上議事進行をやっていますので、官房副長官がどういうことをやっているかということは、ある程度は知っていました。ただ、官邸の中の問題については知らない、私は官邸勤めもしたことはありませんから。その点はちょっと不安ではあったんです。ただ、竹下総理も小渕官房長官も、単に面識があるという以上に非常に懇意でしたし、特に小渕さんは郷里の人ですから、「一緒にやろう」と、そういう感じでしたから、人間関係の不安はなかったのです。

さらに言うと、当時は官房副長官は政務と事務の二人でしたが、政務の副長官は小沢一郎さんなんです。小沢さんは私が自治事務次官のときに、大臣としてお迎えした人ですから、そういう意味では、総理も官房長官も政務の副長官も、三人とも知己の仲だった。ですから、不安感というものはありませんでした。ただ官邸の仕事、官邸プロパーの仕事については知りませんでしたので、その点はちょっと心配だったんですが、幸い首席参事官の古川貞二郎君が実にこまめに連絡を取ってくれました。

官房副長官としての仕事の面でのポイントは後藤田さんから言われました、もっぱらどういう点に気を付けたらよいかという話です。後藤田さんが特に私に言ったのは、「君は行政の仕事は自治省を通じて各省の仕事も知っているだろうけれども、ただ知らないのは宮中のことだ」と、「これはしっかり勉強しておけよ」と。

——宮中とは皇族の話ですか。

石原　というのは、私が就任したときは昭和天皇が手術したあとで、オープンにはなっていませんでしたが、昭和天皇の病気がかなり難しい状況だという雰囲気でした。そこで後藤田さんは、陛下がどうということではないんですけれども、「皇室制度の問題についてしっかり藤森君から引き継いでよく勉強してくれ」と、「これが最優先だよ」と言われておったのを覚えています。それは非常に強く印象に残っています。

当時は陛下の病状から見ていつ問題が起こるか分からないわけです。そういうある種の緊迫感みたいなものがありましたので、「他の行政の問題はその都度勉強したらいいけれど、皇室制度の問題はあらかじめよく勉強しておいて、段取りをしっかりやっておかないといかん」と、くどいほど言われました。

——後藤田さんはそのとき、もう元号が変わるということを覚悟していた節がありますよね？

石原　そうです。後藤田さんという先輩には、ありがたいことに、就任前からいろいろご注意いただいただけじゃなくて、就任後も何かというと電話がかかってきて注意されたんです。「こういうところを、気を付けろ」とか。「特に記者クラブに気を付けろ」とよく言われました。

——それはどういう点ですか。

石原　要するに記者が「『オフレコでいいから教えてくれ』と言っても、ものによるぞ」と。「絶対駄目な事柄は、オフレコだからと言われても言っちゃ駄目だぞ」と。その点で失敗したことがありまして。就任してそう経っていないときに、昭和天皇の病状の問題がありますから、もし崩御ということが起こった場合には、元号問題が起こるんです。

改元の問題と葬儀です。大喪の礼の問題。この二つは待ったなしなんで、準備しておかないといけない。ところが、準備しているということも言っちゃいけないわけです。陛下がまだ存命なのに、葬式の準備をしているなどということはきわめて不謹慎な話ですから。恐らく後藤田さんの念頭にあったのは、今、考えてみるとその話なんです。「それは記者が聞いても言うな」と言われたから、私も初めは用心していたんです。ところが就任してある程度経ってから、二～三か月くらいあとですかね、特に元号問題、元号を何にするかということは大問題ですから、記者クラブの幹事が「われわれ、ことが起こった場合にすぐ取材活動をしなければならないから、元号というものがどういう手順で決まるのか、そのためにどんな準備をしているのか、記事にしないから勉強のために教えてくれ」という話で、だいぶせっつかれましてね。

そこでごく限られた各社のキャップクラスの人だけの内々の勉強会ということで、官邸も記者に協力してもらわないといけないからと考えて、僕も脇が甘かったんですけれど、そこで元号制定についてある程度段取りを話したんです。「こういう勉強をしている」「こういう研究をしている」と。そしたら、こっちもまずかったんですけれど、朝日新聞の常連（正式メンバー）でない記者がピンチヒッターで出ていた。私は気が付かなかったんですけど、確か女性じゃなかったかな。

――社会部ではないですか。宮内庁担当。

石原　朝日新聞だけはその日に常連が都合悪くて、ピンチヒッターで別の記者が来たんです。そのオフレコの勉強会という話を知ってか知らずか、私がしゃべった話を朝日新聞が記事にしたんです。そしたら後藤田さんから夜中に電話がかかってきて、「お前、何やってんだ？」と。「あれほど言ったのに」と、えらく叱られまして。

――そんなことがあったんですか。

石原　そこで朝日新聞に文句を言ったんです。そしたら「そんな協定なんか知らない」と言うわけです。官邸の幹事社に言ったら、「ああ、そういえば朝日新聞は別のやつが来てたな」と。「自分のところは記事は出さないから」「文句があったら朝日新聞に言えばいいじゃないか」と。でももう出たら後の祭りですよ。そこで後藤田さんにこっぴどく叱られたんです。「だから君にはそういうことがあるから言っといたんだ」と。

朝日新聞が意図的に取材記者を差し替えたのかどうか。とにかくもうけしからん話です。信頼関係を裏切ったんで。だからそれからは金輪際、内輪のことは教えないことにしたんです。

――一説によると、官房副長官は激務であることから「血の小便が出る」と言われたとか。

石原　それは福田赳夫先生の言葉です。官房副長官に就任したときに、中曽根さんは前の総理だから当然そのときにあいさつしましたが、福田さんのところにあいさつに行ったら「君なあ、あの仕事は血の小便が出るぞ」と言われたのを覚えています。それは、各省の意見が合わないときに、官邸としてはまとめないといけないでしょう。しかも多くの場合、役人だけじゃなくて、裏には党がついている、党の部会が。その調整で困ることがあるんです。福田先生が言ったのは、このことだと。福田先生は戦前、陸軍省の予算なんかで板挟みになって大変苦労されたらしいんです。「とにかく官邸は言い訳はきかない」と。「まとめないといかんから大変だろうが、覚悟してやれ」と言われたのを覚えています。

私が就任した当時は、今と違いまして官房副長官は二人しかいないんです、政務と事務と。政務はもっぱら国会対策が中心なんです。総理、官房長官の思うところを聞いて、国会対策、各党関係、特に野党関係などをやっていまして、事務の副長官は各省関係の調整です。各省の意見の食い違いを調整する、これが最大の仕事です。しかも、これは役人相手だけじゃない。後ろにいわゆる族議員がくっついていますから、結局は党につながる話だけれど、少なくとも事務的には意見の食い違いを調整しないといけないのです。

それから、当時は日米の貿易バランスをめぐる問題が非常に厳しい状況にあったので、アメリカとの関係でいろいろ難しい問題がありました。それがまた外務省と各省とはスタンスが違うわけで、各省はどうしても業界の意向を代弁するし、外務省は日米関係を考えますから、総理裁定に持っていく前に、ある程度まで事務的に調整しないといけないのです。これが大変だったんです。私は七代の総理にお仕えしましたが、終始この問題がありました。

私の在職中は官房副長官は二人ですから、事務の問題は事務の副長官が一応調整するという感じでした。政務と事務の役割分担が非常にはっきりしていたんです。今は三人になったでしょう？　ですから今まで事務の副長官がやっていた各省調整のかなりの部分を政務の副長官が二人で分担しているようです。

その点では現在とはだいぶ違っていました。私が在職していたころは、事務の世界は事務が責任を持って調整するということでしたから、とにかく答えを出さないといけないので、神経を使いました。今は政務が省庁間調整までやっているようです。私のころはそういうことはなかったんです。

――自治省の先輩で、官房副長官の先輩でもある鈴木俊一さんに「どんな仕事をするのか」と事前に相談をされたんでしょうか。

石原　鈴木さんには大先輩として、私が自治省の事務次官のころはもとより、その前からずっと何かというときはよく行っていました。鈴木さんが東京都の副知事のころから、また、知事になられてからも、よく説明に行きました。ただ、官邸の中の仕事のことで細かいところまで鈴木さんに教えを乞うということはなかったのです。

鈴木さんが官房副長官だったころは、政務と事務のすみ分けという感覚がすっきりしていなかったんです。というのは、二人の官房副長官がいても一人は外務省出身の人がなっていて。松本俊一さんっていったかな。だから私のころとちょっと違うんです。

旧内務省系統の副長官は、当時は安保の問題があったせいか警察庁出身の人が多かったんです。だから治安問題はもっぱら警察出身の副長官の守備範囲で、内政万般についてはもう一人の副長官という、そういう感じだったようです。ですから鈴木さんのころは、私のときのような政務と事務の明確な役割分担という感じじゃなかったみたいです。

その点、後藤田さんは私が官房副長官に就任する直前まで官房長官でしたし、その前は副長官もやっていましたから、いろいろ教えてくれたし、お叱りも受けたし、頼りになる先輩だったんです。

第二章

竹下政権

天皇崩御・大喪の礼委員会（写真提供：時事通信社）

リクルート事件で満身創痍

——昭和六二年一一月に竹下内閣が発足します。竹下さんはどんな方だったでしょうか。

石原　総理にもいろんなタイプの人がいますけれども、竹下さんはいわゆる気配りの人であり、調整型の総理でした。そして大変な政策通である。いろいろな意味で、歴代総理の中でも特異な存在だったんです。特に気配りという点では。私は官邸勤めが初めてだったこともあって、あちこちへの気配りは苦手で、私がぼやっとしていると竹下総理が気をきかせて先にやったりして、あとで総理から解説されることがよくあったんです。私は恐縮しちゃうわけです。

国会対策は官房長官や政務の副長官が日常的にやっているんですが、大きなポイントは、総理自らが、いろいろ手を打っていました。例えば、当時は自民党と社会党の二大政党で、社会党が野党対策の中心でしたけれど、社会党の幹部に総理自ら気配りしていました。それが、国会運営を非常にうまく進める要因になっていたんです。

次に、官邸にとって大事なことは、各省の幹部を把握することですが、竹下さんは佐藤栄作内閣で官房長官を長くおやりになっていて、佐藤総理から「各省の幹部の人間関係をしっかり把握することが内閣にとってきわめて大事だ」と言われたらしいんです。そのことを私は竹下さんに聞いたことがありまして、竹下さん自身が各省の幹部のことを実によく知っていました。何年採用だとか、奥さんが誰の娘だとか、誰の後輩だとか、そういう人間関係を実によく知っておられた。

本来事務の副長官は各省の幹部人事の責任者ですから、それは知らないといけないんですが、私は自治省で自治省の人事は分かるけれども、各省のことは分からない。総理の方がはるかに詳しいんです。各省の幹部の交代がありますと、新しい人については、本人からも聞くし、いろんな関係者から聞いて情報をとっているわけです。これは内閣を運営していく上でも大変な強みになっていたんじゃないでしょうか。

竹下さんはいろんな情報を持っていました。内閣にとって重要な政策の実現に当たっては、中央突破型の政治家ではなくて調整型というか、説得型、そういうやり方の人だった。竹下内閣の最大のターゲットは消費税の導入でしたが、私は、消費税は竹下さんだから実現できた、他の内閣だったらできなかったと思うんです。

消費税については大平内閣でやろうとして失敗し、中曽根内閣では売上税というかたちで国会に法案を提出しました。中曽根総理は衆参同日選挙で与党が絶対多数をとった勢いで売上税をやろうとしたんですが、結局駄目だったわけです。

過去二回の失敗の経緯を竹下さんはよく知っていました。本人が大蔵大臣としてそれを担当していましたから。だからこの問題の困難さと、これを実現するためにはどうしたらいいかということもよく勉強しておられたのです。竹下総理は調整型といっても単に「なあなあ」型ではなくて、よく勉強もして、また、役人だけでなく政治家の人間関係もよく知っていました。そういういろんな要素が重なって消費税は実現した。私は消費税は竹下内閣でなければ実現しなかったと思います。

――竹下内閣の最優先課題は消費税だったのでしょうか。

石原　そのとおりで、竹下総理は腹を決めていました。これは自分の手でやると。自分の手でしかできないと。それまで大蔵大臣を五回もやっている人ですから、大蔵省の関係者だけではなく、与野党についても経済界についても人の関係をよく知っていました。竹下総理はそれまでのあらゆる知識を動員し、まさに政治生命を懸けて消費税の導入に当たったと言っていいと思います。

消費税率は三％ですが、実は単独に消費税を創設したんじゃないんです。所得税と法人税を五兆円減税して、その見返りとして消費税を導入する。増減税をチャラにするためには消費税率を計算上は五％にする必要があったのです。

これまでの直接税中心の税体系の中に、新たに大型間接税を導入する。すでに、ヨーロッパはそうしていました。これから経済成長率は将来的には落ちてくる。所得税、法人税等の直接税は租税弾性値が高いものですから、経済成長率が落ちると税収の減り方が大きくなります。

一方で高齢化社会になると社会保障費が増えますから、経済成長率が落ちても、そのための税収を安定的に確保するには消費税しかない。ヨーロッパではすでに付加価値税が一般化していましたから、ヨーロッパの状況を見れば日本も将来ヨーロッパのようなかたちをフォローすることになるんだから、税体系も直接税中心から間接税を含む税制を導入する必要があるという論理できたわけです。

しかし、あのときに自民党の山中貞則税調会長は、「消費税は逆進性が否定できないわけだから、増減税チャラでは国民が受け入れないよ。だから政府は損して得を取れ。当面は持ち出し減税にしろ」と強硬に言ったんです。大蔵省は「それではせめて四％に」と食い下がったんだけれども、山中さんが「三％なら党税調として引き受けるが、それ以外はだめだ」と言うんで、竹下総理が山中税調会長のところまで頭を下げに行ったんです。その当時はまだ経済成長率がかなり高かった。ですから、山中会長は私たちに「君なあ、今は持ち出しでも経済成長があるんだから将来ちゃんと穴は埋まるよ」と言っていました。とにかく、消費税をスタートさせることが大事だということで、結局政府側が、官邸の方が折れたわけです。

――竹下さんは四％をお願いに行った？

石原　いや、竹下さんは消費税率三％を四％でということではなく、とにかく導入をお願いするというスタンスでした。そのときに事務方は税調会長のところに行って「これは減税ではありません」「税体系の変更なんですからできれば増減税チャラでお願いしたい」と言っていたんですが、山中さんは「減税含みでないと国会は通らないよ」と。「そうでなくても逆進性の論議があるんだから」と言っていました。

それは政治家としての判断です。竹下さんがじきじきに頼みに行ったときは、山中さんも総理が頭を下げにこられたものだから、「約束した以上は自分も体を張ってでも通す」と言っていました。

――地方財政の観点からすると、同時に料理飲食等消費税、電気税、ガス税などが廃止され、多少地方団体に影響があったんではないでしょうか。

石原　もちろん地方団体関係者の中には、地方自治関係者が苦労して育ててきた税だから、料理飲食等消費税（料飲税）については残したいという意見もありました。自治省税務局や地方団体で税務畑の長い人たちの中には愛着もありましたから一挙に廃止することに反対もあったんです。

しかし、最終的には納税者の全体の利便を考えたら統合はやむなしというんで、料飲税とか電気税、ガス税、これは市町村税ですね。それから木材引取税、娯楽施設利用税。こういったものはみんな消費行為に対する税ですから結局統合したわけです。


――消費税をめぐる国会審議は難航しました。


石原　消費税を実現するために特別委員会をつくりました。しかし、消費税法を審議するための税制改革特別委員会をつくった途端にリクルート問題が起こったわけです。

リクルート問題というのは、端緒は川崎市役所の小松秀煕助役がリクルート社から株をもらったということで、神奈川県内で問題になったのが中央に飛び火したわけです。私も川崎に住んでいましたから知っていましたが、初めのころはよもやこの問題が中央政界に飛び火するとは全く思っていなかったんです。しかし、あっという間に広がってきて。しかも運の悪いことに消費税法案を審議するための特別委員会がスタートしたところ、この問題が燃え上がったんです。

竹下内閣としては何としてでも消費税を実現するんだという意気込みで、そのときの総理の所信表明演説中で、江戸時代の農学者の石田梅岩の「若聞人《もしきくひと》なくば、たとひ辻立《つじだち》して成《なり》とも吾《われ》志を述《のべ》ん」という言葉を引用して、総理が辻立してでもとにかく消費税を実現するという文言が入っています。

これから消費税の導入に関連する法案の審議に入るというときに、リクルート事件の火の手がだんだん燃え上がってしまった。特別委員会は金丸信さんが委員長で、当時の与党の最高実力者を据えて実現を期したわけですが、初めは税法の審議に入らないでリクルートの問題ばかりなんです。これは困ったものだなと思っていましたが、総理はどんなに逆風が吹いても、これだけはやるんだという決意でした。

――野党の出方はどうでしたか？

石原　もちろん野党は全部反対です。社会党は絶対反対。土井たか子さんの「だめなものはだめ」という言葉が有名になりましたが、一切妥協の余地なし。もう徹底抗戦でしたね、社会党は。公明党も庶民の党ということで、免税点を高くしたり、いわゆる帳簿方式を認めたり、中小企業者に負担がかからないようにと、この問題に非常に熱心でした。

当時、公明党対策はもっぱら小沢副長官がやっていました。民社党は、もちろん賛成とは言わないんですが、中小企業に十分配慮すべきとか何とか。消費税法案には反対だけれども、そういうのには配慮しなさいなどといろいろ条件を言ってきました。反対のニュアンスには差がありましたね。共産党はもう議論の余地なしでした。

法案審議の際に非常に印象的だったことがあるんです。

消費税というものは逆進性が強い、低所得者ほど負担が重くなるという面があるわけです。それに物価が上がるとか、とにかく消費税に対してはいろいろな角度からの反対論がたくさんあるんです。そこで、国会に法案を提案したとき、当然野党は反対論をぶつわけですが、政府の提案理由の説明の中で、これは異例なんですが、野党が攻めるであろうというような論点、初めは六つなんですが、「六つの懸念」として野党が言いそうなことを全部総理自ら指摘したんです。

「こういうことを言われている」と、「だけどそれに対してこういう対応をするんだ」と、そういう説明の仕方をしたわけです。野党とすれば、自分が言おうとした弱点や問題点を総理が自分で言って、それについて解説したから、野党の反対演説や質問の迫力がなくなったんです。あれはうまいこと考えたなと思いましたね。

初めは「六つの懸念」だったんですが、それをさらに詳細に議論して「九つの懸念」に増やしたんです。総理の執務室で、大蔵省出身の秘書官だとか主税局長とか、われわれも一緒に入って総理の前でいろいろ議論をしたんです。

「野党が何を言うだろうか」という話で、「こういうことだろう」と、総理はもう長年研究しているから初めに六項目並べたんです。「こういうことを言いそうだから、それをむしろこちらから提起して、そうだけれどもこうだっていうことでいこう」と。

総理を囲んでの議論の中で、「他にこれがあるじゃないか」「あれがあるじゃないか」と。結局「九項目の懸念事項」をこちらから指摘して、それに対してはしっかり対応します、というやり方で総理が説明をしたものですから、野党としては非常に攻めにくくなったんです。

しかし、国会での議論はもっぱらリクルートの方にいってしまったわけです。しかもあのときは政界の重鎮がみんなリクルート事件に引っ掛かったわけです。安倍さん、宮澤さん、渡辺美智雄さん、いわゆる有力者といわれる人たちがみんなリクルートの未公開株を、秘書がもらったり、本人がもらったりして。それで満身創痍で、これでは成立は無理かなと思ったんですが、竹下さんは決してあきらめなかったですね。

副総理で大蔵大臣の宮澤喜一さんの秘書の服部恒雄さんもリクルートからもらっていることが分かって騒ぎが一層大きくなりました。そのことで消費税担当の大蔵大臣が辞任してしまうわけです。これでもう勝負あったとマスコミも見ていたんですが、そのとき竹下さんは自ら大蔵大臣を兼務して国会対応をされたんです。

次の大蔵大臣は村山達雄さんということで大体決まっていました。村山さんは主税局長を長くやって、大蔵次官もやったし、大変な税制通です。

私は宮澤さんが辞表を出して、村山さんをそのあとに任命するとばかり思っていましたから、「総理、村山さんじゃないんですか」とあえて問い返したら、「いや、俺、自分で兼務するんだ」と。「えー？」って、「担当大臣がいなくていいんですか」と言ったら、「いや、君なあ、村山先生は税制の大家だよ」と。恐らく村山さんは税制通としてこれまでの答弁と別の説明をされる可能性があるんで、そうなると野党はそれまでの政府答弁とは違うと言って、審議の引き延ばしにかかる恐れがある。「だからここは答弁の食い違いがあっちゃいかんし、村山先生にそう言うわけにいかないから、俺が自分で大蔵大臣をやって、税法が通ってから村山さんにお願いするんだ」と言うのです。そういうものかなあと思いましたね。それほどこの問題に竹下さんは思い入れが強かったのです。

消費税法が成立したときに、総理秘書官室の方に足を運んで、「おめでとうございます」と言ったんですが、たまたまそのときは総理が執務室に一人でおられたので、「総理、よかったですね」と言ったら、「これで俺は悪税を導入した最悪の総理と言われるだろうな」と、こう自嘲気味に言われたんです。

私は、「総理、今はそりゃあ悪口言われるでしょう」「しかし二、三年すれば日本の財政を考えたら消費税導入は仕方なかったんだ、やむを得なかったと。そして五年もしたら、あのとき消費税を導入してくれたから何とか日本の財政はもっているんだと今度は褒められます、賞賛されますよ」と申し上げたら、「うーん、そういうもんかな?」と、本人もうれしさと自嘲とが入り混じったように笑っておられたのです。竹下さんとしては、自分の政治生命を懸けて消費税を通した。だから私は、繰り返しますが、日本の消費税制度は竹下内閣でなければ実現しなかったと、今でも思っています。

竹下総理「あと頼むわ」

——リクルート事件は、政治家が大がかりなスキャンダルに巻き込まれた事件でした。こういうときに副長官というのはどういう対応を迫られるわけですか。

石原　そうですね。次から次に広がっていったんですよね。

副長官としては、役人に広がるのが一番困るわけです。あのときは、文部次官と労働次官が引っ掛かった。結局彼らは最後には有罪になったんじゃないですか。逮捕されて、それで次官を辞めたんです。この事件は、役人の綱紀粛正が叫ばれていた折でもあり、大変深刻なものでした。私は、各省に徹底的に調べるよう督励していました。文部次官が高石邦男君で、労働次官が加藤孝君だったんです。二人とも次官としてはよくできる有能な人物でした。私は個人的には親しかったんですが、ああいうことになったんでショックでした。

あの事件は一部の政治家や官僚がリクルートの未公開株を購入したことに始まるのです。購入するとき同時にその資金も融資してもらっていたわけです。ですから、形式的には借金して未公開株を購入して、それを公開に先立って売った。売った時点で購入時よりも値が上がったので差額が出た。売ったお金で借りたお金を返した。関係者は株の売買によって差額が出ても贈収賄には当たらないと思っていたんです。ところが当時の検察の見解は、値上がりが確実な未公開株を提供する、受けるということは利益供与である。利益供与となることを承知の上でこれを受け入れるのは収賄罪になる。こういうことでやられたんです。これにはみんなショックでした。

いずれにしても疑わしいものには手を出すなということではあるんですが。あのとき受けたショックは相当なものでした。政治家もそうですが、役人は、在職中は株の売買はやらないことです。

株売買は、他の金融取引商品と同じで禁止できないわけですが、役人や政治家は、身の潔白を疑われたりしないように株には手を出さないこと、何かそういう趣旨の通達を出しました。それから公務員倫理規程にも入れたと思います。

リクルート事件は、未公開株のあっせんを受けることが収賄罪になるということが明らかになった初めてのケースで、私は大変なショックだったのです。

――文部事務次官に関連してですが、当時、西岡武夫さんが文部大臣で、次の次官候補とその次の次官候補を更迭したということがありましたよね？

石原　そんなことがありましたね。確かそうでした。いわゆる本命を飛ばした。だからしばらく文部省は弱体だったと言う人がいました。

――石原さんの目から見て、あのような人事のやり方をどういうふうに思われますか。

石原　それは個人の評価の問題ですから、私がコメントすることではないですが、ただ高石君も加藤君も非常に有能な人でしたからやっぱりショックでした。江副浩正（リクルート社会長）さんは、政治家でも役人でも力のある有能な人を狙って金品を提供したんです。ですから、あのときも有力議員にはみんな未公開株がいっているんです。有力でない人にはいっていないんです。それは、はっきりしていました。そのことが次の組閣にも影響するわけです。

――もう一つ、リクルート以外では潜水艦「なだしお」の事故が起きました。釣り船と衝突して三〇人の方々が亡くなりましたが、これは自衛隊が絡んでいるだけに世間がとても厳しかったと思います。

石原　私が忘れられないのは、あれは七月です。七月の最終の、夏休みになった一番初めの土曜日なんです。土曜日でしたから、竹下総理は長野県の軽井沢か、浅間山の麓へ行っていたんです。官房長官の小渕さんもお供していた。小渕さんの選挙区は浅間の裏側の中之条ですから、総理は小渕さんの選挙区へ行ってやろうということだったんでしょう。

当時も、携帯電話はあったんです。しかし性能が悪く山が邪魔になってうまく通じないんです。土曜日でしたから、小沢さんは昼ごろまで官邸にいた、私は、そのあとも誰か官邸にいなくてはいかんと思って午後三時ぐらいまでいたんです。あの事故が起こったのは何時でした？

――三時半です。

石原　私は三時ぐらいまで部屋にいたんですが、今日は土曜だし夏休みだからというので、ゴルフに行ったんです。そしてゴルフ場に着く直前に事件が起こった。官邸に残っていた部下から「総理も官房長官も小沢副長官も、誰もいない」「すぐ帰ってください」と言われて、私はすぐに官邸に帰ったんです。運が悪いことに、記者クラブから「官邸がらあき、誰もいない」と非難された。運の悪いときは重なるもので、私は、その弁解に苦慮しました。

あの事故は自衛艦「なだしお」と遊漁船が衝突したもので、そのときの回避義務がどっちにあったかは本来海難審判所で判定すべきなんです。

ところが、当時は、自衛隊の潜水艦の方が相手の遊漁船を確認しないで突っ走ったからだと、マスコミが報道し、一方的に潜水艦が悪者になったんです。しかも、「官邸に、責任者が誰もいなかった」ということもあって、政府側で十分な反論もできなかったのです。

しかし、民間の遊漁船が自衛艦とぶつかって事故を起こしているんですから、何とも痛ましいことなので私は、内閣として深くお詫びすると表明しました。あのときは、竹下総理も「これは弁解したり反論しちゃいかん」と、「頭を下げちゃおう」と、もっぱら低姿勢でいったわけです。

それから、犠牲者の葬儀を合同葬で行うということとなり、それを政府としてどう対応するかという話が持ち上がった。竹下総理は初め、「運輸大臣にやってもらおう」と言われたので、私は運輸省の事務次官を呼んで、「これは海難事故だし、自衛隊の士気にかかわるから自衛隊には担当させたくない」「運輸省で葬式を仕切ってくれ」と言ったんです。次官は服部経治君だった。しばらくしたら、彼から「申し訳ありませんが、運輸省としてはお引き受けできません」と言ってきたんです。「何で?」と問いただしたら、運輸大臣が「あれはどっちが悪いか決まっていないのに、運輸省主催になったら国の方が一方的に悪いことを認めるようなもんじゃないか」「そんなのだめだ」とか言われたというんです。当時の運輸大臣は石原慎太郎さんです。

石原さんはどっちかというと自衛隊びいきですから、「私がやるということになると、政府が事故の責任を認めたということになる」と、「そんなことはできない」と拒否しました。そこで運輸次官が「申し訳ないですが、大臣が絶対駄目だと言われていますので」と報告に来たので、竹下総理に「どうしますか?」と相談しましたら、総理は石原さんの性格をよく知ってましたから、「それじゃあしょうがないな。君がやってくれ」となったわけです。竹下総理がそう言われるので、結局官邸で引き受ける羽目になって、私のところで全部やったんです。

この事故は、最終的に海難審判で責任の所在が海自と遊漁船五分五分と決まったんです。自衛艦の方にのみ責任があるということではなかったんです。しかし、あの当時は、もっぱら自衛艦の方に責任があるというマスコミの論調でした。政府としては、海難事故だから海難審判の結果を待つべきだと主張しました。しかしそうは言っても、遊漁船の乗客が大勢亡くなっているので、政府としてもお悔やみの意味で合同葬儀はお手伝いしましょうということで妥協したわけです。竹下内閣にとっては、なんとも嫌な事故でした。

――その「なだしお」事故で当時の瓦力防衛庁長官が引責辞任したんですよね。

石原　そうです、瓦さんが辞めたんです。そのことを慎太郎大臣は怒っていた。「原因がはっきりしないのに防衛庁長官が辞めることはないじゃないか」と。しかし瓦さんはもともとがハト派でしたし、竹下総理もここは世論を敵に回したくないという気持ちがあったので、瓦さんが身を引くことで収めようということだったと思います。ですからあれは罷免じゃないのです、引責辞職です。しかし、慎太郎大臣は「防衛庁長官が辞めるということは、この事故が政府の責任だと認めるようなものじゃないか」「おかしいじゃないか」と、タカ派の慎太郎大臣は大変不満だったようです。

――リクルート問題では宮澤喜一大蔵大臣、それから長谷川峻法務大臣も辞めました。

石原　そうです。これはよく覚えています。長谷川さんは法務大臣です。法務省の記者クラブで、記者が法務大臣に「取り締まり役であるあなたの方は大丈夫ですね？」と聞き、「私は取り締まりの責任者だから」と見得を切ったわけです。ところが、長谷川大臣についても未公開株の問題が出てきたわけです。大変格好が悪いことになった。そこで大臣を辞めた。

それからは、改造のときは身辺調査をやって、リクルートの関係はもう出ないということだったわけです。ところが、経企庁長官として入閣した原田憲さんも「絶対ない」と本人が自信を持って言っていたのですが、二週間目ぐらいですか、この問題が出てきた。正直これには参りました。

――普通これだけ大臣が辞めると、内閣はもちこたえられないと思うんですが。

石原　そうなんです。普通の内閣ならもたない。ところがあのときの竹下内閣は、党内基盤がきわめてしっかりしていたんです。それというのも、竹下さんは「自分は予定どおり任期いっぱいやるが、俺のあとは安倍（晋太郎）ちゃんだよ」とはっきり言っていたんです。当時は、竹下派と安倍派が自民党の中で絶対多数で、幹事長の安倍さんとは非常に仲がよかった。「俺のあとは安倍だ」と竹下さんが言っていたので政局になることはなかったのです。

ところが、安倍さんもリクルートに引っ掛かったのです。総理周辺が次々にリクルートで辞めていくんですが、竹下総理に代わるべき人もいなくなっちゃった。自民党内の有力者が相次いでリクルートに関係してしまったから、代わるべき人がいなくなったわけです。

竹下さんは「次々にいろんな問題が出てくるのはよくない」と言って、自分のところを徹底的に調べて、リクルートがらみを含めて、いわゆる政治献金としてもらったものを全部洗いざらい出して、「こういうことがないようにこれから政治の浄化を図る」と表明し、この問題を収めようとしたんです。

ところが、青木伊平さんという秘書が総理の政治資金についての報告漏れをしていたという問題が出てきた。しかも、朝日新聞がどこかで調べたんです。五〇〇〇万円の借入金なんです。これは寄附じゃないんです。借入れしているという問題が出てきた。総理が記者会見で「もう一切合切、これで全てだ」と啖呵を切って、この問題の幕を引いたあとに出てきたので、竹下総理としては辛いことになったのです。しかもその直後、青木さんが責任を取って自殺したんです。あのときは、ほんとうに深刻な状況だった。

青木さんも意図的に隠したんじゃなくて、まさに調査漏れだったんです。それをどういうルートか朝日新聞が調べて、「まだあるよ。まだ終わっていないじゃないか」ということになってしまって、せっかく流れが収まりかかったのが、また吹き返したんです。当時、新年度の予算がまだ衆議院を通っていなかったんです。総理の金庫番だった秘書の青木さんの自殺問題までが出てしまって、竹下さんも、もうこれで続投は無理だと判断されたようです。

あのときアイスランドの総理大臣が来ていて、竹下総理を中心に和風迎賓館で歓迎夕食会をやっていたんです。小渕官房長官も一緒で、私もその場にいました。あれは正式な晩餐会じゃなかった。

そのとき、小渕官房長官が総理と部屋の外でしばらく話をしていたんです。それがお客さんがいるのに、えらく時間がかかって、「どうしたのかな？」と思っていたのですが、その後振り返って考えてみると、そのときに「もうこれ以上続投は無理だ」と退陣を決めたようです。

その日はそれで終わりましたが、私は何となく「ああ、これでもう続投は無理だな」と思いました。翌朝、閣議が始まる前に、「総理が呼んでいる」と言うので総理執務室へ行ったら、「君、いろいろとご苦労かけたけれど、ここで自分も引くからあと頼む」と言われました。

その夕食会のときの二人の話で、退陣したあとどうするかということも相談していたらしいんです。後任の本命は安倍さんということだったんですが、安倍さんもリクルートに関係があったし、他の有力者もほとんど引っ掛かっていたので、リクルートに関係のない人ということで、外務大臣経験者の宇野宗佑さんの名前が急に挙がってきたんです。結局、宇野後継ということになったんですが、そのときに私は、竹下さんから、「こういう状況だから大変だけれども、君はあともやってくれ」と話があったのです。これは実におかしな話で、引き続いてやるにしても宇野内閣の官房副長官なのですが、竹下さんから「頼む」と言われた。

いずれにしても、そういう経緯で竹下内閣は終わったのです。

——退陣と引き換えに予算を通したんですよね？

石原　ええ。竹下総理が退陣表明をするときに、野党といろいろ取り引きしたらしいのです。総理がけじめをつけて辞める。その代わり予算は衆議院は通してくれと。野党側も「これ以上国民生活に迷惑をかけるわけにはいかないから」ということで折り合って、総理の退陣表明後、予算を可決したわけです。

——社会党も大人の対応をしたということですよね？

石原　そうです。社会党も国民生活に迷惑をかけるわけにはいかないと。内閣総辞職は政治家として最高の責任の取り方ですから、そこで野党も矛を収めたということでしょう。

ゼネコン、ヒノキを緊急調達

――話が少しさかのぼりますが、昭和天皇の崩御、昭和六四年一月七日。後藤田さんからも何となく昭和天皇の病状をお聞きになっていたということなんですが、官邸はそのXデーに備えてどんな準備をしていたんですか。

石原　私も後藤田さんから言われて、多分そうだろうと思って官邸に行ったら、一番先に、「最優先で説明を聞いてくれ」と言ってきたのが、的場順三（内閣内政審議室長）君なんです。それは、新しい元号の準備状況、選定状況でした。

新しい元号は、有力な学者に原案をお願いしてその中から選ぶわけですが、その元号の候補選定を誰にお願いしているかということ、それから、お願いした候補の中から新元号を最終的に決めるときには、元号懇談会で審議してもらい、そのご意見を踏まえて決めるという、その辺の段取りについての説明を聞きました。もちろんまだ準備段階で、先生方にお願いしている状況であると説明を受けただけで、具体的にどういう元号案に絞られているかというところまではまだいっていませんでした。

それからもう一人が首席参事官の古川貞二郎君で。もし崩御があった場合にはいろいろな行事がありますが、一番先に行われるのは、「剣璽等承継の儀」。三種の神器の引き継ぎが一番先に来るんです。それが終わったあと、次は「即位後朝見の儀」。新天皇が即位したということを内外に宣言するのが「即位後朝見の儀」。そこにどういう人を呼んで、どのようにとり進めていくか、その段取りです。その後、「大喪の礼」を行う。この一連の行事の準備状況、これは古川君の担当で、それがどういう進捗状況になっているかを聞きました。その過程で、大喪の礼をどこで行うか。大正天皇の大葬の礼は新宿御苑で行われた。今回もどこで行うかということになれば、やはり新宿御苑だろうと。新宿御苑に葬場殿という大葬の礼のためのお宮をつくるわけです。その用材が何本だったか、確か二〇本から三〇本くらいいるんじゃなかったかな？　節のない同じ太さのヒノキが必要だ、ところがこの要件に合ったヒノキがすぐには揃えられないという問題が起こってきたんです。ヒノキは生のものは使えませんから、切って寝かせておかないといけないのです。崩御があってからでは間に合わないんです。あらかじめ準備しておかないといけないのです。しかし、その準備をしているということは事柄の性格上言えないわけです。

昭和天皇が手術されたときに、皇太子に天皇の職務を代行させる政令を閣議決定しました。この政令の規定に基づき、昭和天皇が手術されたあとは、皇太子が天皇代行として国事行為をおやりになっていたんですが、その後昭和天皇は健康を回復され、年内のうちに、昭和六三年中に「どうしても」と言われたので政府は国事行為の代行に関する政令を廃止し、昭和天皇は職務に復帰されました。

「ヒノキの柱はあらかじめ手当しておかないと間に合わない」のです。ヒノキの柱を手当するためには債務負担行為がいるんです。しかし、債務負担行為を起こすということになると、事がオープンになります。しかし、オープンにできないわけです。そこでどうするかということになった。葬場殿の建設は、大正天皇のときは清水建設が担当していたんです。そのため、清水建設にノウハウがあるんです。

昭和天皇の場合も、清水建設に頼むしかないだろうと、何となくそんな感じだった。そこで、この問題については、政府が債務負担行為を取れないわけですから、極秘のうちに清水建設の責任でこれを手当してもらう。この要件に合ったヒノキが台湾にあることが分かりました。台湾の阿里山、そこはヒノキの生育にとって非常に気象条件がいいところで、そこに明治政府が植えたヒノキが素晴らしい森林に育っていまして、ちょうど伐採適期に来ていた。それしかないんじゃないかと、台湾とも内々に交渉して、譲ってもらうこととなったのです。それが昭和六三年の四月か五月ごろでした。

そのとき緊急情報が入りまして、台湾で自然林の保護をするための条例が制定され、条例施行後になると伐採禁止になってしまう、何とかその前に手を打たないといかんということになった。結局、清水建設に頼んで、清水建設の責任で必要な本数のヒノキを買ってもらうことになった。形式的な手続きにこだわっていたらにっちもさっちもいかない状況で。しょうがないから私が竹下総理と相談して、「そういうことでやりましょう」と言って、「おお、そうだ、それしかないな」というわけで。

債務負担行為を取れないわけですから、あとから清水建設の責任で持っているものを購入したというかたち、会計法上の問題はないいんですが。

――清水建設が勝手にやっているってことにしたわけですね？

石原　ええ。清水建設が勝手に見込みでやったということにしたわけです。それしかないので。

――その材木の調達を決断したのは石原さんですか。

石原　もちろん内輪ではずいぶんと相談はしました。結局ほかに方法がないので。たまたま当時の清水建設の社長が私の旧制太田中学校の先輩だったんです。社長の吉野照蔵さんのことは私が官邸に行く前から知っていました。吉野さんに「こういうわけなんだ」と、「だから申し訳ないが頼めないか」と言ったら、「分かった、やってやろう」と言ってくれたんです。

そういうエピソードもありまして、なんとか葬場殿の建設に間に合ったんです。いずれにしても、昭和天皇のご容態を見ながら、外に出せない、ほかには言えないような状況の下で、いろんな準備を進めていかなければならないという日々が続いたんです。

昭和天皇がまだご存命中に「大葬の礼」という葬式の準備をしているなどということはとても言えないわけです。昭和天皇の崩御にまつわるいろんな準備は、元号の問題もそうですが、大喪の礼その他のことも内々にせざるを得なかったのです。事柄の性質上オープンにはできないわけです。それだけに非常に神経を使いました。

――元号の候補はいくつあったんでしょうか。

石原　最終的には三つになったんです。数人の学者にお願いして原案を出してもらって、それでそのなかで元号選定の基本原則みたいなのがあるんです。それは二文字であること。それから分かりのいい字であること。あまり難しい字じゃ困りますから。それから内容的にも元号としてふさわしいもの。というのは、伝統的に元号は昔の古典、特に中国の古典から引用しているんです。その引用する古典の元の意味もおめでたい、内容のいいものであることが必要です。

そういういくつかの元号選定上の大原則がありまして、それにマッチする原案を先生方から出してもらって、その中から絞り込むわけです。もっとも重要な要件は過去において使われたものは絶対に使わないということです。それは日本だけじゃなくて、中国も安南（ベトナム）も韓国も含めて、およそ世界で元号制度を採用している国で過去において使われた元号は使わない。このチェックが実に大変な作業なんです。それをクリアしたもののなかから内容的に明るいものがいい、それから字画がやさしいものがいいというような基準をクリアしたものとして、最終的には三つに絞り込んだわけです。

三つに絞り込んで、それを元号懇談会にお諮りした。元号懇談会は池田芳蔵さんというＮＨＫの会長が座長で、あとは各界の代表。マスコミで言えば、新聞協会は小林與三次さんが会長でした。民放の会長は中川順さん。学者では、国立大学の代表として東京大学の森亘先生、私立大学は初めは慶應義塾大学の先生でしたが、途中で私立大学協会の会長が代わって、早稲田大学の西原春夫総長が入りました。あとは学識経験者。全部で八人なんです。その先生方に三つの案を提示して、原案のそれぞれの出典の由来とか特色とかを事務方が説明して、その中で大方の意見が一致したのが、「平成」なんです。

――これは多数決ではなくて、合議制？

石原　多数決ということではなかったのですが、みなさんの意見を聞きました。実は平成でない別の案を推した人が二人いたんです。懇談会に出した三つの案がどういうものだったのかについては、政府関係者は言わないことになっていたんですが、実際は世間に漏れていましたね。そのときのメンバーの人が漏らしたんでしょう。

特に私の印象に残っているのは、小林さんが事務方の説明を聞いてすぐに「これは平成だな」と発言されたことです。みなさんも「そうだ、そうだ」となりました。「平成というのは穏やかすぎる」「もっと勢いがあった方がいい」というような意見の人もいましたが、すぐ最終的にその人も含めて全員一致でした。

――その元号懇談会は当然、昭和天皇が崩御されてから開かれるわけですね？

石原　そうです。昭和天皇が二回目の大量吐血されたのが九月一九日の夜中だったか？　二一日になってすぐに緊急閣議を招集したんです。崩御になるとすぐに元号を決めないといけないんですから。元号懇のメンバーはあらかじめ委嘱しておったわけです。メンバーのみなさんには、官邸の方から「常に所在を教えておいてください」とお願いをしていたんです。

そういう状況が一一日間続いたんです。九月から一〇月、一一月、一二月と。結局崩御は年を越えて一月になったんです。メンバーの先生方は正月はいずれも都内にいる、よそへ行く予定はないという確認をして、それぞれ自宅で待機してもらったんです。一月七日の崩御の際はメンバー全員がおられました。昭和天皇の崩御は朝の六時三三分でした。すぐにメンバーに連絡を取って、二時間以内には全員そろいました。

――この六時三三分という時間なんですが、早朝だったおかげで即日改元できたのですか。

石原　崩御が早朝でしたから、万事段取りがよく、崩御後直ちに元号懇談会を開き、その議を経て、新元号「平成」の閣議決定をして公示するという一連の作業がスーッといったんです。

――内閣に意見具申をして、閣僚懇談会がまずあって、その後閣議決定するという段取りですね。

石原　そうです。懇談会をやって、閣僚懇に懇談会の模様を報告して、「じゃあ、それでいこう」というんで、次に正式にその場を閣議に切り替えて閣議決定したということです。

――閣議決定したあと、大臣は足止めされましたね。

石原　閣僚もそうですし、懇談会のメンバーもそうです。懇談会のメンバーは、官邸の大食堂です。懇談会の先生方が手洗いに行くときは外に漏れないように全部事務官がお供して。ですから監視付きというわけではないのですが、「申し訳ありませんが、事務官がお供させてもらいます」と言って。それからこれは国会に諮るものではないのですが、衆参両院の正副議長にも報告をすることになったんです。

閣議決定して、そのあと政令ですから陛下の裁可がいるんです。上奏裁可を得て公布し公式に発表するんです。そのため衆参両院の正副議長も議長室に缶詰めにしたわけです。

——軟禁状態ですね？

石原　議長のお二方は、「自分たちを信用しないのか」とおっしゃったけれども、これぱかりは発表前に漏れでもしたら大変なことになるから、関係者全員を缶詰めにしたんです。

——その缶詰めにしている最中、内閣官房参事官が各省に新しい元号を連絡したんだと思うんです。

石原　いや、あれは小渕官房長官が発表するより前には言っていないはずです。同時並行です。閣議決定が終わるまではいかなる意味でも出せないわけですから。閣議決定したら直ちに皇居にとんで、陛下に上奏裁可を仰いだのです。その上で公布です。

閣議決定して上奏裁可をもらいに行くのを新聞記者に追っかけられると困りますから、まず職員を玄関に待機させ、その職員を記者が追っかける。そうしておいて、実際は裏口から別の職員がサーッと宮内庁へ行ったんです。文字どおり記者の裏をかいたわけです。とにかくものすごく神経を使ったんです。

新しい元号「平成」と書いてある額を小渕さんが立てかけて記者会見をやったでしょう。これで一発で国民が「平成」という新元号を認識したわけですが、あのアイデアは小渕さん自身が考えられたんです。われわれ事務方は従来のかたちでの記者会見を想定して準備していたのです。ところが小渕さんはさすがです。今はテレビ時代だからと言って。河東純一君という官邸職員で書家がいました。辞令書きです。その辞令書きに命じて平成と書いたものを二つ用意しておいて、その一つを額に入れて発表に使ったんです。

その後その一つを竹下総理に奉呈しました。ですから、記者会見に使った額は今は竹下さんの家にあるはずです。その控えを小渕さんが持っていると思います。

中央機関の移転議論は中央主導で

――もう一つ、昭和六三年七月に、国の行政機関移転が閣議決定されました。その結果、二六機関が今でいうところのさいたま副都心などに移転することになりました。この調整では随分汗をおかきになったと伺っています。

石原　多極分散型国土形成促進法という法律ができました。東京一極集中の問題は放置できない。しかし、民間は経済原則で動いているわけですから、民間に協力を要請する前に政府自ら何かやらないといけない。そのためには、中央政府のいろんな機関で、必ずしも東京に置かなくてもいいものは東京から外へ持っていこうということでした。

当時はふるさと創生ということが内閣の重点政策の大きな柱でしたから、この問題について竹下総理が非常に熱心で、政府の主要研究機関等で必ずしも東京でなくても業務を行えるものはないかを検討してほしいと指示されました。

総理の方から「この機関はどうか」といくつか例を挙げて指示されたんですが、各省ともみんな地方へ行きたくないわけです。「東京でなきゃ調査はできない」とか何とか言っていました。

しかしそれでは埒があかないので、官邸が音頭をとって進めました。竹下総理は大蔵大臣を五回もやっていまして大蔵省には影響力が強かったことから、まず隗より始めよで、「先ず大蔵省やれ」と下知をいたされました。そこで、酒造研究所を酒造会社の賀茂鶴がある広島県の東広島市西条に持っていったんです。印刷局の一部も都外に移しました。

しかし、残念ながら、他の省庁からは目ぼしいものが出てこなかったんです。そこで、私の方から各省に対し、いわゆるブロック機関は二三区の中に置いておく必要はないじゃないかと検討を命じました。その結果、総理の強い意向もありまして、二三区内にある関東ブロックの機関を二三区から外に出そうということになったのです。

そうしましたら、早速東京周辺の県がわれもわれもと、誘致合戦が始まりました。例えば神奈川県の場合は「みなとみらい」です。今あそこにランドマークタワーがありますね。あれは、昔の三菱重工の横浜造船所の跡などを中心にあの辺一帯を整備したものですから、「あそこをどうか」「港もあるし、都心も近いしいいではないか」という提案がありました。

千葉県の場合は、幕張メッセ。あそこは広いので、幕張に関東のブロックを持ってきてほしいという要望がありました。埼玉県では国鉄の大宮操車場の跡地が空いていたんです。「そこに持ってきてほしい」と。東京都は二三区外として「立川飛行場の跡がある」と引っ張り合いになりました。

政府としては、関東のブロック機関が管轄している各県の意見を集約しないといけないということになりました。まず横浜については、北関東の各県は都心を越えていくわけですから、これは困るとはっきり言っていました。それから千葉県や茨城県、栃木県、群馬県も非常に便が悪いので反対でした。その結果、関東各県の意見の最大公約数として埼玉県の大宮操車場の跡ということになったんです。

もちろん関係省庁は嫌がったんです。そこで私は省庁ごとに説得しまして、最後に残ったのが財務局と通産局なんです。これはどちらも経済界が対象ですから、特に財務局は金融ですから、「二三区内でないとそもそも仕事にならない」と言って頑張るわけです。当時の大蔵にすれば、酒造研究所や印刷局の一部は竹下総理のお声がかりで「既に出しているから」という気持ちもあったんではないですかね。そこで大蔵省が嫌がったんですが、「とにかくよその省が出すならしょうがないではないか」と私は大蔵省を説得したんです。

それでも最後まで頑張ったのが通産局です。確か通産省の棚橋祐治事務次官と私は何べんも膝詰めで話をし、最後は「財務局が『うん』と言うんならやむを得ません」となりました。「財務局が残るのならば部下を説得できない」と訴えられました。

そのことを私は総理に報告しました。最後まで残っていた財務局も「各省全体が行くのならばやむを得ません」ということになり、格好がついたわけです。この問題は、竹下総理がふるさと創生関連の政策として非常に力が入っていたので、各省とも総理の熱意を感じて、最終的には協力してくれたんじゃないかと思います。

ただ政府系金融機関は日本銀行が東京にあるわけですから、機能的に考えて無理でした。金融関係の機関はどこの国でも一極集中なんです。ロンドンにしても、フランクフルトにしても、ニューヨークにしても、金融機能は地方に出たのでは仕事にならないわけです。

――石原さんの親元の自治省は、自治大学校を立川にということで。

石原　自治大学校は港区の広尾にありました。ただあそこに麗澤寮《れいたく》という寮がありまして、地方から入校してくる人はどうしても都心にいたがる。それが地方に行ったんじゃ東京に行ったことにならないと関係者は反対でした。しかし、私は自分の出身省だけ移さないというわけにいきませんので、自治省に、何とか考えるよう指示しました。立川の市長の青木久さんが熱心で、いろいろ便宜を図りますからというので、最終的には自治大学校をはじめ関係者も納得しました。

もう一つもめたのが外務研修所です。これは確か文京区にあって、歴史のあるところだったんです。これも他省庁とのバランス論から地方に行ってくれと説得しました。相模原市が広い土地を準備するというので、外務省の現役職員はいろんな意味でメリットがあるから「やむを得ません」と言っていたんですが、外務省の大使経験者等のＯＢの連中が、自分の若いころあそこで勉強したという思いがあってずいぶん反対したようです。しかし、現役がしょうがないということでしたので最終的には相模原へ持っていったんです。

状況が似てるなと思ったのは、今、地方創生ということで政府機関を移転しようとしていますね。地方創生担当大臣（当時）の石破茂さんがやられましたが、地方団体に手を上げさせて結局決まったのは京都に行く文化庁だけなんですね。

今回は地方から手を上げてもらったわけですが、この問題について私は、本来中央政府のサイドから政府機関の中で必ずしも東京にある必要のないものを地方に持っていくというのが筋じゃないかと思います。

──あの当時は、石原さんが膝詰めで一人ひとり説得したからうまくいったと思うんです。

石原　ええ、それは本当です。局長レベルでは話がつかない。最後は私が関係省庁の事務次官と差しで協力を求めました。

──今はむしろ政治力だけではあまりうまくいきませんね。

石原　本来、中央機関の移転問題の議論は中央主導で行うべきものだと思うんです。機能的に東京になくてもいいものがあれば、それは地方に出すべきです。移転の是非の判定は地方がするんじゃなくて中央がするべきです。

第三章

宇野政権

事務次官会議であいさつする宇野宗佑総理と（写真提供：時事通信社）

マスコミを抑えられず

——竹下さんが退陣し、リクルートに関係がないということで宇野宗佑さんが次の総理になった。ただ問題だったのは女性問題。「サンデー毎日」がすっぱ抜いて大騒ぎになりました。たった六九日間の短命内閣、短命政権に終わりました。このスキャンダル、そもそもこの女性問題がここまで重大な結果をもたらすと予測できましたか。

石原 できなかったんです。「サンデー毎日」に載った件については、総理にかかわることですから私も聞いておりました。しかし、政治家のスキャンダル、特に女性問題は、それまでもよく出てきていたことですから「またか」というぐらいな感じで、正直に言って私はあれほど大きな問題になるとは思っていませんでした。

ところが、この問題について日刊紙がそれを報道し始めたんです。くる日もくる日も各紙がこれを取り上げるので、宇野総理も参っちゃった。僕は宇野総理に呼ばれて、「君、あれ何とかならないか。これでは国政が麻痺しちゃう」「確かに自分の不徳の致すところだけど」と言われました。

当時はサミットをはじめとして内閣としていろいろ懸案があったわけですから、この問題ばかりが話題となることは困るのです。「何とか記者クラブに頼んで、ほどほどに収めてもらえないか」と、宇野総理から言われたのです。そこで、記者クラブの幹事社に、「何とかならないか。総理もほとほと困ってるし、内閣も仕事にならない。ほどほどのところで矛を収めてくれないか」と、私は頼みに行ったんです。

幹事社は、「あれは俺たちが書いているんじゃない。社会部だ」と。だから社会部に話してくれと言うんです。「俺たち政治部はやっていない」と言うわけです。

社会部は警視庁が主でしょう？　官邸には社会部はいないんです。ですから社会部の人たちとは全然人的なつながりがないのです。そこで、記者クラブの幹事や懇意な人に仲介してもらって社会部の方にも頼んだんです。

ところが「社会部は政治部のような各社間の協定とかそういうものはない」と言うんです。各社がお互いに抜き合いだと。「みんなで話し合って記事を止めるという世界じゃない。この問題はほとぼりが冷めるのを待つしかない」と言われて困っちゃったのです。

――結局、社会部の人たちとは接触できずじまいでしたか。

石原　できなかったです。官邸の記者クラブに加入している各社の社会部の人には個別に話したんですが、社会部の人は、「週刊誌は別だ」と言うわけです。日刊紙の社会部の独自取材じゃないんです。週刊誌の引用なわけです。ところが週刊誌については全く接点がないんです。みんな一匹狼みたいな世界でしょう。

官邸で記者クラブの対応をしているのと全然違う世界です。ああいった問題は、火がついたら燃えるところまで燃えていくしか手がないのです。

参院選で自民党大敗

——宇野総理の在任中に参院選があったわけですけれども、やはり問題が問題なだけに宇野総理には応援要請が来なかったということがありましたね？

石原　この問題が燃え盛っているときに参議院議員選挙になったわけです。消費税法が施行になった直後で反消費税ムードが最高潮になり、社会党は土井たか子委員長が「山が動いた」と言うような状況だったんです。それから牛肉・オレンジの問題があったんです。牛肉・オレンジの輸入枠の拡大問題で、関係農家から強い反発があり、この問題が尾を引いていました。

総理は党総裁ですから普通ならあちこちへ遊説に行くわけです。ところが自民党本部から総理に応援要請がないんです。選挙中にいっぺんも総理の出番がないというのは、前代未聞です。

総理は執務室で新聞を読んだり、雑誌を読んだりで気の毒なわけです。これは事務の副長官が頼むようなことじゃないけれど、何とか選挙中に総理の演説の場を考えてもらえないかと頼みに行ったんです。そうしたら自民党本部の知人があちこち問い合わせてくれたんですが、どこも宇野総理の応援演説の希望がないということでした。結局、自民党本部の庭で演説をさせてもらうということになったという記憶があります。

あのときの政務の副長官は牧野隆守さんという通産省出身の人でした。牧野さんも、「総理の出番ができた、よかった」と言っていました。

――結局、この参院選で自民党が大敗を喫します。

石原　選挙区選出で自民党の候補が当選したのは三人です。あとは全部負けたんですから。それはもう惨憺たるものでした。

――官邸の主がこんな短期間にめまぐるしく代わるという異常事態を石原さんはどのように見ていましたか。

石原　いろんな悪材料が重なってそうなったんですが、景気の方はまだまだだったんです。当時一番の問題は日米の貿易摩擦で、まだくすぶっていました。また、消費税法が通ったあと、国民に理解を求めるという課題が残っていました。

――その間も事態の推移を見守るしかないという感じでしたか。

石原　そうです。われわれ事務方が選挙についてどうこう言うわけにいきませんから。

竹下内閣のときにリクルート汚職問題が発生し、この問題を契機に政治とカネの問題について見直さなければならないということで政治改革委員会ができました。元法制局長官の林修三さんが座長でした。経済界とか学界とか各分野の人を委嘱して日本の政治の浄化を図るための懇談会です。

竹下内閣の前にロッキード事件があり、また、竹下内閣でリクルート問題が起こって、絶えず政治とカネの問題が出てくる。どうしてこういう問題が起こるのか、どうしたらこういう問題から抜け出せるのか、政治に対する国民の不信感を払拭するためにはどうしたらいいのかという政治改革についての懇談会「政治改革に関する有識者会議」ができたんです。

メンバーは、経済同友会代表幹事の石原俊さん。それから評論家の江藤淳さん、経団連副会長の亀井正夫さん、東京女子大の学長をしておられた京極純一さん。参議院事務総長の河野義克さん、そして日本新聞協会会長、読売新聞社長の小林與三次さん、作家の曽野綾子さん、労働界からは全日本民間労働組合連合会の樫山利文さん、元衆議院議長の灘尾弘吉さん、元法制局長官の林修三さん、検事総長の安原美穂さん、NHKの経営委員長をされた吉武信さん。こういう方々で構成されました。この有識者会議から国民の信を失ってしまった政治の信頼を取り戻すためには、抜本的な政治改革が必要であるという主旨の答申が出されております。

例えば、閣僚の株取引を禁止するとか、閣僚の資産公開を徹底的に行えとか、政治資金パーティを規制しなさいとか。さらに、衆参両院の議員定数の在り方や、一票の格差の是正などについて述べていますが、最大の問題は選挙制度の改革です。カネのかからない政策中心の選挙の実現や、公営選挙の拡大などについて答申しております。

政治献金については政党中心の政治運営という基本にたって、個人献金、企業献金、労働組合の献金の在り方を見直すべしということです。また、政党の法的位置付けを明らかにして、政党の財政的基盤を強化するため政党交付金を制度化すべきであるというようなことを答申しています。この答申を受けて、政府は第八次選挙制度審議会をスタートさせ、その答申を受けて国会で選挙制度改革が検討の俎上にのぼってくるという流れになったのです。そこでの結論は、政治資金の問題でトラブルが起こる最大の原因は派閥だ。派閥選挙が元凶である。派閥をなくすにはどうしたらいいか、それには小選挙区制がいいという方向になっていたのです。

宇野内閣の次の海部内閣でもこの懇談会は続いていました。

——その懇談会に石原さんはどういうかたちでかかわったんですか。

石原　私は事務の副長官ですから、時々顔を出していました。この懇談会の事務局は内政審議室が担当していたのです。この懇談会での議論の一つが派閥選挙で、派閥の形成がどこに由来するのかというと中選挙区制だ。だからこの問題を根本的に正すには小選挙区制がいい。一つの選挙区から一人を選ぶ。そしてそれについては政党が責任を負う。個人選挙でなく派閥選挙でもない、政党が選挙運動の主体になるという方向しかないだろうという流れになっていました。答申がまとまって小選挙区制の問題が動き出すのは海部内閣になってからです。

選挙制度を改正するためには選挙制度審議会にかけることが必要です。選挙制度審議会は三木内閣以来開店休業だったのです。そこで、「選挙制度審議会を立ち上げるに当たっては誰に審議会の会長をお願いするか」ということが問題になったのです。

最終的には、当時読売新聞の社長をしていた小林與三次さん。この人は自治省の事務次官だったし、選挙の専門家ですから、小林さんにお願いするしかないなと小林さんのところに頼みに行ったのです。小林さんは私に、「選挙制度審議会は、今まで何べんかやったけれど、政府はいっぺんも実施したがことがない」と。「会長をやってくれって言うんなら条件がある。その答申は必ず実行すると内閣で約束するなら受ける」と言われたんです。

海部総理にその話をしたら、「それは当然だ」「必ずやりますから」と言われました。そこで小林さんに「総理も政治生命懸けてやるからお願いしたいと言っていますから」と申し上げたら「それじゃあ分かった」「会長は受けるから代わりに必ず改革をやってくれよ」と言われたことを覚えています。

選挙制度審議会で出た答申は、五〇〇の議席のうち三〇〇が小選挙区、二〇〇が比例区という骨子です。それを受けて海部内閣では最終的に答申をベースにして政府原案をまとめたわけです。

しかし、この改革法案は成立しなかったのです。梶山静六さんが国対委員長で小選挙区制に反対だったので、梶山さんの系列の小此木彦三郎さんが委員長で小選挙区制導入法案を否決しました。海部総理は重大決意を表明したものの結局、衆議院の解散はできなかった。海部内閣の命取りになったのがこの選挙制度改革です。衆議院議員選挙を小選挙区制にするための法律が成立するのは細川内閣になってからです。村山内閣のとき区割り法案が成立し、橋本内閣で第一回の小選挙区制による選挙が行われるという流れになるわけです。

――参院選で自民党が惨敗したあと、消費税見直し論議が出てきました。外税だから痛税感があるんじゃないかという議論がありましたよね。

石原　消費税については内税か外税かでずいぶん議論があったんですが、外税にして消費者に税負担を感じてもらう方が正論ではないかということで、外税になったんです。

私はこのことが裏目に出たと思うんです。一円玉の恨みということで、買い物をする都度一円玉でこれでもかこれでもかと税負担の念を押すようなものです。あのときは、大蔵省の中でも意見が分かれたんです。

――それからもう一つ、消費税見直しがらみではこの当時、インボイス（税額票）の話がすでに出ていましたね。

石原　ヨーロッパではインボイス方式を導入していましたから、初めはそういう案だったんです。ところが日本ではまだ中小企業を中心にそういう帳簿の整理がうまくできていないので、いきなりインボイスと言っても、中小企業は対応できないというので、帳簿方式で妥協したわけです。しかも免税点を高くした。結局そこから益税問題が起こるんです。山中税調会長も「ある程度益税が起こるぐらいでないと中小企業者がついて来ないよ」と言っていました。

――インボイス方式は、軽減税率を導入する環境が整ったら実施するという話になりました。

石原　軽減税率の問題は、また消費税制度の持っている根源的な問題を蒸し返すことになります。物品税では、物品税の課税対象になるかならないか、細かい基準があって、混乱したわけです。そこで消費税として一定税率で、かつ帳簿方式で免税点も高く引き上げるということで中小企業者も何とかついて来られる、多少うまみを残すかたちでスタートしたわけです。

――話は変わりますが、領土問題で当時から竹島問題はあったんですか。

石原　ありました。日本がポツダム宣言を受け入れたときも、竹島はもともと日本領でした。朝鮮半島は日本の植民地支配下でした。樺太は放棄するということが大前提でした。樺太は日露戦争でロシアから取ったものですから。しかし、竹島については、日清戦争や日露戦争のような戦勝国として取ったものじゃない。これはもともと日本領でした。当時の日本政府は、竹島については領土の帰属という問題意識はなかったのです。

ところが、韓国側は韓国のものだと主張しておったわけです。李承晩大統領は強烈な反日の人で、戦後一方的に「李承晩ライン」という国境線みたいなものを引いて、竹島を韓国側の中へ入れていたのです。

――石原さんが官邸にいらしたときに、韓国等と何かもめたことはありましたか。

石原　私は竹島問題で直接韓国と交渉したことはありません。尖閣諸島については時々もめました。尖閣は、日中国交回復のときにも問題意識はあったようです。中国側は、尖閣はもともと中国領で、日清戦争終結の際、台湾の一部として日本が占領したという理解です。日清戦争終結の際、下関条約で台湾を日本に割譲したのですが、その前の年に明治政府は尖閣は日本領だと宣言しているんです。尖閣は無人島だった。当時の清朝はその件について何も異を唱えなかったのです。

だから日本側とすれば、あれは国際法上正当に日本の領土であるとして宣言し、それが国際社会で受け入れられたという立場です。ところが中国側は、あれはもともと明の時代から中国領であった、ポツダム宣言で台湾を中国へ返したときに、当然尖閣も中国に戻ったという解釈です。彼らが主張する一つの根拠は、地図を見れば分かりますが、尖閣は台湾の方が沖縄よりもずっと近い。戦前は台湾総督が管轄していたんです。宮澤内閣のときに中国は領海法を改正して、台湾の澎湖《ほうこ》諸島と尖閣は中国領であるということを宣言しました。

日中国交正常化条約のときに尖閣が問題になって、外務省がこの問題をどうするか検討し、日中双方ともこれには触れないでいこうということで内々に確認していたのです。その際、鄧小平は「領土の問題は非常に難しいから、今はこれについては答えを出さないで将来に任せよう」と提案し、何となくそれで終わったんです。

日本側は、尖閣は日本の固有の領土だから、議論の余地なしという立場だったのです。私の在職中、日本の右翼団体等が時々尖閣へ上陸して日の丸を立てたりする動きがあって、それが中国側を刺激することがありましたが、日本政府はそういうことはなるべく避けようという姿勢でした。

第四章

海部政権

イラク・クウェート紛争について、記者会見（写真提供：時事通信社）

課題は政治改革――中選挙区制がベター

――参院選敗北の責任を取って宇野首相が退陣し、海部内閣が平成元年に成立します。

石原　海部俊樹さんについては、首相になるとは当時誰も想定していなかったんです。リクルート事件が火を吹いて、その余波が残っておったものですから、リクルートに関連して名前の出た政治家は立候補できないような雰囲気でした。そして次の総理もリクルートに関係ない人からということで、海部俊樹さん、林義郎さん等が出てきた。

海部さんは、河本派ではナンバースリーですね、河本敏夫さんが代表で、坂本三十次さんがナンバーツー。そんなかで海部さんが出てきたのは、私は竹下さんの影響があったと思っています。海部さんは早稲田大学の弁論部で竹下さんの後輩だということで、竹下さんとの関係はよかったですね。だから巷間、海部さんは隠れ竹下派だと言われるようになっていた。

私自身について言いますと、海部内閣になるときに進退をどうするかということだったのですが、なんとなく、竹下総理以来引き続きお手伝いするんだという感じでしたね。海部さんの方から「引き続き頼む」というような話もなく、海部さんが後継に決まったときに事務の副長官として引き続きお手伝いするということが既成事実のような雰囲気だったのです。

海部さんは演説の上手な人で、私としてはよく存じ上げておったんですが、相互に親しいわけじゃなかった。私にとって、海部さんは文教族で、竹下さんとか小渕さんとの関係のようなものではなかったのですが、私は竹下内閣から宇野内閣とずっと事務の副長官を担当したものですから、なんとなく引き続きということになったように思います。

第一次海部内閣では官房長官が山下徳夫さんでした。海部内閣がスタートしたときに、自民党の幹事長は小沢さんでした。小沢さんは自治大臣のときに私は事務次官でお仕えしたし、竹下内閣では官房副長官として一緒に仕事をしたんです。海部内閣にお仕えするに当たって、総理とか官房長官はそれほど親しくなかったのですが、幹事長とは一番気心が知れていました。

——宇野さんも海部さんも派閥の領袖ではないという異例なかたちでの政権で、気苦労はなかったのですか。

石原　竹下内閣の場合、竹下さん自身が大変な実力者で、幹事長もおやりになって、大蔵大臣を何べんもやったし、また自ら竹下派を率いて経世会の最高責任者でしたから実力者内閣でした。竹下さんはほかの派閥に対しても影響力のある人でしたが、宇野さんや海部さんはいわゆる実力者じゃない。派閥の領袖でもない。そういう意味では、党との関係、あるいは各省との関係では、私の負担が重くなったということは否めなかったと思います。

幸い党との関係では、私は小沢幹事長とは親しくしておったし、各省の事務方の幹部とも面識がありました。また閣僚では大蔵大臣の橋本龍太郎さんについては、私は岡山県で商工部長や企画部長、総務部長をしていましたので、よく存じ上げておりました。

海部内閣の最大の政治課題は、リクルート事件などがあった関係で政治改革でした。

——海部内閣の課題はまず政治改革だということですが、小選挙区制の導入については当時自民党内には賛否両論、むしろ否定的な見方の方が多かったように思うのですが。

石原　自民党の中では中選挙区制の方が我が国の実情に合っているという意見がある一方で、リクルート事件の反省に基づいて政治の浄化を図るためには、派閥選挙をなくす必要がある、そのためには小選挙区制の方がいいという、両方の意見があったんです。

自民党としては最終的に、小選挙区比例代表並立制でいくということを党議決定しました。海部内閣のときに第八次選挙制度審議会をスタートさせ、そこであるべき選挙制度について検討してほしいということで、小選挙区制の導入について選挙制度審議会としての答申を求めたわけです。その答申を受けて、小選挙区比例代表並立制法案を提出したという経緯でした。

しかし、自民党内には底流として反対と賛成と両方の考えがあって、幹事長の小沢さんとか羽田孜さんは小選挙区の方がいい、それしかないという意見でした。私の先輩の後藤田さんとか伊東正義さんとか、こういう人たちも、抜本的な政治改革のためには選挙制度改革が必要だというご意見だった。一方、自民党のなかでは梶山静六さんが代表ですが、中選挙区が日本の政治風土に合っているので、小選挙区は実情に合わないという根強い反対意見があったのです。

この選挙制度改革法案の国会での審議に当たる国会対策委員長が、小選挙区反対論者の急先鋒である梶山さんだったのです。国会は法案審議のための特別委員会をつくったのですが、その委員長が小此木彦三郎さんで、この方は梶山国会対策委員長の子分で、梶山さんの指示で政府原案を否決したのです。

海部さんは、海部内閣の最大の課題は選挙制度改革であると考えていました。その一番の目玉の政策が否決されたので、海部総理としては「重大決意をせざるを得ない」と発言したのです。しかし、頼みの綱の金丸副総裁はじめ経世会は、ここはしょうがないなということになって。結局、海部内閣は総辞職するという流れになったわけです。

――海部さんは解散をしようとした節がありますよね。

石原　海部さんとしては解散をしたかったんです。そこで解散を念頭に「重大な決意をせざるを得ない」と発言して大騒ぎになったのです。しかし、経世会出身の閣僚は解散反対で、その他の派閥に属していた閣僚がどういう態度をとるのか分からなかった。

私と坂本官房長官、政務の副長官の大島理森さんの三人で各閣僚の動向を当たったわけですが、解散に署名いただける人は、私の記憶では三分の一までいくかどうかだったんです。そこで一つの方法としては、署名を拒否した閣僚を罷免して、その閣僚のポストを総理が兼務して署名するという手はあったのですが、そんな先例はないわけです。

海部総理は、何とかしてくれと金丸副総裁に泣きついていました。

金丸さんも初めは理解があるようなことを言っていたのですが、最後は事ここに至って駄目だと言って、海部さんは突き放されているような状態になってしまった。結局、解散を断念して総辞職という流れになったんです。

海部内閣は、リクルート事件がらみで辞任した竹下総理の後継として発足した宇野内閣の退陣による混乱状態を終息すべくスタートした内閣ですから、最大の使命は政治の浄化、政治改革だったのです。その政治改革の最たるものが選挙制度改革だったのですが、それが実現できなかったということで退陣のやむなきに至ったのです。

海部内閣の原案は、次の宮澤内閣で成立を図ったのですが、宮澤さん個人は小選挙区に賛成じゃなかったんです。幹事長の梶山さんも絶対反対でした。この法案の扱いをめぐって小沢さんや羽田さんたちのグループと総理や幹事長の意見が合わなくなって、小沢さんたちは自民党を離れ、宮澤内閣不信任案が国会を通って宮澤内閣は退陣となったのです。

次の細川内閣でも、政治改革は最大のターゲットで、そのときは小選挙区比例代表並立制の実現でした。法律の原案の議員定数は、武村正義官房長官の意見等もあって、選挙区、比例区それぞれ二五〇でした。国会の最終場面で政府原案は否決になり両院協議会に持ち込まれ、小沢さんたちの決断により、細川総理から当時の野党第一党である自民党の河野洋平総裁に対して、自民党案でまとめようと提案して、自民党案で成立することとなりました。

このように、選挙制度の改正問題は、竹下内閣で事が始まり、海部内閣で政府原案ができ、国会に出したものの否決され、宮澤内閣で再びこの問題が取り上げられました。しかし、自民党の中が割れて内閣不信任案が可決され、宮澤退陣の後、細川内閣が誕生。細川内閣でもこの問題がターゲットになりましたが、細川内閣の原案は通らず、自民党原案が妥協の産物として成立するという、非常にドラマチックな展開となりました。日本の政治史の中で一つのエポックメーキングな出来事だったと言えます。

――石原さんは『私の戦後民主主義』という本の中で、以前の中選挙区制の方が政治の活性化に向いていると主張しています。

石原　小選挙区制は、橋本内閣のとき実施されてから今日に至るまでの間に、完全に定着したと思います。私は中選挙区と小選挙区・比例区両方の選挙制度の下で政治を見てまいりました。中選挙区時代のいわゆる派閥選挙は確かに政治資金の問題等でいろいろトラブルがあり、「これではいかん」という意見はありました。しかし、中選挙区の場合は、いわゆる派閥政治の下で一つの選挙区で同じ政党から複数の当選者を出せたのです。そのため、新人が出やすかったのです。そのなかから有能な新人が出てきたのです。しかし、小選挙区になりますと、一つの選挙区から一人ですから、公認を得た者が絶対強いのです。政党があまたの候補者の中から最適の人材を選んでその党の公認とするということであれば、イギリスとかアメリカの小選挙区制と同じように、政治は活性化すると思います。しかし、日本ではまだ多くの場合、各選挙区の候補者は都道府県連が選ぶのです。その際、県連はどういう基準で候補者を選ぶかというと、選挙に当選しやすい人を選ぶのです、優秀な人材かどうかではないんです。

選挙に勝てる人材ということになると、多くの場合、世襲になります。世襲の議員は親の地盤をそのまま引き継ぎますから、選挙には非常に強いんです。カネもかからない。しかし、世襲議員が増えてくるとどうしても政治が活力を失い、劣化することは否めないと思うんです。

中選挙区制の時代はユニークな新人が出てきていた。もちろん二世議員にも優秀な人はいますが、野性味があって新しい時代を切り開くというタイプ、いわゆる野武士型の議員が少なくなっているんです。

私は、選挙制度の専門家ではありませんし、また政治学者でもないんですが、役人としての経験から、中選挙区時代の方がユニークな政治家が出てきていたという感想を持っています。

――最近の傾向として、例えば候補者を公募したりして、問題のある、質の低い候補者が当選してますよね。

石原　政党が公募して、有能な若い政治家を国会に出してくることはいいことです。しかし、時として、公募してもその選挙区のなかに適任者がいなくて、国会議員としてふさわしいとは思えないような人を選ばざるを得なくなったケースもあると思います。氏素性がよく分からないような候補者が当選し、その議員が問題を起こしたりすることもありました。ただ、それは、公募制度そのものが悪いんじゃなくて、公募に当たってなされた人選がよくなかったということだと思うんです。

私は基本的に世襲よりは公募制の方がいいと思うんです。アメリカやイギリスの小選挙区制は完全に公募制で、党の総裁や幹部が優秀な人材を全国から募って、最適な人材を公認して議員として上げている。これなら、いいんです。

しかし、我が国の現状は多くの選挙区、特に地方区で二世、三世議員が当選しています。

――リクルート事件以来の政治とカネの問題ということからすると、この当時は「入り」の問題がとてもクローズアップされて、それで政党交付金ができたわけですが、最近は「出」の方も問題になっています。

石原　「入り」の問題では、企業献金を受けると、どうしても企業の利益に引っ張られますから、国民のための公正な政治ができなくなるのでは、という意味で一つの問題点ですが、「出」の問題というのもありますね。これはまさに政治家自身の政治倫理の問題でしょうが、公職選挙法などの関係法令をしっかり勉強していないということもあるのではないでしょうか。

ブッシュが入れた「泣き」――日米構造協議

――海部内閣のもう一つのテーマとして、日米構造協議（ＳＩＩ）がありましたね。

石原　構造協議は、実は宇野総理がパリのアルシュサミットへ出掛けられたときにブッシュ大統領から提案され、それを「日本政府として検討しましょう」ということで受けてきたわけです。しかし、宇野内閣では別の問題が出てきたものだから、政府として日米構造協議を本格的に取り上げる余裕がなかったのです。海部総理が就任した直後に訪米し、ホワイトハウスで日米首脳会談に臨んだ際、アメリカ側から念押しがあったのです。

そのとき、私は随員として一緒に行ったんです。ホワイトハウスでブッシュ大統領ほかアメリカ政府の閣僚との意見交換を行ったのですが、海部内閣では日米構造協議が切実な、深刻な問題だという認識がなくて、むしろ防衛協力の問題とか日米の全般的な関係を良好なものに維持していこうというような感じだったのです。

ところが首脳会談が始まりましたら、ブッシュ大統領が一番先に言ったのは「日米構造協議を早く進めてくれ」ということでした。しかし、海部総理はこの問題について十分な事務説明を受けていなかったので、「やりましょう」と応じましたが、具体的にこの問題をどう進めるか、陣立てを考えなきゃいかんということになりました。

私は帰国してすぐ、外務、大蔵、通産の三省の代表責任者を決めました。外務省は渡辺幸治外務審議官、通産省は鈴木直道通産審議官、大蔵省は内海孚財務官で、この三人が日本側の責任者となって、アメリカの通商代表部（ＵＳＴＲ）のヒルズさん等と協議に入りました。彼女は大変有能な方で、交渉には厳しい弁護士さんでした。アメリカ側は国務省や商務省などの次官の次のクラスの担当官を決めて、協議を始めたんです。

当時は日米の貿易インバランスが大きな問題となっていて、その都度繊維交渉があったり、牛肉・オレンジの問題があったりしたわけです。しかし、個別の品目ごとの交渉をやっていたのでは十分な成果が上がらなかった。そこでアメリカ側は、これは日本の経済構造、政治なり社会、産業の構造そのものに問題があるんじゃないか。日本の閉鎖的な市場のルールを変えないとこの問題は完結しないと主張し、具体的に六項目の提案をしてきたのです。

例えば、貯蓄投資のインバランスです。当時は、アメリカに対して日本はものすごい債権超過だったのです。貯蓄超過ということは消費不足ですから、アメリカからの輸入にブレーキがかかるという認識です。日本の投資と貯蓄のバランスを是正するということは、貯蓄は国民がするわけですが、投資の方は公共事業その他の財政支出をもっと増やせと、具体的に国内総生産（ＧＤＰ）の一〇％を約束せよと言ってきました。

また、競争政策では、公正な競争を促進するための独占禁止法改正の要求です。日本では談合が非常に多い。だからアメリカの商品が入らないという認識です。

当時の日本の独占禁止法では、カルテルに対する罰金が最高五〇〇〇万円で非常に軽かった。アメリカでは日本円に直すと最高五億円。ものすごく高い。そこで、独占禁止法違反があった場合には、アメリカ並みに罰則を強化すべしと言ってきまして。しかし、これには業界が反対ですから、法務省も尻込みをしていました。

それから、いわゆる大店法の廃止問題。大規模小売店舗法の規定により、企業が大規模店舗を地方に出そうとするときはその地域の同意がいるんです。これは、中小企業対策で、地方に大型スーパーができますと地元の中小商店がもたない。だから地元商店の賛成がなければ大きな店舗は造らせないという法律が議員立法でできていたんです。

これに対し、アメリカ側はクレームを付けてきました。そのきっかけとなったのは「トイザらス」という、おもちゃ屋です。これが新潟に進出しようとしたら大店法の規定をタテに地元に拒否されたのです。アメリカ側はこれはおかしい、そもそも大店法が公正な競争を妨げている。だからこの法律を廃止すべしという要求です。

そして、系列取引をやめるべしという要求です。しかし、系列取引は制度じゃない、慣行なんです。例えば三菱グループの社長会というのがあり、そこでいろんな相談をする。そして、三菱系列の企業はお互いに三菱系列の間だけでの取引をして外から入れない。これが、アメリカの企業が日本に進出できない一つの壁になっている。だからこの慣行を直せという要求です。

そのほかアメリカ側の要求は全部で六項目でした。それに対して、日本側は、そもそもアメリカの商品が日本の市場に入りにくいのは価格が高いからだ、あるいは、使い勝手が悪いし、消費者に対するアフターサービスも十分でないからだと反論しました。

例えば自動車です。日本の車はどんどんアメリカに輸出されているのに、アメリカの車（GM）が日本には入らないじゃないかという不満です。しかし、アメリカと他の国ではサービスが全然違うわけです。例えば、ドイツ車が日本にどんどん入ってきているのは、ドイツのメーカーはメンテナンスとか部品交換とかアフターサービスがいいわけです。

これと比べて、アメリカの自動車メーカーのアフターサービスが十分でないから日本の消費者が買わないんだといったやりとりがありました。また、日本の製品は故障が少ないし安全だ。アメリカの消費者はそれを知っているから日本の車を買うけれど、アメリカの車は必ずしもそうではない。アメリカの日本への輸出が伸びないのは、アメリカ自身に責任があると言って反論しました。

また、貯蓄投資バランスについて言いますと、当時のアメリカは貯蓄率が非常に低かったんです。当時のアメリカ人は、ローンをどんどん組んで、所得以上にお金を使った。だから内需は拡大する。その代わり貿易収支は赤字になるわけです。だから、貯蓄投資バランスはアメリカ自身の問題ではないかと反論しました。

このように、日米両国はそれぞれ責任者を立てて、延々と協議を行いましたが、よい答えが出ないんです。日本の事情からすれば、アメリカの要求を受け入れることになれば、日本の業界が必ず反対します。しかしブッシュ大統領とすれば、連邦議会との関係もあり、日米の貿易バランスを抜本的に改善するためには、この構造協議しかない、これは必ずやるということを公約して大統領になっていましたから、何としてでも成果を上げなければならないということでした。

一方、海部総理はトップ会談でブッシュ大統領から要求され「アメリカ側の思い込みが激しいな」と知ったのです。しかし、交渉を始めても日本の業界は絶対反対です、各省もみんな反対です。業界が反対だということになれば、与野党通じて国会も反対だということになります。それでも内閣としては日米関係全般を考えるとなんとしてもまとめなければいかんのです。各省を説得するだけでなくて、その背後にいる党を抑えなければならなかったのです。

——族議員ですね。

石原　ええ。族議員を。それはたいへんだったんです。というのは海部さんは実力総理じゃなかった。だから党の各部会に対する影響力がないのです。当時は、与党は小沢一郎さんが幹事長で、西岡武夫さんが総務会長、加藤六月さんが政調会長でした。この三役が党内では力を持っていました。小沢さんは竹下派、加藤さんは安倍派、西岡さんは三木派でした。要するに、完全に党高政低でした。だから自民党本部の理解がなければまとめられないわけです。

例えば、大店法は商工部会が議員提案で成立させた法律ですから、政府側に一条たりとも手をつけさせないとけんもほろろな雰囲気で、通産省もどうにもならないわけです。そこで最後は、私が小沢さんに「とにかく内閣がもたないから」と頼みました。あのときの小沢さんは立派でした。内閣をもたせるために、それぞれの項目についてぎりぎりまで調整して、アメリカ側にとってぎりぎりの線を見極めて、そこをうまくまとめてくれました。

あのころは、アメリカ大使のアマコストは官邸に来たことがないんです。朝から晩まで自民党本部に行って、与党がどこまで本気になっているか、それを見ていたのです。

それから貯蓄投資のバランス問題、これは結局公共投資を増やせということです。初めはＧＤＰの一〇％を約束すべしと、ベーカー国務長官がものすごく強硬だったんです。日本側は橋本龍太郎さんが大蔵大臣で、大蔵省は公共投資の増額を嫌がった。初めは増額の割合で議論をしていましたが、最後は金額で手を打ったのです。五年間で六兆円だったと思います。

日米構造協議について、ブッシュ大統領から海部総理に直接電話がかかってくるんです。

今でも忘れませんが、そのときに総選挙があったんです。自民党は参院選で大負けに負けたあとで、その後の補選で少し回復して、このときの衆議院の選挙では勝ったんです。

それでほっとしていたところへブッシュさんから直接海部さんに電話があって、「どうしてもすぐに会いたい」ということでした。ワシントンでは申し訳ないから「テキサス州のパームスプリングスで待っている」と。彼は海部さんのことを「トシキ、トシキ」と言っていたんですが、「トシキも選挙直後でワシントンまで来るのは大変だろうから、私がパームスプリングスまで行くから、そこで会いたい」と電話をかけてきたのです。

海部さんとしても、何としてでもこれはまとめないといけないというので、アメリカへ出発するぎりぎりまで調整したのです。そこで私は小沢さんのところに泣きを入れて各省を抑え、各部会を収めてもらったんです。

――大店法は結局どうなりましたか。

石原　大店法はアメリカ側が廃止を要求してきたんです。しかし、商工部会は初めは指一本触らせないと言っていたんですが、最後は規制を緩和して手を打ったわけです。

独禁法の改正も最初は一億円だということだったのですが、最後はこれを多少引き上げて手を打ったんです。当時、梅沢節男君が公正取引委員会の委員長で、彼はずいぶん苦労していました。法務省はネガティブでしたから。

いずれにしても日米構造協議は日本の業界としては嫌な話でしたが、最後はのんでもらったんです。最近の小沢さんは、いろいろ批判もあるようですが、あのころの彼は立派でした。

奮発するも感謝されず―湾岸戦争での支援

――構造協議が終わって、平成二（一九九〇）年八月、イラクがクウェートに侵攻します。湾岸戦争が始まりますね。

石原　先にお話をした（二五ページ）潜水艦「なだしお」の事故は夏休みの土曜日でした。湾岸戦争も八月二日の土曜日でした。海部総理は軽井沢に行っていたんです。坂本三十次官房長官も郷里に帰っていなかったのです。私は、あの日はいたんです。ＮＨＫアナウンサー出身で元参議院議員の宮田輝さんが亡くなって、青山斎場で葬式があったんです。私は官邸にいて、総理もいないし、官房長官もいないもので内閣の代表として葬式に行ったんです。ところが産経新聞が湾岸戦争が起こったのに「官邸には誰もいなかった」と書いたんで、私はこれに抗議しました。

海部総理にすぐ帰ってきてもらいました。このときは、国連安保理が招集され、すぐにイラクに対する非難決議をしました。日本政府は事件の発生を受けて、国連で決まる前に日本は率先して経済制裁を行うということにしました。

国連決議がなされた後アメリカ側からも要望があり、政府は、資金協力とイラクに対する経済制裁はすぐ決めたのです。その後多国籍軍が結成され、イラクの侵略を排除するために各国協力して力づくでクウェートから押し返そうということになったのです。しかし、日本の場合は憲法の制約があり、自衛隊を出すわけにはいかない。それでも何らかのかたちで協力は必要だというので、物資協力をしようと決めたんです。食料とか住宅用材とかいろいろ物資がいるだろうと。それから資金協力、これもすぐやろうということが決まったんです。

資金協力については、どのくらい協力したらいいか見当がつかなかったので、外務省と大蔵省で議論をして一〇億ドルやろうということになり、海部総理が直接ブッシュ大統領に電話しました。私は横で電話を聞いていたんですが、ブッシュ大統領は「あ、そう」という感じで、あんまり力がないんです。金額が少ないという感じを持ったんだと思います。

連邦議会に話がいったら「何だ日本は、軍隊出さないで、ただ乗りじゃあないか」と大問題になって。我が国は、湾岸地域から石油を一番多く輸入しているのだから、いわば湾岸地域の安全について最大のメリットを受けているのは日本じゃないかと批判されたのです。日本政府が多国籍軍に軍隊を出さないだけじゃなくて、当時日本は貿易黒字が大きかったのに、資金協力で一〇億ドルとは何ごとだとなった。

そのとき丹波實外務省審議官がアメリカに行っていまして、彼は「アメリカ議会は大変険悪な空気だ。これじゃあとてももちません」と悲鳴に近い声で電話してきました。そこで急遽どうするか協議して、三〇億ドルを追加することにしたんです。それでもアメリカ議会には非常に不満が残っていたんです。海部総理は当初「人的貢献をやらないとしょうがないな」と言っていたんです。「君たちは人的貢献をどう思うか」と聞かれ、僕らは、「それはやった方がいいでしょう」と申し上げました。

そこで、まず医療協力はしよう、お医者さんを派遣しようということになった。ところが、民間の医者が集まらないんです、戦地に行くんですから。そこで自衛隊の医官、自衛隊のお医者さんを派遣することに最終的になったんです。

ところが、内閣法制局がこれを問題にしたのです。戦場に行って負傷兵を治療すると、その負傷した兵隊が治ればまた戦場へ行くでしょう。そうすると戦争に加担するということになるのではないか。だから前線での医療協力は憲法上疑義ありということになり、結局、後方ならいいという話になったんです。そこで自衛隊の医官を中心に行ったんですが、現地の多国籍軍から、足りないのは前線です、後方は余っていますと言われました。

前線は野戦病院なんです。その野戦病院は法制局が駄目だと言うのです。結局、人的貢献をするということで医療チームが派遣されたけれども何もしないで帰ってきたんです。

――それからもう一つは物資協力ですね。

石原　そうです。物資協力をしようということになって、現地で必要とする車両を提供するとか、あるいは仮設住宅とか、それから人気があったのは浄水器です。水が少ないところですから。

そのほかにもいろいろ物資協力をするということになった場合、どうやって運ぶかということで、民間の船をチャーターしようということになりました。当時、河本さんが船会社の会長さんですから、河本さんが話をして船を借りたのです。ところが船員組合が反対なんです。ホルムズ海峡より向こうへは行かないというわけです。そのため物資協力も船による輸送は結局だめになっちゃったのです。

そこで飛行機で運ぼうとしたら、これは日本航空に頼んだのですが、パイロット組合の反対が強く、彼らは危険な地域へは行かないというのです。医療協力と同じようなことなのですが、前線には行かない。安全なメッカだったらいいと。しかし、物資は前線で足りないわけです。だから前線でなければ意味がないということで結局駄目でした。最終的にはアメリカの業者に頼んだのです。

アメリカの業者は二つ返事です。「ご指示のところはどこへでも行きます」と、値段も日本航空の半分以下で、「ご指示の場所からご指示の場所に運びます」とはっきりしていたんです。

結局、日本航空は駄目で、船の方も駄目でした。与党から、「政府は一体何をやっているんだ、自衛隊を使うしかないじゃないか」と非難されました。特に小沢さんもそうでしたが、西岡さんや加藤さんが「どうして自衛隊を使わないんだ」と言うわけです。

ところが海部さんは自衛隊嫌いですから、何ごとによらず「民間で、民間で」なんです。最後まで自衛隊はだめでした。与党との折り合いがなかなかつかないので、自衛隊そのものじゃなくて、そのための内閣直属の支援組織をつくったらどうかということになりました。

その場合、船は自衛隊の艦艇を使う、飛行機は自衛隊の飛行機を使う。しかし、その組織の要員は自衛隊員ではなくて総理府事務官とする。自衛官は身分を外して行くようにするということになりました。

――自衛隊だけど肩書を総理府事務官に？

石原　総理府事務官にしてという話になったんですが、今度は防衛庁が、自衛隊員は防衛庁長官の命令で動く組織の人間だから、自衛隊の制服を脱いで総理府事務官で行くというのでは動きませんと言うんです。

結局、折衷案みたいなかたちで法律の原案をつくったんです。湾岸協力法案です。実質的には自衛隊を使うんですが、自衛隊員の身分を自衛隊には属していないようにし、一種の特別の組織をつくって、それが輸送を担当するという法律構成にして法案をまとめたんです。恐らくあの法律はもし成立してもうまく動かなかったと思うんです。結局この法案は審議未了になってしまったんです。

あのとき人的貢献ができなかったので、日本は国際的に非常につらい立場に立たされたわけです。そこで何かいい方法がないかと議論していたときに、外務省が出してきた案が平和維持活動（ＰＫＯ）です。国連憲章のなかにＰＫＯというものがありますと。これは国連軍ではありません、平和維持部隊ですということでした。平和維持部隊についてはスイスが非常に熱心だったんです。そこでスイス方式でやったらどうかという話になった。自民党と民社党と公明党の三党からも要求があって、結局自衛隊と別組織でＰＫＯをやりますということを政府側が約束して収めたんです。

ＰＫＯ法案は海部内閣のときに原案をつくったのです。しかし、海部内閣のときはあまり審議されないで、宮澤内閣になってから成立するんです。

国際紛争の際、自衛隊による海外支援が憲法上の制約があってできないということで、それとは別の組織によって国際協力を行うべく、初めは湾岸協力法案をつくったのですが、それが中途半端なものだったため廃案になり、ＰＫＯ法案でいわば仕切り直しとしたわけです。湾岸戦争は、日本として戦後初めて国際紛争の場面に直接立ち向かうことになったケースです。憲法九条の制約の下で、国としてどこまで人的貢献ができるか試金石になった画期的な、しかも教訓も多い出来事だったと思います。

ドル建てか円建てか

――それで資金協力は最終的に九〇億ドルを追加しました。

石原　資金協力は初め一〇億ドルでしたが、この金額ではアメリカ議会を中心に大変失望されたので、三〇億ドルを追加したんです。しかし、これがまた不評だったのです。というのは、我が国は人的貢献をしていませんから。ちょうどそのころ、橋本大蔵大臣がワシントンに行っていて、ブレイディ財務長官を通して、アメリカ側から九〇億ドルの協力を求められたのです。

――向こうから言ってきたんですか、九〇億ドルと。

石原　そうなんです。橋本さんから海部総理のところに直接電話してきたんです。

金額があまりにも大きいものだから、どうするか与党の方に意見を聞いてみようと、小沢幹事長や西岡総務会長、加藤政調会長の三役に話したんです。そうしたら与党は「それで結構です」と返事をしてきました。加藤六月さんが私に言ったのは「九〇億ドルでいいのかな」と。日本は自衛隊を出していないので引け目みたいなものを感じておられたのかもしれません。

橋本大蔵大臣がブレイディに九〇億ドルの追加支出をオッケーと言ったときに、円建てかドル建てかをはっきりさせていなかったのです。アメリカ側は初めから九〇億ドルと議会に説明していましたから、当然ドル建てのつもりだったのです。ところが橋本さんは九〇億ドルに相当する日本の円で一兆四〇〇〇億円という金額が頭にあったのです。

ところが、湾岸協力でサウジが九〇億ドル、日本が同じく九〇億ドル、ドイツが六〇億ドルと各国が資金を提供することになった影響等でアメリカの国際収支がよくなり、ドル高円安になったのです。そのためドル建てで払うのか、円建てで払うかによってえらい違いになるわけです。

政府は九〇億ドルで約束した当時のレートで換算した日本円相当で予算を組んで、かつ、それに見合う増税案を国会に提出したんです。とりあえずは国債でまかなって、その償還をするために臨時に企業税と石油の輸入に対して課税することとしたんです。ところが払い込む段階になったら、アメリカ側はドル建てだと思っていましたから、日本側が予算で手当した金額では九〇億ドルに満たないわけです。これがアメリカの議会で大問題になってしまった。

考えてみれば、あのとき円建てかドル建てかと確認しておくべきだったのです。私は、あのときの交渉担当者のミスだと思っていました。

結局、その差額は、アメリカが中南米に対する援助資金を予定していたのを、日本政府が肩代わりすることで決着しました。湾岸戦争は、日本が新憲法の体制下で戦後初めて国際紛争にどう立ち向かうか、どう協力するかという試金石になったケースであり、貴重な教訓を得たと思います。

――自衛隊員を総理府事務官にするというのは石原さんのアイデアですか。

石原　いやいや。私はそもそも法制局の憲法解釈がかなり硬直的だと思っていたんです。外務省もそうです。

自衛権というものの範囲をどう考えるかの問題で、法制局は伝統的に終戦直後の憲法解釈の線なんです。だから非常にナーバスで、例えばＰＫＯだって日本の自衛隊員がＰＫＯの要員になって行きますと、国連が任命する司令官の指揮下に入るんです、日本政府の指揮下じゃないんです、国連の組織ですから。

もし日本のＰＫＯ部隊が他国のＰＫＯ部隊と共同作戦をとった場合に、一緒に行動している他国の部隊が攻撃されたとき日本の自衛隊はそれを守れないわけです。

法制局の見解は、自衛隊の海外における武器使用は禁じられているからということです。ただＰＫＯ要員自体が攻められたときには、これは生存権、自衛権で正当防衛の論理で免責される。そういうことですから、他人様を助けるわけにはいかないんです。

ＰＫＯのルールがありまして、例えばＰＫＯが停戦ラインにいた場合に、それを破るような動きがあったら武力を使うことができるとなっているんです。ところが自衛隊の部隊はそれができない。例えば、日本の物資を集積していてそれを警備しているときに、物資を奪いに来たゲリラに向かって鉄砲を撃ってはいけない。それでは仕事にならないではないか。ＰＫＯ法は成立しましたが、運用に当たってはこの法制局の見解が大きな制約となりました。

湾岸戦争について言えば、湾岸戦争が終結した段階で問題になったのが、機雷の除去です。その前の中曽根内閣のときにイラン・イラク戦争があり、そのときも機雷の問題がありました。あのときもアメリカ側から機雷の除去を手伝ってくれと言ってきました。ところがまだイランとイラクは戦争しているときです。そのときに中曽根総理は機雷除去だからいいじゃないか、自衛隊が弾を撃つわけではないから協力しようと言われました。これに対し、後藤田官房長官が、法解釈上、機雷の除去は戦闘行為に参加することになるから、それはできないと主張され、掃海艇を出すのはやめたんです。

湾岸戦争のときも、戦争は終わって機雷が残っていた。そこで日本の自衛隊の掃海部隊は技術的に非常に優れているから、機雷の除去をやってもらえないかという話があったんです。中曽根内閣のときの経緯もあり、初めは海部総理はそれは駄目だ、協力できないと言っていたのです。ところが防衛庁の意見を聞いてみると、戦闘行為が終わったあとに海上に航行に危険なものがあったときは自衛隊は、海上警備行動という自衛隊法の規定で排除できるんです。

中曽根内閣のときは戦闘行為はまだ終わっていなかったけれども、今度のケースでは、戦闘行為が終わったあとの海域に危険物があるのだから自衛隊法上は協力は可能じゃないかと、私は言ったんです。そうしたら総理はご機嫌悪かった。ところが朝日新聞が、私がしゃべったことを大きく報道したんです、副長官がけしからんことを言ったという意味なんでしょう。しかし、私は法的には可能だと言っただけで、自衛隊を出せと言ったわけじゃないのです。出すか、出さないかは総理の判断ですから。

海部総理はとんでもない話だと怒っていました。ところが、「法的に可能なら何で出さないんだ」という声が国内でわーっと起こってきたんです。それで一日も経たないうちに世論は法的に可能なら出すべきだとなりました。

国際社会で、日本はカネだけ出してあとは何もしない、と言われていましたから、ペルシャ湾へ自衛隊が行って日の丸を立てて貢献することは、どうしても必要なわけです。特に外務省はやってもらいたかったのです。しかし、中曽根内閣のときのことがあったものだから、法的に無理だと思っていたんです。ところが、今回は戦闘行為が終わっているわけですから、事情は全然違うじゃないかと私が言ったんです。そしたら、法的にできるんだったら何でやらないんだと一晩で空気が変わっちゃいました。海部総理も、これはやっぱりやらざるを得ないと変わったんです。

これは、湾岸戦争の一つのアフターケアみたいなことですが、私は今でも掃海艇を出したのはよかったと思っています。あれで日本の立場がかなり改善されたわけですから。

過激派意識し隠密作戦─平成天皇「即位の礼」

──海部内閣であった平成天皇の即位の礼ではご苦労されたと聞きました。

石原　即位の礼は海部内閣のときに執り行われました。竹下内閣のときに大喪の礼が行われ、昭和天皇の喪が明けて、平成二年に即位の礼を行うことは決まっていたんですが、どういうかたちでやるかは決まっていなかったのです。法的に許されるのであれば、なるべく日本の伝統的な様式は残したいということで即位の礼の準備をしている過程で二つ問題があったんです。

一つは、高御座《たかみくら》をどうするかということ。これは新しく造るという案もあったんですが、技術的にできないというので、京都御所にあった大正天皇や昭和天皇が使われた高御座を解体して東京に持ってきて、東京で修繕して組み立てて使うというのが一番現実的だということになりました。

そこで高御座を東京に持ってくることにしたのですが、当時過激派の活動が活発で、トラック輸送だと高速道路で過激派に襲撃されたら防ぎようがないという状況判断で、警察庁もそれは保証できないと言うんです。それで高御座の使用をやめざるを得ないかなと思ったんです。

ところが、当時の官邸の職員の中に防衛庁が最近導入した大型ヘリコプターだったら運べるんじゃないかという意見を言う者がいまして、防衛庁に問い合わせたら、防衛庁は「内閣の方でやれというのであれば協力します」という返事でした。そこで急遽隠密作戦で高御座をヘリコプターで運ぶことにしたのです。

このような経緯で即位の礼の、いわばハイライトになる高御座が国民の前に展示できたことが一つのエピソードです。

もう一つの問題は、即位の礼のあとに行われる大嘗祭をどうするかです。大嘗祭というのは、即位の礼が終わったあとの同じ月の卯の日と決まっているんです。即位の礼は一一月一二日に行われたのですが、その次の次の週に行われる新嘗祭、新天皇が即位して初めに迎える新嘗祭は特に盛大に行い、これを大嘗祭というんです。

大嘗祭は歴代天皇が即位の際に必ず行ってきた重要な儀式なんです。ところがこの大嘗祭は徹頭徹尾神道形式なんです。大嘗宮というお宮を造って、天皇が深夜に白装束でそこへ籠られて、いわばご先祖と、神と一体となって国民の安寧を祈るという儀式なんです。

この儀式は前の日の午後一一時ごろから始まって、前半と後半があります。前半は悠紀殿の儀、後半は主基田の儀。悠紀殿の儀は深夜の前半なんです。それが終わりまして日付が変わって翌日、午前一時ぐらいから主基田の儀があるんですが、その間明かりを一切つけないんです。暗闇の中で、陛下の移動の際はたいまつで照らすんです。われわれ参列者は、真っ暗闇で侍している独特の儀式なんです。

この儀式をやるかやらないかについて、まさに国論を二分する状況となりました。伝統的な様式を重んずる人たちは絶対やるべきだという。新天皇が神と一体となって国民の安寧を祈る、五穀豊穣を祈るという、その儀式が済んで初めて天皇としての権威が身に付くんだという意見です。

一方は、憲法二〇条の規定から、政府は特定の宗教を支援してはならないとされているので、神道形式の大嘗祭は政府がやるべきではない。必要ならば普通の新嘗祭と同じように皇室の行事として皇室の内廷費でやったらいいという意見です。これをどうするか悩んだんですが、私は、大嘗祭は皇室の重要な伝統行事ですからやるべきだという意見だったのです。当時中曽根さんや竹下さんも必ずやらなきゃいかんというご意見でした。

しかし海部さんは揺れていたのです。そこで国民の意見を聞こうということになり有識者会議をつくることにしたのです。総理や官房長官と相談しまして、学者や宗教家のなかから、絶対やるべきだという意見と絶対やってはいけないという意見、それから中間的なニュアンスの意見の持ち主一五人を選んで、それぞれの立場でのご意見を伺うことにしたのです。

会議では自由に意見を述べてもらい、発言した内容は全て記録にして新聞に発表することとしました。この会議には、官房長官や法制局長官、さらに宮内庁長官や官房副長官など、即位の礼を担当する責任者が出席して委員の意見を拝聴するという陣立てにしたのです。

そこで、大嘗祭に絶対反対と、絶対やれという両方の意見を公平に発表しまして、最後は内閣の責任でやらせてもらいますということにしたんです。これは憲法上の制約もあり、国事行為としてはやらないで皇室の公的な行事としてやる。なぜかというと、日本国の天皇は憲法上世襲制になっており、天皇の崩御に伴う代替わりは国にとって重大な関心事でありますので、大嘗祭そのものは皇室行事として行うけれども、経費は政府がお手伝いさせてもらいますという収めにしたのです。

大嘗祭の経費を政府が負担することについては、当初、憲法違反だと主張する訴訟がたくさん出てたいへんなことになるだろうと思っていたのですが、ありがたいことに訴訟が一件も出なかったのです。新憲法下初めての大嘗祭がああいうかたちで実施できたということは、海部内閣の大変な成果だったと思います。

第五章

宮澤政権

カンボジア PKO の交替要員を激励する宮澤喜一総理（中央）らと
（写真提供：時事通信社）

袂分かった小沢、梶山氏

――平成三年一一月、海部さんの後継として宮澤喜一さんが総理になられました。このタイミングで石原さんが官邸入りしてちょうど四年になるんですね。そろそろ引き際だと考えませんでしたか。

石原 官房副長官は、早い人なら二年くらいで代わっていました。自民党の総裁の任期が二年で、長い人は二回やりましたから、長くても四年。しかし在職年数は平均して二年か三年ぐらいなんです。私の前任の藤森昭一さんは中曽根内閣が長かったものですから五年近くやったんです。そのもっと前の石岡實さんは三代の内閣で副長官をやっているんですよ、鳩山内閣、岸内閣、池田内閣だったかな。警察庁出身の官房副長官です。この人が一番長かったんです。いずれにしても平均しますと二年か三年ですし、私の場合はもう三代やっておりまして、当然辞めさせてもらおうと思っていたんです。

実は、海部内閣のときですが、私の先輩である東京都の鈴木知事から「東京都の副知事に来い」という話がありました。しかし私は内閣に仕えている身ですから、大先輩のご指示でも私が返事するわけにはいきませんから、知事から総理に話してくださいと申し上げたんです。

ちょうどそのときは日米構造協議の真っ最中で、アメリカ側の要求に対して各省揃って抵抗していて官邸としても手を焼いていたときだったのです。「パパブッシュ」から毎日のように電話がかかってきて、海部総理も困っていたのです。私が各省のまとめ役をやっていたものだから、とてもじゃないが困ると、総理は鈴木さんにお断りしたんです。そういうことで鈴木さんには不義理をしていましたので、海部内閣が終わったら鈴木さんのご指示に従わないといけないというつもりでおったのです。

ところが宮澤さんの弟さんの宮澤弘さんが「君、兄貴が引き続きやってくれないかと言っているんだが、頼むよ」と言うのです。私は「宮澤さんにとっても大先輩の鈴木さんからこれこれこういう話があって、私としては一度不義理をしているので、今度はちょうどきりがいいから断るわけにはいかない」と申し上げました。宮澤弘さんにとっても鈴木さんは大先輩ですから「そうか、弱ったな」と言っていたのです。

そのうちに自民党の幹事長の斎藤邦吉さんが「鈴木君に話して、この際はちょっと曲げて協力してくれって言って頼んだら、鈴木君はしようがないかっていうことになったよ」と言うんです。斎藤邦吉さんは内務省で鈴木さんと同期で懇意だったんです。そんな経緯で、引き続き残ることになったんです。

当時はＰＫＯ（平和維持活動）法が継続審議になっていたんです。宮澤さんも国際貢献の立場からＰＫＯ法はぜひ仕上げたいと考えておられ、そうすると担当副長官が変わったんじゃまずいということだったのです。もう一つの問題は、ガットのウルグアイ・ラウンド交渉が大詰めになっていまして、歴代内閣はみんな逃げたわけです。コメの扱いの問題がありまして農林大臣のなり手がいないという状況でした。それもあって、いわば外堀を埋められて断れなくなったというのが実情なんです。

――今お話があったＰＫＯ協力法案ですが、結構難産だったんですね。

石原　そうです。それは原案をつくる段階でもＰＫＦ（平和維持軍）、これをどうするかということが問題になったんです。ＰＫＯというのは平和維持活動ですが、そのなかでもＰＫＦは兵力引き離しや停戦監視に当たったりするわけです。相手方が武器の貯蔵庫を襲撃したり、停戦合意を破ったりした場合には、実力でこれを排除するという使命があるんです。

要するに武器を使用するわけです。それはＰＫＯの非常に重要な部分なんですが、それを原案には入れていた。海部さんは「入れないでくれ」と言っていたんですが、自民党の方は「絶対入れなきゃだめだ」と言うんで、政府案はいわゆるＰＫＦを入れて出したわけです。そこが非常に問題になりまして、国会情勢からして、原案には載っているが当分の間ＰＫＦは凍結するということで審議に入ったんです。

野党、特に社会党は絶対反対で、結局継続審査になったんです。いわばたなざらし状態だったんです。それを国際協力、国際貢献の関係で宮澤総理としてはどうしてもやりたかったのです。そんなこともありまして私は内閣に残ったのです。

――ＰＫＯ協力法案を国会に出す前、原案にＰＫＦが入っていたんですが、これが凍結になった経緯として、民社党委員長の大内啓伍さんがからんでいるんじゃないんですか。

石原　ＰＫＯ活動を発動する際には国会の事前承認が必要だということに大内さんが非常にこだわったんです。国連のＰＫＯに参加するに当たっては、相手国が同意しているとか、停戦合意が破られたときには直ちに引き揚げるとか、五つの原則があるんです。それを法律の原案に入れたわけです。

特に公明党が非常にこだわりまして、公明党は創価学会の婦人部がＰＫＯ協力法案に反対で、それを説得するために、この法案はあくまで平和維持のための活動であることを法案の中に入れなきゃ駄目だと言うんです。公明党は五原則が入ったら国会の事前承認は要らない、事後でいいと言っていたのです。民社党書記長の米沢隆さんも「それでいいだろう」と言っていたのです。ところが大内さんが事前承認にこだわったのです。

——急に言い始めたんじゃないですか。

石原　そうです。誰かに何か吹き込まれたのか、あるいはいい恰好しいということだったのか。いずれにしても、私は大恥をかいたのです。

米沢さんも「結構です」と了承していたのに、大内さんが反対しているというんです。大内さんから私に、「直接宮澤総理から電話をもらえれば、それについては了承する」という話があったんです。そこで私は宮澤総理に大内さんが演説会をやっている会場に電話を入れてもらったんです。

大内さんは会場で、「ただいま宮澤総理から緊急の電話が入ったので失礼します」と恰好つけて、それで宮澤総理から「お願いします」と頼んだら、「そうですか」と電話口で言っておきながら、演壇に戻って「今、宮澤総理から電話で事前承認の件は何とか取り下げてほしいという話があったが、私はお断りしました」と見栄をきり、宮澤総理は大恥をかいたのです。私は宮澤総理に非常に申し訳なくて、それと同時に本当に腹が立ったんです。米沢さんも公党間との間の話し合いを無視したと怒っていました。

——ちゃぶ台をひっくり返した感じですよね。

石原　結局、最後は事前承認は外すことにしたのですが、大内発言が一つの原因で審議が難航したのです。外務省は、ＰＫＯはすぐ出さないと役に立たないから、事前承認にかけるのでは間に合わないというわけです。

もう一つエピソードがありました。宮澤内閣のとき、初めは国対委員長が増岡博之さんでした。その前の海部内閣のときの国対委員長は梶山静六さんです。梶山さんは政治改革法案の廃案を小此木彦三郎さんに指示した人です。宮澤内閣のときには梶山さんは国対委員長を辞めていたのです。増岡さんは、大変人柄のよい人なんですが、国会対策は苦手なんです。そのため、大事な法案が与野党対決で国会が全然動かなかったのです。

宮澤総理は「困った。君、何かいい知恵はないかね」と言われましたので「総理、国会対策の一番のベテランは梶山さんです。梶山さんに総理から頭を下げてもう一度、国対委員長をやってもらうしか方法はないんじゃないですか」と申し上げました。「じゃあ君、それを梶山さんに話してくれないか」と言われたので、私は梶山さんのところに行って「ＰＫＯ法案をぜひお願いします」と頼んだのです。

梶山さんは竹下内閣のときの自治大臣で、私は梶山さんの地元の茨城県に勤務した関係もあって懇意だったのです。梶山さんは、「俺もＰＫＯは必要だと思っている。総理が言うんであれば引き受けてもいい」と言ってくれたのですが、「ただし条件がある」と言うわけです。「俺は小選挙区は反対だ。日本の風土に合わない。だから小選挙区法案には協力しないという前提なら国対委員長を受ける」と、こういうことだったのです。

宮澤総理は、自民党の総裁でもあり、自民党は小選挙区制導入を党議決定していましたので、「党議決定だからやります」とは言っていたのですが、本人自身は小選挙区制に反対だったのです。その話をしたら「そうですか。じゃ、頼みましょうや」と、宮澤総理が直接梶山さんにお願いしたのです。国対委員長が梶山委員長になったら途端に国会が動き出しました。

――すごいですね。

石原　もう見事なものでした。社会党はＰＫＯ法案は絶対反対なのですが、反対は反対なりに逃げ場をつくるというか、何かその辺が梶山さんは大したものでした。

――石原さんの進言でＰＫＯ法が上がったということですね。

石原　そうじゃなくて、国対委員長を梶山さんに変わってもらって国会審議が動き出したのです。梶山さんは総理が頼んだのであって、私はその使い走りをしただけです。

――このＰＫＯ法案が終わったあと、やっぱり政治改革をやらなくてはいけないという話に当然なっていった。そのあとに梶山さんが幹事長になるんですよね。

石原　幹事長になった経緯は私は知りません。幹事長になった梶山さんは小選挙区制に反対なのですが、自民党としては党議決定をしていましたから、羽田孜さんや小沢一郎さんなどにしてみれば政治改革法案が最優先ですから、これを絶対先にやれと総理に迫っていました。宮澤総理もテレビ討論で田原総一朗さんがインタビューして「やりますね」と水を向けられて、「やります」と言って政治改革法案を念押しされたのです。本人も自民党の総裁ですから「やります」ということだったのです。

そういう言質を捉えて、小沢さんがこの法案を今国会で上げることに最後までこだわったのです。宮澤さんも「やります」と言っていましたが、梶山さんが全然動かないわけです。小沢さんは総理のところで一時間以上交渉していました。小沢さんは、梶山幹事長を代えなきゃこの政治改革法は動かないじゃないか、だから梶山幹事長を代えろというわけです。

宮澤さんは、「私も党総裁としてこれは上げるように一所懸命努力します。しかし、梶山幹事長は私がお願いしてなってもらったのだから、私から辞めてくれとは言えない」と、押し問答だったのです。結局、小沢さんたちは「宮澤内閣としては政治改革法案を上げる気がないんだ」と言って自民党を出たのです。宮澤内閣としては、最大の課題であったPKO法案は梶山さんたちの力もあってとにかく乗り切ったわけですが、政治改革法案では自民党内が割れてしまったのです。

――結局、自民党が分裂するきっかけになったんですね。

石原　小沢さんたちは、総理は政治改革法案をやる気がない。梶山幹事長を代えることが政治改革をやる決意の証だ。梶山幹事長を代えないということはその気がないということだから一緒に仕事はできないと言って自民党を出て行ったのです。それから武村君たちも自民党を出た。そういうことで、国会に宮澤内閣不信任案が提出されました。

あのとき、不信任案が出たらすぐ国会解散だという説もあったのですが、あのときは東京サミットを控えていたので、宮澤総理は、国内の都合でサミット返上というわけにはいかないから、自分は一応サミットはやって、そのあとで考えると言っていました。

小沢さんたちが提出した内閣不信任案が可決され、サミット終了後、憲法七条の規定で解散したのです。六九条の不信任案による解散だと言っている人がいるのですが、正確じゃないのです。

――違うんですね、それは。

石原　ええ。あれは七条解散なんです。東京サミットを終えてから国会を解散したのです。

――終えてからですね。結構、間がありましたね。

石原　憲法六九条による解散だったら不信任案を受けてすぐやらなくてはならないわけですから。

――そういう騒動を官邸からご覧になっていて、どう受け止めておられました？

石原　私は自治省の現役時代からずっと自民党を見てきたわけです。岸内閣、池田内閣、佐藤内閣と続いて、三角大福（三木内閣、田中内閣、大平内閣、福田内閣）のそれぞれ。

自民党は派閥によって全然意見が違うわけです。例えば、福田派と三木派は考え方が全然違うのです。しかし、一つの党として意見の違いは話し合いや妥協で何となくまとまってやっていた。それが五五年体制がずっと続いた原因なんです。しかし、政治改革法案については、賛成派と反対派が折り合って収めどころを探すことができなかったのです。羽田さん、小沢さん……特に小沢さんがあくまで妥協しないという姿勢で。結局自民党が分裂し、総選挙になったのです。これは、羽田さん、小沢さんと梶山さんの対立が背景にあったと言えます。

――それは権力闘争という意味ですか。

石原　そういう面もあったんじゃないですか。もちろん小選挙区制の問題がありましたが、それ以上に梶山さんと小沢さんの確執がああいう結果になったと私はみているんです。ご両者とも私にとって非常にご縁のある人だったのですが。

――もともとご両人とも親しい仲ですからね。

石原　ええ。初めはよかったのです。竹下内閣のころ、梶山さんは閣議が始まるまで私の部屋で時間待ちしていて、そのとき言っていたのは、「俺は、いっちゃんを総理にするんだ」と。小沢さんのことを「いっちゃん、いっちゃん」と言って。二言目には「いっちゃんを総理にするんだ」と言っていたのです。二人は、初めはすごく仲がよかったのに何があったのですかね。

慰安婦調査、裏付けせず

――ガットのウルグアイ・ラウンドについて、最初は一粒たりともコメを輸入しない、というような議論がありました。

石原　国会では国内のコメ農家を守るんだ。コメは絶対輸入しないということではなくて、輸入しないことを基本とするということでした。当時は、ガットの事務局長がドンケルという人物で、この人は関税撤廃派なんです。彼は原理主義者で、ものすごく堅かったのです。

当時カリフォルニア産米と日本のコメとでは八倍ぐらいの価格差がありましたから、あの段階で関税撤廃などしたら日本のコメ農業は壊滅します。だから日本の伝統が壊れてしまう。日本は瑞穂の国で、コメは日本の歴史文化そのものだ。だからコメ農家が壊れるということは、日本の国の体制そのもの、国の根幹を揺るがすものだということで、国会では毎回コメの輸入自由化反対決議をしておりました。しかし、ガットのウルグアイ・ラウンド交渉が最終段階になると、この問題に答えを出さなければならないとなりました。

宮澤総理は、日本は貿易で成り立っている国だから、どこかで妥協点を見出さないと、コメは一粒たりとも輸入しないというのは無理だというお気持ちを持っていました。しかし、それを建前上言うわけにはいかない。だから総理は国会決議を尊重しますと言っていたんです。

今でも忘れませんが、小沢さんによる総裁候補三人の面接があったりして話題になったのですが、結局総裁選で宮澤さんが決まったその晩、まだ正式に総理に就任する前に私は宮澤さんに呼ばれたのです。当時の農林水産大臣は近藤元次さんだった。近藤さんと加藤紘一さん。そこに自民党本部の農林担当の方が呼ばれて、ウルグアイ・ラウンドの交渉の現状とか見通しを報告してもらって、「どうするかね」ということで。近藤さんが国会の状況などを報告したのです。この問題はたいへんなことになる、だけど、逃げるわけにはいかないなという話をしたのを覚えています。

当時はコメの問題があったので、宮澤内閣の組閣のときにみんな農水大臣を逃げるわけです。近藤さんは官房副長官で官邸に入られて、加藤紘一さんが官房長官です。農水大臣は田名部匡省さんでした。

——組閣当初から路線は決まっていたということなんですか。

石原　宮澤さんは腹を決めていました。日本は貿易で成り立っている国だからウルグアイ・ラウンド交渉を日本の反対で壊すわけにはいかないと腹はくくっていました。農水省と外務省が一緒になってジュネーブで交渉していたのですが、実質は農水省とアメリカの農務省との交渉で、当時、塩飽二郎さんが農水省の担当審議官で、彼はほとんど国に帰らないで、アメリカの農務省の担当官とすり合わせをやっていました。

当時の事務次官は京谷昭夫さん。彼の前任の浜口義曠さんは絶対反対で前に進まなかった。京谷さんになってから、内閣が妥結させる決意であるならば、その方向でやらざるを得ないと腹をくくって、自分の首が飛んでも国全体のためにというように変わりました。京谷さんが内閣の立場に沿って行動してくれたので、彼には頭が上がりません。

渡辺美智雄さんは京谷君を高く評価していました。渡辺さんは農林族で栃木県人で、京谷君は農水省から栃木県の農政部長に出向していました。そのとき接点があって。京谷君を高く評価していました。今またTPP（環太平洋連携協定）で農業問題が話題になっていますが、彼は農水省では得難い国際派でした。ウルグアイ・ラウンド交渉は宮澤内閣では結論に至らないで、細川内閣で妥結しました。細川内閣のときは、次官は京谷さんで、塩飽さんが経済担当審議官。この二人が中心となって農林部会と橋渡ししたんです。当時自民党の農林部会長は前の農水大臣だった山本富雄さんという群馬県出身で、今活躍している山本一太さんのお父さんです。山本富雄さんが強硬で、結局自民党の要望どおり農業対策として六兆一〇〇〇億円を確保することとなりました。

――いわゆるウルグアイ・ラウンド対策費ですね。

石原　細川内閣で決着しました。宮澤内閣では決着までいかなかったのです。

――ところで平成四年一〇月に天皇陛下が訪中されました。

石原　当時の共産党総書記は江沢民です。首相が李鵬、国家主席は楊尚昆でした。特に江沢民が「何としても天皇の訪中をお願いしたい」と、それはもう熱心なものでした。ところが自民党のなかでは、特にタカ派と言われていた藤尾正行さん等は絶対訪中に反対なんです。

天皇陛下の訪中は、遣隋使や遣唐使のころと同じで、先進国、大国である中国に貢物を持って行くようなものだ。これは朝貢外交だと言って強硬に反対していました。しかし宮澤総理は日中の将来を考えて、向こうがそこまで熱心に言ってくるのなら、これは受けた方がいいんじゃないかというお気持ちでした。

そこで、どうするかをいろいろと相談したのですが、最後は福田赳夫先生にこの問題についてお願いしてくれないかということでしたので、僕がお願いに行ったのです。福田先生は僕の郷里の大先輩で、大蔵大臣のころからかわいがってもらっていたのです。

福田先生は、「これは受けた方がいいだろうな」と賛成されました。「先生、賛成だけじゃ困るので、藤尾さんを何とか押さえてください」と頼んだのです。そうしたら、「藤尾君は、あいつもな」なんて言っていましたが、「まあ、君からもよく頼んでみたらいいだろう」と言われました。そこで私は、「先生から直接藤尾さんに反対しないように説得してほしい」とお願いしたのです。

福田先生はぶつぶつ言っていましたが、最後は「やむを得んなあ」と承知してくれました。しかし藤尾さんはいろいろと注文をつけました。「戦争責任だとか何かで天皇陛下に恥をかかせるようだったら、この内閣の命取りになるぞ。俺たちは承知せんぞ」と言われました。

それは当然のことです。両陛下に訪中をお願いする以上は、陛下に失礼なことがあったらいけませんし、そういうことがあれば、日中両国の将来のためにかえってマイナスになりますから、その点は念には念を入れて中国に確認しました。これについて中国は「絶対そういうことは心配しないでほしい」「中国の威信にかけてそういうことはさせない」と明言しました。そういうことで最終的には訪中をお願いすることになったのです。

朝貢外交だから駄目だと、強硬に反対していた藤尾さんに、私は「日本の皇室に対する一種の憧れみたいなものが中国国民のなかにあるそうです」と申し上げました。中国は、春秋戦国時代に国家統一をした秦から始まって、前漢、後漢、魏・呉・蜀から晋、宋などの時代を経て隋や唐と続くわけですが、三〇〇年以上続いた王朝はないんです。これに対し、日本の皇室は一〇〇〇年以上続いています。

日本の皇室は国民の信頼が厚いというか崇敬の念が強い。そのため、中国人は日本の皇室に対し一種の憧れのような気持ちを持っているということを聞いています。だから、藤尾さんには「朝貢外交じゃなくて一〇〇〇年も続く日本の皇室をお招きしたい。それによって中国をもっと安定した国にしたいという願望があるようです」と申し上げたら、「君は、うまいこと言うな」と言って苦笑いしていました。

藤尾さんだけではなく、右翼団体等が反対でしたので、私は右翼団体にも会いました。日本の皇室がいかに世界の人々の憧れになっているか、それに応えるのだから、日本の皇室の権威が上がるのだからと右翼の人たちにも言いました。

事実、陛下が北京に行かれたとき、出迎えた民衆はみんな日中の国旗を持って並んでいたのです。反対運動をする民衆は一人もいなかった。しかし、あのとき、主席随員は渡辺美智雄先生だったのですが、あとに渡辺先生は、「みんな一様に旗を振っていたが、政府に言われて民衆は振っているだけで、顔を見たらこわばっていた」と言うんです。要するに民衆一人ひとりが心から日本の皇室を歓迎しているわけではないと言うのです。

その後、天皇皇后両陛下は西安と上海に行かれたのです。両陛下の人柄を中国民衆が次第に分かってきたのでしょうね。最後の上海にはスマロという大通りがあるんです。歌にあるじゃないですか、夢のスマロという。両陛下がそこをパレードされたときは、熱狂的な歓迎だったそうです。「あれは絶対に政府の指示じゃない」と渡辺さんが言っていました。中国各地を旅している両陛下の姿が報道されるのをつぶさに見て変わったんです。両陛下に対して日本国民が抱いている崇敬の念というものが中国の民衆にも分かったのだと思います。

いずれにしても、天皇訪中は画期的な出来事だったし、日中両国のためによかったと思っています。

――宮澤さんはどんな方でしょうか。一言で表現すると。

石原 宮澤総理は、一言で言うと永田町の風には馴染みにくい、非常にクールな方でした。いわゆる永田町的な駆け引き、取り引きといったものは苦手な方でした。端的に言えば知性派です。英語はたいへん達者だし、ものの考え方が合理的というか、要するに「まあまあでいこう」ということはあまり好まれない、論理的にきちっと説明がつくようにするということにこだわる人でした。ですから宏池会そのものがお公家様集団などと言われて、竹下派、経世会とは対照的に言われていました。私は竹下総理と宮澤総理と両方にお仕えしましたが、いろんな意味で二人は好対照でしょうね。

――幹事長は梶山さんでしたね。

石原 梶山さんはタカ派的なイメージがあった人でしたが、実はハト派だったのです。

――田中真紀子さんは「軍人だ」と評していましたけどね。

石原　梶山さんは右寄りと見られていましたが、そうじゃなかったのです。だから宮澤総理とはうまが合うんです。ハト派ですから。非常に平和主義者ですよ。梶山さんについては、右寄りのイメージを持つ人が多いのですが、逆です。その意味では後藤田さんも同じです。後藤田さんはわれわれ後輩にとっては大変おっかない先輩でした。しかし後藤田さんも非常にリベラルな人で、平和主義者でした。梶山さんも後藤田さんも世間一般の人が持っているイメージと違うのです。

だから、宮澤さんが梶山さんを幹事長にしたのは、梶山さんの国会運営に対する手腕を評価しただけではなく、考え方の基本において一致していたという面があったのだと思うんです。

――宮澤総理はとても英語が堪能だというイメージがあるんですが。

石原　私は、宮澤総理の英語が本物だと思ったことが二回あるのです。

一つは、ブッシュ大統領が来日して官邸で総理主催の晩餐会が行われたときのことです。そのときブッシュさんは風邪を引いて下痢をしていたらしいのです。晩餐会で乾杯したときに貧血を起こされて倒れかかったのです。

私は、宮澤総理の隣にいました。そのときに、宮澤総理が大統領をぱっと支えて「大丈夫ですか?」という英語が咄嗟に出たわけです。相当堪能な人でも咄嗟のときは英語にならないのです。私は、ああさすがだなと思いました。

それからもう一つは、クリントン大統領と寿司屋会談を行ったときのことです。それは日本の市場開放問題で、日米構造協議では共和党のブッシュ政権と合意したのに、民主党のクリントン政権になったら「あれはパーだ」と言う。「日米貿易アンバランスの改善に関し数値目標を決めるべきだ」と言うのです。

それに対して我が方は、それは管理貿易になるからだめだと、自由貿易の原則に反することになると反論し、その論争をクリントンと宮澤総理が寿司屋でしたのです。クリントンは田舎者で、なまりがかなり強い。これに対して宮澤総理は流暢なキングスイングリッシュです。宮澤総理の方がはるかに英語の話し方が流暢で、クリントンの方が訥弁だったという話です。

意外に知られていないのは、宮澤総理が漢学の素養がある人だということです。宮澤総理は、子どものころ、おじいさんに鍛えられていたらしいので、中国の古典にも詳しいのです。宮澤総理は政治家というより学者タイプの人でした。

――宮澤内閣のエポックメイキングな話として慰安婦問題がありますね。

石原　海部内閣から宮澤内閣に代わるときに、韓国の元慰安婦といわれる人たちが名誉回復と損害賠償を求めて日本政府を相手どって東京地裁に訴えを起こしたのです。これを勧めたのは戸塚悦朗さんと高木健一さんという弁護士です。宮澤内閣がスタートしたころに訴訟が起こされたということは聞いておりましたが、あんなに大きな問題になるとは思ってなかったのです。

訴訟の過程で、宮城県から出ていた岡崎トミ子さんや社会党の福島端穂さん等が弁護士として大いに活躍されたと聞いています。この訴訟がだんだんだんだんと話が大きくなってきて、政府としても放っておけないということになったのです。

慰安婦問題は戦後処理の問題ですので、厚生省に実態を調べるよう要請しました。これに対し厚生省は、旧軍人や軍属のことと違って厚生省だけでは当時のことはよく分かりませんという答えでした。慰安婦の問題は当時の厚生省の中の勤労局の所管だったらしいのです。だから所管は労働省だということになりましたが、軍の関係なのでこれは防衛庁ではないかという話にもなって、それでは結局どこの省がやるんだという状況になったのです。この問題は厄介な話ですから、各省みんな消極的な権限争いになったのです。結局官邸でやるしかないなということになって、外政審議室が中心になって、各省を督励して調べたのです。

調べた結果、確かに慰安所というものがあって、その設置については当時の軍が深くかかわっていたこと。それから、そこに従事する慰安婦について募集が行われたこと。しかし募集は政府が直接行うのではなく民間業者に委託して行われたというようなことが分かりました。

調査の結果、衛生に関することや治安にかかわること、あるいは慰安婦の移動について安全を確保すること等慰安所の運営について、軍の方からいろいろ通達したり、指示が出たりしたということなどのデータが集まりました。調査した結果は、加藤官房長官のときに談話として出したんです。これが平成四年七月でした。

ところが韓国側は、加藤談話に対してきわめて不満でした。何が不満だったかというと、慰安婦の人たちが東京地裁に訴えを起こしたのは、強制的に慰安婦にさせられたからだと、要するにこれは人権問題だということなんです。

宮澤さんは総理に就任した翌年、平成四年の一月に日韓首脳会談のためにソウルへ行ったのです。あのときの大統領は盧泰愚さんでした。宮澤総理は、日韓の過去にいろいろな問題はあったけれども、これからは未来志向でいきましょうという話でソウルに行ったのです。そうしましたら宮澤総理は慰安婦の人たちに囲まれて、もっぱらこの話になったのです。総理はお帰りになってから、これは放っておけないなというので、すぐ調査して加藤談話を出したのです。

しかし、官房長官談話では韓国側が一番関心を持っていた強制性については触れていないのです。そういう事実があったとする証拠はないわけですし、文書もないし、何の確認もされていないのです。ところが韓国側は、この訴訟を起こしている人たちは、強制されたと言って訴訟を起こしているのだから、官房長官談話は答えになっていないといって収まらないわけです。

そこでもう一度調べ直しましょうとなり、外政審議室を中心にアメリカの国立図書館とか復帰後の沖縄とか、警察関係とか、八方手を尽くして調べたのです。しかし、強制性を裏付ける資料はなかったのです。ちょうどそのころ吉田清治氏が、日本軍が済州島に来てトラックで二〇〇人ほど普通の家庭の女性を強制的に連れて行ったということを書いた。朝日新聞がそれを取り上げた。もっぱらそれを強制されたということで訴えを起こしているから。しかし加藤談話はそれを認めていないんですよ。韓国側はそれを認めなければだめだというわけです。

我が方も八方手を尽くしたのですが、強制性を裏付ける証拠や書類はなかったのです。そこでどうするかということになって韓国側とも話して、当時の慰安婦とされた人たちからヒアリングをやろうということになりました。ヒアリングについては客観性をどうやって担保できるかという問題があったのですが、そこは韓国政府が責任を持って真実を語るようにすると。

韓国政府がプレッシャーをかけないで真実を語り得る人を選ぶから、そのヒアリングを日本政府の関係者が直接聞いてくれという話になって、最終的には日本側から外政審議室と厚生省の職員が現地に行って、韓国側が選んだ一六人からヒアリングを行ったのです。

ヒアリングの結果、その意に反するかたちで慰安婦とされた人が存在したということは否定できないということになったのです。慰安婦全員が全員ということではないのですが、普通の事業所で働くという話で応募したところ、行ってみたら慰安所だったと。それで帰してもらえなかったとか。要するにだまされたとか。あるいは応募者数が目標に達しなかったときには、現地の官憲（巡査）が各家庭を回って応募しなさいとかなり強圧的にかかわったという話が出てきたわけです。

このヒアリングの結果を踏まえて、その意に反するかたちで慰安婦とされた人がいるということを、河野談話のなかで認めたわけです。これは人道上許される話ではないので、日本政府として遺憾の意を表すという趣旨の河野談話になって、韓国側もこれで彼女たちの名誉が回復されたということで一応これは決着しますとなりました。

日本側は、慰安婦問題について初めから金銭にはかかわり合いませんと念押ししていました。韓国側もこれについて何も言っていません。というのは、昭和四〇年の日韓国交正常化のときの附属協定書で、両国間の金銭的な問題については無償三億ドル、有償二億ドルの計五億ドルの賠償金でもって個人の問題も含めて一切解決済みということを確認しているわけです。韓国側もこの問題については、彼女たちの名誉が回復されるのであればそれで結構だということで納得したわけです。

盧泰愚大統領から代わった金泳三大統領も河野談話を評価して、これで日韓が未来志向の関係に入れるという談話まで出したのです。だから私どもは河野談話でこの問題は完全に決着したと理解しておったのです。ところがそのときも挺対協（韓国挺身隊問題対策協議会）が東京で訴訟を起こしていまして、反対運動を続けておったのです。

そういう事情もあったものだから、村山内閣のとき、国民の善意として慰安婦とされた人たちにお見舞い金を出そうじゃないかということとなり、アジア女性基金をスタートさせたのです。

理事長は、初め原文兵衛さんに引き受けていただいて、その後、村山富市さんになって、私も乞われて理事に入って、副理事長を仰せつかったのです。ここはもう誠心誠意、実態も調査し、お見舞い金を差し上げたのです。

直接の見舞い金と政府の医療補助というかたちでトータル五〇〇万円で、当時の貨幣価値からすると大変な金額です。しかし挺対協は国家賠償でなければ受け取らないと訴訟にこだわって、今日に至っているということなのです。

――その河野談話ですが、石原さんは国会でその元慰安婦からのヒアリング結果について裏付け調査はしなかったと証言しました。

石原　これは調査のしようがないんですよ。慰安婦とされる人たちは全部韓国にいたわけですから。当時の朝鮮総督府が慰安婦とされた人たちの人選もしたし、その人たちの発言について当局は干渉していない、彼女たちの自主的な、自由意志で決めたということですから、裏付け調査をするということはできないわけです。

――結果的にその元慰安婦とされる人たちの自己申告を日本政府はそのまま認めてしまったと。

石原　そういうことです。自己申告で。心証ですよ。ヒアリングをやった担当官が「この人は到底うそをついているとは思えない」、真実を語っているという心証を得たんです。その報告に基づいて「談話」を発表したわけです。だから当時、そんな担当官の心証に基づいて国の名誉にかかわる「談話」を出したのはけしからんという批判もあったんです。今でもあるんです。彼女たちの中には自分の意志に反して慰安婦にされた人がいるということを、事柄を収めるために河野談話で認定したわけです。

韓国側もそれを了として矛を収めたんです。そういう経緯ですから、裏付け調査をしていないじゃないかと簡単に言いますが、それ以上のことなんか実際問題としてできませんよ。犯罪捜査じゃありませんから、日本国内にいる人なら任意のかたちでも裏付け調査みたいなものができるかもしれませんが、向こうにいる人ですし、そもそもこの問題について日本側に対応を迫っている韓国政府側がセットした場所で、韓国政府が人選した人からお話を聞くということなんです。そしてそれを真摯に受け止めるということなんです。

——でも結果的にこの問題はずっと尾を引いたわけで。だけど当時としては仕方がなかったということですか。

石原　金泳三大統領が河野談話を評価したんですから、私どもは、これで一件落着と思っていました。韓国の挺対協という団体はあくまで国家賠償にこだわっていますが、これは今日においても日本政府としては国家賠償はできないわけです。昭和四〇年に日韓両国間で全ての案件はこれで決着させますという確認をしているわけですから、賠償のしようがないんですよ。

——河野談話にある「慰安所の設置、管理及び慰安婦の移送については、旧日本軍が直接あるいは間接にこれに関与した」という強制性の部分の文言は日本と韓国が擦り合わせしたんですか。

石原　基本的には外政審議室が原案を書いたんです。書いたものを韓国が見せてくれというので、外政審議室としてもまとめないといけないから途中で見せたようです。そのときに韓国がいろいろ要望したわけです。だから改めて擦り合わせたのかと言われれば、韓国側から出た要望を念頭に置いて、文言の最終調整をしたということは事実です。

ですから擦り合わせと言っても、初めから日韓両国の担当者が一緒になって文章をつくるということじゃないんです。外政審議室が原案を書いて、それを韓国側に内々に見せたのです。せっかくまとめても向こうがのまなけりゃ意味がないですからね。

――最近では安倍政権になって日韓合意がなされ、一応軍の関与は認めたものの強制性には全然触れていないという決着の仕方についてはどうお考えですか。

石原　私は、安倍さんが取られた行動というか行為は、日韓関係の将来を考えてよくぞ決断されたと思います。というのは、安倍さんはもともと河野談話についてはネガティブな考え方を持っておられる方なんです。今でも私は忘れませんが、まだ安倍さんが自民党の青年局長をされていたころ、私はもう官邸を辞めていましたが、二人だけで会ったときに突然、安倍さんから河野談話について、その経緯というか、どういうことなのかと聞かれたことがあるんですよ。

そこで私が安倍さんに申し上げたのは、動かぬ証拠というか、通達とかその他の物的証拠はありませんと。そうは言っても、被害者とされた女性の中には自分の意志に反して慰安婦にされたという人がいる。その人たちの話を聞いた上で、強制性を認めるか認めないかが一種の決断の問題であって、結局宮澤内閣としては彼女たちの言い分にはうそはない。本人にしか言えない事柄だから、そういうことがあったんだと言うので、ヒアリングに基づく心証によって本人の意に反するものがあったということを談話に織り込んだんです。そういう話を私は安倍さんにしたことがあるんですよ。

そうしたら安倍さんは、「物的証拠がないのに強制性があったような表現はいかがなものか」と、本人はそれについては反対だということを言っていました。恐らく今でも安倍さん自身の気持ちはそうだと思うんです。私はそのときに、宮澤総理や河野官房長官は日韓関係の将来を考えてヒアリングをやろうと決断されたんですと。

宮澤総理は、日韓の将来を考えて、あえてご自身としては個人的には賛成ではないけれども、強制性の認定に立った河野談話をあえて否定しないで謝罪した。だからそういう意味では大変な決断をされたなと思いますね。

要するに関与はあったんですよ。これは文献もあるわけです。慰安所の運営管理について軍がかかわったのは、女性たちの安全を守るとか衛生管理をするとかという目的で間違いなくあったんですよ。要は「募集」の過程で強制があったのかどうかが最後まで争われたわけです。ヒアリングの結果、意に反するかたちで慰安婦とされた人たちが含まれているということを政府として認めることで決着したわけです。

――宮澤内閣不信任案が可決され、宮澤さんは最終的には解散を選択するのですが、平成五年七月の総選挙で自民党は単独過半数割れします。

石原　自民党は解散前の議席より増えたんです。増えたんですが非自民の方が多かったんです。しかし過半数を取れなかったために、野党が提出した内閣不信任案が可決され、退陣せざるを得なかったのです。

あのとき、「さきがけ」とか一部の勢力が新しい政権に協力する、自民党との連立でいくという話もあったんです。政治の世界の話ですから私はよくは知りませんでしたが、そんな議論をしているということが耳に入ってきました。

そのとき、首班を伊東正義さんだとか後藤田さんにという話があったんです。しかし後藤田さんは、自分はもう歳だから絶対に駄目だと言った。伊東さんも糖尿病で健康上駄目だと言って引き受けを拒否され、自民党が残るための連立という議論は結局うまくいかなかったのです。

――さきがけの党首、武村正義さんが自民党と組まなかったというのは？

石原　結局、組み合わせの問題だったんじゃないでしょうか。武村君は宮澤内閣不信任案には反対したんです。自民党を出たけれども不信任案には賛成しなかったんです。だから武村君たちは自民党と組めるんじゃないかという説があったんです。

――そうですね。だからそこでひょっとして小沢一郎さんがからんでくるんではないかという見方が出てくるわけです。

石原　あくまで小沢さんは舞台回しをしていた人で、あのときだって新生党の党首は羽田さんですから。

――代表幹事ですよね、小沢さんは。

石原　ええ。実際の舞台回しは小沢さんがやったことに間違いないんです。あのとき、細川さんに話したのは小沢さんなんです。非自民の連立のとき第一党は社会党なんですが、初めから社会党じゃまとまらなかったのです。そこで細川さんが新しく出てきたわけです。

日本新党の細川さんは、それなりにフレッシュな感じだった。そこで小沢さんは細川さんをくどいて、細川さんを首班でということで、これについては公明党も社会党ものった。さきがけものった。特に武村君は選挙制度改革その他で細川さんと親しかった。細川さんは熊本県の知事をしていましたので、私もよく知っていました。結局、小沢さんが細川さんをくどいて、細川さん首班で連立政権を目指したのが成功だったんじゃないでしょうか。

第六章

細川政権

細川護煕新総理会見（写真提供：時事通信社）

非自民政権でも番頭役

――非自民の連立政権ですね。石原さんは自民党政権で副長官になったので、当然もう辞めなくてはいけないですよね。

石原　竹下内閣から宮澤内閣まで四代でしたからね。そもそも海部内閣で辞めたかったのに宮澤内閣にまで付き合わされたわけですから、とてもじゃないけど次に残るなんてことは全く考えていなかったんですよ。ところが武村（正義、官房長官）君がどうしても残ってくれって言うわけですよ。私は事務引き継ぎはしっかりやる、国政が停滞しちゃいけないから、それは協力するが引き続きは駄目だ。とてもじゃないけど自民党の番頭が非自民の番頭になるわけにはいかないじゃないかと言ったんです。

武村君は自治省の後輩ですが、「率直に言って内閣運営の経験者がいないと、残念ながら政権が回りませんから、どうしてもお願いします」と彼が言うんです。細川さんは私が自治省の事務次官のときに熊本県知事だったんですよ。存じ上げておったので、武村君からお願いして、それは勘弁してくれって言ったんです。

後藤田先輩に「実は武村君がやかましく言ってくるんですけどお断りしました」と言ったら、「それはそうだよ、君」「当たり前だよ」とやり取りをしていたところ、しばらくしたら後藤田さんから電話がかかってきて、「君、俺も政治改革法案はやりたいと思っている。あれを何とかしたいんで政治改革法案だけでも手伝ってやれ」という話になって。それで「宮澤さんのときの政治改革法案で政界の構図もこんなふうになっちゃったんだから、やっぱり手伝った方がいいと宮澤さんも言っているよ」と言われて、断れなくなったんです。

そこで細川さんには、「政治改革法案が上がるまで手伝わせてもらいます」ということで残ったんです。翌年一月二九日に政治改革法が成立します。衆議院を通過して、参議院で否決されて、両院協議会になって、連立政権側が自民党案丸のみでよいと言うものだから河野さんも自民党総裁ですから断れなくなって、それで成立したんですね。全く劇的な話です。

それで僕はその日、細川さんに「おめでとうございます」「約束ですから、今日付けで辞めさせてもらいます」と言ったんです。選挙制度改革法案までは手伝うという約束でしたから。そうしたら細川さんが「それは確かに約束した。しかし予算がまだ上がっていないんですよ」と。予算は後回しですからね。「あなたには釈迦に説法だけれど、予算は国民生活に一番大事なものなので、それが上がっていないので、それまでは引き続き手伝ってほしい」。こう言われたんです。「確かに予算は大事ですが、私の約束は選挙制度でした」と言ったのですが、細川さんは「そうですか」と言うだけでした。それで残ったんです。そうしたら予算が上がる前に細川さんが佐川急便の問題で辞めたんです。

――献金問題で。

石原　だから、おかしなものですよ。

――鈴木俊一さんは何か言ってこなかったですか。

石原　鈴木さんは、あのときは何も言ってこなかったです。

とにかくあのときは国政に空白の期間ができて、いわば危機的な状況ですよ。今でも忘れませんが、細川さんが退陣表明をしたときはＷＴＯ（世界貿易機関）の外務大臣会合がマラケシュであって、副総理兼外務大臣の羽田さんが行っていたんです。そのときに細川さんが退陣したものだから完全に空白で、一種の危機管理内閣ですよ。

内閣が総辞職して、次の総理が誕生するまでは前の内閣が職務を行うという規定でやっていたんですから。忘れませんけれど、そういう空白期間に、名古屋空港で台北からの中華航空機が着陸に失敗した大惨事があって、その対応をしたのを覚えています。

――これは官邸としてはどのような対応だったんですか。

石原　あの事故では確か二六〇人以上が犠牲になりました。運輸省を中心に消防、警察などの関係機関が直接的には対応しましたが、普通の災害と違って航空機事故ですからね。官邸も当然全体としての対応が適切になされているか注意を払うわけです。危機管理ですから。

――時計の針を少し戻しますが、細川政権が発足したときに総理が細川さん、官房長官が武村さん。旧知の間柄ということで、やりやすかったでしょうか。

石原　武村君は自治省の一〇年後輩なんです。彼が滋賀県知事選挙に立候補したとき（昭和四九年）、あれは大変な選挙で、彼は地元の八日市市長から出て現職を破って知事になったんです。県庁職員はみんな反対派で、現職もまた自治省の先輩です。上田建設の土地転がし事件というのがあって、それで選挙になったんです。武村君は市民派で、誰も応援団がいないなかで自転車で走りまわって選挙を戦った。そして彼は、知事に当選したものの県庁職員は全部現職支持派でしたから、一人で敵陣にパラシュート降下したような感じだったんです。

彼が知事になって間もなく、比叡山を下りたあたりのお寺で県庁幹部を集めて講習会をやったんです。武村君は私に講師として来てほしいということで行ったんですが、私はそのとき、選挙の結果、県民は武村君を選んだんだから、県庁の幹部のみなさんは、県民の意思を尊重して新しい知事をしっかり支えてやってくれという話をしたのを覚えていますよ。

彼は革新知事だと言われて白い目で見られておったので、私は選挙に表れた県民の意思は大事にしなければいかんと話したことを覚えています。そんなこともあって、武村君とは普通の先輩、後輩という以上の付合いがあったんです。

――お互い知己なんでしょうが、如何せんこの政権のなかで閣僚経験があるのは羽田さんしかいないということで、いわばアマチュア内閣ですよね。

石原　そうなんです。今でも忘れませんが、武村君を官房長官に予定していましたので、組閣本部をつくって総理大臣室に閣僚予定者を呼び込むわけです。だけどその要領を誰も知らないんです。だから私は組閣本部の総理の脇に座って、応対要領を総理にも武村君にも言ったのです。呼び込まれて来た人に対してはどういうふうに総理が話したらいいとか、閣僚候補者には出て行くときには記者が待っていて、すぐ質問が出ますから、あなたの場合は「この点とこの点、必ず質問が出ますから、そこを上手に答弁した方がいいですよ」とコーチしたわけです。当時の閣僚の人たちが思い出されます。

――細川内閣で記念撮影したときに、普通はひな壇ですが、官邸の前庭でした。

石原　細川さんはスタイリストというのか、かたちから変えていこうという方で、ひな壇でやるのは古くさい、よくないと。そこで総理官邸の前庭でやったんですよ。ところがそれが平場だから閣僚が並ぶのもごちゃごちゃになっちゃって分かんないわけです。みんな新しい閣僚としての晴れ舞台だったのに写真にならないんですよ。ぶつぶつ言っていましたね。それでだいぶ評判が悪くて弱ったんです。

余談になりますが、政務次官のときは平場は困ると言うので政務次官は従来どおりひな壇でした。前庭でやったのは後にも先にもこれ一回、これだけです。

――細川さんは、政治のスタイルを変えるんだという気持ちが強かった。

石原　そのためには周囲のかたちから変えるというので。実際、ずいぶんと変えようとされました。細川さんがイギリスに行ったときに、サッチャーさんが総理を執務室へお招きになって、自らコーヒーポットでコーヒーを入れてくれたと。あれはとてもよかったというんで、総理室にコーヒーのセットを入れて、お客さんに自分でサービスすると始めたんですよ。たいへんだったんですよ。

それから官邸のなかが暗いから床を全部張り替えろと指示したり、机もテーブルも全部換えてくれと。さらに、昔の官邸には廊下に日展の審査員が推薦する新人の絵がずらっと掲げてある。官邸に来るいろんな人が見てくれますから、あの人たちにとってはいいことなんです。そして少しずつ替えていくんです。しばらく置いておいて、また入れ替えるんです。細川さんはそれらを見て、ああこれはちょっとセンスが合わないから全部替えてくれって、展示してある絵を全部入れ替えてしまった。だから日展の審査員が困っちゃってたいへんだったのです。

――細川さんはかなり合理的な考えの持ち主だったようですね。

石原　伊勢神宮での年明け四日の記者会見を、正月は忙しいからやめようと言ったことがあります。そしたら、これまた伊勢神宮が困っちゃったわけです。

公式行事じゃないんですが、伊勢神宮での記者会見が実質的に総理の年頭の所信表明になるんです。今年はあれをやるとか、これをやるとかを話すわけです。だから伊勢神宮としては脚光を浴びるからものすごくありがたい。それを細川さんは、「年末年始は忙しいから、やめたらどうか」と言い出して、伊勢神宮は慌てて、私に「何とかならないですか」と言ってきたんです。そこで思い出したのが、当時の神社庁の総裁は細川さんのお父さんの細川護貞さんだったんです。そこで私は、「総理、神宮での会見をやめたら恐らくお父さんが困りますよ」と。神社庁の一番のトップですから、伊勢神宮が望んでいるのにせがれの総理がやめたなんてことになると、お父さんが困るでしょうと。「これは親不孝とまでは言わないですが、果たしてどうですかね」と言ったら、本人も考えちゃって撤回したんです。

――総理外遊の際の随行もやめたと聞きました。

石原　ええ、これは善政でした。総理外遊ともなれば羽田空港にぞろぞろと随員がたくさんついて行くでしょう？　あれは国会の話で与野党の議員がついてくるんですから外務省も嫌とは言えないんです。嫌と言うと予算委員会や外交委員会などで意地悪されるから。ところが細川さんは「あれは意味ない」と、「あんなに国会議員をぞろぞろ連れていくのは日本だけだ」と、それで「やめる」と一方的にやめたわけです。そうしたら外務省は喜びましたね。車一つとってもその手配がたいへんなんです。

――いまだにそれは続いているらしいですね。

石原　今でも続いているんです。羽田空港での見送り、出迎え、随行。随行した国会議員さんはいろいろ注文をつけるわけです。外務省が気の毒です。外務省本省や在外公館は、総理の扱いよりも随行の扱いで頭を痛めることが結構多かったんです。それをぱっとやめたんだから、あれは快挙です。私は大賛成でした。

――細川さんはよくお殿様と言われましたよね。

石原　あの人はそういう意味ではお殿様ですね。従来の政治スタイルを変えるんだという意識が非常に強かったわけです。古い自民党政治を変えるということだから、政策面だけじゃなくてかたちの上でも政治のスタイルを変えるんだって。それがひな壇をやめたりとかになるんです。

――細川さんは首相補佐官を制度化しようとしました。

石原　田中秀征さんをぜひ官邸に入れたいという話からです。ところが内閣法を変えているわけじゃないですから、補佐官の定員がないんです。それでも「すぐやってくれ」というわけです。「総理、役所というのは定員と予算というもので動いているので、定員も予算もないのではやりようがありません」と説明した。「総理の自分が言っても駄目なんですか」「一国の総理が言っても駄目なんですか」と言われるから、「一国の総理といえども法律には従ってもらわなくてはいけませんから、それは申し訳ありませんができません」と答えたんです。

それでも細川さんは何かいい知恵はないかと諦めないんです。しょうがないから応接室の一つを臨時の部屋にしたんです。田中秀征さんが官邸に来て、いろいろ話を聞いたりする部屋を設けた。田中さんは臨時に官邸に来ているというかたちにしたんです。法律上の位置付けも何もないわけですから。

田中さんが官邸に来て、今度は、秘書を何とかしてくれと言うんです。秘書も定数がないわけですから、お客さんが来たときに当番で対応するかたちにしたんです。法的な手当をしていないわけですから。

秘書官も同じで、成田憲彦君、国会図書館の課長で政治制度の担当だった彼と細川さんは、各国の政治制度の勉強会等で非常に親しかったんです。そこで成田君を連れて来て、「秘書官にする」と言うんです。ところが本来の秘書官は別にいるわけです。

――政務秘書官が二人になってしまう。

石原　総理は「二人でもいいじゃないか」と言う。しかし、秘書官もちゃんと内閣法に書いてあるんです。だから、「内閣法に二人とは書いていないのだからそういうわけにはいきません」と申し上げたんです。そうしたら非常にご不満で、「どうしたらいいのか」と言われる。

もともと政務をやっていた秘書はご老人だったんです。そこで「あの方は細川事務所の方で雇ってもらって、成田君を正式に総理秘書官として任命するのであれば、これは全く合法的ですから、そうするしかないです」と申し上げたら、「そうだな。では、そうしましょう」と。それまでの政務秘書官は細川事務所に戻ってもらって、成田君を政務秘書官にしたんです。細川さんという人は、改革もいいんですが、役所は定数と予算で動いているという大前提を、何とでもなるように思っておられた。お殿様ですから。

――石原さんの仕事はこの間、それまでと比べて変わりましたか。

石原　自民党政権のころは、党に政調部会というものがありました。政調審議会の下に部会があるんです。その部会と各省が連携しておったわけです。そして自民党の場合は、内閣と与党の力関係がそのときの総理大臣によってかなり変わりまして、与党の方がリーダーシップを取る場合もありました。ところが細川内閣は内閣主導でいこうということになりましたので、各省との関係も、直接官邸の方で各省の意見を取り上げる。そしてある程度まとまってから、連立与党の協議の場に持ち込むというかたちになりました。ですから、自民党時代よりも細川内閣のときの方が官邸主導が増えたんです。だから事務の副長官の仕事も増えました。

自民党政権のころは、各政調部会でオーソライズされたものが各省から法案その他のかたちで上がってきて閣議にかかる。閣議にかけるときには、党の正式な機関としての総務会をクリアする。その前に政調部会でいろいろもんでいるわけです。だから、党の影響力は自民党時代の方が強かったと思います。細川内閣になってからはむしろ内閣が強くなりました。民主党政権（平成二一〜二四年）の場合はまた変わりました。民主党は小沢さんが中心で、政党主導。今度は官僚排除になったのです。細川内閣のときは官僚排除はなかった。官邸が官僚組織を直接使いながら、連立与党の了解を得るというスタイルだったと言っていいと思います。

——内閣側の要は武村さん、官房長官ですね。連立与党の方は新生党代表幹事の小沢さんですか。

石原　小沢代表幹事です。これは完全に小沢さんでした。

——この二人が主要なプレーヤーで、最初のころは仲がよかったんですが、だんだん亀裂が入ってきた。

石原　そうですね、政治改革法案がなかなか難物でしたから。法案の審議がなかなか進まないんです。しかし細川内閣はまさに政治改革をするための内閣だという看板があったから、あくまで政治改革を最優先で進めようというのが小沢さんの考えだし、細川さんもそうだったんです。

武村君も初めは政治改革論者でしたから。しかし国民生活のことを考えると予算をはじめとして国民生活にかかわる案件も放置はできない。だから両立だという感じになったわけです。武村君はその意見に流れた。

当時自民党は野党になっていたけれど国民生活優先で、政治改革についてはあまり熱心じゃなかった。それで自民党とのパイプ役を武村君がやったんです。彼は、自民党の森喜朗さんとよく連絡を取っていました。

そんなことがあって、小沢さんはあくまでも政治改革法案最優先で、政治改革法案が通れば予算は何とでもなるというお考えだったんです、野党だって予算を放っておくわけにはいかないだろうと。一方の武村君は、政治改革も大事だけれど国民生活にかかわる予算をまずやって、その次に政治改革法案じゃないかという。そのアプローチの仕方でだんだん小沢さんと合わなくなっていったんです。口もきかないようになっちゃっていたんです。私は両方とも親しいですから、武村君に「普通は、官房長官が与党の方に足を運ぶもんだ。だから小沢さんところにもっと行ったらどうかね」と言ったことがあります。

役所関係はみんな私のところで相談にのったわけです。連立政権は関係する政党の数が多いですから小沢さんが仕切っていたわけで、大蔵省は完全に小沢さん頼りで、例の国民福祉税も小沢さんの構想なんです。

――事務の立場からすると、予算か政治改革かということになると、やはり予算ですよね。

石原　そうなんです。各省みんな予算が上がらないことには仕事ができませんから。あのとき通常であれば大蔵省は予算優先なんです。ところが大蔵省の斎藤次郎次官は小沢さんと親しかった。彼は海部内閣のころから小沢さんと仲がよかった。彼は小沢さんの気持ちが分かっていたものだから、大蔵省とすれば、本来は予算優先と言うべきところだけれども、内閣の最重要政策は政治改革だから、大蔵省としては予算は後回しで結構ですと彼は言い切っていました。

――細川さんは政治改革を年内に仕上げると言いましたが、できなかったんですね。

石原　そうなんです。細川さんは政治改革を年内に仕上げる予定で、衆議院は通ったんですが、参議院が駄目だったんです。参議院は政治改革反対派が強かったんです。政治改革法案に対する賛否で参議院では社会党が割れて、結局年越しになり年明けの審議で否決されたんです。否決されたので両院協議会に持ち込んで、野党党首の河野洋平さんと細川総理のトップ会談をやり、細川さんの方から、自民党案で結構だからこれで上げてくれと提案しました。河野さん自身は小選挙区にはそう熱心じゃなかったのです。ところが自民党案丸のみだと言われたので断れないわけです。それじゃ結構ですということになりました。

もちろん連立政権のなかには「野党案丸のみっていうのは」とブツブツ言っている人もいましたが、ここは法案を成立させることが大事だと小沢さんが説得したんです。社会党のなかは大変だったと思いますが、久保さんが中心になって党内の取りまとめに奔走し、社会党も結局賛成したんです。

当時社会党の左派は小沢さんに批判的でした。社会党は参議院に組合出身の人が多く、自治労が中心で小選挙区になると組合出身者は衆議院に出られない。だから小選挙区にするのであれば比例を多くすべきであると主張しました。海部内閣のときの原案は、五〇〇の定数で小選挙区三〇〇、比例区二〇〇だったんです。それを細川連立政権のとき、政府原案が二五〇―二五〇となったのです。それは社会党への配慮でした。それが自民党案丸のみですから、自民党も反対できなくなったわけです。

ただ小選挙区制は決まったけれども、区割りはできていない。区割りは大変なわけです。ゲリマンダーとかカクマンダーとか言われるでしょ。その区割りをどう決めるか、これには政党はタッチしない。第三者機関で区割りを決めてもらうということにしたんです。区割り案が最終的に決まって、法案が成立するのは村山内閣のときです。

——それからもう一つ。平成六年にアメリカとの間で政府調達の問題が出てきました。これも各省にまたがる話なので石原さんが調整に乗り出したんでしょうか。

石原　個別の話は建設省だったんです。あれは入札の条件か何かで、アメリカの流儀でやれということだったんです。日本のルールだと向こうが入りにくいという話で、建設省の小野邦久建設経済局長に努力してもらったのです。それから事務次官の鈴木道雄君にも。そのほかカナダが木材に対する日本の輸入制限がけしからんと言ってだいぶ騒いだんです。唐桧の関税の問題でだいぶがたがたしていました。

それから、アメリカの場合は木造で三階建てができるんですが、日本の場合は建築基準法で三階建てを認めていなかったんです。それは建築基準法の問題だけじゃなくて、消防庁が火災安全の関係で木材の三階建てには難色を示したという記憶があります。それをいろんな建築工法によって三階建ても可能だということにした記憶があります。

宮澤内閣のときに、クリントン政権側が包括的経済協議をやろうと言い出したんです。実はその前のブッシュ政権のときに海部内閣がたいへん苦労して日米構造協議をやったんです。アメリカの要求は六項目ありまして、それぞれについてアメリカの要請を受け入れる過程で日本側の注文もつけたんです。アメリカ側は、これで将来にわたって日米間の経済摩擦は基本的に解消したと喜んで手を打ったんです。

ところがブッシュさんは、選挙で負け再選されなかった。ひどい話で、共和党から民主党に変わったら、日米構造協議なんてくだらないと。それで日米包括経済協議ということになって、これは要するに市場開放なんです。そこで彼らが特に重点を置いたのは自動車部品なんです。この問題は宮澤内閣から細川内閣まで続いていました。橋本内閣まで行ったんじゃなかったかな。橋本さんが通産大臣だったとき、当時の相手はカンター（ＵＳＴＲ代表）でした。

――政治改革法の成立直後、細川総理が突然、国民福祉税を発表しました。われわれもたいへん驚きましたけれども、こんな話が出てくる前に当然副長官としてはお耳に入っていたんでしょうか。

石原　国民福祉税という名称で消費税率を実質七％にするという案が出てきたのは、これは突然というか前々からあった案じゃないんです。ただ消費税率を引き上げる話はずっと前から尾を引いておったわけです。それというのは、年明けの二月一一日を挟んで細川・クリントン会談が予定されていて、そこで取り上げられる主な問題は、日米の貿易不均衡をいかに是正するかということで、アメリカ側は日本政府が思い切った内需拡大策をやってほしい、内需を拡大すれば当然日本側の輸入が増えますから日米間の貿易摩擦にも寄与するんじゃないかという主張をしておったのです。そして内需拡大のためには所得税と法人税の減税が有効だということで、確か二兆円規模ぐらいでしたか、減税をやるべきだという話があったわけです。

これに対して大蔵省としては、減税をするのであれば、将来にわたって国税の減収を補塡するための措置を講じてもらわないと困る。単なる持ち出し減税では日本の財政がもたない。所得税減税を首脳会談で持ち出すのであれば、同時にそれに見合うだけの消費税率の引き上げをやってもらいたい。

こういう主張をしておったわけです。減税による減収を完全に補塡するためには三%だった消費税率を六%ぐらいに引き上げてもらいたい、最低でも五%だというような議論をしていたのです。大蔵省と連立与党との間ではその議論が続いていたのですが、政治改革法案優先でしたから、このことはあまり表には出ていなかったのです。

しかし政治改革法案が決着したらすぐにその話に答えを出さなきゃいけない。二月一一日に総理がアメリカに行くわけですから、そのときの一つの手土産として二兆円規模の所得税減税を提示せざるを得ないだろう。だとすれば将来的にそれに見合った消費税率の引き上げを同時に決めてもらいたいということがあったのです。

それとは別に、連立政権として社会保障の充実、確かエンゼルプランだったと思いますが、厚生省を中心に社会保障の充実構想がありまして、それをやるんであればその財源をどうするかということも同時に問題になっていたわけです。それらを含めまして、大蔵省としてはぜひとも日米首脳会談に出発する前までに消費税率の引き上げを決めてもらいたいという要望、要請を連立与党側にしておったのです。

そうしましたら小沢代表の方から「それはそうだ」と。「確かに単なる持ち出し減税では財政がもたない」と。どのみち税率引き上げになると反対が起こるから、エンゼルプランによる財政負担の増も加味して消費税率を引き上げるのであれば、この際思い切って七%にしてはどうかと。

さらに、単に財源対策としてやるのではなく、消費税というものが今後増え続ける社会保障費の財源であるということを明確にする改正もやろうというので税率を七％に引き上げる。そして名称は消費税から国民福祉税にして、その使途は全て社会保障費に充てる。こういう骨子の案にしてはどうかと小沢代表の方から大蔵省の事務方に対して話があったと聞いております。

その論議のなかに私が加わったわけではありませんが、いずれにしても所得税の減税に対しては、何らかの補填措置が必要であろうということは私個人もそういう考えでしたし、官邸としてもそうだったのです。しかしエンゼルプランまで含めて一挙に七％というのは少なくとも官邸側にはそういう考え方はなかったはずです。

武村氏、公然と反旗

――総理もそこまでは考えていなかった？

石原　ええ。細川総理もそういう案が出てきてから説明を受けたわけです。しかも総理のアメリカ行きが迫っておりましたので、ゆっくり議論する暇はないから急いでそれを発表しようということで記者会見がセットされました。深夜の記者会見で、この際、社会保障費の安定した財源として消費税を国民福祉税に改め、同時に税率を七％に引き上げるということを総理自ら発表していただいたわけです。

実はその案を発表する前に、大蔵省の方から小村武官房長が私に説明に来たのですが、あのときは連立与党のなかの最大会派の社会党が消費税に強く反対した政党でしたので、小村官房長に対して、「社会党をはじめ他の連立与党の了解を取ったんだろうな?」と聞いたら、「それは私は分かりません」と。

多分大蔵省としてはそれはやらなきゃいかんという考えはあったらしいのですが、小沢代表幹事が「そんな必要ない」「これで与党に示せばそれ以外の選択肢はないんだから」ということで、「それでやったらいいだろう」ということだったという説明を受けたのです。

記者会見の前に、「総理にもしっかり説明しておいてくれよ」と念押しした上で、「官房長官には説明したんだろうな?」と聞いたら、「いや官房長官には説明していません」と言うのです。「それはちょっとまずいんじゃない?」と言ったら、「説明に伺っても聞く耳を持たないんです」と。とにかく官房長官は説明を聞いてくれないということなんで、「えー?」っていうわけです。

記者会見をセットした直前の土壇場の話ですから、私も含めまして恐らく総理もそうだったんでしょうが、どういう数字の根拠で七%にするのかという肝心の点は説明を受けていないわけです。要するに所得税の減税規模は二兆円で、それを完全に補塡して、かつ、エンゼルプランに伴う負担増の見通しなどを合わせて七%にすれば、将来とも消費税率の引き上げの議論をしなくて済む。

「難しい話はいっぺんに済ませた方がいいというのが小沢代表幹事の意見です」と言うから、そういう考え方もあるかなと思い、「ああ、そうか」と言ったものの、三%が七%ですからね。これは連立与党の各会派の理解をしっかり取っておかないといかんなと言ったのです。ですから、私自身も七%の積算根拠について説明を聞いておりませんし、細川総理も十分説明を聞いていなかったと思います。

――それで「腰だめ」という言葉が出たんですね。

石原　細川総理も「今後、何度も消費税率を引き上げることは、その都度国民生活に大変な混乱を招くことになるし、この際つらいことだけれども、将来を見越して、所得税の減税財源の補填と社会保障制度の安定を期するために税率を七％に引き上げて、それは全額社会保障の財源にするということにします」という記者会見をやったわけです。

私も会見場に行っておりましたが、官房長官は出席していませんでした。総理から引き上げの理由や考え方を説明して、「質問のある方はどうぞ」と記者からの質問を促したときに、とにかく七％と聞いてみんなびっくりしたわけですから、記者の中に一瞬ざわめきが起こって、確か読売新聞の記者だったと思いますが、「それは連立与党には説明したのか」とか、「七％の数字的な根拠はどうなっているんですか」という質問が出ました。

総理からは「七％は腰だめです」と。総理自身が七％の積算の根拠を聞かされていないのですからそう答えたところが、会見場がワーッとなったんです。笑いごとじゃないんですよ。何ていうか、「えー？」という、思わずどよめきみたいな感じでした。

竹下内閣では三％の消費税率を導入するために大変な苦労をしたわけです。国会も牛歩戦術をやられながらやっと通したわけです。それをいきなり三％から七％ですからね。

――大蔵省の下心ですね、これ。

石原　私はある程度そういう反応が起こるという予感はありました。これは大変なことですから。普通はああいう難しい案件は所管省が連立与党に事前に説明するんです。一番の問題は社会党ですから、私は大蔵省に対して、「社会党に説明して了解を取ったのか」と聞いたら、「小沢代表がする必要がないと言われたので、していません」と言うんですから。これはどうかなと思いましたね。

細川総理が説明した途端に会場が異様な雰囲気になりまして、総理もさすがに「これは」と思ったんでしょうね。社会党は聞いていないわけですから、「とんでもないことだ」と。「絶対反対だ」と。当時は、社会党委員長は村山さんだったが「とんでもない」と言っていました。当時は民社党の党首の大内さんは厚生大臣をやっていたのです。

――厚生大臣も聞いていないと。

石原　消費税を国民福祉税という社会保障の特定財源とするという、そういうネーミングにする。国民福祉税というネーミングに変えることについて、所管大臣に何らの説明もなかったので、大内さんもむくれていたんです。

そういうわけで、記者会見の翌日か翌々日かだったかすぐこれを撤回ということになったのです。撤回せざるを得ない状況になってしまったのです。大蔵省は当時は斎藤さんが事務次官でしたが、とにかくこの問題について今さらほかの連立与党に説明しようがないわけです。

そういう経緯で幻の引き上げに終わってしまったということなのです。連立政権の場合は、難しい法案であればあるほど、各与党の理解を得るために事前の説明や了解工作が不可欠なんですが、あのときはそれを全くやっていなかったということで、これは大きな反省点じゃなかったかなと思います。

――政治改革法が上がった勢いで一挙にいこうと、小沢さんが考えたのではないでしょうか。

石原　ええ。直後なんですよ。政治改革法が成立したものだから、もう一気にと。そして一つには、二月一一日に総理がワシントンへ発つことが決まっておったわけですから。政治改革法が上がったのが一月二九日ですから、もうほとんど日がないんです。そこで国会が終わったらすぐに訪米のための対策、特に内需拡大策の扱いをどうするか、その柱である所得税減税財源をどう確保するかの方針を決めなくてはならない。

大蔵省は前々から議論をしていたのですが、官邸としてもその問題について直ちに答えを出さなきゃならない。だから時間がないわけです。その過程で大蔵省の方から、小沢代表幹事の了解を得て、国民福祉税ということで消費税の税率を七％とする案を総理から記者クラブに説明してくださいと言ってきたわけです。やはりああいう難しい法案であればあるほど、連立政権の場合は連立与党の理解を得るのにもっと努力がいる、事前の手を打っておく必要があったと思います。

――武村さんは聞く耳を持たないどころか公然と反対してましたよね。

石原　ええ。だから大蔵省が説明に行っても武村官房長官はまったく聞く耳を持たない。総理が国民福祉税の構想を出したら、会見場が騒然としたばかりか、各与党もとんでもないという話になった。そのときに武村君のところにも取材が行ったわけです。そうしたら武村君は「過ちては則《すなわ》ち改むるに憚《はばか》ること」と言ったんです。要するにあれは間違いだと、だったら早く改めた方がいいというような発言をしていました。

消費税率の大幅引き上げは無理だというのが、初めからの彼の持論でしたから、大蔵省が引き上げの説明に行っても、そんなことは聞いてもしょうがないと言って説明を受け付けないわけです。

総理の記者会見には官房長官が立ち合うわけですから、「官房長官には説明したんだろうな？」と念を押したら、「いや、聞いてもらえませんでした」と、こう言うんで、僕は思わず「えー？」となりました。総理もしぶしぶ記者会見に臨んだのですが、総理自身が完全に咀嚼《そしゃく》しきれていないままに記者会見で発表したということですから、ある意味では前代未聞の状態だったですね。

——武村さんが造反したわけで、武村さんを更迭しようと内閣改造の話が出てきた。

石原　それはもう前の年から小沢さんとの間がどうもしっくりいかなくなっていたんです。政治改革法案を優先するのか、それとも予算編成を優先するのかというときから始まって、小沢さんは政治改革法案が優先だ、予算は年越しもやむを得ないという立場でしたし、細川総理もそれにのったわけです。一方、武村君は予算が先じゃないかと言っていたものですから、そういう流れのまま年を越して今のような話になって。

もちろん武村君も政治改革法案はぜひやらなければならないという立場ですから、それがああいう変則的なかたちで両院協議会で野党の自民党案を丸のみするということで成立したとはいっても、そのことについて武村君も異を唱えたわけじゃなくて、落ち着くところに落ち着いたという感じでした。しかし、国民福祉税として消費税率を大幅に引き上げることに、彼は政治家として今すぐには無理だという考えだったのです。大蔵省は、官房長官は反対ですからその了解はとれない、だからもっぱら小沢さん頼みなんです。小沢代表幹事は理解してくれているので、他の連立与党への了解工作も小沢代表幹事にお願いすればいいと考えていたようです。

――小沢さんが細川さんに内閣改造をけしかけて、武村さんを更迭しようとしたと僕には思えます。

石原　官房長官更迭論は、年が明けてから特に国民福祉税の話のころからボツボツと出ていました。特に総理が訪米の後だったか前だったか、「場合によっては内閣改造あるべし」と、ちょろっと漏らしたんです。改造といっても主として官房長官の更迭が念頭にあったわけです。

細川さん自身も、武村君とコンビでやってはいましたけれども、やはり連立の全体の要は小沢さんでしたから、その小沢さんと武村君がしっくりいかなくなると官邸としても非常にやりにくいので、細川さんも、これ以上、小沢代表幹事と武村君の関係が悪化したのではなにかにつけ内閣としてもやりにくくなるので、武村君を代えなきゃいけないという考えに至ったのだと思います。もちろん小沢さんも官房長官を代えるべきだという意見だったんじゃないでしょうか。その辺のやりとりに直接かかわったわけじゃありませんが、私はそういうふうに感じてはいました。

私は武村君には、「官房長官として小沢代表幹事との関係はもっと考えた方がいいんじゃないか」とか、「代表幹事ともっと頻繁に接触するようにしたらどうかね」と言ったことがあるんです。

——それに対して武村さんは?

石原　「いやいや、まあ」なんて言っていましたが、当たり前の話でしょう。だって連立の一番の要が小沢さんであることは間違いないんですから。政治改革法案をはじめとして、いろんな政策は連立与党の協議会みたいなものがあって、そこにかけて議論して決めていたのですが、大事な話は小沢さんのところで方向付けをしていましたからね。

——この改造は結局失敗してしまうんですよね。

石原　何となく駄目になったのです。改造論が表に出たのは、総理がアメリカから帰ってからです。総理は帰ってから、「改造があるかもしれない」とちょっと漏らされたので、「すわっ改造か?」「官房長官更迭か?」という話が出てきました。その当時は武村君も総理との間がしっくりいかなくなっていましたから、これは官房長官の更迭が避けられないと私は感じていました。ただ私は武村君とは親しいし、総理や小沢さんとの関係もよかったものですから、私自身の仕事には格別の支障はなかったのですが、総理と小沢さんと武村君の関係でいうと、もうしっくりいかなくなったので、これは無理かなと思いました。

——さきがけとしては閣外に去るような雰囲気が出てきたんですね。

石原　そういう事情に加えて、社会党も国民福祉税に対して正面から反対しましたから、連立のたがが緩んできたことは間違いないのです。あれをきっかけに内閣ががたつき始めたということです。しかし、政治改革法が上がっていましたので、後は総理が訪米して帰ったらすぐ予算編成を急がないといかんということで、改造問題もありましたが、とにかくまだ終わっていなかった予算編成にとりかかりました。

その予算は二月に国会に出したのですが、連立与党の中のたがが緩んでいましたから、国会審議もなかなか円滑にいかなかったのです。野党の自民党とすればこれを好機と捉えて、総理に対する攻勢を強めてまいりました。

その過程で細川総理が熊本県知事選に出るときに佐川急便の佐川社長からお金をもらっているという話が出てきて、その処理をめぐって、その問題を中心に予算委員会で集中砲火を浴びたわけです。

関税化VS部分輸入

――細川内閣のプラスの面を一つ申し上げると、ガットのウルグアイ・ラウンドを決着させたということがありますね。

石原　ええ。ウルグアイ・ラウンド交渉は最終的には年内に妥結したのですが、これは宮澤内閣のころから継続して問題になっていました。一番の問題はコメの関税をどうするかということで。ガットの事務局長をしておったドンケル氏が関税を原則撤廃すべきだと強硬に主張しました。

関税撤廃では我が方はコメが守れないからそれはできないということで、じゃあどうするかで折衝したのですが、農水省はもちろん、当時の野党の自民党も社会党もコメの関税化は受け入れられないと主張し、それに代わる案としてコメを部分的に輸入するということに切り替えていったわけです。

その間の交渉はもっぱら農水省の京谷事務次官と塩飽担当審議官のラインで、アメリカ農務省と水面下でずっと交渉をしておったわけです。我が方は関税撤廃では国会を通りませんから、部分的な輸入で何とかまとめようという方向で折衝していました。ただドンケル氏は原理主義者で、「関税撤廃以外は駄目だ」という姿勢を崩さなかったのです。

このままじゃウルグアイ・ラウンド交渉はもう駄目ではないかと悲観的な見方もありましたが、幸いなことに、事務局長が途中でドンケル氏からサザーランド氏に代わったのです。この人はわりと柔軟で、関税化にはこだわらずに、関係国で話がつくのであればそれでもいいんじゃないかと言っていました。もちろんその間、農水省や外務省の諸君が大変苦労して、新しい事務局長にも経緯を話していたのです。

最後は、コメの部分的輸入をどの程度の数量で手を打つかで、アメリカの農務省と日本の農水省の担当官同士で話を詰めていったのです。最終的には、日本は貿易立国ですから連立与党としてはウルグアイ・ラウンド交渉が日本の責任で壊れたということになるのはまずいので、部分的輸入案で何とか妥結しないといかんということでしたが、社会党だけ反対論が強かったのです。

――強硬派がいたんですね。

石原　ええ。当時農水政務次官をしておった村沢牧さん、この人が絶対駄目だと言うのです。社会党執行部には反対が強く、そのなかでも村沢さんは絶対反対だった。社会党はあのときは久保さんが国対委員長で、窓口だったのです。村山委員長も、ウルグアイ・ラウンド交渉が日本の反対で妥結できなかったというのはまずいなというところまでいったのです。ところが村沢さんが絶対反対だったものですから、結局村沢さんが農水政務次官を辞めて、それで内閣としては了承ということになったのです。

しかし、それでも社会党の執行委員会がなかなかまとまらないのです。一二月の何日だったか、日をまたいだら駄目になるというところまできているのに社会党の中央執行委員会がまとまらないのです。私は、今日中でなければ駄目ですと各党に言って回っていたのですが、午後一二時がくるというのに社会党が駄目なんです。そこで、一一時半ごろだったか、細川総理にお願いして、総理から直接サザーランド事務局長に電話してもらったのです。「一両日、時間をくれないか」という話をしたら、向こうは「まとまるのならば、お待ちします」と言ってくれたのです。しかし、もしそれを社会党に言ったら、態度決定を先延ばしするだけになってしまいますから、社会党には「今夜の午前0時までに答えを出さなければ、もうパーだ」と、「だから何としても」とお願いし、社会党もやむなしとなったのが、日付が替わって午前一時か二時ぐらいでした。

それでセーフになったのです。ほんとうにもうぎりぎりでした。そういう一連の流れのなかで農水省の京谷事務次官と塩飽審議官が大変な努力をし、いろいろ苦労されたことが印象に残っています。

――ウルグアイ・ラウンドが決着した背景には、やはり非自民連立政権という要素もあったんでしょうか。

石原　コメの問題で日本とアメリカの交渉が決着していなかっただけで、他の問題はもうまとまっていました。コメについては一粒たりとも輸入しないという趣旨の国会議決が何回かあるのです。ところが、その議決も表現に工夫がしてあって、「コメの輸入は国内消費を基本とする」と言葉の抜け道があったのです。関税化したのでは国会決議に正面からぶつかるが、部分輸入でならよいと読めるということにしたのです。野党の自民党は強硬に反対していました。群馬県出身の山本富雄さんという前の農水大臣が自民党の農水関係の代表でしたが、結局最後はカネの問題だったのです。

今後は農家が国際競争に耐えなきゃいけない、農家が国際競争力をつけるために農業関係の予算をしっかり取れと。特に構造改善ですね。そのための経費をしっかり確保するということで、だんだん要求額が重なっていって、六兆一〇〇〇億円という大変な金額でしたが、連立与党としてはこれで決着がつくならという感じで、自民党の要求を丸のみしたのです。ウルグアイ・ラウンド交渉はそういうかたちで最終的に妥結したということです。

——六兆円というのは自民党から出てきた数字ですか。

石原　自民党の要求がだんだんと膨らんでいったのです。政府は要求どおりの金額で飲んだのです。数字を少しでもケチったら、国会決議違反だといって反対されますから。だから背に腹はかえられないということで、金額的には野党の要求をほとんど丸のみでした。

——それで細川さんは、佐川急便の献金問題で政権を放り出します。

石原　佐川急便問題というのは、もともと細川さんの知事選挙のときのことです。京都にある細川さんの屋敷と佐川さんの屋敷が近くにあって、佐川さんを知っていたらしいんです。そんなことで細川さんが知事選挙へ出るときに一億円を選挙資金としてもらったらしいのです。そのことが新聞に出たのです。

国会で一億円をもらったんじゃないかという話が出てきて、それに対して細川さんは「いや、あれは借りたんだ」と答弁したのです。

「借りたのならいつ返したんだ」ということになりまして、「返した日付を記録で調べてみます」ということで、秘書の方たちが当時の記録をたどって、つじつま合わせに「いつ、いくら返した」というようなものをつくって、それで通そうとしたのです。暮れの三一日に振り込んだと答弁したところ、「その日は銀行は休みじゃないか」と徹底的に追及されました。

当時、片山虎之助君と深谷隆司さんの二人が徹底的にやっていました。それで、やり取りが「返した」「返していない」の堂々めぐりになって。「返したというなら日付はどうなんだ」「バックデータを出せ」と追及され、出したらそんなお粗末なことになっちゃって。「これは作文じゃないか」と畳み込まれて、総理は答弁に窮しちゃったわけです。細川さんは、「もうこれ以上耐えられない」と言って辞表を提出することになったのです。

最近のことでも甘利明さんや遠藤利明さんの件もそうですが、こういう問題は、専門家に調査してもらうという知恵があるわけです。私は総理に、これは知事選挙時代の話だから当時のことに関する調査とか、あるいは答弁ぶりについては、もっと専門家に頼んで対応した方がいいのではないかと申し上げました。

私は自治省の出身で、政治資金の問題については詳しい後輩がいますし、警察庁にその方面の専門家のO

Bがいるわけです。だから、「そういう人たちに頼んで対応策を考えさせた方がいい」と申し上げたら、「いや、これは私個人の問題だから」と、自分の選挙区の政務秘書を通じて対策をやったのです。前の秘書も、お年寄りの方で気の毒なんです。結局総理のプライドというか、見栄があって、自分個人の問題であまり人様に迷惑をかけたくないとおっしゃるのです。

しかし、私は補佐役として総理を守らないといけないと思ったものですから、それぞれの専門分野の人たちに答弁ぶりも含めて調査させて対応した方がいいと申し上げました。もうこれは時効だし、仮にもらったとしても法律問題にはならないのです。

ところが細川さんの美学で、「もらった」ということが嫌なんですね。だから「借りた」と答弁した。そこで、「借りたのなら、いつ返したか」ということになって、そっちの方に追い込まれたのです。真相は今でも分からないのです。ただ私は、一種の答弁術というか、それで負けたという感じです。あの当時は予算委員会はこればっかりで、他の問題に入れないわけです。それで細川さんも嫌になったのでしょうね。

――辞めるということは、事前に石原さんには話があったんですか。

石原　対外的に発表する前に総理から「申し訳ないけど辞めるから」と言われたのです。その後のことがありますから、「あとをよろしく頼む」と言われて。細川さんが辞めると言ったのは四月八日だったのです、八日の朝。記者会見したのは昼ごろです。朝、私が官邸に出勤したら、総理から「すぐ来てくれ」と。そうしたら、「実は今日で辞めますから」と切り出されて、「えー？」と思ったんですが、そこまで追い込まれていましたから、総理のプライドが許さないのかなと思ったのです。
ただ、あとをどうするかの問題が何も決まっていないわけです。ただ何となくあとは羽田さんかなあと思っていました。羽田さんは副総理だったのですが、そのときはＷＴＯ（世界貿易機関）の会議のために副総理兼外務大臣としてマラケシュに行っていたのです。
とにかく総理がそうおっしゃるので、「それは残念です」と言って、ただお辞めになったあとも次の首班が決まるまでは今の内閣で国政を担わないといけないから、そういう体制でやりますからと総理に申し上げたのです。

――こういうとき、副長官の仕事というのは、善後策を考えなければいけないんですよね、次の内閣のことを。

石原　ええ。各省の事務方が非常に不安になるわけです。「どうなんでしょうか」と。確か事務次官会議のときに私は各省に、「こういう事態になったけれども国政に停滞があったらいけないから、少なくとも次の首班が決まるまでは現内閣が職務を行うと憲法上規定されているわけだから、それに従って粛々と仕事をやってくれ」と、「今の大臣を支えてくれ」というような話をしました。

――マラケシュにいた羽田さんには伝わっていたんですか。

石原　もちろん事情は電話で連絡を取っていますよ。外務省からですが、事の経緯は報告しておりました。

第七章

羽田政権

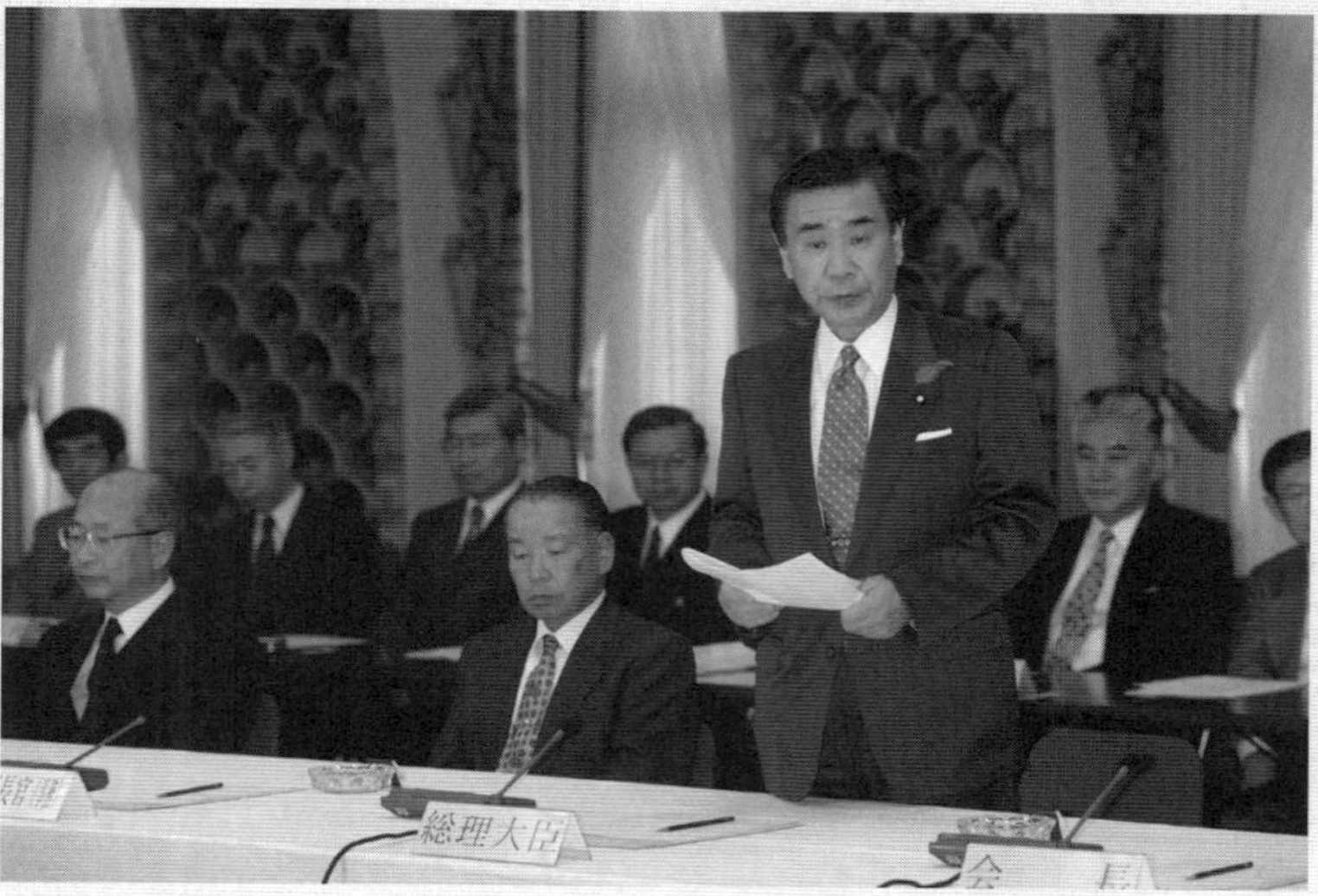

地方制度調査会第１回総会であいさつする羽田孜総理と（写真提供：時事通信社）

社会党、会派工作に激怒

――副総理格なので、次は羽田さんではないかなということは石原さんも思われたんですか。

石原　連立政権のまとめ役は小沢さんでしたが、羽田さんは副総理でしたし、小沢さんと同じ新生党で、党首は小沢さんじゃなくて羽田さんだったですから。

その後、羽田さんが帰ってくるまでは一種の暫定内閣みたいな感じで、何かそのままだったのです。四月二五日に首班指名があって、羽田さんが指名されたのです。連立与党はもちろん全部羽田さんに票を投じましたから、羽田さんでそのままいけたわけです。国会の方も対応できたわけです。

ところが組閣という段になったら問題が起こった。

細川さんのあとを引き継いでそのまま羽田内閣でスタートしたわけですから、初めは私もこれで大丈夫だと思っていたのです。そこで、閣僚の任命をすぐしなきゃいかんというので組閣本部をつくったのです。そのときも私は羽田さんのお手伝いをしながら、いわゆる呼び込みをやっていました。連立与党の数を基本にして閣僚を割り振りますから、一応羽田内閣の閣僚候補として各党の割り振りを決めて、それで呼び込みをやったわけです。

新生党や公明党は名簿をすぐ出したわけです。しかし武村君が初めから離脱しました。武村君は小沢さんや総理との関係がありましたから、彼は羽田内閣には参加しないと言っていました。

ところが社会党がいつになっても閣僚候補者を出してこないんです。そこで私は羽田総理に言われて連絡を取って、羽田さんの政務の秘書も手を尽くしてやったんです。社会党に「早く候補者を出してくれ」と。それでも「ちょっと待ってくれ」「ちょっと待ってくれ」と言うばかりで一向に閣僚候補名簿が出てこないのです。何か変だなと思っていたら、そのうちに「何か社会党、もめているよ」というわけです。いったい何だろうかと訝しい思いでいたのですか、実はあのときに国会で会派の組み替えをやったわけです。それは小沢さんの指示らしいのです。

要するにどういうことかというと、細川内閣のスタートのときは連立与党の第一会派は社会党だった。議会運営委員会は与党の第一党から筆頭理事を出すのです。その筆頭理事が国会運営の要なんです。議運の筆頭理事が大体、「ああする、こうする」と言って全体に諮るのです。

小沢代表からすれば、連立与党の筆頭理事が社会党だと社会党が嫌な法案はなかなか進まない。これはいかんというので、社会党を除く他の会派全部を集めて統一会派をつくろうと。それで「改新」という統一会派をつくることにしたのです。

しかしその新しい会派をつくることについては、連立与党ですから、社会党にも了解を取らないといけないというので、了解を取り付けに行く役割を大内さんが仰せつかったのです。そこで大内さんが村山さんのところに「こういう会派になるから」と言いに行ったらしいのです。村山さんに言わせると、大内さんが見えたことは間違いないと。だけど大内さんはいろいろ自分の選挙区の事情などを話して、「私も非常につらいんだ」とか何とか、そんなことを言って帰ったよと言うのです。ところが、大内さんは戻ってきて「村山委員長にも了解を取ったから」というので、それで連立会派としての「改新」という会派ができたということなのです。

国会の会派としては社会党よりも多くなるから、今後はこれが連立与党の中の第一会派になるのです。要するに議運の筆頭理事が改新の方に移るわけです。それに社会党が激怒したわけです。社会党を外すためにやったわけですから、いくらなんでもひどいと。しかも「了解を取った」と大内さんは言っているけれど、村山さんに言わせればそんな話は何も聞いてないと言うのです。「何しに来たんだろうかと思った」と、「大内さんが来て、『困った、困った』と泣き言を言って帰っただけで、統一会派の話は出なかった」と言うのです。一方の大内さんは「村山さんには説明に行ってご了解いただいた」と言うわけですから。

その辺から急に不信感が出てきて、それで社会党は連立与党としての閣僚名簿をいつになっても出さないわけです。総理は皇居に行って総理の信任式は終わっているわけです。閣僚が決まれば認証式をやる段取りになるわけですが、統一会派の問題がこじれて、社会党は候補者名簿を出さないという、要するに連立から離脱するということになったわけです。

そういうことになれば、国会運営上も困るわけですから、さあどうするかという話になって。さしあたり閣僚の任命をどうしたらいいかと羽田総理は言うわけです。社会党に予定していた閣僚ポストは空けておいて総理が兼務することは可能です。社会党に予定していたポスト六つはそのまま総理が兼務して、社会党に「いつでもお帰りください」というかたちで認証式をやるか、それとも社会党から出てこないのだから他の会派にそれを再配分して、一応閣僚名簿としては全部埋めて認証式に行くか、どちらかだという話になった。

内閣は国政について責任を負っているわけですから、穴あきの閣僚名簿というのは憲法や内閣法は想定していない事態だし、やはり全部を埋めて認証式をやって、もし話がついて社会党が参加するときは閣僚を入れ替えたらいいのではないですかと総理に申し上げたのです。それでとにかくスタートする以上は全部埋めたかたちでやった方がいいという話になった。

「まあ制度論としてはそうかな」「それじゃあ」というので、社会党に予定していた閣僚ポストを公明党とか他の会派に再配分したのです。他の会派は大喜びですよ。順番でまだ閣僚になれない人もみんな入閣できたわけですから。だけど社会党はもう完全に出たわけです。

そういう不自然なかたちで羽田内閣はスタートしたので、初めから国会では絶対少数政権なんです。衆議院を解散して、総選挙で連立政権として勝負するかというような話もありましたが、とりあえず羽田内閣はスタートしたのです。

――大内さんは社会党に弁解に行かなかったんですか、そのあと。

石原　いや、そのあとも行っていないようです。当時私は村山さんとそんなに親しかったわけではないのですが、あとになって村山さんにそのことを聞いたら、大内さんは会派の話は全くしていなかったそうです。ただ来たことは間違いないが、来て、自分の選挙区の事情の話をして泣き言を言って帰ったと。村山さんという人は絶対に嘘がない人ですから、そうだと思うんです。結局大内さんが言うなれば二枚舌を使ったわけです。

だから小沢さんが大内さんに頼んだのが間違いだったのです。

――そういうことで、羽田内閣は少数与党でスタートしましたが、平成六年六月、自民党が羽田内閣不信任決議案を衆議院に出しました。このとき、羽田さんは解散ではなく総辞職を選択しました。

石原 羽田内閣は少数与党内閣で、国会での基盤も不安定な状況でしたから、連立の組み替えをするか、あるいは解散して信を問うかしかなかったのです。

羽田内閣がスタートしたのは五月八日。スタートしたものの片肺飛行みたいなものです。いつ不信任案が出されても可決されるわけです。実際、そういう状況で不信任案が出てきた。私は、羽田さんは解散して信を問うつもりでいたのではないかと思ったのです。私は何となくそんな雰囲気を感じていました。羽田さんと小沢さんはずいぶん長い間議論をしていました。どうも小沢さんは、総辞職して新しい体制で自民党ともう一回対決する、もう一回仕切り直しして新しい与党でいくということで、総辞職でいくべきだという考えのようでした。

――こういう展開は予測できなかったですか、石原さんとしては。

石原 私は解散になるのかなと思ったのです。解散は天皇の名においてやるのですから、解散を決めるための閣議を開く。そうするのかなと思っていたのです。

実は羽田さんが「総理を辞める」と言われて最後に官邸を去るときに、われわれへのお別れのあいさつは「お世話になりました」じゃなかったんです。われわれはむしろ「行ってらっしゃい」だったのです。私は指名選挙に羽田さんがもう一度出るのかと思っていました。

――軽い感じだったんですね。

石原　いずれ「お帰りなさい」と言うぐらいの気持ちで送り出したのですから。きっと本人もそんな感じだったと思います。結局、首班指名の候補は羽田さんじゃなくて海部さんになったわけですが、羽田内閣が総辞職した時点では、まだ海部さんという話にはなっていなかったのではないでしょうか。これは本人にしか分からないのですが、少なくとも私の感じでは、羽田さんは総辞職はするけれども再度指名を受けて、新たな立場で組閣をおやりになるのかなと、何となく思っていました。

第八章

村山政権

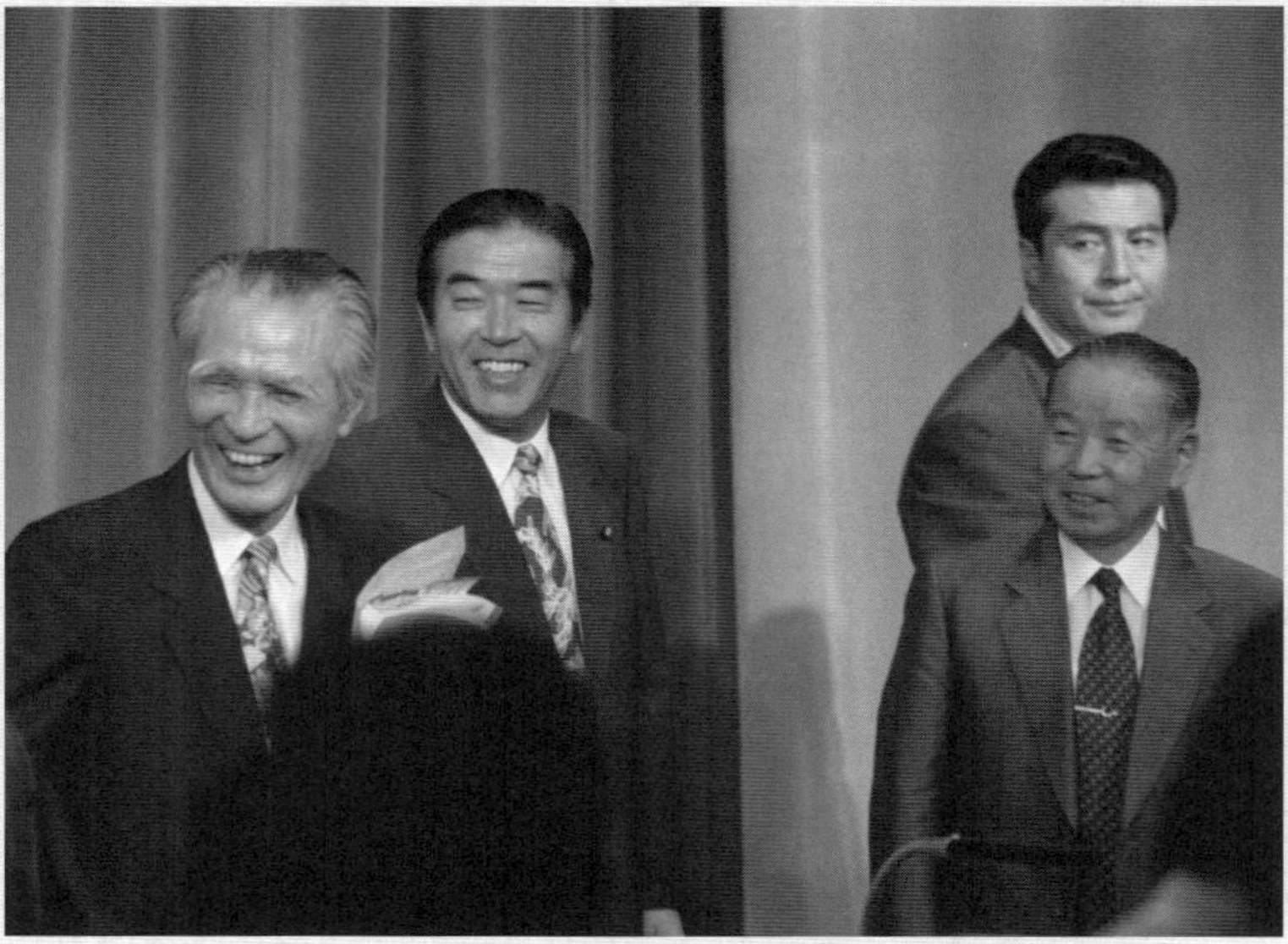

村山新内閣発足記者会見後、会見場をあとにする村山富市総理と
（写真提供：時事通信社）

——そうして首班指名ということになったんですけれども、結局、逆転劇で村山富市さん、社会党委員長が指名されました。

石原　私もテレビでずっと首班指名選挙を見ていました。首班候補については諸説が囁かれて、官邸詰めの記者クラブのなかでもいろいろと情報が飛び交ったりしていました。初め私は、当時の連立与党側からは羽田さんが立ってくるのかなと思っていました。それから野党側はてっきり自民党が出てくるのかと思ったら、そうじゃないんです。何と社会党の村山委員長だから、これもびっくりだったのです。野党側は村山さんを立ててきて、与党側は羽田さんじゃなくて海部さんだった。海部さんは、元は自民党員ですからね。自民党を離れて小沢さんの会派に入ったんですからね。

思いも寄らず海部さんと村山さんの一騎打ちになったわけです。ああいう展開になるとは最後まで分からなかったですね。私が得た情報では、渡辺美智雄さんが小沢さんの方へ来ると。そのときに二〇人くらい連れてくると。そうすると票読みで連立与党側の方が勝つんだというようなことを記者クラブのみなさんが言っていました。そんなものかなと思ってテレビを見ていましたら、いざふたを開けてみたら、連立与党の方はなんと海部さんで、しかも野党は村山さんでしょう。それで票読みでは、渡辺さんが海部さんの支持に回るのではないかといううわさが飛んでいましたから、どうも連立与党の方が優勢じゃないかという話でした。

私はテレビを見ながらも、どっちに決まろうと次の組閣をすぐやらなくてはいけないですから、国政に停滞があってはいけませんから、私の頭のなかはその段取りを考えることばかりでした。

たまたま私は海部内閣にもお仕えしていましたから、海部さんの秘書に「君のところになったら、どういう段取りにするんだ」というようなことを聞いたんです。そうしたら、彼も勝てると思っていたんでしょう、「まあ一度やっていますから」なんて言っていました。あのときは村山さんが勝つとは思っていなかったのです。ところが途中から、どうも渡辺さんは海部さんの方に行かないらしいと。しかもあのときは村山さんは社会党左派でしょう？　だから中曽根康弘さんがテレビで「社会党内閣じゃ駄目だ」というようなことを言っているのを見ていました。

――社会党左派の総理とはえらいことになったと。

石原　あの晩は一二時を過ぎていました。首班指名選挙は大時計の針を止めてやったんでしょう？　そうしたらなんと村山さんが勝った、びっくりしたんですよ。「へえー」と思って。ただ、私は立場上、どなたが首班になろうともきちっと事務引き継ぎをやらなければいけないなと思っていました。社会党首班の内閣になるわけですから、「ああ、これからは大変だろうな」と思いつつ、官邸のスタッフにも、「準備をちゃんとしているか」と念押しをしたりしていました。あのときの首席参事官が羽毛田信吾君なんです。彼にも「よく準備しておいてくれよ」と指示して、いずれにしてもいろいろ経緯がありましたが、私もこれでようやくお役御免になるなという気持ちでいたのです。

首班指名が終わってもしばらくはみんなびっくりしたままで、冷静に事態を受け止められないわけです。村山さんになったので、これはえらいことになったなと思っていたら、山口鶴男さんという村山さんの腹心から連絡があったのです。山口鶴男さんは社会党左派でしたが、私とは同じ群馬県出身で非常に親しかったのです。山口鶴男さんとか田邊誠さん、いずれも群馬県出身で、社会党ですが個人的には非常に親しかったのです。

その山口鶴男さんから私に、首班指名が終わってすぐに電話がかかってきて、「今からそっちに行くから、家に帰らないで待っていてくれ」と言うんです。「これからたいへんだ」と言っていました。山口鶴男さんが官邸にやって来て、「今日は帰らないで、どうしても村山に会ってくれ」と言うのです。「そうですか」と、「事務引き継ぎはしっかりやりますから」と私は言ったのです。村山さんが会ってくれというのは、「内閣の事務引き継ぎをよろしく頼む」ということだと思いましたから、「私は役人ですから、きちっとやりますからご心配なく」と言ったら、「いや、村山総理があなたに会って直々に話したいことがあるから」と言う。「事務引き継ぎなら心配ありませんよ」と言ったんですが「いや、どうしても」と言うので、それならと夜中の三時ごろにキャピトル東急へ行ったのです。村山さんがそこで待っているというので。そうしたら村山さんがいて……。

村山さんは社労族、私は地行ですから、正直、個人的には全く接触がない。村山さんとは面識がなかったのです、人柄はいい人だと知ってはいましたが。だから村山さんと会ったときは、「このたびはおめでとうございます、たいへんですね」と、「初めまして」から始まって。それで「事務引き継ぎはしっかりやりますから」と言ったら、「いやあ、そうじゃない。事務引き継ぎじゃなくて、引き続きやってくれないか」と。「ええっ?」てわけです。「それはとても無理です。そもそも細川内閣に残ること自体強くお断りしたけれども、どうしてもと言われて残りましたが、もうこれ以上は何としても勘弁してください」と固辞したら、村山さんから、「それはよく分かる」と。「確かに全く政権が代わったわけだから、あなたの言うのもよく分かるが、しかし私もなりたくてなった総理じゃない」と。

村山さんは誠実味あふれる口調でおっしゃいました。「私はどうしても総理をやってくれと言われて、いわば押し上げられてなった人間だ」と。「しかし自分は、どういう経緯であれ、総理として選ばれた以上は総理としての職責を全うしなければならない」と。「ついては、自分は残念ながら閣僚経験もないし、内閣の運営について全くの素人、率直に言ってズブの素人だ。しかし、国政を預かる以上失敗は許されない。あなたはベテランだから、ぜひ助けてもらいたい」と。

要するに私個人の心情において断るのはよく分かるが、そこを一つお国のために残ってくれと、ほんとうに熱心なお話で、「声涙倶《せいるいとも》に下《くだ》る」という言葉がありますが、まさにそんな感じだったですね。

とにかく総理として自分がその職務を全うしようとする以上、慣れた人のサポートがどうしても必要だから、いわば「私」の事情を捨てて付き合ってくれと言われたのです。何か雰囲気として、村山さんの心情にほだされたというか、これで断るわけにいかないという気持ちになりました。村山さんと話していると、あの人の人柄とか人間性みたいなものが分かるわけです。それで私も「そこまでおっしゃるなら、当面お手伝いさせていただきます」ということになりました。

実はそもそも海部内閣のときに鈴木都知事から、「もう辞めて東京都に来い」と言われて、宮澤内閣のときにもまたお断りして、もう二度不義理をしているので、今度ばかりはどうしても鈴木さんの方に行かないと、と思っていたこともあるんです。だからもう「何としてでも勘弁してくれ」とは言ったものの、村山さんからそう言われてしまって、ほんとうに弱ったなと思ったのです。

そういうことで引き続き官房副長官を引き受けるとしても、そのときに私が気になったことがあったのです。村山さんは社会党左派のご出身で、社会党の左派は日米安全保障条約破棄なんです。石橋政嗣さんとか、あの人たちは安保破棄ですから。

そこで、「どうしても手伝えと、そこまでおっしゃるならお手伝いします。ただ申し上げにくいことですが、社会党は安保条約破棄という政策を持っておられるようですが、私の経験からしますと、安保破棄では日本の外交、安全保障ができなくなります」と。「この問題をどうされるんですか」と。「私としては、そこが気になります」と申し上げたのです。そうしたら、村山さんもそのことは考えておられたんでしょう。「それはそうだ」と、「あなたの言うとおりだ。安保破棄ってわけにはいかんだろう」と。「そこは自分にも考えがあるから」とおっしゃったのです。

それでもなお私は気になったので、失礼だとは思いつつ、「総理、安保を継続するとしても、世間は社会党内閣になったら安保破棄と思っている人が多いから、たいへんな混乱が起こりませんか」と、「だから総理就任早々に、安保条約については継続するということをおっしゃった方がいいと思います」「そうじゃないと内閣の運営そのものが非常に難しくなります」と言ったんです。

というのは、あの首班指名選挙の行方をアメリカ大使館が非常に気にしていたのです。それが社会党首班になったものだから、アメリカ大使館はワシントンに「日本に容共左派政権誕生」と電報を打った。とにかくアメリカ政府は安保条約の扱いがどうなるのかが非常に心配なわけです。アメリカは安保がどうなるかたいへん気にしているということを、私は外務省出身の秘書官から聞いておったのです。

そこで、「この安保の問題はアメリカだけじゃなくて、国内でも、国民はもとより関係各省もどうなるのかたいへん気にしているので、総理が腹を決めておられるのならば就任後なるべく早くその点を明らかにされた方がいいと思います」と。「これはおつらい話でしょうが、そうじゃないとあとがたいへんです」と申し上げたら、「それはそうだな」と言って。それで、「分かった」と。「安全保障条約を継続するということは、総理大臣をやる以上はそうすべきだろうから、自分はそれを社会党中央執行委員会に諮る」と、「自分としては安保継続でいくから」と、「それを明らかにする」と言われたのです。

そのとき、「あなたも知ってのとおり社会党というところはなかなかものごとが決まらないところでな」と村山さんは言うんです。「この問題を社会党中央執行委員会にかけたら、大もめにもめるだろう」と。「だけど自分は、社会党中央執行委員会が安全保障条約を破棄だと、継続反対だと言うんであれば、即座に総理大臣を返上するから」とまで言われたのです。「そこまで総理が決断しておられるのであれば、分かりました」と申し上げたのです。だから村山さんご自身、相当な覚悟で総理を引き受けたわけです。

――自衛隊のことも言ったのですか。

石原　安保条約の話をしたときに、「これは国内の問題ですが、総理大臣は自衛隊法上、陸海空三自衛隊の最高指揮官ですから、自衛隊違憲論だと具合が悪いんじゃないですか」という話をしたんです。当時の社会党は自衛隊に関しては違憲合法論なんです。憲法違反の存在だけれども法的には正当な手続きを経て国会で成立した自衛隊法に基づいているから合法だと。村山さんは、「自衛隊を認める以上は違憲合法論じゃいかんな」と言っておられました。

日の丸と君が代については、私は申し上げなかったんです。これは後に一連の問題として、君が代と日の丸も容認するとご自身で言われました。私は、引き続きやってくれと言われたとき、安保が一番先で、自衛隊の話は関連して申し上げたんです。日の丸の話はしていません。日の丸と君が代は、総理があとで誰かに言われたのか、あるいは自分でお考えになったのか。政府を代表する人が日の丸と君が代を否定したのでは仕事になりませんので。それはあとになって方向転換されたんです。

村山さんは社会党左派の出ですから、左派の今までの主張を真っ向から否定するわけだからつらい話なんです。

あの連立与党を組んだときの立役者が、亀井静香さんと野坂浩賢さんです。野坂さんも左派ですから。だから野坂さんは村山さんを終始支えていました。恐らく野坂浩賢さんが説得されたんじゃないでしょうか。それから五十嵐広三さんも安全保障関連の問題ではずいぶん苦労しておられた。いずれにしても社会党としては、政権を担う以上は安保と自衛隊の違憲合法論、それから君が代と日の丸、これらは総理としては避けて通れないテーマだったんです。

村山さん自身はああいうお人柄ですから、別に日の丸が嫌だとかそういうんじゃないのです。平和主義者、平和論者なんです、村山さんは。それは当然なんです。だから、村山さんは日の丸も君が代も、それほどご自身として違和感はなかったんじゃないでしょうか。

――残された課題としては選挙区の区割りがあったわけですね。

石原　一番の関門だった安保条約と自衛隊の容認、それから国旗と国歌の問題を一応クリアしたわけですが、それからあとは政治改革法です。社会党自体は自民党案には反対でした。社会党はもっと比例区を増やせという考えだったのですから。でも法案は成立してしまっていますから。ただ小選挙区の区割り法案はまだできていなかったんです。

これをやるために審議会をつくりました。学識経験者その他の第三者を委員にして、これには政党は一切かかわらないようにした。政党がかかわったら結論が出ませんから。だから区割りについては第三者機関にいわば全面的にお願いする。そこで出された提案に基づいて法案を出すということに徹しました。それでもやはり区割りについてはずいぶんガタガタしていましたね。

例えば村山総理のお膝元の大分で大もめにもめたことがありました。佐藤三吾さんという方が参議院にいたでしょう？　自治労の。その佐藤さんがものすごく怒っていたそうです。団地が入り組んでいる所で、一つの団地の真ん中を区割りで切っちゃった。私は詳しくは覚えていませんが、それでえらい剣幕で怒っていたんだそうです。しかし総理は淡々と、第三者機関が出してくれたものは一つ手を触れたら収拾がつかなくなるからそのまま法案として出せということで押し切ったんです。あれは手直ししたら収拾がつかなくなりますから。確かに私ども素人が聞いても、一つの団地の真ん中に線を引いて選挙区を分断するというのは首をかしげはします。

他にもいろいろあったんだと思います。区割りは市町村単位が原則ですが、合併地区があると旧町村地域をあちこちに付けたり、引き離したり、そういうことはかなりやっていました。やらないと数が合わなくなるんです。選挙区ごとの人口にあまり差があってはいけませんから。基本的には学識経験者が提案してきた、区割り審議会が出した案をそのまま成立させたんです。それによって初めて小選挙区制が実施できるようになりました。

小選挙区制での第一回の衆議院選挙は橋本内閣のときです。村山内閣で仕上げをして、橋本内閣で実施に移したのが小選挙区制です。

――村山総理はすごく大人の対応をしたということですよね。いろんなものを丸のみしたという……。

石原　村山総理は、社会党員としての立場と必ずしも相いれないようないろんな難しい問題が起こったときに、日本国の総理としての立場を優先するという姿勢を徹底されました。私は、これは非常に立派だと思うのです。個人的にはつらかったと思います。安保の問題にしても自衛隊の問題にしても、君が代の問題も然り、心情としてはつらいものがあったと思うのですが、日本国の総理としての立場に立てば、これはもうそれしか選択肢はなかったのです。

村山総理は公平無私な人でしたから、従来の政党次元でのいろんな意見の食い違いはあっても国民的なレベルで必要な法案はできるだけ成立させようと、自民党時代から継続審査になっていた法案がずいぶんあったのですが、それらを村山内閣でほとんど成立させました。

区割り法案だけでなくて、一番大きなものは消費税法です。消費税率の引き上げは国民福祉税で駄目になりましたが、所得税減税をしていましたから、財源的に穴があいているわけです。そこで最小限度の穴埋めはする必要があるというので消費税率を三％から五％にしたんです。消費税に反対していた社会党の村山総理が首班の内閣で税率引き上げをやったというのは何とも皮肉な話ですが、しかしそうせざるを得なかったわけです。ただ消費税率を五％に引き上げたんですが、実施は二年後で、橋本内閣で実施したわけです。だから橋本さんもそれだけ苦労して、参議院選で負けて退陣したんです。

それから自衛隊法の改正がありました。自衛隊が運用する政府専用機の使用範囲を広げる内容だったと思います。これもずっとペンディングだったのを村山内閣で成立させました。そのほかにもかなりの法律を処理したんです。

――それから年金支給開始年齢の引き上げですね。

石原　将来のためにやむを得ないということで、村山総理としてはつらい思いをしたんです。総理をやられたばっかりに昔の社会党だったら絶対反対の案件をずいぶん処理したんです。このために社会党はその後の選挙でだんだん凋落《ちょうらく》していくわけですから。思えば総理になったばっかりにつらい選択を余儀なくされたわけです。しかし日本国のためには大変ありがたいことを、どうしてもやらなくてはならないことをやってくれた人です。

国民の目からすると非常に分かりにくかったのは、細川連立政権のときは社会党の主流は右派なんです。久保亘さんとか山花貞夫さん。この人たちが中心となって小沢さんたちと組んだわけです。ところが村山内閣は社会党の左派が中心で、どちらかというと自民党の中のハト派と言われる人たちが組んだんです。具体的に言うと自民党が亀井静香さん。社会党は野坂浩賢さん。この二人が中心になって、さきがけの武村君が一緒になって、自社さ政権ができたんです。

首脳と日本語で会話？

——あとで別れましたが、自社さ政権に向けては自民党の亀井静香さんと平沼赳夫さんが連携して動いていましたね。

石原　私の記憶に残っているのは、竹下内閣で昭和天皇の崩御に伴って大喪の礼を行ったときに、「大喪の礼の儀式を古式に従って厳格に昔のようにやれ」と申し入れに来たのが、亀井さんと平沼さんでした。昭和天皇の棺を葬場殿に送るときに自動車を使ったんです。それがけしからんというわけです。大正天皇のときは牛が牽いたわけですから。轜車《じしゃ》というお棺を乗せる馬車みたいなものがあるんです。それを牛が牽くんです。そこで「牛でやれ」と小渕官房長官に言いにきまして、だいぶ論争をしたんです。

しかし、今はそんな調教を受けた牛なんていないわけです。だから「残念ながら牛がいませんよ」と言いましたら、平沼さんが「いやあ、うちの方にいい牛がいる」と言うんです。岡山の山奥の方に千屋というところがあるんです。そこに千屋牛という昔からの品種の牛がいるというのですが、もともとこれは肉牛です。いきなりその牛を使えといわれても、暴れて駄目だと申し上げました。

「岡山にはそんなにおとなしい牛がいるのかね」と小渕さんが平沼さんにあてつけを言ったので、大笑いになったんです。それはとてもじゃないが、牛だと慣れていないし、時間もかかるし、警察も困るんです。

さらに、村山内閣では行政改革をやろうとしたんです。例えば政府系金融機関の大幅な見直しとか、各省が嫌がることをずいぶん力を入れてやったんです。政府系機関の公社公団の類いの見直し。民主党政権になってから蓮舫さんがやりましたね、事業仕分け。あの考え方をすでにやろうとしていました。今度は自民党が与党に入って、社会党、自民党、さきがけの三者で、各省が所管する外郭機関を減らせというわけです。あのときに特殊法人とかもずいぶん整理しました。

それから余談ですが、村山総理は本当に人柄のいい人で、いろんなエピソードがあるんです。ナポリ・サミットのときの話です。総理になってすぐですから私も少し心配しました。テレビを見ていますと首脳同士にこやかに会話をしているでしょう？　村山総理は英語は全然駄目ですから「どうしようか」と言われるので「これは、英語の達人の宮澤さんに聞いてみたらどうでしょうか」ということで村山総理が宮澤さんに話したら、「村山さん、心配しなさんな」「あの連中はみんなそれぞれしゃべっているけれど、あれみんな自分の国の言葉で、英語ではない」と。「例えばドイツの首相のコールは全然英語をしゃべれない」と、「ブッシュやレーガンなんかとサミットをやってきたけれど、本人はドイツ語で向こうは英語。それでいいんだ」と。「あなたは日本語で堂々とやってくればいい」と。「英語なんかしゃべらなくていい」と言われて、それで村山総理も安心したわけです。

——それはすごい説得力がありますね。

石原　そうしてイタリアに行ったんですが、村山総理はまさに新参者です。サミットの首脳メンバーとの対話に苦労されたのです。サミットの前に、通訳を連れて一番初めにクリントンが宿泊しているホテルを訪ねて行ったのだそうです。そうしたらクリントンは非常に喜んだそうです。

村山総理はクリントンと面会した際、単刀直入に、自分は田舎者で総理になったばかりだし国際ルールも何も分からない、だからあなたにいろいろご指導願いたいから一つよろしく頼むと、あいさつがてら言ったんだそうです。しばらく二人だけで対話したんだそうですが、そのときに村山総理は自分の身の上話をしたんです。

あの人は親が漁師ですから、「自分は漁師のせがれで非常に苦労して大学に行って、労働組合運動をやって、これこれこういうことで総理になったんだ。外交のルールもマナーもまだ知らないから、よろしく頼む」と頭を下げたら、クリントンがすっかり感激して。クリントン自身も、「私も田舎者だから」と言ってより意気投合して、「このサミット期間中は私があなたをエスコートするから」と言ってくれた。事実その後、他の首脳のところへクリントンが村山総理を連れてまわって、「今度日本の総理になったミスター村山だ」と紹介してくれたそうです。

村山総理は、ナポリ・サミットでは、オリーブオイルが苦手で、下痢はしましたが、会議そのものはクリントンが全部エスコートしてくれて、ちゃんとやってこられたんです。あの人の人柄がほんとうによく出た話です。

話を戻しますが、やはり何といっても村山内閣で特筆すべきは阪神・淡路大震災です。世の中に大きな誤解があって、私は大変残念なことだと思っているのですが、村山内閣の対応で、自衛隊の使い方がまずかったと、今でもまことしやかに言われることがあるのです。

村山総理が社会党左派で自衛隊嫌いだから自衛隊を使おうとしなかったのではないかと言う人たちがいますが、これは全く逆です。あのときは全力であらゆる手段を尽くして対応するということで、自衛隊の派遣についてもむしろ官邸の方から防衛庁に対して早く出るようにとずいぶん督促したんですから。

朝の五時四六分に地震が起きたでしょう。警察とか消防は市内一帯に広く配置されているわけですからすぐ動き出したわけです。ところが自衛隊は伊丹に西部方面総監部があるんですが、そこには実働部隊はいないんです。本隊は姫路なんです。それで姫路の部隊を応援に出したんですが、姫路から神戸まではずいぶん時間がかかるんです。だから震災直後の段階で自衛隊は到着できなかったんです。しかも途中の道路は壊れているし。

それからもう一つの事情は出動要請が遅れたことです。当時は自衛隊の出動要請は都道府県知事がやるんです。知事の要請を受けて自衛隊は出動するんです、災害派遣は自衛隊の本来業務じゃないですから。ところが、兵庫県知事の貝原俊民君自身が被災して、すぐに県庁へ行けないわけです。彼が県庁へたどり着いてから出動要請を出したわけです。だからその間、二時間ぐらいかかっているんです。そういう事情もあったし、姫路の部隊が現地に到着するのに時間がかかったということでした。到着後は自衛隊にはフルに動いてもらったし、総理も陣頭指揮でやったわけです。

それから阪神・淡路大震災では、徹底的に現地主義だったのです。兵庫県知事を中心に、現地が対応しやすいように政府が全面的にバックアップするという方針で臨んだわけです。それまでの制度では対応できないいろんな問題がありまして。例えばがれきの処理だとか被災者の救済とかの面で、それまでの災害救助法なり災害対策基本法ではうまくできない部分を閣議決定なり総理大臣の方針でやりました。

それと震災発生直後は情報が入らなかったんです。あんなにひどい災害が起こっているということが分かったのは朝の九時ごろになってからなのです。それというのも、兵庫県の防災無線が壊れちゃったんです。あの惨状を伝えたのはテレビの方が早かった。総理自身もテレビを見て「これはたいへんだ」と。それからあとは警察電話です。警察から情報は入ってきていました。しかし兵庫県の災害対策本部からの情報が入ってこないんです。情報伝達網が遮断されたことによる対応の遅れは確かにあったんですが、それが回復してからの対応は、非常に早かったと思います。

それから、現地を中心に政府がこれを全面的にバックアップするという体制をつくった点は、これまでのあらゆる大規模災害にも劣らない対応だったと思います。災害対策基本法の改正から始まって、特別立法もずいぶんやりました。

官邸を去る

――石原さんがずいぶん先頭に立ってやられたのではないですか。

石原　法令改正については緊急を要するものが二十何本かあったんです。各省庁を督励して。特例立法が閣議決定されてのちに私は官邸を辞めたんです。

――なるほど。それは各省から集めてやるんですか。

石原　もちろんそれぞれ各省を督励して、必要な措置は何でもやるというスタンスです。特に現地からの要請を非常に重視しました。

村山内閣がスタートしたとき、私は心ならずも官邸に残ったんですが、村山内閣の懸案だった区割り法案だとかあるいは消費税法、自衛隊法の改正とか、一〇月に臨時国会があって懸案のかなりのものは処理が終わったんです。その段階で私は辞めようと思っていました。

鈴木さんからは「早く辞めろ、早く辞めろ」とずいぶん急かされていたんです。いつまでもお待たせしては悪いと思って、そこで臨時国会が終わったときに、「もう辞めたい」と村山総理に申し上げたら、行政改革をどうしてもやりたいと。これは役人の世界の話だから、各省庁の事情その他に詳しい私にはどうしてもいてもらいたいと言うのです。私もつらかったんですが、それではそちらの目途がつくまでお手伝いしますと、年明けにこの問題がある程度決着する見通しでしたので、村山総理もそれ以上は引き留めないからと言われたんです。
そして年が明けて、国会を召集したら私もお役御免だと思っていたら、大地震が起き、地震対策関連の緊急立法を閣議決定して、そこで私は辞めたのです。その後都知事選挙に出たんですが、出馬を決めたのは公示直前なんです。だから選挙運動はほとんどしていませんでした。

――やってないですよね。

石原 ええ。その前から鈴木さんに言われていたのは、「君にあとをやってもらいたいんだが、都民は君を全然知らないよ」と、「だから早く都の方に来て顔を覚えてもらわないと選挙にならないぞ」と言われて。私もそういうものかと思っていたんですが、今言ったようなことで村山総理が辞めさせてくれないわけです。

そのときに村山総理が、「それは悪いと思うけれど、その代わり選挙の方は自民党だけじゃなくて社会党も民主党も、共産党以外は全部応援するから選挙運動なんかやらなくても大丈夫だよ」と言われたんです。ところが東京というところは違うんです。政党全部の支持があっても知名度がないと駄目なんです。私は、これからの東京をどうするかという政策もいろいろ考えて、政見発表をしました。

一方、青島さんは選挙期間中にヨーロッパへ旅行に行っていたんです。しかしテレビで売れていましたから、ふたを開けてみたら圧倒的に青島さんの方が多かったんです。東京のような大都会はいわゆる無党派が多いですから、政党支持よりはテレビの方がはるかに影響力は大きいんです。

――すると、勝算がないのに出馬されたんですか。

石原　勝算も何も私には分からなかったのです。もちろん選挙をやったのも初めてですし、鈴木さんが「とにかく出ろ」と言うし。鈴木さんの方の関係は全部手を打ってくれているから、「お前は出りゃいいんだ」と。官邸の方も「共産党以外は全部推すんだから心配ないよ」と言われたから、「そういうものかな」と思っていたんですが、一般都民は私を全然知らないわけですから。私は選挙運動であちこち回って、「石原です」といったら、「え？　石原慎太郎じゃないんですか」って。「石原と言ったら慎太郎のことでしょう」と思っている人が多かったのです。だから慎太郎さんなら問題なかったわけですよ。知名度が抜群ですから。

残念ながら私は知名度ゼロですから。田舎の県なら、主要政党が支持すれば組織がしっかりしていますから心配ないんです。しかし、東京では選挙になると組織はそれほど力がないんです。やはりテレビの方がはるかに力があるんです。

――そうですね。意地悪ばあさんですからね、相手は。

石原　余談ですが、あのときはまたどういうわけか投票率が高かったんです。無党派層がたくさん投票に行ったんですね。青島さんだからかもしれないですが。

それからもう一つは、間が悪かったんですが、大蔵省の官僚がノーパンしゃぶしゃぶだとか何とかで接待を受けたという汚職の問題などがあって、役人のイメージが極度に低下したときなんです。だから、役人が何だというぐらいな感じで。私は役人の筆頭ですから。役人だというイメージダウンと知名度ゼロと、相手は知名度抜群という、そういう組み合わせですから、考えてみれば負けるべくして負けた選挙なんです。私は今でも申し訳なかったと思っているのは鈴木さんに対してです。鈴木さんは自分のあとをやらせたかったんです。だからイフ（もしも）というのはないですが、海部さんのときに官邸をやめて副知事で行っていれば……。

――そうですね。だいぶ違うでしょうね。

石原　都内は回れますから、多少は名前が知れるようにはなったんでしょうが。告示前に選挙運動なしで出たようなものでしたから、負けるべくして負けた選挙だったと思います。

――都のためには働けなかったですが、お国のために長らく働いたわけですから。どっちがよかったと思いますか。

石原　そうですね。私は鈴木さんから言われたからで、そうでなければ選挙には出ませんよ。

――義理があったからということですよね。

石原　振り返ってみれば、変なめぐり合わせでしたね。海部さんのときに、実は群馬県で知事選挙があったんです。私は群馬県出身ですから。清水さんという、県会議長なんかもやった知事が辞めたあとにということで、福田赳夫先生が私に「やれ」と言われて。歴代の県会議長がみんなそろって「出てくれ」と官邸に要請に来たんです。

そのときは海部さんが「とんでもない」と。あのときは日米構造協議だの湾岸戦争だの、もう官邸がてんやわんやのときで、とても対応できるような状況ではなかったのです。宮澤内閣発足のときは宮澤さんから「どうしても」と言われて、斎藤邦吉さんが間に入って鈴木さんを説得して、まあご縁がなかったということです。

考えてみれば東京都知事というのも因果なものです。大都会であるが故に、マスコミでの知名度の高い人が選ばれますが、しかし一番課題の多いところですから、本当は鈴木さんのような行政の大ベテランが知事をやってくれるのが一番都民のためになるんです。しかし、都民はテレビによく出ているタレントの方を選ぶわけです。

あのときは妙な雰囲気ではあったんです。私が都知事選に出て負けたときは、大阪府知事選挙では平野拓也君といって科学技術庁の事務次官をやった有能な男性ですが、彼が横山ノックさんに負けたんです。こっち（東京）は青島さんでしょう？ 東西お笑いコンビが当選して。大都会の人たちは多くがその土地の人間じゃないんです。だからその地域に対する愛着はあまりないんです。だから選挙でも面白半分というか、まさに人気投票みたいに考えている人が多いんです。ところが田舎の県は先祖伝来の人たちが大部分ですから、「地域のためになるか、ならないか」という判断が有権者の中で働くんです。だから行政経験があるとか主要政党の支持があるという人が強いんですが、大都会ではそれは全然通用しないんです。

第九章

官房副長官とは

聞き手・上﨑正則氏と（撮影：五十嵐秀幸）

――官房副長官になられて、官舎ではなくご自宅からお通いになったんですね。

石原　官邸の関係者には、総理大臣は総理大臣公邸があります。それから官房長官も官房長官宿舎が当時はありました。主席参事官以下も、人事課長と会計課長には専用官舎がありました。しかし、官房副長官には官舎がなかったんです。ただ政務の副長官は国会議員ですから議員宿舎があるわけです。事務の副長官だけはそういう官舎の類がない。

私の自宅は川崎なので、朝も早いし、どこか都内で近いところの公務員宿舎に入ったらどうかと言われたんですが、公務員宿舎は一般職の公務員の福利厚生施設として設けられているんです。事務の副長官は特別職ですから、一般の公務員のための公務員宿舎には入れないんです。民間のマンションを自分で借り上げて入るしかないのです。

一般職の公務員宿舎に入れてもらう場合には、民間との賃借料の差額を負担すれば入れるということになっていたらしいんですが、私は早く起きりゃいいからということで、自宅から通ったんです。もちろん副長官専用の官舎があれば多分入ったと思うんです。朝早いのは自分もたいへんですが、家内もたいへんなんです。副長官は、通常在任期間は二年か三年ですから、その間我慢すればいいと思って、自宅から早起きして通えばいいということにしたのです。

私の所は小田急線の新百合ヶ丘か柿生が最寄駅なんです。しかし、小田急線は非常に混むのと、路線が古いからときどき故障があるのです。官邸勤めは遅刻は絶対許されません。閣議案件は、法律、政令、条約は法制局長官が説明しますが、それ以外の案件は事務の副長官が説明するんです。閣議での説明要員なんです。ですから休めないわけです。代わりがいないんです。

もちろん公用車はありますから車で通勤することは可能だったんですが、当時は首都高三号線がものすごく混んでいまして、渋滞でいつも遅れるんです。そこで確実に時間に間に合わせるためには電車がいい。田園都市線は当時は、線路も新しくて、車両も空いていたんです。そこで私は田園都市線のあざみ野駅まで、地元のタクシーを使って、田園都市線で官邸へ通勤したという経緯なんです。

――閣議の開始時間は九時ですよね、通例。

石原　ええ、原則九時。原則というか、どっちが原則か知りませんが、国会開会中は九時なんです。国会閉会中は一〇時からです。その日の案件についてチェックがいりますから、閣議の一時間前には官邸に入ってなきゃいけないんです。ですからずっと八時に出勤。通勤に大体一時間半かかりますから、六時半には家を出ないといけない。そういう生活をずっと続けたわけです。

――たいへんな数の記者がお宅に押しかけて来たと思うんです。結構、風物詩になっていたと思います。

石原　あざみ野駅前に銀行の支店があるんです。その前に記者のみなさんが待っていました。その銀行の前を掃除するおばさんがえらく迷惑そうな顔をしていたと聞いたことがあります。電車がホームに入ってくるまでは取材を受けて、電車に乗ったら他の乗客に迷惑がかかりますから取材は受けない。永田町駅で降りたんですが、そこからまた取材オーケー。健康上の理由もあって私はエスカレーターではなくて階段を使ったんです。だから記者のみなさんに大変ご迷惑をかけました。

――そういったぶら下がり取材で新聞に大きく記事が出たりしたことはありましたか。

石原　ときどきありました。一つは北朝鮮のノドンです。宮澤内閣のときです。ノドンの発射があったという事実を私はさる情報機関から聞いたんです。私はそのとき、事柄の性質上各社は、当然何らかのかたちでその情報を知れば記事にするだろうから、どこの新聞が先に書くのかと思っていたら、どこも書かないんです。そのとき国会ではＰＫＯで自衛隊を派遣する際、武器の携行を認めるか認めないかという論争をやっていました。

それまでは、北朝鮮は一般的なイメージとしては平和の国だ、社会党は北朝鮮の労働党と友好関係があって、韓国は独裁政権だと言っていたのです。その北朝鮮が我が国に向けてミサイルを発射したという情報ですから、これはたいへんなことです。

そこで私は記者のみなさんに聞いたんです。「北朝鮮がノドンミサイルを発射したということを聞いたんだが、あなたたちは聞いているかね」と。そうしたらどこの新聞社も「えー」とびっくりしているんです。そこでその記事がわーっと大きく新聞に出た。

そして記事が出たその日か、その翌日に、着弾地点に北朝鮮の船が確認のために来ているのが分かり、そこで大騒ぎになった。ぶら下がりで私がしゃべったことが一面トップになったんです。あのときはもちろん総理や官房長官に全部報告してあったんです。防衛庁も外務省ももちろん知っていた。だけど誰も言わなかったんです。これは日本の安全にかかわることだから、当然各社のどこかが記事にするんだろうと思っていたら出てこない。そこでこっちから「どうして記事にしないの」と聞いたわけです。

――マスコミは朝鮮中央通信がネタ元なものですから、そこが報道しない限り分からないんですよね。

石原　いや私は、各社それぞれが取材網を持っているんだし、当然知っているんだろうと思っていた。

それから私の話が新聞紙面をにぎわせたのは、湾岸戦争のあと、ペルシャ湾の掃海艇の派遣の問題です。これは海部政権のときの出来事でした。イラクのクウェート侵攻があって、各国みんな多国籍軍に参加してこれを押さえ込みました。

今でも話題になりますが、あのとき日本は、資金援助はしたけれども人的援助はできなかったということで国際社会の中ではたいへんつらい思いをしていた、そういう時期ですが、イラクが降参して一応戦闘は終わった。しかしペルシャ湾には処理の難しい浮遊機雷がまだまだ残っていた。それは技術的に非常に難しい掃海作業だということでした。当時から海上自衛隊の掃海部隊は非常に技術が高くて、それを処理できると言われていたんです。

そのため自衛隊にそれをやってほしいという声があったんですが、戦闘行為が終わっていなければ掃海艇を出すのは戦闘に参加することになりますから、これは法律上できない。ところが、戦闘行為が終わったということで、自衛隊法上の海上警備行動として掃海艇を出すことはできるということが分かっていたんです。そこで私は、戦闘状態が終結したんだから掃海艇の派遣は法的には可能だという話をしたら、朝日新聞が、「政府筋が掃海艇派遣示唆」と大きく書いたんです。

掃海部隊の派遣については、海部総理は反対だった。海部総理は自衛隊を使うのが嫌だったんで、その記事が出たので秘書官が呼ばれて、「誰がこんなこと言ったんだ」ってえらく怒られたと言うんです。いずれ私が言ったというのが分かるわけです。だから私は、総理からもしお叱りを受けるならば、法律上可能だと言っただけで、それがお気に召さないんなら官房副長官をいつでも罷免できるわけですから、首を切られてもしょうがないなと思っていました。しかし総理は秘書官にはブツブツ言ったんですが、結局私には何も言わなかった。

だけど、朝日新聞の記事のトーンは、政府筋はけしからんことを言っているというような感じでした。ところがそういう報道を見た自民党の国防族の人たちは、「法的に可能ならばどうしてやらないんだ」と言い出した。あの海域に機雷が残っていれば日本のタンカーが危険に晒されるわけです。しかもペルシャ湾地域を航行するタンカーでは日本の船が一番多いんです。だから「それなら何でやらないんだ」と、一日でわーっとなった。総理もこれはしょうがないなと思ったんでしょう。それでやや前向きの発言になったんです。中曽根元総理はよくぞ決断したと、海部総理を褒められた。しかし、実際は、本人は当初は激怒したんです。

閣議遅刻は一回のみ

――先ほどのお話で、閣議が始まるのが九時で、石原さんは説明役を務めるのですね。

石原　閣議案件については、その前の日の事務次官会議で所管省庁の事務次官の説明を聞いて、「問題なし」ということで閣議に上げるのですから、事務次官会議を通ったものは当然私は承知しています。しかし、事務次官会議にかからないで閣議に報告する案件も結構あるんです。そういう案件については少し早めに出勤して担当者の説明を聞くんです。閣議室には事務の副長官以外の事務方は一切入れないんです。私が説明するわけですから、閣僚のみなさんから質問があったときに困らないように、自分自身でちゃんと理解しておかないといけません。そういうわけで、日常的には閣議一時間前に官邸に着いて、そこで閣議案件をもう一回チェックして、必要だと思ったものについては詳しく説明を聞いておくという毎日でした。

――事務次官会議は月曜日と木曜日、閣議が火曜日と金曜日ですね。事務次官会議は、官房副長官の石原さんが司会をなさるんですね。

石原　ええ。事務次官会議は、制度的には官房長官が司会をすることになっているのですが、実際は官房長官が忙しいものですから、事務の副長官が議事進行・司会をやっていました。

事務次官会議にかかる案件はそれまでにいろんな調整を経てきて決着したものです。事務次官会議は決定の場というよりも確認の場なんです。閣議案件について、各省間の意見の食い違いがないということを確認する場なのです。
しかし、事前調整がつかないで事務次官会議にそのまま上がってくる案件がないわけではない。その場合は、意見の違う省庁のそれぞれの事務次官が自分たちの主張を述べることになります。そうすると事務次官会議の場でもってそれを調整するということになるんですが、各省の事務次官はみんな忙しい人が多いですから、特定の省庁間の対立で事務次官会議が長引くと他の関係のない省庁の事務次官に迷惑がかかる。なるべくそういうことがないように、省庁間で話がつかないときは事務次官会議の前に官房副長官が両方を呼んで折り合わせる。これはしょっちゅうやっていました。だから事務次官会議の場で白熱する論議をして結論を出すということは稀でした。

——事務次官会議は、大体昼食をとりながら二〇分ぐらいだったでしょうか。

石原 全体が一時間以内で、昼食の時間は一五分くらいです。あと四五分以内に全部確認する。だから正直に言って、確認のための時間しか取れないのです。議論し始めたら一つの案件に二〇分、三〇分はすぐかかりますから。

——事務次官会議で雑談することはあるんですか。

石原 案件が少ないときには雑談することはあります。それから、官房長官が出てきて話をすることもあるし、食事をしながら直接の案件でないことも話題になって議論したりすることはあります。

――閣議に遅刻したことは今までないんですか。

石原　一回ありました。田園都市線はめったに遅延はないんですが、一回だけ故障して電車が遅れて、五分か一〇分遅れたんです。そのときは工藤敦夫さんが法制局長官で、工藤さんは法律案とか条約の説明責任者なんですが、私の担当分野もつなぎでやってくれていました。

――閣議のほかに閣僚懇談会がありますね。

石原　以前は閣議案件を審議して、それが終わると、官房長官が「これから懇談会に入ります」と宣言しないでダラダラと自動的に閣僚懇談会に移っていました。ところが、細川内閣のとき閣議案件が終わったあと、自由に発言するとなると、よくしゃべる閣僚はしゃべるがしゃべらない人はずっと黙っている。それはちょっと偏っているという印象だったんです。そこでほかの閣僚も等しく発言した方がいいというので、官房長官が「閣議案件はこれで終わりましたから、このあとは懇談会に移ります」と宣言し、それまであまり発言されなかった人も発言するような雰囲気をつくることにしました。

――閣議と閣僚懇談会で、閣僚の発言は記録はしているんですか。

石原　していません。もちろん閣議案件は閣議決定をしていますから、これはずばり案件そのものがそのまま国会に提出されますからいいんです。問題は閣僚懇談会で、そこでの発言は一切メモをとっていません。閣議案件については閣議終了後に記者クラブに配りますが、懇談会での発言については官房長官が適宜記者会見で発表する。だから、そこは官房長官の取捨選択でやっているわけです。速記じゃないんです。明治以来ずっとそういう慣行で来ているんです。

——記録をとらない理由はあるんですか。

石原 速記をとるべきじゃないかという議論は私の在職中もありました。ところが閣議メンバーのうち事務の副長官は自分の説明で手一杯で、閣僚発言を書いている暇はないんです。そうすると誰がやるのかというと、しいて言えば官房長官ということになるでしょう。でもとてもそれだけの余裕はない。だから速記をとるのであれば速記者を入れるしかないのです。しかし閣議の性格上部外者を入れないということです。

——閣議が終わると、それぞれの大臣が役所に戻って記者会見をします。自分の所管だったらいいけれど、ほかの大臣がこんなことをしゃべったというのは言ってはいけないんですか。

石原 各大臣は閣議後それぞれの役所に戻って記者会見をするんですが、自分の所管外のことは所管大臣か官房長官がまとめて発表することになっているんです。これは不文律です。ところがたまにイレギュラー発言があるんです。所管大臣は記者会見で発言に触れていないのに、ほかの閣僚がその発言を紹介したということはたまにありました。そうすると当然ご本人は気を悪くします。あとの閣議で気まずい雰囲気になるということはありました。

――気まずい雰囲気になったというと、具体的には？

石原　一番頭を痛めたのは、竹下内閣のとき奥野誠亮国務大臣が南京大虐殺の展示について、「あまりにひどいじゃないか」「あれを撤回するよう中国政府に要請すべきだ」と宇野外務大臣に強く迫ったんです。それに関連していわゆる歴史認識の問題で奥野さんがとうとうと持論を述べたんです。ところが内容があんまり激しいので、田村元運輸大臣がほかの閣僚に、「今の奥野先生の発言は正論だけれども、日中関係その他でいろいろトラブルになっちゃいかんから今の発言はなかったことにしよう」と発言されました。竹下総理もうなずかれてそういうことにしたのですが、その日のうちにほかの閣僚が朝日新聞にそれを話した。

――夕刊に出てしまったっていうことですね。

石原　そうなんです。どの閣僚が漏らしたのか大体見当はついたんですが、確証をつかんでいないとはっきりしたことは言えない。朝日新聞しか知らないわけです。それが国会で大騒動になって、奥野さんは閣僚を辞めたんです。

――朝日新聞にリークしたということなんですかね、恐らく。

石原　奥野発言を知っている人は閣議メンバーしかいないわけですから。どの閣僚かは分かんないんですが、その閣僚は公式に自分の省庁で発言したんじゃないんです。密かに朝日新聞だけに話したんです。しかも朝日新聞の記事は、非常に正確でした。その閣僚の記憶じゃないんです、奥野発言をメモっていた。だから奥野発言に対してあまり好意的ではなかった閣僚が朝日新聞にそのメモを渡したんです。

――そうですか。原則、閣議、閣僚懇の内容というのは官房長官が記者会見で公表するということですね。

石原　閣僚発言のなかで重要と思われるものは官房長官が適宜記者会見で発表しますということで、今日まで来ているわけです。今でもそうです。

会見嫌いの坂本長官

――官房長官の記者会見は毎日二回ありますね。石原さんが会見するということもあったんですか。

石原　官房長官の記者会見は閣議終了後と夕方。でも官房長官によってはいろいろ事情があってそれができないことがあるので、「代わってやってくれ」と言われて私がやったことはあります。一番多かったのは、海部内閣の坂本三十次官房長官のときです。

坂本さんは何か用事があったりしたときは「君、頼むわ」と言って。本来は政務の副長官がやればいいんですが、大島理森さんがまだ就任したばかりで慣れてないということもあったんでしょう。とにかく私に、「代わりにやってくれ」と言うんで。その後も一回ならずあったんです。記者クラブの方から「何で官房長官がやらないんだ」というような声が聞こえてきたので、私は坂本官房長官に、「やれと言われればやりますが、せめて閣議後の会見だけはやってくださいよ」と言ったら「おお、それもそうだな」と言っていました。閣議で何も案件がないときには官房長官も手持ちぶさたですし、それで「君やってくれ」ということでやったことは何回かあります。

――坂本さんはそもそもあまり記者会見が好きじゃないんですかね。

石原　記者会見は大嫌いでした。記者会見でいろいろ想定外の質問が出るでしょう。これが苦手なんです。坂本官房長官はいい人でしたがどうも記者会見嫌いでした。

――海部内閣のとき、坂本さんは海部さんのむしろ先輩ですよね。それで官房長官ですか。

石原　これは余談ですが、派閥の中の序列では、海部さんは河本派のいわばナンバースリーで、坂本さんがナンバーツーなんです。坂本さんの方が年配だし、派閥のなかでは地位も上なわけです。その人が官房長官でしたから、総理もやりにくかったんじゃないでしょうか。官房長官が、「海部君」「海部君」というわけですから。

あるとき「総理がどうしても総理執務室に来てほしいと言っていますから」と言うと、「急ぐなら向こうから来たらいいじゃないか」と言うのです。「官房長官、そうはおっしゃっても総理が足を運ぶわけにはいきませんよ」と言ったことがあります。本来は官房長官が総理のところへ行って相談すべきことを、しょうがないから私が官房長官の意を伝えに総理のところに行くということはしょっちゅうありました。総理執務室に入る回数は私の方がはるかに多かったと思います。

――番記者の懇談というのもありますよね。

石原　ええ、やっていました。毎日やっていましたね。

――それは大体夕方ですか。

石原　そうですね。時間は特に決めていなかったですが、大体同じような時間にやっていました。竹下内閣の初めのころ、各社が自宅まで取材に来られたんです。そこで家内は記者のみなさんが来ると「どうぞお入りください」と、みんな我が家へ上がって、それでビールを出したりすると長くなって。しかも記者のみなさんのなかには早く来る人から遅く来る人までいるんです。そうするとみなさんにお付き合いをしていると寝るのが午後一一時過ぎちゃうんです。それが毎日でしょう。閣議があるときは朝も早く起きなければならないから、体がもたない。

そのうち家内もグロッキーになっちゃって、そこで記者クラブの代表に「申し訳ないけど自宅での取材は勘弁してくれ。正直言って体がもたない」と。そうしたら幹事の方もそれもそうだなっていうわけで、自宅取材はお断りして、どうしてもというときはインターホンで質問するのは受ける。それもできれば午後一一時半までにしてくれと。そういう事情を話して。あとはあざみ野駅からお付き合いするからということで、それがだんだん定着しました。

新聞とテレビで、常連というかいつも私のところに来る記者さんが一三社あるんです。初めのうち、慣れないころは家に上がってもらったりしたから、それが入れ代わり立ち代わりだと本当にまいっちゃうんです。

幹事社に事情を話して了解してもらってからは、あざみ野からのぶら下がりで対応するので、我が家で対応するということは、まずなくなりました。もちろん、例えば昭和天皇の崩御といったときは別です。これはもう非常事態ですから。

――そういうぶら下がり関係は朝に一本化したという、そういうことですね。

石原　ええ。あざみ野駅でまとめて記者のみなさんの質問に答えるということが定着しましたので、私も助かりました。

――原則としては、やはり危機管理対応ということで都内を離れてはいけないのですか。

石原　ええ、今と違いまして、当時は危機管理官のような役職はなかったんです。全部事務の副長官なんです。例えば領空侵犯なんかがあると夜中でも電話がかかってくるんです。今、北海道方面に国籍不明機が領空侵犯したとかまで報告が入ってくるんです。そうすると寝る時間をそれだけ削られるわけですから、何とかならないかと思っていました。もちろん大きな問題が起こればすぐ官邸へ行かなければなりませんから、基本的には事が起こったら三〇分以内に官邸に到着できるようにしていました。

官邸の危機管理で、事務の副長官はすぐ行かなければならないから遠出はするなと後藤田さんからも言われておったんです。だから、ゴルフをしてもいいが必ずゴルフ場に携帯電話を持って行って、何かあったらそのまま官邸に行けるように洋服を車に積んでおけとか、後藤田さんからいろいろアドバイスを受けたことがありました。

――前にもお聞きしましたが、一回だけ、なだしお事故のときにいらっしゃらなかった。

石原　あれは全く運が悪いというか、あの日は夏休みの土曜日だったんです。あのときは竹下総理と小渕官房長官が軽井沢に行かれたんです。小渕さんの選挙区が隣で、そちらにも行くと言っていた日なんです。小沢副長官は岩手に帰られていた。

私は留守番ですから、午後二時か三時ぐらいまで官邸にいたんです。それで「今日は何もないな」と思って、郷里の昔の仲間とゴルフをやろうというので群馬県に行ったんですが、ゴルフ場に着いたら「なだしおの事故が起こった」と電話がかかってきて、結局プレーをしないで、そこからすぐ引き返して、官邸に戻ったら、「官邸に誰もいない」「留守番役がいないとは何事だ」とマスコミに大分やられたのです。あのとき一回だけですが、運が悪かったのです。

――あと誤解されたのがもう一回ありましたね、宮田輝さんの葬式に名代で出席したときのことです。

石原　あれはイラク戦争のとき。八月二日です。このときも官邸に誰もいなくて。海部総理は軽井沢へ行っていたんです。私は留守番をしていたんですが、ちょうど宮田輝さんの葬儀が青山斎場であって、総理の名代で行っていたんです。そしたらイラクが侵攻したというので、私はすぐ官邸に帰ってきたんです。だから私は官邸にいたんです。総理と連絡を取って「すぐ帰ってください」と言って対応した。ところがある新聞が官邸に誰もいなかったと書いた。私は記者クラブに「私は官邸にいた。私は官邸のメンバーではないのですか」と嫌味を言ったことがあるんです。

――そう考えると、暑いころというのは鬼門ですね、夏休みとか。

石原　不思議に夏休みに事故が多かったんです。例えば日航ジャンボ墜落事故も夏休み中です。そして、なだしお、さらにイラク戦争。それから私がまだ官邸に入る前ですけれど、雫石上空での自衛隊機と全日空機の衝突事故、あれも夏です。だから何か不思議に夏休みの前半の土日に事故が多い。皮肉なことです。土日ですから、普通は官邸には宿直ぐらいしかいないんです。そういうときに事故が起こるんです。因果なことだと思いましたね。

官房副長官は政と官の接点

――次に、歴代官房副長官についてお聞きしたいのですが、今までの官房副長官というと、第一次安倍内閣のときの旧大蔵省の的場順三さん、最近では民主党政権時の旧建設省の竹歳誠さん。こういう例外はあるにしても大体旧内務省の流れをくむ省庁の出身者が就くという慣例があるようです。これはどういう理由なのでしょうか。

石原　これは特にルールというのはないと思うんです、内規もありません。書いたものはないのです。要するに適任者を選ぶということだけなんですが、ただ結果的にそうなっているのは、戦前から内閣書記官長は大体内務官僚がなることが多かったんです。そういう経緯じゃないでしょうか。

それから私なりの理解で言うと、大蔵省とか通産省には優秀な人が多いんですが、国政に出る人が多いんです。政治色が出てくるんです。そして時の政権の知恵というか体力というんでしょうか、その源泉になっている。一方で旧内務省系は国会議員になる人がいないわけじゃないが、少ないんです。政治色がないということと、さらに言えば特定の利権には縁がない。そんなことで旧内務省系統の役所の人が官房副長官になるケースが多かったと思うんです。

要は、官房副長官は政権が変わっても官邸の中で官僚組織との接点ですから、あんまり政治的に動く人は好ましくないわけです。そんなこんなで結果として旧内務省系統の出身者が官房副長官になるケースが多かったということではないかと思います。

――バランスを考慮したということなんですかね。

石原　官僚の世界では、やはり大蔵官僚、通産官僚の力が強いですから、それとのバランスということもあったのかもしれません。だから、大蔵省出身者が官房副長官になると通産省の方が反発するとか、そういうことに対する配慮もあったのかどうか。

――一時期は建設省の牧野徹さんや通産省の渡辺修さん、こういう人たちの名前も挙がったことがありますね。

石原　二人とも大変有能な事務次官でした。だから能力的には全く遜色のない人たちだと思うんですが、実現しなかったのは、そういう役人の世界におけるバランスへの配慮が働いていたのかなと思います。私がなったときも、直接その理由を聞いたことはないですから。時の総理が任命されるわけですから。

――そうしますと、官房副長官の適性というのはどういうことになるでしょうか。

石原　事務の副長官は各省庁の官僚の世界と時の政権との接点です。そして官僚は基本的には政治に中立なわけです。一方、その時々の政権はそれぞれ政策を争って選ばれてくるわけですから、特定の政治理念や政策というものを持っていて、それを官僚組織が支えていかなければならない。官僚組織の中立性と政権の持っている政治色の間で、どういう政権が誕生しようとも国民のために最善の行政サービスができるようにするという使命がありますから、それを各省に徹底させるという役割です。

官僚組織が特定の政党色を持ってしまうと中立性が損なわれますから、弊害が起きるわけです。だから官僚組織はあくまでも中立でなければならないと思います。というのは、国民の選択によってどういう政権が誕生するか分からないわけですから、官僚組織は常に中立であって、政治的には無色でなければならない。国民が選んだ政権に対して全力で仕えられるような、私はそのつなぎ役をするのが事務の副長官だと思っています。

――なるほど。官邸の中においては政と官のちょうど接点。接点だけど、どちらかと言えば、官の代表ですから軸足は官の方に置くと。

石原 まさに接点。だから政に対して官の立場を申し上げるという面と政権の意図を官僚組織に対して徹底する面。国民が選んだ政権の政策は実行に移さなければなりませんから、役人の世界では尻込みするような問題であっても、政権がどうしてもやるということであればやらないといけませんから、それを各省に徹底させていく。まさに政と官の接点で、両者のコンビネーションがうまくいくように立ち回るのが、官房副長官の役割だと私は理解しています。

――まさに石原さんはずっと七年間そのことをやって、実現した方ですよね。

石原 私はそう思って、そのように行動しておりました。幸か不幸か、私は自民党政権と非自民党政権の両方にお仕えする立場になったんですが、その場合においても官僚組織は常に中立であって、どういう政権が誕生しようとも全力でお仕えするということの実現に努めたわけですし、また事実、そうしたと思っております。

――ちょっと不幸な時代もありました。平成二一年からの民主党政権時代は、官僚組織をまったく頼みにしないという風潮でした。

石原 私は、あれは間違いだったと思います。民主党政権が誕生したときに官僚排除だとことさらに政治主

定についても官僚組織のやり方がおかしいとして、政治主導を標榜しました。官僚組織をある種、敵視するような行動がとられました。政策決定については官僚組織を一切シャットアウトするということをやろうとされたわけです。

一番ひどい例が厚生労働省です。大臣、副大臣、政務官、この政務三役が全ての問題を議論して、事務次官以下はその会議には入れない。そこで決まったことだけを実行させるということを長妻昭厚生労働大臣がやられたんです。これは政と官の在り方としては正しくないと思うんです。官僚組織が時の政権を信頼して全力でお仕えするためには、やはり政策決定の過程で官僚の意見も聞いてもらわないと最善の政策というものはできないと思うんです。

もちろん決めるのは政治ですが、各省庁の職員はそれぞれ専門分野について生涯賭けて仕事をしている人たちですから、政策決定の段階で彼らの意見を是非くみ上げてもらいたい。それがないというのは国民にとっても不幸なことです。だから、私は民主党の官僚排除的な政策決定の在り方は決して正しい民主主義に基づくものではないと思っています。

――官の側もしまいにはボイコットするような動きになりましたよね。

石原　それは不信感からです。官僚組織を除外するような政権だったら本当に実効性のある政策はできません。幸い自民党が平成二四年に政権に復帰してからは、元どおりとは違うんですが軌道修正して、かなり改善されたと思います。

——そういう意味では、まず官庁があって、それに連なる自民党の族議員、部会がありますよね。こういう政策の調整システムは全体としてはうまく機能しているということになりますか。

石原　申し上げたいのは、私が官房副長官としてお仕えした時代と今とでは全く違うんです。何が違うかというと、一番違うのは当時は中選挙区制です。良い悪いは別として派閥政治です。派閥の均衡の上に歴代政権が成り立っておったわけです。ところが、現在は小選挙区制で、党の総裁が強大な権限を持っているわけです。候補者の公認権とか政党交付金の配分権、この二つを総裁が一元的に持っているわけです。かつての中選挙区時代とは全く様相が変わってしまっております。

中選挙区制のころは派閥の連合政権みたいな色彩がありましたので、派閥によって社会保障に熱心な派閥もあれば、公共事業に熱心な派閥もあるし、文教政策に熱心な派閥もあって、いろいろカラーがあったわけです。そして、かつての自民党政権時代は政調審議会が非常に大きな存在で、そのもとに部会がありまして、その部会には族議員のボスがいるわけです。

族議員はそれぞれの分野の政策に明るい人たちが多いんです。それぞれの関係する省庁の官僚ＯＢが多いのです。良い悪いは別として、中選挙区制時代の自民党政権の時代は、官僚ＯＢで各族議員のリーダーになっている人たちと現役が、いわば組んでいろいろな政策を立案して、それが総務会を経て党としての意思決定になり、それがまた同時に閣議を経て政府としての方針になるという、そういうメカニズムがうまく機能した、うまく時代にマッチしていた。族議員が活躍した時代をネガティブにしか評価しない人もいますが、私は良い面もあったと思います。

それから、今の小選挙区制時代と比べると、かつての総理大臣の地位は今ほど強くありません。派閥均衡の上で成り立っている政権が多かったものですから。政権そのものが各派閥の領袖の支持がなければやっていけないという一種の派閥連合政権的な性格を持っておったんです。その時代と現在とでは全然様相は違います。

今は総裁、総理大臣に権限が一極集中です。公認権や政党交付金の配分権限が、もちろん幹事長を通じてですが、総裁に一元化していますから。それで結局、官邸主導になる組織がそこから来るわけです。これには良い面もあるし、悪い面もあるということではないでしょうか。

――今、自民党の一強多弱ということで、安倍政権は次々に懸案を解決しております。石原さんにとってみると、もし今の官邸におられたとしたら仕事はやりやすいとお感じでしょうか。

石原　率直に言いまして、現在は事務の副長官の役割は、私がやっていたころと全然違うと思います。はるかに限定されたものになっております。私のころは、副長官は政務と事務の二人しかいないんです。比較的役割分担がはっきりしていまして、政務の副長官は将来総理になるような、有望株の人がなっていたんです。この人たちはいわば総理大臣の見習いみたいなものだから、国会の野党対策とか、あるいは与党の中の各派閥との連絡とか、そういう政治向きの役割が非常に多かったんです。省庁間の調整は、ほとんど事務の副長官に一元化しておったんです。事務の副長官の役割は非常に重かったし、役割分担がはっきりしていました。ところが現在は、副長官が三人なんです。衆議院と参議院と、それと事務です。事務の副長官が各省調整を全部一元的にやっているかというとそうではなくて、政務の副長官も一部分担しているのです。

それから、決定的に違ってきたのは、平成一一年に国会審議の活性化及び政治主導の政策決定システムの確立に関する法律という、いわゆる政治主導型の内閣にするという法律が成立し国会法の改正がありました。あの法律によって政府委員制度が廃止され、政務次官が副大臣になって、政務官制度ができました。小沢さんの提案で小渕内閣のときに実現したんですが、あの法律によって政と官の力関係は大幅に変わりまして、政の方がウエートが高くなった。

実はその前に、小渕内閣のときに、村上正邦さんが参議院からも副長官を出せと強く主張して、それで副長官が三人になったんです。いずれにしても小沢さんの提案した政治主導を徹底するために内閣法を改正して、副長官を三人にして、二人は衆議院と参議院という今のかたちになったわけで、そのときから事務の副長官の役割がかなり制約されたんです。

また、危機管理については、危機管理監という専門職が設けられたので事務の副長官の負担が軽くなったんです。そういう経緯から、官房副長官の役割分担は私の時代と今の時代とでは相当違います。どちらがよいとは言えませんが、間違いなく今の方が政治が前面に出ていると思います。

――政府委員を廃止したというのはすごく革命的な話でしたが、小沢さんの意図したところは実現したということでしょうか。

石原　小沢さんは、政治主導に非常にこだわられたのです。だから政府委員制度を廃止するとか、法制局長官の国会答弁はやめさせるとか、それから政務次官を副大臣にするとかした。しかも副大臣は全部認証官で、昔と違うんですよ。

省庁再編見直すべし

――その政治主導に関連して、官にとっては革命的な話、省庁再編がありました。平成一三年一月ですね。橋本政権当時、縦割り行政の弊害是正と、官への不信があったと思うんですよ。省庁再編は結果として成功したとお考えですか。

石原　これは両面あると私は思っています。

橋本さんは省庁再編で省の数を減らしたわけです。一〇省にすると言って。それから省庁を機能別に見直すということで再編成したんですが、正直に言って私は必ずしも成功したとは言えないと思います。というのは、まったく機能の違う分野を一つの省にまとめたというのはいかがなものか。

例えば私の古巣の旧自治省と旧郵政省を一緒にして総務省にしたこと。郵政省は非常に大事な役所ですが、端的に言って現業的な性格のところです。一方、自治省はいわば管理部門の最たるものですから、まったく性格の違う役所を統合して総務省にしたことに合理的な説明ができないと思います。

それから厚生省と労働省です。厚生省は社会保障を中心とする役所ですし、労働省は労働政策という産業政策と裏腹の仕事をする役所です。だから地方行政の組織では厚生労働セクションはあまりなくて、むしろ商工労働セクションが多いのです。労働行政と商工行政、産業政策とは関連が深い。それを厚生労働省にしたことには、私は疑問を持ちます。

さらに、内閣機能の強化については、私は賛成です。そういう趣旨で内閣府をつくりましたが、あまりにもいろんなものを持ち込み過ぎて、いわば機能不全に陥っているんじゃないかという感じがします。

橋本さんが目指した省庁再編は、一番の狙いは官邸機能の強化なんです。特に橋本さんは、大蔵省に対して一種の敵意を持っていました。ですから大蔵省の権限を削減することに眼目が置かれていたように思いますが、これが正しかったかどうか。例えば、財政と金融を分離してしまったわけですが、どこの国に行っても財政と金融は一体です。大蔵省の力が強くなり過ぎるのはよくないという視点で分離したようですが、機能的に見たときにはどうかと疑問を持ちます。

それから経済財政諮問会議です。これは実質的な予算の編成権を内閣直轄にするという狙いです。あのとき予算編成権全体を内閣が持つために内閣予算局をつくれという意見もありました。私も意見を聞かれたので、予算編成に当たって大方針は内閣で決めたらいいが、細かい個別の予算査定とか予算執行まで内閣に移すことには反対したんです。その点はそうならなかったから結構だと思うんです。経済財政諮問会議が予算編成の大きな方向付けをしているのはもちろん正しいと思います。ただ、願わくばあまり細かいことに立ち入らないで、大きな方向付けを内閣主導でやっていくという姿勢を貫いてほしいと思います。

経済財政諮問会議の設置については私は賛成ですし、改革としてはよかったと思いますが、内閣府というものがどうもすっきりしないんです。将来的には内閣府を機能純化するという意味で、むしろ各省に戻した方がよい機能が結構あると思います。いずれにしても内閣全体のヘッドクオーターとしての機能はもちろん強化しなければならないから、経済財政諮問会議の設置はよかったと思いますし、これからも大いに活用したらいいと思います。

――総務省の話が出ましたが、自治省と総務庁が一緒になることについてはよいんですね。

石原　昔の行政管理庁ですね。ああいう機能と国と地方団体との関係を総合的に見る自治省の役割、これを総務省としてまとめたのは、これはよいことだと思います。要するに一国の管理部門を統括するわけですから、これはいいと思いますが、郵政を入れたからおかしくなりました。

私は、省庁再編はなるべく早く見直すべきだと思うんです。そのときはもう一遍、省庁の数にこだわらずに機能別に再編する。機能的に同系統のものは一つの省にする。一例を挙げれば、郵政は今の総務省から分けた方がいいし、ＩＴ関係は今は経産省と総務省に分かれているんですが、これは一つにした方がいい。安全保障の観点から見ても、さらに産業政策の面からいっても、ＩＴ関連の仕事は今の総務省と経産省からその部門を抜き出して独立の省にしたらいい。かつて橋本内閣で環境省をつくった。これも私は正解だと思うんです。あのとき環境省に林野庁をくっつけようとしてできなかったのは、これは惜しかった。

郵政と通産をくっつけることは当初案にあったのですが、郵政がものすごく抵抗したんです。ＩＴ関係はますます重要性を増すので、確かに産業政策の面と通信の中立性の確保という問題がありますし、経産省も総務省も嫌がるでしょうが、これは非常に重要な部門ですから内閣の力で一元化した方がいいと思います。

——厚生労働省ですが、小泉純一郎さんの息子の進次郎さんが「これは厚生省と労働省に分けた方がいい」と言っていますよね。

石原　これは私も同感です。行政の内容から言うと、厚生省と労働省は全然違うんです。この国の産業構造をどうするかということと雇用の問題をどうするかということは、これは裏腹なんです。しかし、医療にしても、介護、年金にしても社会保障は別世界なんです。昔は「厚生労働」とひとくくりにしていたこともありますが、やはり厚生と労働は違うのです。

——旧自治省は地方自治に特化していましたが、総務省になったことで性格がぼやけたという指摘もあります。

石原　省庁再編のとき、旧自治省の先輩の中にも二様の意見があったんです。今の総務省は、いわば内閣の真ん中に入ったわけで、国と地方の関係を司る機能を内閣の一番中心部に持ってきたわけです。私はそれを主張したんです。一方で、先輩では例えば岡山の知事で全国知事会長をやった長野士郎さんは、昔の地方財政委員会、地方自治委員会のような政府から独立した組織にした方がいい、行政委員会的な政府から独立した機関の方がいいという主張をずっとしておられた。

ただ日本は連邦国家ではないので、地方行政についても大事な法改正は国会を通さないといけないから、そのときに内閣と別の組織だと、どうしても制度的に限定されてしまう。特に小選挙区制になって総理大臣の力が強くなりますと、総理大臣のコントロールの外に自治行政の担当機関があるということになると、一種の野党的な立場になりますから、やりたいことの実現性が非常に遠くなるんです。批判はしても実行できないという役所になってしまう。だから私は、地方行政を担当する機関はむしろ内閣の中へ入った方がいいという意見で、そうしてもらったんです。

――石原さんは以前から「総務省」説を唱えていらっしゃった。

石原　小泉改革のときに、検討会議に経験者として呼ばれて意見を聞かれたので、私は今のような内閣機能強化の問題など、総務省の問題は私自身にも思いがあったからいろいろ意見を申し上げたんです。

――官邸機能強化の一つとして、平成二六年に内閣人事局ができましたね。

石原　私の在職中は、人事権は各省大臣が持っておりまして、官邸の権限は非常に限定されておりました。この問題についての経緯を言うと、昭和二二年に新憲法が制定されたときに国家公務員法が制定され、国家公務員は国民全体の奉仕者であるという大原則の下に新しい公務員制度がスタートしたんです。かつての官吏服務紀律のころは、局長以上の幹部人事は閣議で決めていたんです。それを各省大臣が任命権を持つということになって閣議から離れたんです。そのときに各省間の人事のバランスを取る必要があるので、人事権は各大臣に移るけれども、幹部人事については内閣の了解をとるという取り決めにしたんです。

私が官邸に在職していたころは閣議了解ですから、各省が人事を決める前には官邸に原案を持ってきて、それを官邸で一応チェックして、官房長官や総理にも報告し、大体原案を認めていましたが、特に問題ありとした場合には当方から注文を付けて変えてもらったこともあるんです。

小泉内閣になって、事務の副長官が古川貞二郎君になってから人事検討会議というのをつくって、各省の幹部人事については官邸で官房長官以下が検討した上で了解を与えるという運用にしたのです。しかし、法的には各大臣が任命権者ですから、大臣が決めれば決まるシステムだったんです。

それに対して、第一次安倍内閣のときに内閣の統一性保持のためには各省の幹部人事について内閣の関与をもっと強めるべきだという、もともとの議論を踏まえて、国家公務員法を改正して内閣に人事局を設け、そこで各省統一的な人事行政を行うようにしようという方向が決まったわけです。

国家公務員法の改正法案は、第二次安倍内閣になってから成立したわけですが、内閣人事局ができて、各省の政令職以上の人事についてまず各省と内閣人事局が相談して適格者名簿をつくる。その名簿のなかから各省大臣が幹部人事を選任する。その際、各省大臣は総理大臣ないし官房長官と協議する。その上で発令するとしたのです。内閣の統一性保持のために官邸が各省庁の幹部人事について一定の関与をするということは、私は間違いではないと思います。

ただその場合に気を付けなければならないことがあります。あまり政治色を前面に出して幹部人事をやるのはよくない。戦前、政党内閣が行き詰まって軍部に押さえられましたが、あのころ猟官運動が起こって激しい政党人事をやったわけです。結局政党に迎合する者が優遇されると公務員の中立性が壊れてしまいます。だから新しい人事局の下で省庁横断的に人事が行われるということ自体は悪いことではないのですが、運用に当たって、基本的には各省の意見を尊重してやるべきです。
おかしな人事案についてチェックするのは結構だが、幹部にどういう人間がふさわしいかということはそれぞれの省庁が一番よく知っているわけです。だから省庁の意見をまず尊重しながらやっていく。それを時の政権の思惑で恣意的に幹部人事が行われていると思われると、必ず弊害が起こります。
新しい人事局、新しい人事制度になってから、とかくいろいろ言われることはありますが、私は基本的にはそれぞれに的確な人材が登用されていると思います。人選の過程で官邸が一定のかかわりを持つということ、これも私は必要だと思います。ただ大事なことは、そのときの政権の思惑で人事をやると必ず乱れますから、これは厳に避けてもらいたい。要するに戦前の政党政治華やかなりしころのああいう弊害を起こしてはならないということです。

――豪腕の官房長官がいらっしゃいますが。

石原　官房長官は内閣の要として、内閣の運用上最適の人材を充てるということでやっているということでしょう。全体として、各省が上げた人事案を基本的には前提にしておられるようですから、私は今やっていることが直ちにおかしいとは言いませんが、官邸がいわゆるオールマイティになること、そのオールマイティを発動するときは用心しないといけないということです。恣意的になったと思われると官僚世界が内閣を信頼しなくなるから、そこは非常に大事なところです。

――確かに官邸機能は強化されたんですが、時々、新聞辞令が出て人事案が差し替わることがあったかもしれない。

石原　やはり任命権者は各省大臣ですから、官邸から、人事局から先に各省の人事案が出るということは絶対やってはいかんのです。これは厳に避けないと。官邸は内閣全体の立場でチェックしているということであって、やはり主体は各省大臣なんです。

安保法制、きわめて妥当

――石原さんもずいぶんご苦労された安全保障の関係です。安倍政権は憲法解釈によって集団的自衛権の行使を可能にしました。拙速ではないかという批判もありますが、安全保障問題にかかわられた経験から見て、どのようにお感じになりますか。

石原　私は、今回（平成二七年）の一連の安全保障関連の法改正によって政府が行ったことはきわめて妥当だと思っております。日本の安全保障上、必要最小限度のものは今回の施策で確保されたと思います。結論から言いますと、法改正の内容については私は賛成です。必要なことをやった。ただ、対外的な説明についての注文はあります。

いわゆる集団的自衛権は、憲法九条に違反するということを歴代内閣がずっと言ってきたわけです。あの程度の非常に限定された集団的自衛権の行使は砂川判決に示された最高裁の判断上許容される範囲であって、憲法上許されるという説明をしているんです。しかし、正直に言ってまだまだ一般国民の理解は徹底されていないと思います。ですから、違憲性がないということについての説明にはもう一工夫要るのかなと思います。主義主張で反対している人は、これはしょうがないですが、一般の国民が法解釈上もなるほどというような説明をもっと工夫されたらいいんじゃないかと思っております。

例えば一部の人が言っていますが、今回決めた内容はあえて集団的自衛権という必要はないんではないかと。個別自衛権の範囲で読めるのではないかという人もいるんです。これからもまだ国民の理解を深めるための努力をされると思いますが、そこは工夫した方がいいと思いますね。内容的には、私はもう最低限必要なことだと思います。

今でも思い起こしますが、細川内閣のときに北朝鮮の核開発を阻止するために当時のクリントン政権が相当強い手段を取ろうとしたんです。ただそのときは当時の日本政府の憲法解釈上、アメリカ側の要求にまったく応えられなかったものだから、アメリカ政府は制裁をギブアップしたんですよ。もし今回の改正程度のことがあのとき行われていたならば、アメリカが別の行動をとってあの段階で核開発が阻止できていたかもしれないと思っています。そういう意味では、今回の改正は言うなれば遅きに失したというぐらいの内容だと思っています。

――内閣法制局は一貫して集団的自衛権は違憲であるという立場をとってきましたね。

石原　それをずっと言い続けてきたわけですから。少なくとも今回の改正程度の内容であれば、私は違憲性はないと思うんです。その辺の説明ぶりですよ。もっと工夫を、もうカチカチの反対論者、これはしょうがないですけど、そうではない一般の人に分かるように、つい先日まで、政府は一切違憲だと言ってきたもんだから、砂川判決上、これは可能だと急に変わったわけですが、そこのところの説明がいまいちまだ十分足りていないんじゃないかという思いはしますね。

――最後の質問です。なかなか袋小路に入ってしまって難しい問題ですが、沖縄問題について、米軍普天間基地の辺野古移設問題は、国と地方の争いという展開になりました。どうお感じになりますか。

石原　沖縄県知事の翁長さんは辺野古移転阻止を公約に掲げて知事になられた方ですから、反対されるのはしょうがないと思います。ただ基本は、政府として日本の安全を守る上では日米間の協力が絶対的要件だということなんです。

沖縄に米軍基地が集中していることは沖縄県民にとっては大変な負担ですし、日本国民全体として沖縄のみなさんに本当に頭を下げなきゃいけないことなんですが。ただ米軍基地というのは地理的な条件からして、どうしてもあの沖縄でなければその役割を果たせないものがある、そういう地理的な要件、地政学上の必要性があることは間違いないんです。そして普天間の飛行場はその周囲が市街地で非常に危険ですから、これを早く移転する、これは橋本内閣で決めて以来当然のことで一刻も早くやらないといけない。

しかし海兵隊の機能を維持するためには、グアムとかアメリカ本土では、一朝ことあるときに間に合わないんです。ですからどうしても沖縄県内にということは、アメリカ側とすれば戦略上の理由から出てくるわけで、これは同盟国である日本としても否定できない。そこで沖縄県内に移すとなると、率直に言って辺野古以外考えられないのではないかと思うんです。というのは、あれは海上に突き出た半島のところを埋め立てて造るから地上の人にはほとんど影響がないんです、騒音被害もほとんどない。ですから沖縄県内に移設するとすれば、あそこしかないんじゃないかと思います。

この問題をめぐって中央政府と地方団体である沖縄県の意見が対立しているわけですが、ただ、一国の安全保障の責任は中央政府が負っているわけです。安倍内閣は日本国政府としての安全保障政策を預かっている立場ですから、沖縄県民の心情は理解しつつも、辺野古移設の方針を貫くしかないのではないでしょうか。今の国際情勢、特に最近の中国の動向などを見ますと、普天間飛行場を沖縄県外にというのはちょっと無理じゃないか。これは戦略上、戦術上無理だと思います。そうであれば辺野古しかないという政府の立場は理解できます。

沖縄の人には誠に申し訳ない話ですが、ほかの内地のどこかが肩代わりするといってもこれといって当てがあるわけでもないし、戦略上基地としての機能を果たせないわけですから。残念だけど、本当に沖縄の人たちは気の毒です。婦女暴行事件が起こったりして、沖縄県民が怒るのはもっともなんですが、ただ日本の安全保障上の必要性から言うと、残念ながら沖縄にしか基地の適地はないんじゃないでしょうか。

もちろん私は安全保障問題の専門家じゃありませんから、軍事上、戦略上の立場からの見解は専門家に任せるべきですが、日米安保条約が不可欠な存在だという前提にたてば、とにかく辺野古への移転をお願いするしかないと思います。

――混乱のきっかけをつくったのは民主党政権、鳩山内閣でしたね。

石原　鳩山由紀夫さんが「最低でも沖縄県外」という発言をされたのは、それは県民の気持ちに沿えばそういうことでしょう。しかし、日米安保条約に基づく米軍の駐留を具体的にどうするんですかと、それに鳩山さんは答えがないんです。もちろん民主党の中にも同じ考えの人はいるんでしょう。中国と仲良くしさえすれば日米安保条約はなくてもいいんだという人もいるんです。中国を敵視するから事がややこしくなるんで、仲良くすればいいじゃないかと。こういう人もいますが、現実はそうじゃないですから。

――沖縄振興を基地に絡める手法は限界に来ているのでは、という指摘があります。

石原　沖縄振興は基地とバーターじゃないと思います、基地は基地の問題で。沖縄振興策をもっときちっと充実するというのは、沖縄の復帰が遅れたというハンデと地理的なハンデがありますから、基地の問題を別にしても必要なことです。だからそちらの方はあまり異存はないわけです。基地とバーターだという話ではないと思います。

激動期での官房副長官務め

――それではまとめです。石原さんが官房副長官を辞める時期についてタイミングを逸してしまったというのは、最初の竹下内閣は実力者の政権だったけれども、その後リクルート事件が起きて実力者が排除され、しかも政権交代もあったりした混乱期だったからだということがありますね。

石原　そうですね、竹下内閣がスタートしたときはまさに順風満帆で、竹下さんの経世会は圧倒的多数で、しかも次の第二の勢力だった清和会は安倍さん。竹下さんと安倍さんは個人的に非常によかったんです。竹下さん自身が自民党総裁としての任期が終わったら、「次は安倍ちゃんにやってもらう」と言っていたんですから。だから円満に政権交代するだろうと思っていました。

竹下内閣は非常に順調な滑り出しで与党との関係もよくて、官房副長官というのは大変なポストだよと、私は福田赳夫先生に言われたんですが、何か話が違うんじゃないか、こんな楽なポストで高い月給もらっていいのかというくらいな心境だったんです。

ところが、その状況が一変し出したのがリクルート事件です。これは本当に想定外もいいところです。あれからがたがたと揺らぎ始めたんですね。

――歴代総理は意に反して辞めざるを得なかったという不幸な時期で、しかしそのなかにあって、官僚をうまくまとめて、事情に精通した石原さんがいないとなかなか官邸は回らなかったと、こういうことなんでしょうね。

石原　たびたびお話ししましたが、私が官房副長官になったころは、政務の副長官と事務の副長官の二人体制でした。政務の副長官は歴代にわたっておよそ次の総理になるような器の方が来るんです。私のときは小沢一郎さんですが、政務の方はもっぱら党関係や国会対策でいわば外回り、省庁関係の問題は基本的に事務の副長官が一元的に調整する。

しかも竹下総理は自治省の時代からいろんな機会で存じ上げておったし、官房長官の小渕さんは同じ地元で、また小沢さんは私が事務次官のときに大臣としてお迎えした間柄でしたから、そういう人間関係で私は非常に楽をさせてもらったんです。それから竹下さんの人柄で野党側まで含めてよく気配りしてもらいましたからいい環境だったのです。だから私はこのまま、一期やるのか二期四年やるのか分からないけれどもこのまま無事にお務めができるのかなと。それまでは官房副長官は長い人でも三年で、四年という人はあまりいなかった。ただ藤森さんだけは中曽根内閣だから長かったんです。私はそのあとでしたから、まあ平均的に二年か三年でお役御免だろうと思っていました。

ところがリクルート事件が起きてから大変厳しい状況になって、竹下さん自身が途中退陣になった。有力者はみんなリクルート事件にかかわったんです。結局リクルートに関係のない人にバトンタッチせざるを得なかった。江副浩正さんという人は、政界でそれほど力のない人には未公開株を持っていかなかったわけです。

だからリクルートに関係のない人、あまり政治的には実力のない人が残ったわけです。そういう人のなかから、閣僚経験もあるし、比較的器用だというので宇野さんが選ばれたんです。本来官房副長官はそのときの総理から「頼むよ」と言われて就任するものなのですが、宇野さんが選ばれたときには、竹下さんが「次に宇野君にやってもらうことになるから、君、引き続きやってくれ」ということで、宇野さんからは何も言われていないんです。だけど、総理が就任したときにお膳立てするのは全部官房副長官の仕事です。

宇野さんがいろんな問題で早期退陣になって、総裁選があり、経世会、竹下派は海部さんを選んだ。海部さんは河本派の中でもナンバースリーです。あそこは河本さんの下で坂本さんがナンバーツーですから、海部さんが候補者になったのは、竹下さんと同じ早稲田の弁論部で、隠れ竹下派と言われたくらい仲がよかったからです。だから恐らく竹下派が海部さんを立てたんです。河本さんは何で俺じゃないのとご不満だったと思うんです。海部さんが総理になるときも、私が引き続き官房副長官としてとどまることは、何となく竹下さんから言われて、海部さんから言われたんじゃないんです。ですから海部内閣までは竹下内閣の残りの期間で、私はいわば竹下内閣の番頭の延長という感じでしたね。

――今振り返ってみて、あれは参ったなとか、あるいはちょっとやり残したなとか、そういうことはありますか。

石原　事務の官房副長官は政治家ではありませんから、役所と政治の接点でその役目を果たす、そういうポストです。私が在任中はそれこそ激動期と言ってもいいくらいだったんですが、与野党を通じて親しい政治家が多かったので、国会との関係はよかったのです。それというのも、自治省在籍期間が長かったおかげだと思っています。自治省では何かあると国会議員から頼まれることが多いんです。とりわけ災害があったとか企業倒産があったとかというと、困ったときの神頼みじゃないが、地方でそうしたいろんなことがあると与野党を問わず頼まれるんです。

そんなこんなで、私は普通の役人に比べるとわりと国会議員との接触が多かったんです。そういう意味で非自民政権になったときも、主要な政治家はほとんどみんな知っていました。細川さんは熊本県知事のときの知り合いで、武村君は私の後輩ですし、小沢さんは自治大臣以来の長いお付き合いだし、羽田さんもよく知っていたし。ただ村山さんは知らなかったんです。あの人は社労族ですから。社会党では山口鶴男さん、彼は群馬の同郷で親しかったのです。総じて自民党も社会党も割合と懇意な人が多かったのです。官邸勤めをしていても政党との関係はやりやすかったのです。

——あまり違和感がなかったんですね。

石原 そうなんです。だから非自民政権になったら、本来は事務の副長官が残るということはあり得ないわけですが、「どうしても」と言われて残ってみたら「やあやあ」というような具合で、非自民でも主な人はみんな知っていたのです。そんなわけで激動の期間でしたが、私自身は気分よく自民党政権にも非自民政権にもお仕えできた。

それに私は政治家ではないですから、政治信条でどうこうということはないわけです。ただ政治信条で動く人でしたらあのポストは務まらないと思います。政権が変わるわけですし、同じ政党でも人によってかなりカラーが違いますから。

——まさに歴史に残る時代ですね。

石原　まさに激動の時期です。振り返ってみて今でも鈴木都知事に申し訳なかったと思っているのは、縷々申し上げたように心ならずもご指示どおりにはできなかったことです。私は村山総理にも鈴木さんから言われている話を言ったんです。しかし、村山さんは「ご迷惑かけないから、しばらくやってくれ」ということで辞任を認めてもらえなかったのです。当時は、懸案事項がぶら下がっていて、各省を説得したり、督励したりいろいろやらないといけないことがずっと続いたんです。例えば当時の自治省の関係で言うと、機関委任事務の廃止は各省絶対反対ですから。これは各省をなだめるのに苦労したんです。

結局辞めにくい事情が続いて、それで鈴木さんには大変申し訳ないことになってしまったという気持ちです。

（了）

（資料）社会の主な出来事と内閣（昭和62～平成7年）

年	月	社会の主な出来事	内閣
昭和62	11	・政府税制調査会総会で、竹下総理が新型間接税（のちの消費税）導入に意欲を示す ・第111回（臨時会）国会召集、竹下内閣発足	竹下内閣 11月6日成立 ＊内閣官房副長官就任
63	6	・自民党税制調査会で消費税率を3％にすることを決定 ・リクルートによる未公開株譲渡問題の報道開始（リクルート事件） ・日米牛肉・オレンジ自由化交渉で最終合意	
	7	・竹下総理、自民党セミナーで消費税導入を決意 ・税制改革法案、所得税法の一部改正法案、消費税法案を閣議決定 ・第113回（臨時会）国会召集（消費税国会）、税制6法案を国会に提出 ・潜水艦なだしお事故	
	9	・衆参両院でコメの自由化反対決議	
	12	・税制改革関連6法案可決	12月27日改造
平成元	1	・昭和天皇崩御 ・ジョージ・ブッシュ氏が第41代アメリカ大統領に就任	
	2	・大喪の礼（国葬）	
	4	・消費税実施（税率は3％） ・竹下総理、退陣表明	
	6	・「サンデー毎日」が宇野総理のスキャンダルを報道 ・天安門事件	宇野内閣 6月3日成立
	7	・第15回参議院選挙、自民党が大敗	
	8	・第115回（臨時会）国会召集、海部内閣発足	第1次海部内閣 8月10日成立
	9	・日米構造協議を東京で開催 ・第116回（臨時会）国会召集	
	11	・日米構造協議（第2回）をワシントンで開催 ・東西ドイツのベルリンの壁が崩壊、米ソ冷戦構造の終焉	
2	1	・衆議院解散	
	2	・日米構造協議（第3回）を東京で開催 ・第39回衆議院総選挙、自民党安定多数を上回る、社会党躍進 ・第118回（特別会）国会召集、第2次海部内閣成立	第2次海部内閣 2月28日成立

	3	・日米首脳会談（アメリカ・カリフォルニア州パームスプリングス）	＊鈴木都知事から東京都にくることを要請される
	4	・日米構造協議で大店法を３年後に見直しすることで合意 ・選挙制度審議会、衆議院に小選挙区比例代表制導入の提言を答申	
	5	・韓国大統領が来日	
	6	・日米構造協議、日本の公共投資拡大などを含め合意	
	7	・日米首脳会談（アメリカ・ヒューストン）	
	8	・湾岸戦争勃発（イラク軍、クウェート侵攻）	
	9	・国会等の移転に関する決議（衆・参両院） ・日米首脳会談（米国・ニューヨーク）	
	10	・従軍慰安婦問題で韓国から抗議文が来る ・第119回（臨時会）国会召集、国連平和協力法案国会に提出 ・東西ドイツ統一	
	11	・天皇の即位の礼	
	12		12月29日改造
3	1	・日韓首脳会談（韓国・ソウル） ・湾岸戦争で多国籍軍の攻撃始まる	
	4	・牛肉とオレンジの輸入（自由化）が開始 ・日米首脳会談（アメリカ・カリフォルニア州ニューポートビーチ） ・ゴルバチョフ大統領が来日、日ソ首脳会談	
	6	・雲仙・普賢岳で火砕流 ・PKO協力法案成立	
	7	・日米首脳会談（アメリカ・メーン州ケネバンクポート） ・ロンドン・サミット	
	8	・第121回（臨時会）国会召集　政治改革関連３法案提出	
	9	・政治改革関連３法案廃案	
	11	・第122回（臨時会）国会召集、宮澤内閣誕生	宮澤内閣 11月５日成立 ＊鈴木都知事から東京都にくることを再度、要請される
	12	・韓国の元慰安婦、東京地裁に提訴	
4	1	・日韓首脳会談（韓国・ソウル） ・日米首脳会談（アメリカ・ニューヨーク）	

	6	・PKO協力法案、国際緊急援助隊派遣法改正案成立	
	7	・日米首脳会談（アメリカ・ワシントン） ・第16回参議院選挙、自民党勝利	
	8	・東京佐川急便問題が話題になり始める ・国連のカンボジア暫定統治機構（UNTAC）への協力を閣議了承 ・第124回（臨時会）国会召集	
	10	・天皇、皇后両陛下が中国を御訪問 ・第125回（臨時会）国会召集	
	12		12月12日改造
5	1	・第126回（常会）国会召集 ・ビル・クリントン氏が米国大統領に就任	
	2	・金泳三氏が韓国大統領に就任	
	3	・北朝鮮が核拡散防止条約（NPT）から脱退	
	4	・日米首脳会談（アメリカ・ワシントン）、宮澤総理が「関税化は受け入れられない」と申し入れる	
	5	・細川護熙氏、日本新党旗揚げ	
	6	・宮澤内閣不信任案可決・衆議院解散、55年体制崩壊 ・新党さきがけ結成（武村代表、鳩山由紀夫代表幹事） ・新生党結成（羽田党首、小沢代表幹事）	
	7	・日米首脳会談（東京） ・東京サミット ・第40回衆議院総選挙、自民党過半数割れ、新党の躍進	
	8	・第127回（特別会）国会召集、宮澤内閣総辞職。社会党・土井たか子氏が初の女性衆議院議長となる	細川内閣 8月9日成立
	9	・第128回（臨時会）国会召集 ・社会党は村山富市氏を委員長に選出 ・日米首脳会談（アメリカ・ニューヨーク）	
	11	・ドンケル合意案を修正のための非公式協議 ・日韓首脳会談（韓国・慶尚北道）	
	12	・ドゥニー調整案が農業主要25か国の非公式会合で示される ・細川総理、ガット・ウルグアイ・ラウンド交渉全体が妥結する前提で農業交渉の調整案を受け入れる決断をしたと記者発表 ・細川総理、年内の政治改革法案成立を断念、陳謝	

＊は石原信雄氏の動き

6	1	・政治改革関連４法案、施行期日を抜いて衆参両院本会議で可決、成立 ・第 129 回（常会）国会召集	
	2	・細川総理が国民福祉税構想を表明（税率７％）、その後白紙に ・日米首脳会談（アメリカ・ワシントン）	
	3	・小選挙区制比例代表並立制に改める政治改革法案成立 ・細川総理の東京佐川急便による１億円借入問題で国会紛糾 ・韓国大統領が来日。日韓首脳会議	
	4	・臨時閣議で細川内閣の総辞職が決定 ・羽田少数与党連立内閣発足	羽田内閣 ４月28日成立
	5	・北朝鮮、日本海に向けてミサイルを発射実験	
	6	・自民党、羽田内閣不信任決議を提出、羽田総理、総辞職を表明 ・村山連立内閣発足	村山内閣 ６月30日成立
	7	・日米首脳会談（イタリア・ナポリ）　ナポリ・サミット ・北朝鮮の金日成主席が心筋梗塞のため死去 ・村山総理、臨時国会で自衛隊合憲を表明、社会党は基本政策を転換 ・日韓首脳会談（韓国・ソウル）	
	8	・五十嵐官房長官、従軍慰安婦問題で代償に代わる措置を発表	
	9	・社会党、臨時党大会を行い自衛隊違憲論から合憲と認める政策転換をする ・消費税見直しに向けた税制改革プロジェクトチームスタート・税制改革大綱決定 ・第 131 回（臨時会）国会召集	
	10	・所得税法及び消費税法一部改正案決定（消費税率は平成９年４月１日から５％引き上げ）	
	11	・小選挙区区割り法成立	
	12		＊総理に辞意表明
7	1	・阪神淡路大震災	
	2	・阪神・淡路大震災の復興対策費などを盛り込んだ第２次補正予算案国会提出	＊閣議で官房副長官退任発表

【聞き手略歴】

上﨑正則（かみざき・まさのり）●時事通信社総務局長

昭和 57 年、筑波大学卒業、時事通信社入社、内政部配属。トロント特派員、内政部長、解説委員を経て、平成 28 年より現職。

第一線の記者時代は自治省、建設省などの中央官庁を取材するかたわら、自民党では政務調査会を担当し、有力族議員に幅広く接触。当時の小沢一郎幹事長が実権を握る「党高官低」の状況下にあって、石原信雄氏が番頭を務める官邸を、党側から見詰めた。小沢氏が議員をまとめ、石原氏が官僚を束ねる二人三脚で数々の難局を乗り切る様をつぶさに観察した。

石原信雄回顧談　一官僚の矜持と苦節　第三巻
官邸での日々―内閣官房副長官として

平成30年４月１日　第１刷発行

編　集　石原信雄回顧談編纂委員会
発行所　株式会社　ぎょうせい

〒136-8575　東京都江東区新木場１-18-11
電　話　編集　03-6892-6508
営業　03-6892-6666
フリーコール　0120-953-431
URL：https://gyosei.jp

〈検印省略〉

印刷　ぎょうせいデジタル株式会社

ISBN978-4-324-10164-3
(5108262-00-000)
〔略号：石原信雄回顧談〕

石原信雄回顧談　一官僚の矜持と苦節

第二巻

霞が関での日々

——自治官僚として

ぎょうせい

目　次　第二巻　霞が関での日々―自治官僚として

第一章　入庁から自治庁財政課で「見習い」として

第二章　自治庁財政課（交付税課兼務）課長補佐時代

第三章　財政課長から審議官（地方財政担当）、財政局長、自治事務次官として

第四章　地方財政制度を振り返って

目次

●聞き手　小西砂千夫

目次

第一章

入庁から自治庁財政課で「見習い」として

自治庁に入庁、同期と（２列目左から４人目）

入庁当時のこと

――昭和二七年の入庁以来、地方財政制度の根幹にかかわる制度の設計や運用の大部分にかかわってこられました。

石原　ちょうど私が役人になったころから、戦後の新しい地方税財政制度の議論が始まったところでしたから、変動期にその役所にいたという意味で、いろいろかかわる機会が多かったのではないかと思います。

私は昭和二七年に大学を卒業しましたが、当時は地方自治庁と地方財政委員会、それに全国選挙管理委員会に分かれていた時期だったので[(1)]、本庁に定員がありませんでした。先輩たちが将来旧内務省のようなものを復活させたいと考えておったらしくて、地方公務員幹部候補者試験という、国家公務員上級職試験に合格した者で、将来地方行政の仕事をしたいという者を対象にした試験があったのです。私も就職に当たって、い

---

(1)　内務省は、連合国軍総司令部（ＧＨＱ）の強い意思によって昭和二二年一二月末に解体される。自治系は全国選挙管理委員会と地方財政委員会、内事局（二三年三月にはさらに国家公安委員会と官房自治課に分割）に三分割された。その後、昭和二四年六月には、地方財政委員会と官房自治課を合わせた地方自治庁が発足した。シャウプ勧告に沿って、昭和二五年六月には、地方自治庁とは異なる組織として地方財政委員会（第二次）が発足したものの、その事務局は地方自治庁の財政課が兼ねるかたちとなった。石原氏の入庁時は、地方自治庁・地方財政委員会であったが、昭和二七年八月に両者と全国選挙管理委員会が統合されて自治庁が発足したので、帰任時には自治庁となっていた。昭和二七年のサンフランシスコ講和条約発効で占領統治は終了するが、二六年四月にリッジウェイ中将がマッカーサーに代わって最高司令官に就任以降は、占領統治は、事実上、段階的に終了している。昭和三五年七月に、国家消防本部と自治庁を統合して自治省が誕生した。

ろいろな省や民間企業を訪ねて話を聞いたり試験を受けたりしたのですが、地方公務員幹部候補者試験というのがちょっと変わっているなと思って調べてみたら、要するに当面は地方公務員として採用するけれども、旧内務省のような組織が実現したらその要員として帰ってきてもらうという話でした。それで試験を受けました。私の採用担当は松村清之さんという、後に消防庁長官をなされた方です。松村さんが採用のときの総務課長で、非常に熱心に誘われて、それで行ってみようかと思ったのがご縁です。

当時、私は浦和の叔父の家から学校に通っていたものですから、勤務地の希望を聞かれたとき、第一志望は埼玉県、第二志望は京都府にしました。京都に友人がおって京都に憧れていたものですから。第三志望はたしか兵庫県でしたね。そうしたら、全然希望しない茨城県へ行けと言われてがっくりしたのです。

私の採用当時は、昭和二七年にサンフランシスコ講和条約が発効し、占領統治が解けた後の日本の地方自治制度をどのように再構築するかが問題になっていて、政府はそのために地方制度調査会を立ち上げる準備をしていました。それに対して全国知事会が案を示そうとしていて、当時の茨城県の友末洋治(2)知事が委員長になった。私はどうやらその使い走りの要員として採用されたようなのですが、そんなことは当然知りませんから、まったく希望していないところに行きなさいと言われてがっくりしておりました。

ところが、赴任してみたらそういう事情があったものですから、採用の直後から全国知事会としての原案作成の準備に追われることになりました。知事から言わば特命事項をもらったようなものです。大学の研究室へ行ったのと同じような環境です。いろいろな文献を調べたり、学者の方のご意見を聞いたり、また各省の幹部の意見を聞いたり、というようなことをしていました。私は役人の見習いなので、各省の幹部など普通では会えないような偉い人が、知事の指示に基づいて動いていたのでそういう方にお目にかかることができたのです。

占領下にどういう制度の改正があって、それを独立後にどう直すかという視点でいろいろ議論が始まっておったのです。そういう意見をかき集めて知事にあげて、全国知事会としての原案づくりの作業をしました。地方交付税制度も含めて、独立後の日本の地方自治制度、地方財政制度の改革をどうすべきかという議論を、全国知事会の立場で提案する原案づくりにかかわることができたのです。

いちばんのポイントになっていた地方財政平衡交付金の問題も、地方の立場から問題意識を持っていました。私は昭和二八年に自治庁財政課に戻って地方財政平衡交付金の担当になったのですが、戻る前から何が課題なのかの認識は持っておったのです。そういう意味で、私は役人生活のスタートのときからたいへんラッキーだったなと思っています。

地方財政平衡交付金から地方交付税へ

――昭和二八年七月に自治庁に着任、その時期に、地方財政平衡交付金を国税にリンクさせる地方交付税

（2）　**友末洋治（ともすえようじ）**　明治三三年生まれ。広島県世羅郡出身。内務省に入省し、官選の茨城県知事に就任。戦後、公選の茨城県知事として昭和二二年から三期務めた。

の方式に変えることで検討が進んでいました。

石原　自治庁はもちろんそうですが、全国知事会もそのような考え方でした。私の採用時には地方自治庁・地方財政委員会でしたが、帰任時には自治庁になっていて、自治庁財政局財政課に配属されましたが、そこが財政関係の制度立案の中心でした。その当時、地方財政平衡交付金制度がこのままでは立ち行かなくなることは、地方（自治庁）も国（大蔵省）も認識していたと思います。何よりも制度の仕組みがどうあるべきかという以前に、昭和二四年のドッジ・ラインによる予算のときに地方配付税の配付税率が半減（三三・一四％→一六・二九％）されることで地方財源が大きく圧縮されていました。

ドッジ氏は銀行家から総司令部の顧問となった人で、戦後のインフレを断ち切るために二つのことをしました。一つは歳出の思い切った削減、もう一つは増税です。増税では消費を抑えるために取引高税を導入しました。現在の消費税よりも、もっとシンプルなかたちで大増税を行ったわけです。

歳出削減では二つのことに重点を置きました。一つは価格差補給金というものです。価格差補給金とは、価格体系に影響を与えて本来の製造コストを消費者が負担するようにすることで、結果的に消費を抑えてインフレを抑える効果を狙ったものです。もう一つは地方配付税ですね。地方配付税は国の歳出の中での最大項目だったため、まったく理屈抜きで国税の一定割合として定められていた地方配付税率を半減してしまったのです。

地方配付税率を半分にした金額に基づく地方財政推計がベースになって地方財政平衡交付金の額が決まりましたが、初年度の昭和二五年度は、シャウプ勧告では一二〇〇億円とされたものの、国の予算折衝の結果、実際には一〇五〇億円しか確保できませんでした。しかもシャウプ勧告には地方の財政需要と財政収入の差額をそのまま積み上げて財源総額とするようにと書かれていますが、そんな作業はできないわけです。そこで、地方配付税の根拠となる地方財政推計をもとにマクロで算出せざるを得ないのです。一二〇〇億円はドッジ・ラインでカットされた地方配付税をベースに税制改正その他を考慮して決まったものですから、そもそも非常に無理な数字だったのです。そして、その額さえも実現しませんでした。

そういうことで、私の入庁当時は、地方は各府県の知事はじめたいへんな不満を持っていまして、財源をどうやって取り戻すのか、本来の姿にどう戻すのかということが、いわば共通認識としてあったわけです。

毎年地方財政平衡交付金の予算折衝に当たって、切った張ったの議論をするのはかなわないと知事さん方は思うし、自治庁も同じ考えです。一方の大蔵省も、予算編成で最後までもめるのは、いつも地方財政平衡交付金でしたから、予算折衝をしないといくらになるのか分からないのはかなわないと考えており、双方の考え方は一致していました。そこで、地方配付税時代に戻って特定の税に対して一定の割合を決めて、それで地方に配分するという方式でいったらどうかという考えが両方にあったと思います。当時の知事さん方も同じ意見、同じ感覚でした。

また、自治庁に戻ってきたときにも地方財政平衡交付金の方がよいという意見は財政課にはありませんでした。

私が戻ったときの財政課長は奥野誠亮さん(3)です。奥野さん自身は地方財政平衡交付金を立案された方ですが、金額の問題でたいへんに苦労されていました。途中から課長は柴田護さん(4)に代わられたんです。確か昭和二九年度の法改正の作業は、柴田課長のもとで行っています。ですから地方交付税法の企画立案は柴田さんになってからなのです。繰り返しますが、地方財政平衡交付金制度がこれでは駄目だという感覚は国の側にもあったし、地方の側にもありました。

――特定の国税の一定割合にすることで意見は一致していても、大蔵省は渡し切りという感覚であったのに対し、自治庁は財源保障にこだわりました。

石原　大蔵省はまさにそうです。自治庁は、土台が決まっていないと毎年根っこから議論しないといけないので、それが困るという考え方でした。

特定の税にリンクした方がよいという考え方は、国、地方共通していました。これをもっとも強く言われたのは三好重夫(5)さんです。三好さんが地方制度調査会の委員になられまして、会長は前田多門さんでしたが、地制調ではもっぱら三好さんを中心に財政問題が議論されました。

三好さんは、昭和一五年に地方配付税の前身である地方分与税を創設した方です。地方配付税は国税の一定割合を地方に分与するものなので、国税の一部は地方税分として分けるという発想です。地方財政平衡交付金の改革でもそれがいいという考え方が非常に強く、強烈な意見の持ち主でした。

そもそも、地方財政平衡交付金のように財政需要と財政収入を積み上げて財源不足を計算することはまったくの理想論であって現実論ではない。そのときの国と地方の両方の財政状況をにらんで、国税の一定割合は地方のものとして分けて、分けた後は基本的にはそれでお互いにやっていくことでよしとしました。要するに地方分与税の考え方を三好さんは強く持っておられましたから、地方財政平衡交付金制度にもっとも強く反対したのも、三好さんだったんです。

そこで、まず総額をどうするかの議論がなされました。総額はとにかく国税の一定割合として国と地方の取り分をあらかじめ決めておこうという思想は、当時の自治庁にも大蔵省にもあった。つまりリンク方式です。この点についてはあまり議論にはなりませんでした。地方財政平衡交付金の改革で国税収入の一定割合

（3）**奥野誠亮（おくのせいすけ）** 大正二年生まれ、奈良県出身、昭和一三年内務省入省、地方自治庁財政課長、第二次地方財政委員会財務課長、自治庁税務局長、自治省財政局長、自治事務次官を歴任。昭和三八年に衆議院議員に当選、平成一五年まで一三期務める。昭和四七年文部大臣、五五年に法務大臣、六二年に国土庁長官。占領統治下で地方財政制度や地方税制度を確立させていく際に大きな役割を果たしている。衆議院議員となっても与党の有力議員として地方行政全体に影響力を発揮した。平成二八年没。

（4）**柴田護（しばたまもる）** 大正七年生まれ、京都府出身。昭和一六年内務省入省、地方自治庁総務課長、自治庁財政課長、自治省財政局長、自治事務次官を歴任。地方財政法の起草者、地方財政平衡交付金から地方交付税への転換時の財政課長、自治省発足時の官房長、法定率三二％に引き上げたときの財政局長であり、『自治の流れのなかで』（ぎょうせい、昭和五〇年）をはじめ、多くの論文や書籍を著した。部下として仕えた首藤堯（元自治事務次官）の追悼文では「地方税財政の父」と称されている。平成六年没。

（5）**三好重夫（みよししげお）** 明治三一年生まれ、広島県出身、大正一四年内務省入省、地方局財政課長、大臣官房会計課長、福井県、岐阜県知事などを歴任し、京都府知事で敗戦を迎え、昭和二一年退官。その後、昭和二六年まで公職追放。地方制度調査会委員としても地方税財政制度の在り方を積極的に発言し、昭和三二年の公営企業金融公庫設立時の理事長。戦前に本格的な財政調整制度の導入を唱え地方分与税の創設に貢献し、地方債の共同引受機関の創設も唱えている。昭和五七年没。

として総額を決めた場合に、国と地方でお互いに取り分を決めたら年度間の変動は地方交付税制度のなかで調整する。基本的にはそれでお互いにやっていこうという考え方です。ただしリンク方式の大原則はこれでよいのですが、経済変動が起こり、国税収入が減ったときに足りなくなることはあり得るのではないか。それで年度間調整の問題が出てくるのです。

地方財政平衡交付金は、地方の最低限の財政運営を保障するという考え方に立っていますから、地方の財政運営を保障するという理念は捨てたくないという考え方が自治庁にありました。しかし三好さんにはこの考え方はあまりないのです。そんな理想論では無理だと言うんです。

ところで、地方財政平衡交付金を立案されたのは奥野誠亮さんです。このときに、荻田保(6)さんが地方財政委員会の事務局長だったので、奥野さんと荻田さんのラインで制度設計をしました。特に奥野さんは法案を実際に書かれました。奥野さんはどちらかと言えば理想主義者ですから、最低限の地方財政の運営を保障するという地方財政平衡交付金の思想は、国税の一定割合で総額を決める改革をする場合でも絶対守らないといけない。その基本理念は変えてはいけないというご意見だったのです。

当時の自治庁の内部には、三好さんと奥野さんそれぞれに代表される二つの流れがありました。

地方財政平衡交付金制度の見直しに当たって、当時の柴田護財政課長は、このような二つの流れのなかでたいへんに苦労されました。柴田さんご自身の思想はどちらかと言うと、三好さんに近いんです。ただし、直前の課長が奥野さんですし、奥野さんは地方財政平衡交付金の実質的な創設者ですから、奥野さんの意見も無視できない。そこで、両方の折衷として決まったのが、配分方法は地方財政平衡交付金の方式を使う、総額については国税の一定割合として決めるということでした。

その案で全国知事会をはじめ地方団体が了承し、当時の自治庁もその方向でした。その思想は、昭和二八年一〇月の第一次地方制度調査会の答申に出ております。当時の自治庁の最大公約数であり、当時の地方の関係者は、地方制度調査会の答申で大体納得しておったと思います。

第一次地方制度調査会の答申は、三好さんが中心になってとりまとめられた経緯があります。あのときの地方交付税法の考え方は、特定の国税の一定割合として地方交付税を決める。一度、交付税率を決めたらその範囲で運営するというのが原則でした。ただし年度によって税収の変動がありますから、もしも、基準財政需要額と基準財政収入額の差し引きよりも、法定率で計算された地方交付税の方が多かった場合、要するに理論計算による地方交付税よりも実際の予算に計上された地方交付税が多かった場合には、特別交付税の額の半分以上を特別会計に積み立てる。反対に、不足した場合で特別交付税の半分相当額よりももっと少なくなったときには、その少なくなった部分を、それまでに積み立てていた額を取り崩すか、それでも足らない場合は借り入れる、とされました。

答申では、積立て・借入れ方式が総額の四%程度とされていました。当時、普通交付税が一〇〇分の九二

(6) **荻田保（おぎたたもつ）** 明治四一年生まれ、三重県出身、昭和六年内務省入省、二〇年一〇月内務省地方局財政課長、第一次と第二次の地方財政委員会事務局長、地方自治庁財政部長、次長、退官後に公営企業金融公庫総裁。戦前は三好氏の下で地方分与税の制度設計などを行い、占領統治下の地方税財政の制度構築では奥野氏や柴田氏の上司として大きな力を発揮した。平成一五年没。

で、特別交付税が一〇〇分の八だったので、その特別交付税の一〇〇分の八の半分を年度間調整に当てました。すなわち、総額の四％程度を超えたときはそれを積み立てる、四％を下回ったときには、取り崩すなり、借り入れるなりするという年度間調整を、地方制度調査会の答申に入れたわけです。

その制度の根幹は、実は地方財政平衡交付金以前の戦前の地方分与税にあるんです。積立て・借入れの仕組みです。地方分与税は、特定の国税の一部を地方税として地方に分与するという考え方です。国が基準を決めるものの、徴収した額は全額一定の基準で地方に分与するというのが地方分与税です。地方分与税の一部は、国税として徴収して地方に還付するので還付税と呼んだのですが、還付税は単純に地租や家屋税については、それぞれの徴収地に還付するものです。また当時の法人税や所得税の一定割合を地方配付税として地方に配る。地方配付税については歳出要因として人口一人当たりの財政需要を計算しています。

その一方で、人口一人当たりの租税収入の全国平均よりも少ない団体については、その少ない分をカウントすることで財政力要素と財政需要の要素の二つの指標でもって地方配付税の額を決めて分与する、そのような法律になっているんです。そのときに地方分与税が一定のレベルを超えて増えた場合には積み立て、足りなければ借り入れ、過去の積立てを取り崩す、あるいはさらに足りないときは借り入れるという規定がありました。これは、三好さんが中心になってつくられた制度なのですが、地方制度調査会が昭和二八年の答申でまとめたときには、地方交付税制度のなかにその考え方が入っていたわけです。

それに対して大蔵省は、せっかく国税の一定割合でリンクしたのに積立てや借入れを残したらその積み立てるべき額、借り入れるべき額をめぐって再度地方財政平衡交付金の総額決定と同じような議論が蒸し返されるのではないか、それはかなわないと考えた。だからとにかく一度決めたらそれでしばらくはお互いに頑張る。毎年、毎年、総額の議論をしないようにしていたので大反対なわけです。

そのときのことを私もよく覚えていますが、地方制度調査会で、後に事務次官になられましたが、当時の大蔵省の主計局長の河野一之さんは「積立て・借入れは駄目だ、とにかく決まった額でやるべき」と主張されました。同じ年の政府税制調査会でも地方交付税についての答申をまとめていますが、こちらは大蔵省の方が指導的な立場にありますので、答申には積立て・借入れの思想はないのです。

国税の一定割合として一度総額が決まったら、それでお互いにやれるところまでやるという考えは、三好さんの考え方に近いものがありました。それに対して自治庁は、奥野さんをはじめとして、柴田さんもそうですが、財源が不足したときにその手当を理論的にしておかないと地方団体が困ることになるので、そこに最後までこだわったわけです。それというのも、ドッジ・ラインのときに地方配付税率が半分に削られた地方配付税がベースになって地方財政平衡交付金の額が決定され、それが一種の実績になって地方交付税の交付税率が決まったからです。

交付税率は、当初は一〇〇分の二〇です。端数が付きますが、基本的には一〇〇分の二〇であって、平年度は一〇〇分の二二になりました。その水準に、当時の自治庁としてはきわめて不満でした。要するに、地方配付税の配付税率が半分にされた後遺症が残っていたわけです。

ですから、足りなくなった場合の手当はどうしても必要なので、地方交付税法の立案で最後までもめたのは、そこの部分なのです。

結局、地方制度調査会が答申した年度間調整は実現しませんでしたが、足りなかった場合の手当は、第六条の三第二項に定められました。(7) つまり、著しく不足した場合には、地方行財政制度の改正又は交付税率の変更を行うという規定を入れたわけです。この規定を入れることについて、最後まで大蔵省は反対でした。しかし、当時の自治庁としては、絶対にこれだけは譲れないと突っ張ったわけです。

こうして、第六条の三第二項が一つのよりどころになって、その後、交付税率は引き上げられるのです。ただし、交付税率の引き上げのときに、大蔵省は「地方交付税法第六条の三第二項に基づく交付税率の変更」と言いたくない。そこで、税制改正その他の理由で、「国、地方の財政を総合判断して交付税率を変えた」という説明をしているのです。

いずれにしても実際は、あの規定が一つのよりどころになって交付税率の引き上げが徐々に進みました。平年度である昭和二九年度は二二％でした。その後、警察制度の改正があり、国家地方警察と自治体警察を統合して都道府県警察ができましたが、そのときに警察官の人件費の計算を間違えてしまって、たしか五億円ぐらい穴が開いてしまったのです。それを交付税率に跳ね返して計算しますと、平年度二五％になるのです。そこで、昭和三一年度に二五％に引き上げました。その後は、税制改正等があったときに、それの跳ね返りの議論で率を少しずつ上げていって、最終的には昭和四一年度の改正で三二％にしました。後に総理大臣になる福田赳夫大蔵大臣のときで、私は財政課の課長補佐として、直接それを担当しました。

地方交付税率は二二％でスタートしましたが、三二％になったところでドッジ・ラインによる半減措置はほぼ回復されたと考えています。

昭和四一年度以降、日本経済が戦後の神武景気から高度経済成長期に入っての岩戸景気、さらにいざなぎ景気と続いて、交付税率は三二％で推移することになります。また好景気のときなどは、国の方から地方交付税の財源を一部貸してくれという話も出たりしました。

そういう意味では地方交付税制度の歴史は、総じて昭和二四年度のドッジ・ラインによる半減措置を回復する過程だったと言えるのではないかと思うのです。昭和四一年度の交付税率三二％でほぼ回復できたと、そういう歴史ではないかなと思います。(8)

(7) 地方交付税法第六条の三第二項「毎年度分として交付すべき普通交付税の総額が引き続き第一〇条第二項本文の規定によつて各地方団体について算定した額の合算額と著しく異なることとなつた場合においては、地方財政若しくは地方行政に係る制度の改正又は第六条第一項に定める率の変更を行うものとする。」

(8) 年度間調整問題は、地方交付税法第六条の三において、「毎年度分として交付すべき普通交付税の総額が第一〇条第二項本文の規定によつて各地方団体について算定した額の合算額をこえる場合においては、当該超過額は、当該年度の特別交付税の総額に加算するものとする。」と規定している。そこでは、算定の結果として普通交付税の財源が余剰する場合に加算するとしているのみであるが、昭和二九年の最初の地方交付税法では、普通交付税の財源が不足する場合には、その総額の一〇〇分の二を特別交付税から減額して普通交付税に加算する規定が設けられていた。この規定は、一年後に改正され、現在のかたちになっている。また、地方財政法では、当初は第四条の二、現在は第四条の三で、地方交付税の額が超過した場合の年度間調整の規定が設けられており、昭和三二年の改正で現在のかたちになっている。

――地方交付税法第六条の三第二項の示す内容は、大蔵省と自治庁は同床異夢で、それは現在も続いています。

石原　地方交付税法第六条の三第二項では、引き続き著しく不足する場合の措置は、まず地方行政制度の改正、次いで地方財政制度の改正、そして交付税率の変更と三本立てなのです。「地方行政制度を改正する」とは、交付税財源が足らない場合には、端的に言えば仕事を減らすということです。それから、財政制度を変える、税制を含めて税源を強化する、あるいは補助金その他で必要な調整を行う。そして最後に交付税率を変更する。交付税率の変更は、三番目に書いてあるんです。しかし、当然のことですが、当時の自治庁なり地方団体は、足りないときには交付税率の引き上げがあるという考え方に立っています。その考え方は、地方交付税法の国会審議のときにもっとも大きな争点になりました。

当時の国会の答弁では、大蔵省側は、基本的にいったん交付税率を決めたらその範囲でやってもらう、だからその条文は直ちに交付税率の引き上げに結び付くものではないと言っていましたが、自治庁側は、やはり一定の条件のもとでは交付税率の変更はあり得ると答弁しています。

どの程度ならば交付税率の変更を行うのかというと、「引き続き著しく不足する場合」であって、それは当時の財政局長の答弁その他で、「引き続き」とは二年間続けて足りなくて三年目も足りなくなる見通しがある場合だとしています。「著しく」は、交付税総額の一割程度を超す場合です。当時の地方交付税額は一〇〇〇億円程度ですから、一〇〇億円程度の不足が二年間続いて、三年目以降も不足する見込みである場合には交付税率の引き上げになるという答弁をしたんです。それで国会を通過して法律が成立した。

当時、大蔵省側の政府委員も出席していましたが、最後は大蔵省側も特に反対していないんです。自治省側の答弁に対して大蔵省はその場では異を唱えないで国会を通っているわけですから、当時のやりとりが今でも交付税率の引き上げの是非を議論する場合の根拠になっています。

――地方交付税法は、地方平衡交付金法の全文を見直して、なおかつ名称も変えました。それでも「一部改正」としたのは、なぜでしょうか。

石原　私は見習いでしたが、地方交付税法の担当として内閣法制局の審査や大臣決裁を担当し、当時の塚田十一郎自治庁長官にも決裁をもらいに行きました。このときの案文は、「地方財政平衡交付金法を廃止して地方交付税法に改める」というものです。全文改正なので新しい法律として起案しましたが、大臣決裁の直前になって奥野税務部長から「ちょっと待ちなさい」とクレームがつきました。総額は確かにリンク方式にしたけれども、財源保障の基本理念も第一条の法律の目的なども基本的部分は変えていないのだから、全文改正はおかしいんではないかと言うのです。要するに、総額の決定方式だけをリンク方式に変えたのだから、地方財政平衡交付金法の一部改正であるべきだと、奥野さんは強硬に言われたわけです。それで、柴田さんも困ってしまったのですが、結局、奥野さんの考えにしたがって一部改正のかたちをとることとした。

当時の大臣秘書官は立田清士さんで、塚田長官には立田さんも概略を説明しておったらしいのです。塚田さんは弁護士ですから法律に詳しく、奥野さんの意見にしたがって急遽法形式だけは全部改正法から一部改正法に変えて大臣決裁をもらいに行ったところ、塚田長官は「君、全部改正ではなかったのかね」と言う。

「いや、こういうことになりました」と答えたら、「おかしいではないか」と。

地方財政平衡交付金の積上げ方式から総額を一定割合にリンクする方式に変えることは基本的なかたちを変えていることなのだから、全部改正であるべきではないかと、大臣が法律論を始めたわけです。私はごもっともだと思ったのですが、局長以下は奥野部長の意見を容れて一部改正で決めてしまっていますから、「いや、この方が正しいのです」と、汗をかきながら説明しました。

立田さんは経緯を知っていましたから助け舟を出していただいて、長官に何とかこれでと取りなしていただいて大臣決裁をもらったのを覚えています。したがって、地方交付税法は、言うなれば三好先輩と奥野先輩の意見の対立のはざまで大きく揺れたという経緯があって、それがある意味、地方交付税法の本質にかかわる部分でもあると言っていいのではないでしょうか。

――三好さんは、地方分与税方式に戻すと聞いていたのに、財源保障を残したことで、後で奥野にだまされたと言ったとか……。

石原　三好さんは、地方の財政需要を中央政府がカウントして積み上げて決めるという、社会保障的な考え方は間違いだという考えです。

地域の問題は地域が責任を持ってそれぞれやるのだから、本来ならば、それぞれ地域の課税力に応じて行政サービスをやったらいいと、足りなければ増税したらいいと、それが本来の自治ではないかと考えられていました。しかし、大正から昭和にかけて、資本主義経済の発展によって都市と農村の課税力の差は無視できないくらい大きくなっていたので、課税力の違いに応じた調整だけはして均等にしよう。しかし、その範囲内で何をするかはそれぞれの団体が決めるのだから、そもそも財政需要について国が一定の基準を決めて保障することは少々おこがましいというのが、三好さんの考えなのです。

ですから三好さんは、地方財政計画にも反対なのです。要するにある時点で取り分を決めたら、その範囲でお互いが頑張るしかないではないかという考えなのです。これは地方自治論の一つの真理であって、アメリカの自治はまさにそれですから。

古典的な自治論のなかで比較的新しい財源保障の理念を地方交付税制度のなかに導入しようとしていたので、理念の違いや思想的な対立があったのでしょうね。

――地方交付税法でいうと、第一〇条第二項に、「普通交付税の財源が不足したときには、調整率をかけて減額する」と規定されています。これは、地方財政平衡交付金法の「ミクロの積上げでマクロの総額を決める」という条文を引き継いだからですが、地方交付税法に全面改正するときにも、そこは変えようということにはならなかったのでしょうか。

石原　ならなかったですね。要するに地方財政平衡交付金法の積上げ方式は、これは言うべくして実際は無茶だと当時から関係者は思っていたわけです。シャウプ勧告にはそう書かれていたものの、実務に携わっている人たちは、それは無理だと考えていた。だから結局、総額をいかに公平に配分するかが算定の問題だと。ただその際に、主要な行政事務については法令によって基準が決まっていますから、それができるように財源を保障する。しかし、それだけではなく単独施策の財源も必要です。そういう意味で、総額が決まっているなかで、それを公平に配分するために単位費用の算定やその他の作業をするわけです。総額を前提にその範囲で計算するという作業をしているのです。

当時は三三〇〇の団体の積上げですから、必ず誤差が生じるんです。誤差が起こることは計算上で分かりますから調整率の規定を置いたのです。地方財政平衡交付金法のように、個別団体の財政需要と財政収入の計算から出てきた額が本来の額であって、足りない額を明らかにするためのものが調整率という思想ではそもそもないんです。

要するに、現実問題として、毎年度の予算編成のときに、積上げ方式での総額決定は、技術的にも時間的にも無理なわけですから。一応の概算として、地方団体全体の総額としての財政需要と財政収入を予算編成時点のデータでもって積み上げて計算しておいて、実際に配分するときには特に税収は新しいデータを使いますから差が出るわけです。当然差が出ることを想定して調整率の規定を置いたということです。地方財政平衡交付金法の積上げが本来の姿であるべきだという思想を引きずっているわけではありません。要するに、算定技術上の規定なのです。

——算定技術の問題なので、条文上は変える必要はないということでしょうか。

石原　そうです。ある意味では、三好さんのおっしゃることが真実なのです。

本来個々の団体の財政需要を単独施策まで含めて中央政府がこうあるべきだと決めるのはおかしいではな

いかという議論が根っこにあるわけですから、単独施策についてはおおよその総額の範囲内で計算しておく。交付税だけでは足りなくてそれでもその施策をやりたいのなら、超過課税などを実施すればよいのではないかという考えです。

地方交付税の計算は標準税率で行いますが、地方税法上は標準税率より高い税率で課税してもよいという規定があるわけですから、当然超過課税の制度を使うべきだという考えがセットとしてあります。一方、地方交付税の配分上は枠が決まっているわけですから、それに合わせるために逆算で調整率を乗じて減額しているのです。

――国税収入が増額補正されると、いわゆる調整戻しをしますよね。

石原　その年の税収で、足らなくなったから調整率を乗じて減額している反面、国の補正予算で国税収入の増額があって地方交付税が増えたら、それは結構な話ですから計算どおり調整戻しをやるわけです。補正で増えた場合は、調整戻しを先にした上で当該年度の特別交付税に加算するか翌年度に繰り越すかを決めることになります。年度途中の増額の規模が大きいときは翌年度に繰り越すこともあります。今でもそうですけれども、補正予算で増えた地方交付税は、それが額の大きな年度ではいわゆる次年度繰り越しで、次年度の交付税総額に加算しております。だから、あれは事実上の年度間調整をやっているわけです。

――国税の増額補正で地方交付税の増額があると、本則どおりの運用なら特別交付税で当該年度に配り切ることになります。

石原　そうなりますが、増額が大きくなると次年度に繰り越します。景気がよければ税収は伸びますが、伸びた分を全て使ってしまう、宵越しの金は持たないという思想は現実にはないのです。国税も地方税もどちらも税収には変動があって、交付税財源として足りないときは借り入れたりするわけですから、一定額を超えた場合には翌年度に回すことになります。

これは、制度的な年度間調整ではありませんが、実行上の年度間調整です。現実の財政運営上からすると当然のことだと思うのです。

地方財政法に基づく年度間調整

――地方交付税の年度間調整は技術的には大きな課題です。

石原　地方交付税特別会計そのものによる、あるいは地方交付税の枠内での年度間調整については、現行制度では、「普通交付税が、基準財政収入額と普通交付税を足したものが基準財政需要額を上回った場合には、その上回った分は特別交付税に加算する」との規定がありますが、地方交付税特別会計そのもので借り入れたり、積み立てたりする仕組みは、制度化しなかったわけです。ただそのときに、実は地方財政法第四条の三という規定が、当時は第四条の二でしたが、設けられました。(9)「一般財源が、その年の財政需要を著しく上回った場合には、次年度以降に繰り越して積み立てて使うように」という趣旨の規定です。

地方交付税制度がスタートしたときには、全体としての制度のなかでの年度間調整は限定的だったので、それに加えて、当該団体自身が財政運営上でそうした調整を行うという規定を入れたわけです。現に地方財政法第四条の三の規定によって、その後交付税率が三二％になり、また経済成長が順調に推移したときには、毎

(9) 地方財政法

（地方公共団体における年度間の財源の調整）

第四条の三　地方公共団体は、当該地方公共団体の当該年度における地方交付税の額とその算定に用いられた基準財政収入額との合算額が、当該地方交付税の算定に用いられた基準財政需要額を著しく超えることとなるとき又は当該地方公共団体の当該年度における一般財源の額（普通税、地方揮発油譲与税、石油ガス譲与税、自動車重量譲与税、特別とん譲与税、国有資産等所在市町村交付金、国有資産等所在都道府県交付金、国有提供施設等所在市町村助成交付金及び地方交付税又は特別区財政調整交付金の額の合算額をいう。以下同じ。）が当該地方公共団体の前年度における一般財源の額を超えることとなる場合において、当該超過額が新たに増加した当該地方公共団体の義務に属する経費に係る一般財源の額を著しく超えることとなるときは、その著しく超えることとなる額を、災害により生じた経費の財源若しくは災害により生じた減収を埋めるための財源、前年度末までに生じた歳入欠陥を埋めるための財源又は緊急に実施することが必要となつた大規模な土木その他の建設事業の経費その他必要やむを得ない理由により生じた経費の財源に充てている場合のほか、翌年度以降における財政の健全な運営に資するため、積み立て、長期にわたる財源の育成のためにする財産の取得等のための経費の財源に充て、又は償還期限を繰り上げて行う地方債の償還の財源に充てなければならない。

2　前項の規定により積み立てていた金額（以下「積立金」という。）から生ずる収入は、すべて積立金に繰り入れなければならない。

3　積立金は、銀行その他の金融機関への預金、国債証券、地方債証券、政府保証債券（その元本の償還及び利息の支払について政府が保証する債券をいう。）その他の証券の買入れ等の確実な方法によつて運用しなければならない。

年度交付税の方が豊かになったわけです。

一方では、昭和四〇年代には、特別の法律で地方交付税の原資の一部を国庫に貸し付けるということもありましたが、同時に各地方団体自身においては、地方交付税が伸びたときにはそれを財源として積極的に減債基金や財政調整基金として積み立てることとしていたので、その結果、財政調整基金などはかなりの額になりました。

地方交付税制度における年度間調整は非常に限定的ですが、地方団体自身の財政運営に当たって中長期にわたる年度間の財政運営上の配慮について規定し、そういうかたちで年度間調整をやろうとしたわけです。しかし、現実にはそれは部分的でありまして、国の税収増があってそれを引き当てにして補正予算が組まれ、普通交付税の額が著しく上回るようなときには、当面必要な額いわゆる調整戻しを超えるものを次年度に繰り越しているわけです。国の方もそうしていますし、地方交付税も交付税特別会計で繰り越して、次年度の地方財政対策に使うというのがその後の常態になるわけです。

逆に足りなくなった場合には、特に石油ショック以後、特例法で交付税特別会計における借入れを行って、それを計画的に償還するという規定がつくられました。年度間調整は、一方においては増えた場合には団体自身の財政運営上の措置として年度間調整をしますし、足りなくなった場合には法律改正によって各年度ごとに特別の手当をして、特別会計の借入れあるいは一般会計からの繰入れなど年度によっていろいろなかたちで調整するものでありまして、結果的にはその後もずっと年度間の調整は行われています。

ただ、それは地方交付税制度の運用としてではなくて、特別に法律改正してあるいは特別の予算措置を講じて、各年度で対応してきたというのが実態なのです。ですから現に交付される地方交付税の額は、地方交付税法の本則である「特定の国税の一定割合として算定される交付税財源そのまま」である年度はないんです。前年度、財源に剰余があれば繰り越して次の年に加えるという措置が法律上手当されていますし、また足りない場合には借入れや一般会計の繰入れが法律改正によって行われてきました。いずれも特例法なり地方交付税法の改正法の附則で手当をしており、本則がそのまま自動的に地方交付税として地方に配分されるという例はないんです。

それが地方交付税制度の実態です。経済状況の良し悪しによって税収が変動し、そのことに伴う国の財政、地方の財政の対応というのは、各年度でそれぞれ必要な法改正やその他の予算措置によって実施されてきており、何も手当しない年度はないということなのです。

――バブル経済で国税が伸びて交付税財源が増えたときに、地方交付税の算定で、基金造成の項目を設けて需要に積んでいます。この基金造成は、地方財政法第四条の二（現在は第四条の三）を意識して行ったのでしょうか。

石原　昭和四〇年代前半から中頃にかけて、経済成長率が非常に高かったときには、地方財政計画上に健全化対策費を設けています。これは要するに当面の財政需要をまかなって余りある財源があったので、それは将来のために備えておきなさいという考え方のもとに歳出として規定したものです。ご質問のようにバブル期でかなり税収が伸びたので、その延長線上で同じような考え方のもとに措置したということです。

先ほど申したように、地方交付税財源が豊かな年度には地方の取り分の一部を交付しないで減額しておいて、国に貸し付けるかたちをとったこともあるんです。昭和四一年度に初めて国債を発行したときに、それまでドッジ・ラインで抑えられてきた地方交付税率が三二%に引き上げられて、いわば本来の姿に復しました。その後、高度経済成長期に入ると、当然国税も地方税も大幅に伸びますから、財政需要も増えてはいるのですが、それ以上に税収が伸びたという時期がありました。そのときに本来その年度の交付税額として配分されるべき額を一部減額して、いわば国に貸し付けたのです。また逆に足りないときには国の一般会計からいろいろなかたちで繰入れ措置をしております。そういう意味での年度間調整は、財政状況がいいときも悪いときも行われているということだと思います。

昭和四〇年代、国税が伸びたときに国に貸し付けるというときの「貸付け」とは、それを将来の地方交付税財源にするということを法律に明記した上で、当該年度は交付税率相当分から減額して交付することです。貸し付けるといっても、地方交付税を恒久に減らしたわけではなくて、その年度に交付する分を減らして翌年度以降に回しているわけですから、国にとってはその年度としては地方交付税に回すべき額を国の予算のなかでほかの歳出に回せるわけです。しかしそれはもともと国に差し上げたわけではなくて、翌年度以降の地方財政の状況に応じて、財源不足が生じたときには当然その分を地方に戻すわけです。

四人の偉大な先輩

――三好重夫さん、荻田保さん、奥野誠亮さん、柴田護さんと、四人のお名前が出ました。この四人の方が戦後の地方税財政制度の形成で重要な役割を果たされたのですね。

石原　戦前の地方税財政制度を体系化したのは三好さんですが、その下で実際の作業をしたのは荻田さんです。大きな方向は三好さんが決められて、実際の細かい作業は荻田さんが全部おやりになりました。戦後になって、シャウプ勧告を受けての改革では、地方財政委員会の事務局長が荻田さんで、奥野さんが担当課長でした。荻田さんは三好さんの下で戦前の制度をつくってこられた人ですから、大きな方向については当然お二人は一致していました。

戦前は挟間茂さんという人も財政の専門家でした。三好さんは非常に個性的で、大きな改革は三好さんがやったのです。その三好さんの指導を受けておられた荻田さんはあまり表に出ることなく、裏方として実際の精緻な作業をされていました。

一方、奥野さんはまったく新しい感覚で地方税制度も地方財政平衡交付金制度もつくっていかれました。三好さんも奥野さんも、先輩として強烈な個性の持ち主で、私たちからすれば二人ともたいへん怖い先輩でした。強いて言いますと、三好さんが現実主義的であるのに対して奥野さんはやや理想主義的なところがありました。地方自治の理念を大切にしながら、それに沿って制度設計の在り方などを非常に理想的に考えるという傾向が奥野さんにはあったのです。それに対して三好さんは、現実の地方団体の実態なども念頭に置いて、非常に現実論だったように思いますね。柴田さんはどちらかというと三好さんに近い感じの現実論です。奥野さんの理念重視の姿勢とはやや違っていました。

――柴田さんは、交渉力があり「自治省の虎」と呼ばれたと聞いております。

石原　柴田さんも奥野さんも共に交渉力には非凡なものがありましたが、大蔵省との折衝ではアプローチの仕方が異なっていたと思うのです。

例えば地方交付税の問題では、奥野さんはその充実に関して大きな理想を持っておられたけれども、同時に国家という枠のなかで地方自治は存在するのだから、国の財政と地方の財政のそれぞれを考えていかないといけないという考えでした。

石油ショック後の特に国の財政が大幅な赤字だったときのことです。地方も大幅な赤字だったので、交付税率を引き上げろという主張を自治省としてしたわけです。ところが奥野さんは国の財政も同じように厳しい状況なのだから地方だけよければいいというものではない、ここはそれぞれが当面の暫定措置でしのいで、初めから交付税率の引き上げを要求すべきではないというご主張なのです。

ただ、奥野さんは後になって財政状況が好転したときには将来を見据えて勝負するべきであって、国のことも考えつつ地方の立場で一定の方向を出したならば、それは最後まで貫きなさい、絶対譲ってはいけないというご意見なのです。

柴田さんはどちらかというと、地方の人たちが切実に交付税率を引き上げてほしいと言っているのなら、自治省としては地方の声を代弁して国や大蔵省に当たらないといけない。建前としては地方サイドにしっかりと立って交付税率引き上げの要求はしないといけない。ただ、国の台所事情も厳しく、国が困っていることは事実なのだから、現実論としては妥協もやむを得ないと考える方でした。

このように、アプローチにちょっとした違いがあるのです。

柴田さんは、現場の声をきちんと受け止めて要求をするけれども、相手の立場も分かっているから、最後に収めるところには収めるという方、奥野さんの場合は、初めから自分の考えに基づいて要求すべきかどうかを決め、決めた以上は絶対に妥協しないという方です。

――石油ショックのときには奥野さんは国会議員になっておられましたよね。

石原　はい。しかし、現役のときからそういう傾向をお持ちでした。税制改正のときにも、奥野さんは相手のことも考えて原案をつくるけれども、決めた以上は絶対下りてはいけない。こちらは十分に相手のことも考えつつ要求しているのだから降りるわけにいかないという考え方です。柴田さんは、とりあえずこちらの言い分だけは言っておこうという方で、折衝の過程で相手の立場もあるだろうから、ほどほどのところで収めざるを得ないなという考えです。このような性格の違いがあるお二人に私はお仕えしました。

――その二つのアプローチが現在の地方財政制度の底流にあると言えますか。

石原　それはありますね。奥野先輩と柴田先輩の違いというよりも、奥野先輩と三好先輩の違いというべきでしょうね。

三好さんと柴田さんには考えの底流に古典的な地方自治論があります。それに対して奥野さんは、国があって地方自治というものがあるのだから、国としては地方に対して一定の財源を保障しなくてはいけないという思想です。古典的な自治論ではなく、近代的自治論と言っていいのかどうかは分かりませんが、そのような考えが奥野さんにはあります。地方の行政水準の維持については、国が責任を持って行わなくていけないかわりに地方もあまりわがままを言ってはいけないと考えていたところがあります。

地方の人にとって理屈ではなくて、その悩みをそのまま受け止めて努力してくれるのは、どちらかと言えば柴田さんの方なのです。奥野さんは地方の人の考えと微妙に違いました。奥野さんは国の立場も考えつつ、地方の方に理があると思えば、とことん大蔵省と議論されますが、無理なときには最初から「無理だよ」と言って断ってしまうからです。

奥野さんと三好さんの両先輩はまったく相いれない思想の持ち主だったと言えます。お二方とも偉大な先輩です。そして、両先輩の考え方が両方ともそれぞれ底流として制度のいろいろなところに残っています。

シャウプ勧告と神戸勧告

――シャウプ勧告を受けて実施された地方財政平衡交付金は、占領統治が終わった昭和二九年度に地方交付税に変えられています。一方、シャウプ勧告のなかで実施しなかったものとして付加価値税が有名です。地方財政制度でもいくつかあります。

シャウプ勧告とそれを受けての神戸勧告は、国と地方の事務配分を、融合型ではなく分離型にするために国分と地方分を切り分けるとしています。国と地方のそれぞれが違う仕事をしているのだから、国と地方が共通の利害を持っていることを前提に財源を分担する国庫負担金などは不要とする考えです。具体的な事務配分の切り分けを示したのが神戸勧告ですが、そのねらいどおりにはほとんど実現していないところが多いと思います。

石原　シャウプ使節団は昭和二四年五月に来日し、八月下旬までの四か月弱で勧告をされているわけですから、非常に短時間のうちにまとめたわけです。国と地方の事務配分の基本的な考え方とそれに対応する税制改正、財政制度の在り方を勧告されましたが、事務配分については基本理念を述べただけでした。

個々具体にその基本理念に基づいてどのように事務を配分し、整理するかについては、シャウプ勧告では時間的な制約もありましたからほとんど触れられていません。「そのための検討の場を設ける」ように勧告するにとどまっています。

シャウプ勧告を受けて設けられた地方行政調査委員会議がとりまとめた案を、議長の名前をとって「神戸勧告」と呼んでいるわけですね。神戸勧告はシャウプ勧告の理念に基づいて個々具体の事務について、国の事務、県の事務、市町村の事務と具体的に各論で記しました。事務局をつくって膨大な作業をされたのです。私は、占領がもっと長引けばあの神戸勧告は実行されたのではないかと思うのですが、現実は、神戸勧告がとりまとめられたときにちょうど講和条約が調印されたのです。

講和条約が結ばれたことで占領政策下で行われた政策を見直そうという機運が前面に出てきました。不幸なことに、神戸委員会の勧告が出たころは、各省ともそれを考慮しようとしなくなっていたのです。戦後の復興で新しい時代にこの国をどうするかということを各省がそれぞれの立場で考えておりましたから、およそ事務を地方に渡し切りにしてしまうという考えはなかったのです。

要するに、神戸勧告が徹底して地方分権を進めて国の事務と地方の事務を仕分けようとしているのに対して、各省は占領が解けたことでこれからの日本を新しい視点でつくりあげていくんだ、戦災復旧から復興に向けていくんだという意気込みでした。

だから神戸委員会の事務配分勧告は出した時点でもうおしまい。たいへんな作業をしながらまったく考慮されなかったという非常に不幸な勧告でした。

しかしあの勧告を見ますと、一概に無駄であったとは言えません。その後、時間はかかりますけれども地方分権一括法が実現しています。さらに今も続いている国と地方の事務の見直しも行われています。神戸勧告はこうした動きの、もっとも先駆的なものとしてとても意味があるわけです。私は、そういう意味での価値は非常に高いと思うのです。

――自治庁としては、神戸勧告が実現しなくて惜しかったということでしょうか。それとも、方向性としては正しかったが、残念ながら現実的ではなかったということでしょうか。

石原　シャウプ勧告の基本理念は地方自治法制定の理念と一致するわけですから、自治庁は神戸勧告は正しい方向だという考え方を常に持っていました。実現こそしませんでしたが、行政局も財政局も神戸委員会の勧告はあるべき方向を示しているという気持ちは持っていたのです。

神戸勧告の当時、私はまだ役人になったばかりですが、今振り返って考えてみると、時期尚早ということだったのではないでしょうか。日本の社会が、機運がまだそこまでいっていなかったのだと思います。神戸委員会の勧告はまったくアメリカ的な地方自治の理念に基づくものだったのですから。逆に言えば、各州によって違いこそありますが、アメリカの事務配分の姿がほぼ神戸勧告の考え方に反映されていると言ってよいのです。ですから神戸勧告はそもそも日本には風土としてなじまないという面もあったのです。

さはさりながら、方向としての地方自治を俯瞰してみると地方分権の方向に進んでいっており、次第に時代を経るにつれてその精神が浸透していったところがあります。

高度成長時代から低成長時代に入り、経済が低迷するなかで環境問題や地域間格差などが起こってきました。それらに対応していく過程で地方団体の役割を強化していくことがこの国のあるべき方向であるという考えが定着してきました。その一つとして、平成五年の宮澤内閣のときに、「地方分権に関する国会決議」がなされています。次いで細川総理は、自身『鄙の論理』という書籍を出版されていますが、地方分権を進めようとされました。その後の村山内閣でも地方自治を強化しようという声が強かったのです。

特に国会決議がなされたということは、そこまで世の中が変わってきたということだと思うのです。市町村合併もそうです。昭和二〇年代後半から三〇年代にかけて「昭和の合併」が進み、さらに「平成の合併」で市町村の行財政能力が高くなったことをみんな認識しておりましたから。私が官邸で官房副長官として最後のお務めをした時期にその国会決議があって、事務権限の見直しをやろうという空気になりました。

村山内閣のときに野中広務さんが自治大臣でしたが、地方分権推進法を制定して機関委任事務制度を見直そうということになったのです。各省はそれには当然大反対でしたが、やはりこれは何としてでもやろうと、内閣としてその方向で改革を進めるという方針を決めたのが村山内閣なのです。そして地方分権推進委員会を設置して、財界人の諸井虔さんに委員長になっていただきました。ご承知のように、機関委任事務制度を廃止して、新しい視点で実質的な権限移譲を各論のレベルまで踏み込んで実施したわけです。

神戸委員会は、本来はこのことをやろうとしたわけです。時代を経て、高度成長も終わって新しい時代になって、地方分権推進委員会の勧告に基づく地方分権一括法が成立したことで、かつて葬られた神戸勧告の一部が日の目を見るに至ったと言えます。それだけ時間がかかったということでもあるのです。

機関委任事務制度については、私が官房副長官として官邸にいるときに村山内閣として方向性を決めたのですが、地方制度調査会で具体の検討を始めました。当時の会長は関西経済連合会の宇野収さんでした。地方分権改革の一つの柱として機関委任事務制度をやめるという流れに各省は猛烈に反対していましたので、宇野さんから「経済界としても、その方向で進めることに賛成だけれども、一遍にやろうとしても難しそうだから、二～三割程度の機関委任事務に限って地方の事務に変えるという案でどうでしょうか」という素案のご相談を受けました。

そのときに私が宇野さんに言ったのは、「私の役人経験に照らすならば、やるのなら全部やる方がよいのです。二～三割というのは絶対に駄目です。なぜかと言うと、各省にとってその二～三割に選ばれるところはいわば人身御供になるわけです。そうなるのはいやだから標的になったところは必死に抵抗するわけです。「どうして自分たちのところをやらないといけないのか?」となります。

ですから、いわば死なばもろともではないけれども全部やる、例外なしにやるとなると案外のところ抵抗しても仕方がないということになることもある。多くのなかから選んで、あなたのところだけ機関委任事務から地方の事務に変えますと言われたら、その選ばれたところは徹底抗戦するわけです。だからやるなら全部の方が通るものですよ」ということです。そうしたら、「そういうものですか」と宇野さんがおっしゃって、結局全部実施することになりました。

機関委任事務制度を廃止して、建前として全てを地方の事務にするとした上で、対等な立場で国が本来果たすべき役割にかかる事務で、適正な処理を確保する必要があるものを法定受託事務とするというかたちに切り替えたのが、地方分権一括法でした。

その次に、事務移譲などの各論に踏み込んだ検討が始まりました。この議論は地方分権改革推進委員会を中心に行われました。

繰り返しますが、神戸委員会の勧告は地方自治の向かうべき方向を示したものではあるけれども、それが実行に移されるまでに相当な時間がかかったということではないでしょうか。そしてその背景には、地方の行政事務執行能力の向上を世の中としてある程度まで認知するようになったということがあるのでしょう。

神戸委員会のころはまだ市町村数が一万を超えていたので、事務権限の委譲といっても小さな村にそんなことができるのかという意見の方が説得力があったのです。

要するに、特に市町村の行政事務執行能力に対する信頼感がきわめて弱かったわけです。神戸勧告は絵空事だというぐらいの空気が国会にもあったくらいですから。それが、時代の流れのなかで次第に機が熟してきたのだと思います。平成の合併で地方の行財政能力もかなり高まってきたし、地方に責任を持ってもらってもいいのではないかという空気が強くなって、各省とも仕方がないかということになってきたのではないでしょうか。

——ところで、シャウプ勧告での災害復旧事業の全額国庫負担は、昭和二五年度の一年だけで、翌年度には制度が変わってしまっています。全額国庫負担が定着しなかったのは、シャウプ勧告の災害復旧の財政制度は現実的ではないという判断だったからでしょうか。

石原　そうです。

私は、当時はまだ学生ですから詳しい背景は知りませんが、シャウプの思想は、通常の地方団体の経営はそれぞれの責任でやりなさい、仕事は全部自治事務で行いなさいというものです。また、それに必要な経費は全て自前の税金でまかなうようにし、足りない分は地方財政平衡交付金でカウントするというものです。これはあくまでノーマルな状態のときの自治行政運営の姿です。

それに対して災害というのは、自然の力で社会基盤等が破壊されてしまったものを復旧するわけですから、通常の税負担で行うには無理があるので、復旧部分については国が保険の役割を担うという発想です。中央政府というものは、国を構成する地方団体全体の立場に立って一定の国税を預かっているわけだから、災害の復旧にかかる経費については国費で面倒をみたらよい、とするのです。

災害復旧は、個々の団体の行財政運営の責任によって行わなければならないという性格のものではないわけです。まさに降って湧いた災難ですから、それは国費でカバーする。そのかわり日常的な行政サービスは住民の税負担によって各団体の全責任でやるという思想だと思います。シャウプの考えは、そういう意味で徹底しているわけです。

ただ、災害復旧事業といっても、例えば公共施設は一定の耐用年数があります。現に使用されているものが災害で壊れて復旧すると新しくなるわけです。そうすると全額を国が肩代わりすることになれば、償却済みの分は地方がいわば儲かってしまうわけです。ですから災害復旧費であっても何がしかのメリットが地方団体には残ります。そこで一〇〇%負担はきわめて例外的なものとして、地方もある程度は負担することとなりました。

――災害復旧事業については、全額国費の方針を転換した昭和二六年度から、地方負担分には地方債を充てて、その元利償還金の九五%を地方交付税の需要に算入するとしています。

石原　当時から公共事業の災害復旧事業の場合に交付税充当率が高かったのは、やはりシャウプ勧告のときの一〇〇%国費で担うという思想、その団体のいわば行財政運営の責めに帰すべからざる事情であることから、地方の共通財源でカバーしてもいいのではないかという考え方からです。

災害復旧事業の財政措置のうち、災害復旧債の充当率が農林施設だけはほかの公共事業に比べて低く抑えられています。農林関係の災害復旧事業というのは土地改良事業のことです。土地改良事業には昔は農家の受益者負担が例外なくあったんです。例えば事業費の一割から二割を受益者が負担した。一反の土地改良事業の場合には米一俵を出すといった慣例があったんです。一般の公共事業の場合には住民一般が受益者になるので受益者が限定されることはありませんが、農業施設の場合には受益者が特定できるわけです。そこで受益者である農家に一定の負担を求めるということが公平にかなうのです。そうすると、地方団体の財政負担はその分少なくて済みますから充当率は低かったんです。

――補助金適正化法が昭和三〇年に成立しますが、その時期に地方団体の補助金の不適正執行にかかる事件が頻発していますね。

石原　そうです。私も正確には覚えておりませんけれども、そういった事件がありましたね。そのほかにも虚偽の申告に基づく補助事業があちこちにあって、会計検査院から厳しい指摘を受けてしまったので、これではいけないということで、補助金の執行の適正化を図ることを目的に補助金適正化法が制定されました。

戦後一〇年近く経っていましたが、当時はまだ世の中が落ち着いたというわけでもなく、補助金をもらって自分たちのためにいい仕事した人は英雄とまでは言わないけれども、地域のために貢献した人だとみなされていました。ですから、補助金の不適正執行に対して悪いことをしたという感覚が全般に薄かったという雰囲気があったということではないでしょうか。

補助金適正化法には、補助金の不正取得は犯罪行為であることを明確にする意味がありました。補助金適正化法については大蔵省が中心となって立案したのですが、当時の自治庁も反対しませんでした。

公営企業金融公庫の発足

――先ほど話題になった三好重夫さんが公営企業金融公庫の初代総裁に就任されましたね。

石原　公営企業金融公庫にはたいへんな歴史的な経緯があります。

三好さんはすでに戦前、地方団体が起債を発行するときに資金的なバックアップがいるので、そのための金融機関を設ける必要があると構想していたんです。

公共債は当時としては利率が低く、なかなか貸し手が出てこない。市中銀行は有利なところに貸してしまうからです。だから地方は地方全体の信用で資金調達できるようにすべきだとして、地方団体中央金庫構想というものを三好さんが提唱しておったのです。当時は実際には資金運用部の資金で全額をカバーしており、資金運用部は大蔵省が管理していたので反対しておりましたが。その構想が戦後になって公営企業金融公庫として実ったのです。

三好さんは戦前から、財政調整制度としての地方分与税制度、地方配付税制度をつくること、それから地方団体中央金庫という資金調達の共通の機関をつくることをおっしゃっていました。この二つが三好さんの制度改革構想の柱となる主張だったのです。戦後、地方制度調査会の答申でも、当時、地方債の資金調達が非常にたいへんだったものですから、三好さんは地方団体中央金庫をつくる提案をしたわけです。

ところがこれは大蔵省にしてみればとんでもないことでした。政府が管理する資金は非常に限られているので、それは政府が一元的に管理すべきであって、地方団体が別に似た組織をつくることは国の金融行政を撹乱するものでとんでもない、絶対に駄目だという主張です。

地方財政平衡交付金を地方交付税にすることについては、年度間調整などの個々の問題では多少大蔵省と自治庁とでは意見が違いましたが、変えることについては両者の意見が一致していました。ところが地方団体中央金庫については、「絶対反対」なのです。特に国の資金管理を所管している理財局がとことん反対していましたから、予算要求こそしたものの、そこから先はとてもではないが箸にも棒にもかからないという状態だったのです。ところが三好さんにすれば戦前からの自分の年来の主張だったわけです。

私はあまり詳しくは知らないのですが、戦時中、池田勇人さんは大蔵省のなかであまり役職に恵まれずに地方のドサ回りをしていたそうです。必ずしも本流ではなくむしろ不遇だった。

一方、三好さんは当時内務省の中枢にいて幅を利かせていました。その三好さんと池田さんは同期でしかも同じ広島県出身の仲間だったので、三好さんは戦時中よく池田さんの面倒を見ていたそうです。池田さんは病気をしたりと、いろいろ苦労されていたのです。

公営企業金融公庫の構想については、予算要求はしたものの、大蔵省は歯牙にもかけないという状況でしたが、当時の大蔵大臣が池田さんだったんです。池田さんが大蔵官僚に対して「すまんけれど、これだけは俺のわがままを聞いてくれ。三好の言うことをなんとか取り上げて議論してくれ」と言ってくれた。

そこで、普通会計を対象にしない、地方公営企業の起債だけは政府保証債で認めるとして、公営企業金融公庫構想が動き出したのです。

公営企業金融公庫は、大蔵省の事務方が強硬に反対していたのを池田さんの裁断で押し切ってできたものなのです。池田さんと三好さんの戦前からの個人的な友情があったからこそ実現したことに間違いないのです。正面から制度の是非を議論してできたのではなく、戦前からのいわく因縁の話によるものなのです。

――大蔵省でも、後に国会議員となられた相澤英之さんだけが主計局のなかで賛成されたとか……。

石原　相澤さんは、主計局で地方財政担当の主計官をやっていましたから賛成してくれましたが、理財局は徹底抗戦でしたね。主計局は予算のあり方を考えるときに、地方の協力を取り付けられて国の負担が減るのだから、地方金融の拡大に絶対反対ではないのです。反対に理財局は政府資金による一元管理に強くこだわっていますから、どんなことがあっても賛成できない。

公営企業金融公庫は、発足時は融資対象を公営企業だけに限定していましたが、後に私が財政課長となったときに普通会計についても融資事業を少し広げたのです。いわゆる臨時三事業(10)です。そのときも理財局は徹底的に反対しました。その当時大蔵省でナポレオンなどと呼ばれていた加藤隆司さんが理財局の担当でした。役職は地方資金課課長補佐だったと思います。当時の主計局で地方財政担当は山口光秀さんです。

山口さんは、中央が地方に無理を言って景気対策に協力してもらっているのだから公営企業金融公庫の融資対象の拡大はよいことだという考えでした。三事業に広げることに主計局は賛成なのです。ところが理財局が絶対反対で、加藤さんを説得することに苦労していたときに、当時の財政局長は首藤堯さんでしたが、最後は首藤さんが加藤さんに話をしてまとまりました。加藤さんは首藤さんにいろいろ面倒を見てもらったことがあるらしくて、これは首藤さんに対するご恩返しだからと言っていましたよ。

このように反対する理財局を押し切ったことに関しては、公営企業金融公庫が誕生したときは池田さんから三好さんへ、臨時三事業へ融資対象を拡大したときは加藤さんから首藤さんへ、それぞれ恩返しといった経緯があったのですね。

義理人情といえば極端かもしれませんが、人間関係の織り成す綾がこうした制度として実現するのも世の中の妙というべきでしょうか。

――当時は日本経済全体が資金不足に陥っていて、地方団体も金融機関から容易には借入れができませんでした。

石原　私は昭和三一年八月から鹿児島県で財政課長を務めましたが、ほぼ毎月、職員の給与を払うための資金繰りで指定金融機関である鹿児島銀行から融資を受けなければならなかったのですが、なかなか貸してもらえませんでした。民間の方がはるかに金利がいいわけですから、県に貸したら銀行は損するわけです。しかしそれではどうすることもできないので、当時鹿児島県はまだ財政再建団体でしたから、毎月熊本県にある九州財務局へ行って、これだけの金額は最低必要だというお墨付きをもらい、それを鹿児島銀行に伝えてようやく資金を貸してもらっていた。それはもうひどいものでした。当時は本当に資金がタイトだったのです。

立田清士さんが京都府の蜷川知事のもとで財政課長だったころもそうだったそうです。「私は財政課長時代は銀行回りしかしていなかったです」とおっしゃっていました。財政課長であれば予算査定をするのが本来の仕事ですが、査定しても現金が回ってこないわけですからどうしようもない。

よく黒字で倒産する企業がありますが、当時は地方団体も似たようなものでした。計算上では税金が年度末に入ってきますから、年度が終わって出納整理期間も過ぎれば最終的なバランスが取れるように予算を組んでいても、年度途中では払いの方が先に来るわけです。年度全体としてはいいのですが、月ごとの資金計画は、とりわけ年度の初めはものすごく苦しいわけです。

したがって、その資金繰りがたいへんな作業になりました。私の場合は立田さんほどではなかったですけれども、鹿児島県の財政課長としてもっとも大きな仕事は、同じように銀行へ行って資金繰りをつけてくることで、そういう状況が当時はずっと続いたのです。今では考えられない話です。

(10) 臨時三事業　第一次石油危機後、地方財政対策として地方債への資金需要が増すなかで地方債消化が難しいという状況が生じ、地方債の円滑な消化と低利資金の供給の観点で公庫資金の貸付対象を普通会計債に拡大する公庫改組問題が浮上した。昭和五一年度には、普通会計債について資金提供できるようにするとともに資金調達を拡充する公営企業金融公庫の改組構想が浮上した。大蔵省はそれに強く反対したが、昭和五三年度の予算折衝で与党の調整によって公営企業金融公庫の名称変更は行わないものの公庫法を改正して融資対象範囲を広げ、普通会計債のうち臨時地方道路整備事業、臨時高等学校整備事業、臨時河川等整備事業の三事業を融資対象とする実質的な公庫改組が実現した。

――普通交付税の交付は、四回に分かれていますが、そういう意味もあって、最初の交付月を四月にしているんですね。

石原　四月、六月、九月、一一月と四回に分けますが、四月概算交付は実にありがたく、地方にとってはたいへんな意味があるわけです。年度初めには現金はほとんど入ってきません。出納整理期間が五月三一日まででですが、その間に入ってくるのは前の年度の収入です。新年度の収入はずっと遅れてからなので、特に四月と五月は資金繰りがたいへんなのです。給与も月々払わないといけないですからね。

地方財政再建促進特別措置法の運用

――鹿児島県の財政課長時代に財政再建団体だったというお話でしたが、ドッジ・ラインの影響で地方団体の財政状況が大きく悪化、昭和三〇年に地方財政再建促進特別措置法を制定して、財政再建が開始されました。

石原　再建団体は数多くありましたが、私の知る限りでは、支給日になっても職員に給与が支払えなかったのは佐賀県です。大騒ぎになりました。私が鹿児島県に赴任したのは昭和三一年八月ですが、前年に地方財政再建促進特別措置法が制定され、二九年度の赤字に対して三〇年度に再建規定の適用を受け、三一年度から具体的な財政再建計画に入りました。

私は鹿児島県に赴任するまでは自治庁財政課で徳島県の財政再建の担当でした。徳島県も財政状況はたいへんに悪く、懸命に歳出削減をやってもなかなかめどが立ちませんでした。徳島は公共事業が多かったのです。戦後すぐの公共事業は起債を財源に実施しており、その償還が始まったのが昭和三一年ごろでした。ちょうど償還がピークになっているころに財政再建計画をつくったので、どんなに歳出を削っても公債償還が高止まりで、それをまかなうと赤字が消えないのです。永久に赤字になってしまう。それでは地方団体として成り立ちません。政府が財政再建計画を認める以上は何年か先には収支のバランスがとれていないといけません。どこでバランスをとるのか、再建計画の作成はたいへんなものだったのです。

例えば徳島県の再建計画では、職員の昇給は一切なし。最終的にはそれだけでは足らなくて、ほかの県も同じですが、徳島県の場合も期末勤勉手当もゼロにしたのです。勘定が合わないのですから仕方がない。そういう計画にしたら徳島県の財政当局も計画上帳尻を合わせないといけないのだからやむを得ないと納得して帰ったのです。

ところが後日、徳島県の教育長が本当に涙ながらに「期末勤勉手当なしでは教員が年を越せない、何とかしてください」と直訴に来られました。しかし私は、担当官としてどうにもできないわけです。これは本当にたいへんだなと思ったものです。

結局、過去の公債費の償還が問題なのです。そこでいわゆる特定債の償還費を普通交付税の需要として算入できるようにするために、特別態容補正を適用することにしました。[11]特別態容補正で財政力の要素を加味したのは、財政再建計画を横にらみした結果なのです。地方交付税でバックアップしないと財政再建計画が成り立たなかったのです。

当時、柴田さんが財政課長で、松浦功さんが課長補佐でした。「財政再建団体の公債費負担の実質的軽減策を何か考えなさい」と言われたので、私は投資的需要の必要度を測る指標をいろいろと考えました。産業構造が高度化されていない県はどうしても税収面で不利なのです。県税の中心は事業税ですが、農業は非課税なのでどうしても農業県は不利になり、それを補うための補正が必要になります。財政力の弱いところほど投資的経費の需要額を押し上げるような補正を考えました。「特別態容補正」と呼ばれるものです。それを設けたことで条件不利県の基準財政需要額が押し上げられて地方交付税が増額され、何とか財政再建計画が成り立つという、そういう関係だったのです。柴田課長の下で特別態容補正を実現したところ、関係団体からはものすごく感謝されたのです。

ところが、私が鹿児島に赴任してから後のことですが、柴田さんが北海道庁に転出され、奥野さんが税務部長から財政部長に戻ってこられました。そうしたら、「特別態容補正は何だ、これはとんでもない」というわけです。

個々の団体の事情は、基準税率を一〇〇%としないことで留保財源のかたちで与えているではないかと。つまり財政力の要素は、基準財政収入額を算定する際に普通税の二割相当額を留保財源としていることで反映済みなので、基準財政需要額の算定の上でもう一度財政力要素を加味するのは二重計算だ、これは駄目だと。一切やめなさい、となったんです。しかしやめるのはいいが、それでは現実に各再建団体の財政再建計画が成り立たなくなってしまう。それを見込んだ地方交付税が入ってくることを予定していますから。そもそも財政再建計画とのにらみでやったことですからね。

奥野さんも主張は主張だからとにかく駄目だと特別態容補正をやめたものの、今度は財政再建計画が立ちゆかなくなるというので困ってしまう。特別態容補正をやめた結果、後進県では普通交付税額が改正前と比べて改正後はがたっと落ちてしまうからです。そこで落ちた分の半分は特別交付税で手当すると決められたのです。

理屈は正しくても後進県に与えるダメージはたいへんなもので、奥野さんもこれはちょっと無理かなと思われた。しかし、理論的には基準財政収入額の算定で基準税率を八〇％とすることで留保財源をリザーブしているわけだから、財政需要の算定でも財政力要素を加味することは二重計算になるという考えは譲れない。そこで別の方法にしようということで、特別態容補正に代わるものとして後進地域の公共事業費の補助率のかさ上げを主張されました。奥野さんが補助率のかさ上げを強硬に主張されていたのは特別態容補正をやめさせたことと関連があるのです。

---

(11) **特別態容補正**　算出方法は、①経済構造、②人口一人当たり所得、③県民一人当たり県税負担額の三つについてそれぞれ指数を算定し、一定の割合で組み合わせて総合指数として、河川費、その他土木費、林野行政費の補正係数とするもの。また、道路費、橋りょう費、農業行政費については、費目ごとにもうけた指数と総合指数を組み合わせて補正係数を算出する。そのねらいについて、昭和三一年度に地方財政措置が全体として充実され、地方債の額が将来の公債費問題を考慮して相当額一般財源に振り替えられたことを受けて、過去地方財源が窮乏した時期に従来は地方債で仕事をしてきた地方団体について地方債の発行を抑制する措置をとるとともに、その代わりにそれだけの一般財源を与える必要があるという思想の下でもうけられた補正である。それをすることで、本来財政力の低い団体には一般財源を厚く、比較的財源が豊かな地方団体には地方債を充てるという財源配分の本来の姿に復帰させる意図があったとされる。

しかし、補助率のかさ上げの実現は簡単ではありませんでした。当時の財政課長は茨木廣さんなのですが、大蔵省へ折衝に行ったら、とんでもないことだと。今まで交付税でみていたのをそっちの都合でやめておいて、やめた影響を全部国費で埋めるのは何事だというわけです。ものすごい剣幕だったそうです。

ところが、公共事業の補助率のかさ上げは地方財政再建促進特別措置法の第一七条[12]にすでに盛り込まれていたんです。財政再建計画をつくったときに、徳島県はこれ以上の財政悪化を避けたいので公共事業を割り振られても受け入れられず全額返上なのです。当時四六都道府県のうち三六府県が赤字で、財政再建団体への適用に手を挙げたのが一〇あまりの県です。それ以外の団体も、法によらない自主再建のかたちで再建計画を実質的につくっていたのですが、いずれにしても公共事業を抑制する計画にしていました。このため公共事業の返上が相次いで国の公共事業予算が消化できず、各省は慌てていました。

そのときの大蔵省の公共事業担当主計官は宮崎仁さんという、後に三重県の副知事や経済企画庁の事務次官を務めた人です。東京大学の第二工学部のご出身で、東京大学の法学部出身が多い大蔵省の役人のなかでは珍しい特異な経歴の方なのですが、役人離れした発想の方でした。現実的な発想をされるので非常に印象に残っているんです。

財政再建団体は歳出を極限までカットする計画になりますから、公共事業費を執行しようにも通常の補助率では財政負担に耐えられないわけです。もちろん公共事業の地方負担については地方債の発行が認められますが、当時はもともと過去に起こした地方債の償還だけで手一杯で新規の起債の償還までは耐えられない環境にありました。

国から公共事業を割り振られても、返上する団体が続出し、宮崎さんとすれば、日本の国土全体について計画的に社会資本の整備をしないと日本経済の発展の障害になりますのでよろしくない。公共事業費の執行がゼロであるよりも国庫支出金の予算額のなかで仕事ができるようにした方がいいという発想でした。

そこで、予定された国費の範囲内で公共事業を受け入れられるようにするために、例えば公共事業費を前年度よりも三割減らしたところについては二割ないし三割の範囲内で補助率を上げる。そうすることで国費の出し入れは同じですが、地方負担額は減りますから公共事業の執行を団体は受け入れやすくなるわけです。

(12) 地方財政再建促進特別措置法

（国の負担金等を伴う事業に対する特例）
第一七条　財政再建団体（都道府県を除く。）のうち次の各号の一に該当するものが行う国の負担金等を伴う国の利害に重要な関係がある事業及び国が当該財政再建団体に負担金を課して直轄で行う事業で政令で定めるものについては、当分の間、政令で定めるところにより、当該事業に要する経費の負担割合について、特別の定をすることができる。
一　財政再建計画に基く財政の再建が完了するまでに五年度以上を要する財政再建団体
二　前号に掲げるもののほか、第二条第二項に規定する一般会計又は特別会計に係る当該年度の前年度末現在における地方債の現在高が地方交付税法第一一条の規定により算定した当該年度の前年度の基準財政需要額に政令で定める率を乗じて得た額をこえる財政再建団体

同条の規定によって、本再建を行う団体のうち、特に財政状況の厳しい団体には、おおむね公共土木事業の範囲に限定して、その事業量を圧縮することを前提に一律に国の補助率が二割かさ上げされることとなった。政令で定めた対象事業（指定事業）は、主として道路、河川等公共土木関係事業であって、公共土木施設災害復旧事業費国庫負担法の対象とほぼ一致している。

それで公共事業を曲がりなりにも消化できるということになりました。

これは自治庁が要求したものではないのです。宮崎さんが公共事業を返上されたのでは国の計画が狂ってしまうから何とかしなければと考えられました。宮崎さんの上司は主計官だった鳩山威一郎さんでした。鳩山さんにも理解があったので、鳩山さんと宮崎さんのラインで立案されて最終的には大蔵省から自治庁に提案がありました。

総額が増えない範囲で補助率を上げようという、個々の団体の財政状況によって補助率を変える発想はそれまでの大蔵省の伝統的な考え方にはありませんでした。宮崎さんはまったく違う発想をされた。自治庁も公共事業の補助率の特例などということはそれまで要求してこなかった。大蔵省側から提案があり、地方財政再建促進特別措置法の第一七条に盛り込まれました。

考えてみれば、各団体も公共事業は受け入れたいわけです。地域の公共施設の整備が進むわけですから。受け入れたいものの、通常の補助率による地方負担には耐えられないので、やむなく返上という行動に出たわけです。このため、団体の財政状況によって補助率を引き上げることになれば、地方負担を抑えつつ国からの補助金の範囲内で実行して一定の事業量が確保できるのですから、たいへんにありがたいことだということになりました。

実は奥野さんの発想にもそれが根底にあったと思います。このように国費で調整することについて再建団体の例があったので自信があったのです。そこで奥野さんは、再建団体であるかないかは関係なしに財政力の乏しい団体については、国が国土計画でインフラを整備しようというのであれば公共事業を受け入れやすいように、国費でもって調整すべきだと主張されたわけです。それが後進地域の特例としての補助率のかさ上げなのです。いうまでもなく地方は大賛成です。

ところが大蔵省にすればとんでもない話で、本来地方交付税で対応していたものをどうしてこっちに付け回すのだとえらい剣幕で、当時の地方財政担当主計官だった佐上武弘さん（後の財務官）はあくまでも拒否の姿勢です。

確かにそれまでの経緯からすれば、自治庁からは言い出しにくいところがあります。ところが奥野さんとすれば、財政力要素を基準財政需要額の算定に反映させるのはけしからんと言ってやめさせたものの、現実問題としてそのままでは地方団体は手取りが減ってしまうわけですから、公共事業を受け入れられなくなるという問題が出てきた。それで、総需要を管理するために公共事業の執行を確保するための補助率の引き上げという、かつての宮崎主計官の発想を借用して、いわば奥野さんが押し込んだのです。

後進地域の補助率の特例は奥野さんがご自身で発想したものでして、事務方から積み上げていったものではないのです。奥野さんの提案で最後は押し切ってしまったのです。(13)

(13) 昭和三六年に法制化。後進地域の開発に関する公共事業に係る国の負担割合の特例に関する法律（昭和三六年六月二日法律第一一二号）。

昭和三〇年度の穴あき地方財政計画

――昭和三〇年度の予算折衝において、地方財政計画の歳出が歳入を上回る計画をいったんは閣議に提出したものの撤回するというわゆる「穴あき地方財政計画」問題が起きています。ドッジ・ライン以来過度に圧縮された地方財政計画の歳出規模の是正を図るはずが、柴田さんの著書『自治の流れの中で』によれば、だまし討ちに遭ったようなかたちでそれが阻まれた。結果的にそれに一泡吹かせ、その後段階的に地方財政計画の歳出規模の拡大につなげる契機となった大きな出来事でした。その時期、石原さんは財政課におられました。

石原　あのときは、いろいろな議論がありました。

地方財政計画はまず閣議に報告します。その後に地方交付税法第七条の規定による「歳入歳出総額の見込額」は法律上閣議で決めるものとされていますので、歳入よりも歳出の方が大きい内容のものを閣議了解にもっていくのは無理ではないかという議論はあったのです。ずいぶん議論したのですが、そうかといって間違いなく計算ミスなのだから赤字のまま出した方がいいということになりました。

あのときは柴田さんが財政課長で首藤さんが課長補佐でしたが、首藤さんが大分頑張ったんですね。そのうち柴田さんもそれはそうだなという話になってきて、事実がそうなのだから辞表覚悟でやろうと言って、いわば穴あきの地方財政計画を出したのです。

出してみたら案の定大騒ぎになりました。地方財政計画は国の予算と整合性をとらないといけないものですから、地方財政で問題ありのものを国の予算として閣議や国会に提出したのでは国会審議は止まってしまうという話になります。地方財政の歳出と歳入がバランスしておらず、国の予算とは不整合であって、国の予算を地方は執行できないということを認めたようなものだからです。

そこで最後は泣きが入ったかたちで、これは何とかしようということになった。初めは大蔵省はとんでもないと言っていましたが、最後は泣きなのです。

とにかく地方財政計画上で歳出が歳入を上回っている一四〇億円分をかたちの上で整えるために単独事業を圧縮したのです。このため最終的に提出した地方財政計画は歳出と歳入が同額で一応つじつまは合っています。しかし、実際にはそうではないことは新聞報道もされましたので世間にオープンになっています。また大蔵省も、そのときには泣きが入って勘弁してくれという話であって、実質的には昭和三〇年度は年度途中で対応して、本格的には次年度以降に対応することが暗黙の前提だったのです。

――穴が開いたまま出したら大蔵省から泣きが入ることは予想していたのでしょうか。

石原　出した結果がどうなるか、どう収まるかまでは……。私は柴田課長がどこまで読んでいたか知りませんが、もう出すだけ出そう、足らないのを足りますと言うわけにいかないという状況だったのです。全国知事会など地方六団体側は事情はよく知っていましたから、不足分の一四〇億円は交付税率のアップそのものにつなげようという魂胆がありました。

――その年度の普通交付税の算定では標準団体の補正係数を〇・九にしました。

石原　標準団体の補正係数は一ですが、その年度は要するに勘定が合っていないわけですから標準団体の補正係数を〇・九にしたのです。

一四〇億円が不足しているというのが地方財政計画の原案でした。地方団体はそれに基づいて普通交付税の計算に当たっての単位費用などを聞いているわけです。ところが最後になってつじつま合わせで理屈抜きに地方財政計画を一四〇億円圧縮したわけですから、どこで圧縮しているのかを逆に明らかにしないといけません。そこで普通交付税の単位費用で標準団体の適用率を〇・九にした。残りの〇・一はどうしたのですかといったら、それは地方財政計画で財源が不足している部分なんだということを交付税の算定で明らかにしているようなものです。

大蔵省はそこまでは気がつかなくて、とにかく地方財政計画だけは合わせてくれという要請があってそれに合わせせた。だからいわば我が方は計画は圧縮したけれども、圧縮したのだから標準団体も圧縮したのだ、だから〇・九なのだという理屈だったように思います。まだ交付税課はできていなかったので財政課で普通交付税の算定をしていたころのことですが。

標準団体の補正係数を〇・九にするのは山本悟課長補佐の発想でした。地方交付税法の法制局審査を受けるとき私は山本さんと一緒に行ったのです。総額を無理に押さえ込んだことに対して単位費用の積算のなかでどこかを圧縮する方法もあったのですが、そうすると押さえ込んだことがかたちの上では分からないのです。補正係数の一を〇・九にすると圧縮したということが算定上も分かるわけです。算定の上でも痕跡を残した方がいいと、何かそんな気分だったですね。

――昭和三〇年の臨時国会では、国会の側も地方財政の財源を年度途中で回復させる気になっていました。

石原　あの臨時国会は、いわば地方財政のための臨時国会だったのです。地方財政計画の歳出を回復させることと地方財政再建促進特別措置法の審議をやりました。地方財政計画は年度途中で改定されています。

地方財政のための国会と呼ばれたくらいでしたから、地方財政計画の改定には地方財政の姿を明らかにするという意味合いもあったと思います。当時地方財政は行き詰まっていました。本当に危機的な状況でしたから。

非常に不幸なことにドッジ・ラインで地方配付税率を半分にしたころに教育制度の改正があって、義務教育を六・三制にして新制中学の設置を市町村に義務付けたわけです。そうすると新制中学の校舎を新築しなくてはいけません。そうはいっても財源はほとんどないのです。地方配付税もその後の地方財政平衡交付金も大幅に抑制されてしまって駄目ですし、補助金も大した金額ではないんです。このため市町村は校舎建設を借金で行わざるを得ませんでした。地方債しか財源がなかったんです。それだけではありません。占領軍の方針で、厚生省所管だった社会保障制度や環境行政の分野での伝染病予防法など新しい法律が同じ時期にいろいろできて、地方団体の事務が増大することになったのです。

地方団体は、このように新規の財政需要がたくさんあったのに地方配付税率を半分に削られたのですから、もう踏んだり蹴ったりです。当面は何とか起債や一時借入金でしのいでいたのですが、朝鮮動乱の後、経済が不況に陥って、それが表面化したのが昭和二九年度で、四六都道府県のうち実に三六府県が赤字でした。黒字団体といったら、それこそ東京、大阪、愛知、神奈川や各ブロックの中心県くらいです。

当時、北海道や筑豊は炭鉱景気で財政状況はよかったんです。一方でその他の農村県は軒並み駄目だった。シャウプ税制に盛り込まれた付加価値税を導入できなかった原因の一つもそこにあります。給与も付加価値ですから、職員をたくさん抱えて支払い給与の多い企業ほど付加価値税の負担が重くなるのです。また、特にあのころは地方では比較的被雇用者が多くて、中小企業も地方の方が多かった。税負担が増えるというので猛反対が出て、結局付加価値税は実現しませんでした。このため県税の中心はいきおい事業税になりましたが、事業税ですと農業所得は食糧増産の関係で非課税となっているので、農業に関する財政需要は多いのにもかかわらず税収は入ってこないわけです。農村県を中心に財政がたいへん悪くなった所以です。それに六・三制の実施も農業県には痛かった。あのころは地方の方が戦時中に疎開が進んだ影響もあって子どもの数が多かったものですから、六・三制の実施に伴う負担も都市より農村の方が重かったのです。

都市財政がたいへんになったのは、いわゆる都会への人口流入が激しくなったころ、つまり昭和三〇年代の人口急増問題が起きたころで、そこから地方財政の課題は都市の方に移るんです。

繰り返しになりますが、地方は農業関係で支出が多い反面、税制上は農業が非課税なので税収は入ってこないというギャップ、また、子どもが多くて学校も多いから支出も多い。いろいろな意味で地方にとっては非常に厳しかったのです。シャウプ税制は理想は高かったのですが……

昭和二五年に起きた朝鮮動乱で一時は景気がよくなったので、ちょっと一息ついた感じはあったのですが、二七年ごろから景気が下降気味になりました。それが底に達したのが昭和二九年なのです。それでその年度に発生した赤字対策のために特別国会を開いて地方財政について議論してもらったのです。

地方財政再建促進特別措置法の審議

──昭和三〇年の臨時国会で地方財政再建促進特別措置法が成立していますが、二八年には議員立法で衆議院において地方財政再建整備法案が提出されています。これは廃案になり、二八年一〇月の地方制度調査会の「地方制度の改革に関する答申」のなかで地方財政再建整備の要領に言及されています。

石原 確かに地方財政再建整備法は議員立法ですが、あのときの再建法は自治庁で考えていた内容が政府内部での調整がつかないので、地方行政の関係者が内容をつめて議員提案のかたちにしたものだったかと思います。

──昭和三〇年の地方財政国会では、地方財政計画のへこまされた部分を戻したから、地方団体に再建を促すというバランス感覚だったということでしょうか。

石原 そうです。要するに、昭和二九年度の地方団体の赤字はドッジ・ラインで地方配付税率を半分に削られた上に、いろいろな行政制度の改革に伴って地方の財政負担が増えているのに財源は減らされたままだということに原因があるわけです。

つまり経済情勢の悪化と国の施策に原因があった。ですから地方団体の財政再建のためには地方の財源、当時は地方財政平衡交付金から地方交付税への切り換え時でしたが、地方の財源を強化することで赤字を解消して財政再建を図るべきだというのが地方の基本的な考えだったのです。

それに対して、経済界もそうですが、大蔵省は、赤字、赤字というけれども同じ制度のもとで黒字の団体もあるではないかと。だから、赤字になったり黒字になったりするのはそれぞれの団体の運営の問題ではないかという立場だった。放漫経営した団体が赤字になったのであって、それは自分の責任なのだから歳出削減で再建をやったらいいではないかという論理なのです。

しかし考えてみますと、当時大赤字を出しているのはみな農村県なのです。都会は赤字ではないのですから。明らかにこれは経済構造の問題とそれに関連する制度の問題なのです。だから全国知事会などは、国の制度の欠陥に起因するものだから、国から地方への財源の配分を強化することで再建すべきだと主張したのです。

私は茨城県で見習いをしていましたが、茨城県も財政状況はものすごく厳しかったんです。そのときに再建法の整備などを先頭に立ってやられていたのが友末知事ですが、友末さんは地方財政再建促進特別措置法が成立しても再建団体の適用を受けないのです。

特別措置法の規定では給与の引き下げや増税などものすごく自助努力を要求する内容になっていまして、それに対して国の財政援助は赤字債の利子補給ぐらいしか書かれていないのです。友末さんは再建法を設けるように主張した張本人ではあったのですが、本来は国の責任で制度改正によって解消すべきものであって、地方がこれ以上身を切るかたちでやるのは本筋ではないと、そういう主張から再建団体にならなかったんです。苦しいけれども再建団体の適用を受けず、自主再建の道を選んだのです。

この茨城県のような団体はほかにもありましたが、自助努力だけでは議会や住民の納得が得られないから利子補給だけでもしてもらえるならその方がいい、自治庁長官の承認を得て国のお墨付きで再建策をやった方がやりやすいという団体もあって、そうした団体は地方財政再建促進特別措置法の再建団体適用に手を挙げたということですね。全国知事会のなかでも府県によって意見が分かれたのです。本来、国の責任で赤字を解消するべきだという主張をした県は、再建団体に手を挙げていません。

――地方財政再建促進特別措置法の設計には直接かかわったのでしょうか。

石原　私は、立案のときにかかわっております。地方財政再建促進特別措置法が成立して実行段階になると、私は担当官として徳島県の財政再建計画をみました。当時、地方財政再建の主管課は調査課で、制度の立案が財政課でした。この問題は政府全体としても、またもちろん自治庁としても大事な問題だというので、特別措置法がスタートしたときに行政課長だった長野士郎(14)さんが財政再建課長に異動されて来たわけです。再

---

(14)　長野士郎（ながのしろう）　大正六年生まれ、岡山県出身、昭和一六年内務省入省、地方自治庁では行政課長、自治庁で調査課長、財政再建課長、総務課長として自治省設置に尽力し、自治省選挙局長、行政局長（自治医科大の創設）、財政局長、自治事務次官。昭和四七年から平成八年まで岡山県知事を六期務める。昭和の大合併を推進し、地方財政再建促進特別措置法のもとでの財政再建、奄美群島の復帰でも手腕を発揮、後に地方自治の神様などと称される。平成一八年没。

建法は、大物課長が担当課長になってその指導のもとにスタートしたかたちです。

――当時は、ヤミ起債や不透明な決算処理の類もありましたね。

石原　決算上、繰上充用でやっているところは赤字であることが書類にはっきり出るわけですが、繰上充用ではなく支払繰延で処理する団体が結構多かったのです。要するに、事実上支払いを止めているので赤字の発生が外へ出てこない。そういうものを「病み上がり」と呼んでいました。それから短期資金の借換えでつないでいるところも、ずいぶんあったのです。

――地方財政再建促進特別措置法の制度設計はおおむねうまくいったということでしょうか。

石原　私は、当時としては一つの方向付けができたと思いますね。もちろん各団体ともたいへんシビアな財政再建計画をつくったのですが、つくってから実際に運用の段階になると、交付税率の引き上げもある程度実現していきましたし、地方税制も昭和二九年の改正の影響が次第に実現してきますから、これら税財政制度の改正の影響と、それからもう一つは、三二年から神武景気と呼ばれましたが、経済状況も次第に好転していきましたから、地方財政の状況も上向いていきました。昭和三一、三二年ぐらいまでは本当に厳しかったのですがね。

私は昭和三一年に鹿児島に広報文書課長として赴任しましたので、初めは財政の担当ではありませんでしたが、県の財政は相当に厳しいものがあるという印象でした。財政課長に異動した昭和三三年は、正直に言って気が緩んではいけないと思いましたから、財政が厳しいということは言い続けましたが、実際のところは結構よくなっていました。

鹿児島県あたりでも景気回復の影響が波及してきて、地方税収も少しずつよくなってきていたのです。私は昭和三五年に鹿児島から帰任しましたが、計画上は相変わらず厳しかったものの含み黒字として外に出さない黒字をかなりつくっていました。ですから本当の意味での地方財政危機というのは昭和三一年度と三二年度ぐらいだったと言ってよいのではないでしょうか。昭和三三年度になったらもう潮目が変わってきています。

――地方財政再建促進特別措置法では、本再建と自主再建を選択制にしています。

石原　いわゆる本再建になると、法に基づいた財政再建計画について、自治庁長官の承認を得るときにも完全に帳尻を合わせるようにしなければならないわけです。その結果、歳出には大きなタガがはめられて身動きがとりにくくなる。その代わり、そういう団体に対しては特別交付税で財政再建債の利子補給がされます。そしていちばん大きなメリットは、公共事業の補助率のかさ上げなのです。これは本再建にしか認められていません。自主再建では補助率のかさ上げはないのです。自主再建は、財政再建計画をつくって承認はとるけれども国の直接的な財政支援は受けません。その代わりに財政再建計画に本再建ほど厳しい内容は求めず、その団体の主体性を重んじたのです。

ではなぜ本再建に手を挙げる団体があったのかというと、国のお墨付きのある財政再建計画という名を借りないと議会を抑えることができなかったからです。本再建は議会対策の側面もあります。自主再建は、本再建ほど完全に国の監督下に入りたくないという、そういう選択だと思いますね。

本再建は毎年度の当初予算だけでなく、補正予算も全部自治庁長官の承認がいるので、完全に管理下に入ってしまうわけです。給与改定も全部国が査定するわけですから、厳しいし自由にはできない。

それに対して、自主再建ですと、その辺は当該団体の自主性をある程度認めてあまり細かいことは言わない。財政援助はないけれども、かたちの上では国が指導したというかたちをとる。その選択ですね。

自主再建を選んだ団体には、財政再建計画をつくって承認を得るという意味では国の指導を受けたいが、完全な債務管理団体にはなりたくないという心理が働いたのではないでしょうか。その余地を残すためにも選択を認めたわけです。私がお仕えした茨城県の友末知事は内務省の出身ですが、国の完全管理下には入りたくないという非常に強烈な意識を持たれていました。自助努力でやれるだけやる。しかし、国に対しては注文はつけるという姿勢でしたから。自主再建を選んだ団体にはそういう考えの団体が多かったのではないですかね。

——後に読売新聞の社主となった小林與三次⑮さんが、財政部長だった昭和三二年の論文で、再建団体について、財政再建団体の財政再建計画をもっと現実的なものにして事業をもっとやれるような計画にすべきだと書いておられます。

石原　地方財政再建促進特別措置法による再建が進んでいる時期に小林さんは行政部長から財政部長に異動

されました。小林さんはハートが非常に温かい方です。昭和一一年の旧内務省採用で、困ったときには非常にやさしく話を聞いてくれました。奥野さんも僕らに対して非常に思いやりのある人でしたけれども、こと理屈に関してはとにかく厳しいのです。一定の理屈がとおらなくては絶対に許さないのです。妥協してくれません。その辺があの両先輩は非常に違います。

――後に東京都知事になられた鈴木俊一[16]さんは、入省年次ではまだその上ですね。

石原　鈴木さんは円満な方で、包容力のある大先輩です。当時の行政局系統の人も財政局系統の人も鈴木さんの言うことはよく聞くわけです。人格者ですから。非常に相談もしやすかった。奥野さんは、三好さんとは路線が違いましたが、鈴木さんとはよいわけです。長野士郎さんは、柴田さんや奥野さんといった財政局

---

(15)　小林與三次（こばやしよそじ）　大正二年生まれ、富山県出身、昭和一一年内務省入省。内務省解体後に内事局官房自治課長、建設省大臣官房文書課長、昭和二七年自治庁発足時に行政部長で復帰、事務次官、三五年の自治省発足時の事務次官。退官後に読売新聞社入社。日本テレビ社長、読売新聞社社長、会長、社主を歴任。自治庁行政部長時に長野士郎行政課長とともに昭和の大合併を推進する。占領統治下ではGHQに睨まれ、一時期地方自治行政から遠ざかる。選挙制度の理論をつくったといわれる。平成一一年没。

(16)　鈴木俊一（すずきしゅんいち）　明治四三年生まれ、山形県出身、昭和八年内務省入省。内務省地方局行政課長、内務省解体後の内事局総務課長、地方自治庁発足では連絡行政部長、後に事務次官に当たる次長、自治庁で事務次官。戦中に内務事務官として東京都発足を手掛け、地方自治法をはじめとする重要法案の立案にかかわるなど戦後の地方自治制度の確立に大きく貢献する。第二次岸内閣の官房副長官、東京都副知事を経て、昭和五四年から平成七年まで東京都知事を四期務める。平成二二年没。

系統とは基本的に路線が違います。

また昭和一四年入省の後藤田正晴さんなどいろいろ偉大な先輩がおられますが、それぞれ性格はかなり違いました。この先輩たちが考えたことが行政制度の面でも財政制度の面でも未だに残っています。制度というものは、目をこらしてみると、それをつくった人たちのいろいろな人柄や考え方が随所に残っているものです。

第二章

自治庁財政課（交付税課兼務）課長補佐時代

鹿児島県財政課長時代（前列中央）

――柴田財政課長のもとで考案された特別態容補正は当時未開発補正とも言われていました。その未開発補正に代わる措置として奥野さんが後進地域特例を設けています。それがもとになって後の辺地対策や過疎対策などのいわゆる投資的経費の開発財政の仕組みができあがりました。

石原 ドッジ・ラインで削減された地方財源の水準をベースにして昭和二四年のシャウプ勧告があり、二五年から施行された地方税法と地方財政平衡交付金法ができました。地方税法も地方財政平衡交付金法も地方自治の理念に沿った素晴らしい制度だと思いますが、残念ながらそのもとになっている財源総量はドッジ・ラインで抑え込まれたところがベースになってしまったという問題がありました。

歳出についてもいろいろな法令が出てきて増えてしまっていた。さらに言えばシャウプ税制は都市型の税制です。農村には非常に不利なので地方財政全体の厳しさが地方にしわ寄せされることになりました。

地方財政平衡交付金はもちろんその地方へのしわ寄せをカバーする機能を持ったわけですが、その地方財政平衡交付金もスタートのときには地方自治に対する強度の介入は避けたいという趣旨もあっていわゆる基準税率を七割にしたんです、府県も市町村も。つまり三割は自由財源にする。しかしその自由財源に税源の豊かな団体と貧しい団体とで非常に大きな差があったわけです。

地方財政再建促進特別措置法では、財政再建計画をつくって自助努力で赤字回復をしなさいということにしたのですが、当時の農山村を抱えていた地域は税収が確保できず、もっぱら地方債で地方負担分をまかなったわけです。幸か不幸かインフレ時代は地方債でまかなっても償還のときにはかなり実質負担が減りますが、インフレが収まってきますとその借金返済分がものすごく重くのしかかってくるわけです。その借金返済の負担が都市と農村とを比較すると農村の方が非常に重かったわけです。もともと税源に乏しい団体ほど公共事業の裏負担として発行された地方債の償還費の圧力がかかったわけです。

地方財政平衡交付金制度創設以来、基準税率は七割でしたが、昭和二八年度に義務教育費国庫負担法が復活して都道府県分については義務教育費の半分を国費で担うこととなり、都道府県の財政に相当寄与することとなった。そこで道府県分だけは基準税率を一〇分の八にして、市町村は一〇分の七のままにしました。

基準税率の残りの部分は豊かな団体ほど大きいわけですが、貧しい団体は自由に使える財源が少ない上に先ほど申しましたように税制上のいろいろな問題もありましたし、それから何よりもそれまで公共事業の裏負担に充当した地方債の償還費がいわば田舎の団体ほど重くなっていたわけです。

そういう現実を見まして、いきなり基準税率の引き上げをやろうとすると、都市部では反対が強いし、国会でも、特に社会党系の人は反対しますからそれもできない。そこで基準財政需要額の算定を通じて何とか解決を図ろうということで知恵を出したのが特別態容補正、いわゆる未開発補正なのです。

地方財政再建促進特別措置法に基づく再建をしようとしても、財源的な手当をある程度考えてやらないと財政再建計画のつくりようがないわけです。基準財政需要額の算定上後進地域ほど公共事業の需要が多いわけですから、その自己負担をある程度緩和する方法はないかということであの補正を考えたわけです。

ですから、未開発補正を適用して、それが実際に算定結果に反映するようになってくると、財政再建計画はある程度軌道にのっていくわけです。そういう軌道にのってきたときに奥野財政部長が「基準財政需要額の算定に当たって、財政需要そのもののサイドでいろいろ考えるのはいいけれども、そもそも財政力要素は基準財政収入額で反映しているのだから基準財政需要額の算定で、これを加味するのは二重計算になるんではないか」「基準税率を七割にとどめているところ以上に収入要素は、財政需要の計算には持ち込むべきでない。未開発補正は財政力要素が入ってくるので邪道だ、一切まかりならん」と言って、ストップをかけたわけです。

そうしたら当然ですが、未開発補正の適用を受けている団体の財政再建計画が成り立たなくなったわけです。皮肉な話なのですが、私が見習いで勤務した茨城県でも本再建ではなく自主再建で進めようと、未開発補正によって何とかぎりぎり再建できる状態だったんです。

この未開発補正をやめたとたんに、自主再建での財政再建計画がもう成り立たないぐらいになってしまったんです。友末知事はたいへんな勉強家で、全国知事会を代表して地方交付税制度の実現や地方財政再建促進特別措置法の成立などに大きく貢献した方なのに、です。

ところが奥野さんと友末さんはたいへん懇意にしていたのですよ。制度改正などいろいろと奥野さんが手掛けた仕事に対して「奥野の意見は非常に立派だ」と友末さんは応援しておられたんですが、その茨城県などが未開発補正をやめたためにたいへんな打撃を受けたわけです。それで奥野さんも「理屈は理屈だけれども現実問題としてそのまま押し切るわけにはいかんな」ということで、「激変緩和として落ち込んだ額の半分は特別交付税で補塡する」ということにしたんです。

しかし、それでも半分しか補塡されません。それで奥野さんは「いずれにしても後進地域の要素を収入額の算定でもう一回みるのはおかしいから、地方交付税は地方交付税で純粋に財政需要はまさに財政需要だけの見地からカウントする。それでも後進地域が立ちゆかないというのであれば、公共事業費の制度のなかで考えるべき」だとして、後進地域の公共事業費の補助率かさ上げを提唱されたわけです。

その根底には財政再建団体の公共事業の執行の返上を避けるために実施した補助率のかさ上げ措置があります。この措置が盛り込まれたことで地方団体の中に本再建の選択が進んだところもあります。

そういうことがあって、公共事業の補助率は一律的に決まってはいるものですが、財政再建団体に限っては、いわば事業を減らした度合いによってある程度補助率を引き上げる特例を認め、団体によって扱いを変えることができるという先例をつくったわけです。それがあって、その後いわゆる地域開発立法ができた。初めは東北振興で、その後それ以外の地域の地域振興法ができました。そこでも適用団体の補助率のかさ上げを取り入れたんです。

奥野さんは特別態容補正の代わりに一般法として後進地域の公共事業の特例に関する法律を提案されたわけです。当初大蔵省は「とんでもない、それはまさに地方交付税の役割ではないか」と言っていました。私は当時地方交付税の担当でしたから、彼らと何度も折衝しましたが「君のところの問題ではないか」とずいぶん言われたものです。しかし、上司の考え方が決まっているわけですから、大蔵省にはもっと高い次元の話なのだと反論して、結局平行線をたどっていました。

最終的には、やはり後進地域が財政再建団体であろうとなかろうと、公共事業の執行を受けられるかたちにしなければ国土計画はうまくいかない、というところに落ち着きました。国会議員の先生方にしてみれば後進地域の特例については与野党一致して大賛成ですから。それもあって最後は大蔵省の反対を押し切ってできたということなのです。未開発補正に始まって後進地域特例につながりました。

――開発財政と災害復旧の財政制度には直接的なつながりはないのでしょうか。

石原　それはないですね。災害復旧事業で公共災害復旧費にかかる公債費の元利償還金を九五％まで基準財政需要額として算定する理由は、ほとんどが原型復旧なので、その負担は国がみようというものです。「原型復旧までは地方団体に積極的なメリットを与えるものではないので国が多く負担してもよい。地方は事業実施に協力するだけで災害復旧の財源は国から被災団体へのお見舞いである」という考えなので、九五％算入とすることに不公平だという議論はなかったですね。

単独災害復旧については、当時は特別交付税でみていたんです。公債費の算入率は公共災害復旧の三割だったと思います。つまり九五％の三割で二九・五％。それを初めは特別交付税で手当していたんです。「単独」とはまさにそれぞれの団体の判断で行う小規模の災害復旧ですから。

ですけれども、「単独であっても、災害復旧は災害復旧ではないか」ということから、それにかかる公債費を普通交付税に取り込んで、かつ、貧しい団体については算入率を財政力に応じて引き上げる「財政力補正」という概念を入れました。災害復旧については財政力補正ではあまりやかましい議論はなかったですね。

むしろ後進地域特例について、「投資的事業全体に対して適用するものだから財政力に応じた加算措置は基準財政収入額で勘案することとの二重計算ではないか」という異論があったことについては先ほど述べました。

次に、そういうことが一つヒントになって後進地域特例の次の年の昭和三七年に「辺地振興法」ができました。一定の要件に該当するへき地については、地域振興のための事業の財源に地方債の充当を認めて、その償還費の一定割合を基準財政需要額に算入することで普通交付税で措置するというものです。これには奥野さんは反対されなかったですね。

その次が少し下って昭和四五年の議員立法での「過疎対策法」です。人口が急速に減っていく過疎地のようなところについては、公共施設等の整備費について財源に地方債の充当を認めて、その償還費の一定割合を基準財政需要額に算入し普通交付税で財源措置することで結果的に地方交付税でみる、とする法律です。これもそんなに反対はありませんでした。

最初の段階の特別態容補正である未開発補正ですが、収入要素を基準財政需要額の算定に直接用いるのは邪道であり問題だが、かといって財源措置が不十分で事業ができないというのではいけないから、地方団体の財政事情によって理屈のつく範囲で財源措置を拡充することはいいのではないかという現実論で全体的に収まりをつけていったということだと思います。

――辺地債の算入率は、当初災害復旧事業債の九五％の六割、五七％で開始されましたが、その根拠は何でしょうか。

石原　それはいわば「腰だめ」ですね。何か理論的な計算値に基づくものではないんです。算入率も補助率もそうですけれど、まず半分にするかどうかがあって、それよりも援助の度合いを高めようとする場合には六割とか七割に設定する、その程度の発想です。

災害復旧事業債の算入についても、九五％が公共事業の災害復旧事業で、単独事業がその三割相当の二九・五％の算入とするというのも同じです。

単独事業は公共事業に採択されない比較的小規模な復旧事業ですし、これには維持修繕費的な要素があるんです。本来維持修繕費は経常的経費なので起債もできず一般財源で自前での対応ですから。それを災害復旧費の枠組みでやってもらうと維持修繕費が浮くことになるのです。

自然災害に見舞われると気の毒だということになって、比較的手厚い財源手当を受けるのはよいのですが、その反面で、皮肉なことに災害のない団体は全部自前で単独事業の維持修繕をやっています。そうすると、災害がないからこんな幸せなことはないのではと言いながらも、財政担当者にとってはときどきは災害に来てもらった方が財政事情が楽になるという心理が働くのです。それが現実なんです。

私は鹿児島県で財政課長をやりましたが、鹿児島県は災害多発県でしばしば災害に見舞われるため、災害復旧事業については公共も単独も含めて財源措置が比較的手厚い団体です。そうしますと結果的に施設の整備がかなり進むんです。私は岡山県の総務部長も務めましたが、岡山県は災害の少ない県です。公共事業の採択を受けている分はよいのですが、単独分野は全て自己負担になります。中国地方で言うと、山陰地方はよく災害が起こるので山陰の県の方が災害による単独事業ができているんです。

細かい話になりますが、人件費も同じです。公共事業費の事務費には人件費が含まれているんです。工事雑費のなかで人件費を一部まかなえるので公共事業が大きいか、あるいは災害の多い団体だと職員の人件費をそれでまかなうことができるわけです。ところが公共事業の少ないところ、特に災害がないところはそれがないものですから、人件費を全て一般財源でまかなわなければなりません。

ある意味でそれは災害のない県の悩みでもありますから、公平の観点からみて、災害復旧なら全額を国費でみてもよいのではないかという議論にはならないんです。地方団体に様々な事情の違いがあることを踏まえた上での実質的公平論からいきますと、国費で一〇〇％みるのはやはり行き過ぎだということになる。これには災害を受けた団体も反論しません。実際にはメリットがあるわけですから。

――辺地債に関しては財政力補正を導入しています。

石原　辺地の場合には初めから地方債の発行とその元利償還金の基準財政需要額への算入というかたちで面倒をみるということにしたのですが、ただ裕福な団体にも貧しい団体にも辺地はあるんです。裕福な団体より貧しい団体の方がもともと元利償還費の負担が実質的に重くなりますから、その辺を加味したのが「財政力補正」なのではないかと思います。辺地債の財政力補正は私自身が手がけたものではありませんが、発想はおそらくそうだと思います。

――辺地債の算入率は最初五七％でその後八〇％に引き上げられましたが、過疎対策法が創設されたときには七〇％算入にしています。その差は何でしょうか。

石原　過疎法は主に適用の対象が市町村単位ですが、辺地法の適用は地域単位なのです。特定の地域の住民の生活条件、不便度は全体に比べて当然厳しいわけです。過疎団体は大都市周辺でかなり豊かな団体であっても、人口要件だけでみて減少していればそれだけで法の適用は可能になりますから。そういう実態の差がありますす。そこで辺地の方を優遇したということだったと思います。

過疎対策法は議員立法で、辺地法は政府提案です。辺地法は奥野さんが熱心に主導し、担当課長は岡田純夫さんでした。要するに地方交付税ではカバーしきれない個々の辺地の振興のところをどうするかを問題にしたのです。辺地は当該地方団体の全体ではなく、交通不便な特定の地域まさに集落単位で生活利便をバックアップするという趣旨でした。

過疎対策法は議員立法でした。島根県が特に熱心で、伝統的に島根県の企画部長が事務局をやっていました。島根県は隠岐島や石見地方などいわゆる過疎地域が非常に多かったですから。

また議員立法の推進役は山中貞則衆議院議員でした。選挙区が鹿児島県の大隅半島で、いわゆる過疎地なのです。山中さんは行動力のある人ですから議員立法の会長になっていただいた。振興費の財源確保を補助金で実現するのはなかなかハードルが高いので、初めから財源は地方債ということにして、その償還費を地方交付税でみていこうという方針でしたね。小さな補助金を追いかけるよりも地方交付税の方が懐が広いのでうまく対応できたと思うんです。

同じ振興法でも離島振興法や半島振興法の財源手段は補助金です。しかし補助金ですと国庫の制約がありますから事業費が限られてしまう。過疎法は初めから地方債での対応だったため事業費を段階的に増やしていけたんです。

——議員立法のなかには、本当の意味での議員立法と、実は閣法でもいいが議員立法の方が出しやすいものとがあります。

石原　それはあります。過疎対策法などは後者ではないかと思います。過疎対策のような地域振興系の法律ですと、閣法なら経済企画庁、後には国土庁の所管になります。経済企画庁は、離島振興なども手がけていましたが、エコノミストですからマクロ経済には熱心でも、ミニマムな問題への対応にはそれほど熱心ではなかったんです。それと各省調整というものを経済企画庁は苦手としていたんですよね。

また閣法で対応する場合にはその法案を担ぐ省庁が関連する役所と協議しなくてはなりません。各省庁とも関係する分野でそれぞれの制度を持っていますから、既存の制度との整合性や競合関係などに神経質になって調整に時間がかかるんです。

そういう点を考えると、むしろ議員立法の方が早い。議員立法だと各省庁とも既存の制度との関係であまりナーバスにならないんです。法案の作成を急ぐ場合であって、かつ、各省調整に困難が予想される場合には、問題意識を持った役所なり、そこの関係者がそれに理解のある有力議員を説得して議員立法で進めるというのが多いのです。ただし一般的には、税制や地方交付税など制度全体にかかわったり、制度の根幹に関する部分であったりする場合は政府提案であって、議員立法には馴染まないという何となくそういう仕分けはあります。

――山中貞則さんは、言わずと知れた後の与党税調の大幹部です。緻密な議論がお嫌いな方ではない。

石原　ええ、そうです。岸信介内閣で佐藤栄作さんが大蔵大臣のときに大蔵政務次官をされました。後に通産大臣もされました。山中さんは、当時は「乱闘国会の英雄」と言われて、いわゆる腕力のある武闘派議員だとみられておったんですが、たいへんな勉強家でもありました。普通の議員がやらないような地道な勉強をする人なのです。このため佐藤大蔵大臣は政務次官の山中さんを「使える男」だと見込んだのです。山中さんは河野派で佐藤さんとは対立する立場だったのですが、佐藤さんが非常に山中さんを評価して可愛がったので、違う派閥ではありましたが、佐藤さんとは非常に近い関係でした。

山中さんは県会議員のときからそうなのですが、ほかの議員とは違った勉強の仕方をするんです。鹿児島県議会議員のときは徹底的に財務規程を勉強されて、県庁の部課長が辟易するぐらい詳しくなって決算委員会の英雄になっています。国会議員として大蔵政務次官になったら、今度は税法を勉強されたんです。それも「税務」です。要するに制度論・財政論としての税ではなくて税の実務論の勉強です。

例えば物品税の仕分けをどういうふうにやるとか、徴税の実務とか、いわゆる学者がやらない、実務家である税務職員がやるようなことをこつこつと勉強された方です。それで税の非常に細かいところにまで精通するようになったのです。

山中さんが党税調の「ドン」と言われるようになったのは、税の基礎理論、実務的な面に非常に詳しくなられたからなんです。決して腕力自慢というのではなく、そうした非常に地道な努力に裏打ちされた実力を持っていた人だったんです。

大蔵政務次官時代には物品税の大改正にたいへん貢献されたと言われています。そんなこともあって彼は大蔵省に独特の影響力を持つようになったわけで、大蔵省の官僚諸君も山中さんに対しては一目置くようになったんです。また山中さん自身も大蔵省のことをよく分かっていましたから、財政的に非常に難しい要求は陳情を受けても、山中さんから断ってしまうんです。「それは駄目だよ、その代わりこれはある程度やれる」とか言ってですね。それについては大蔵省もまた協力をする。

沖縄振興の特別措置法の創設でも、山中さんがもっぱら頼りでしたね。山中さんは自分の財政理論でここまでやるべきだと判断したら大蔵省をとことん説得して実現しましたからね。普通、議員さんは利権構造に敏いというイメージがありますが、山中さんはそうではなかった。国会議員としては珍しく、財政の理論をよく勉強された方でした。それが税調のドンと呼ばれる存在になった理由でもあったのです。

余談になりますが、消費税の導入のときに、今では考えられないことですが、竹下総理が山中政調会長のところへ「何としてでもこれをやりたい」と頭を下げに行って、山中さんが「分かりました」と答えています。そのとき大蔵省は税率を五％にするという要求だったのですが、山中さんは自分の感覚ではそれでは国民の理解が得られない、国も少し損をしろと。五％相当の所得税と法人税の減税をして、消費税は三％でスタートすると言う。それに対して大蔵省はせめて四％でと言ったのですが、「三％でなければ自分は引き受けない。その代わり三％だったら自分は体を張ってもやる」と約束されたんです。

三％でも、経済成長率が高くなれば二％程度に相当する分は経済成長で補ってくれるからというのが山中理論でしてね。歴代総理は税制については山中さんに一目も二目も置いていたし、自民党の政調会も総務会も、こと税制に関しては「山中税調」でやろうと決めたことには反対できなかった。

あるとき個別の税制問題で自分の要望が入れられないとして反対した議員がいたんです。自民党の総務会は原則全会一致でないと通らない。総務会で一人でも反対が出たらとりまとめができない状況でした。そうしたら山中さんが血相を変えて、「おれは命懸けでこの国のためにこの改正案をまとめたんだ。それに君はなぜ反対なんだ。議員一人ひとりはいろいろ考えていることもあるし利害もあるだろうけれど、党として俺に任せてくれ。俺がまとめたんだから。君がどうしても反対するんなら俺も議員を辞めるが君も辞めろ」と言って迫ったところ、当人が謝ったという逸話もあるんです。そういうたいへんな人でしたね。

減価償却方式からの転換

――地方交付税の投資的経費に対する算定は当初は減価償却方式でした。しかし昭和四二年度に法定率三二％に引き上げ、翌四三年度に減価償却方式を停止し、さらに二年後の四五年度に普通交付税の算定の単位費用を「経常」と「投資」に分けています。

石原　地方交付税の算定で「投資」と「経常」を別建てにしたのは私が岡山県に赴任していたころのことです。私の後任の花岡圭三君（後の自治事務次官）や矢野浩一郎君（後の消防庁長官）が手がけたのだと思います。矢野君は地方交付税に非常に詳しかったし、当時まだ三一、二歳だった土田栄作君などもそういう制度に強かった。

私が担当しているころも減価償却方式として単位費用に建前としては算入していましたが、本当に申し訳程度にしか入っていなかったわけです。投資的経費については、そもそも学校のような耐用年数の長いものは起債でやって、あとは減価償却費で償還財源を算入する、そういう説明ではあったんですが、実際に入っている額は僅かだったですね。

地方交付税制度がスタートしてから間もなく日本の経済成長率がハイレベルになっていき、公共事業も公共施設の整備に対する財政需要も大規模になっていきましたから、実際には減価償却費でもってまかなう分は名目的なものにすぎず、残りの財源は基準財政収入額以外の税の留保部分と起債とでまかなっていました。起債の償還費は経済成長率が高いと相対的に軽くなりますから、そういう経済全体の成長と物価の両面で償還費が何となくまかなわれているというところが実態で、理論的に詰めていないんです。投資的経費は地方交付税制度上は減価償却方式といいながら、大きな投資額となる、例えば道路とかあるいは河川とか港湾とか、そういう事業では財源的にはとても間に合いません。

それでも道路については、延長・面積を基準にして財政需要の実態にあった算定がある程度まではできるようになりました。しかし、河川とか港湾とか海岸になると、実際の公共事業の負担額を補捉せざるを得ない状態になりまして、それには地方交付税の論理から外れるんではないかという議論もあったんです。けれども、国土計画で国として公共投資を計画的に実施することは、それなりにオーソライズしているわけですから、その負担額を地方交付税に一部算入することはその本質に反するとまでは言えないんではないか。地方交付税制度は現実の財政運営をバックアップしなければ意味がないわけですから、客観的な数値で補捉し得ないような公共投資の財政需要については現実の負担額を地方交付税に反映させてもよい、あるいは元利償還費を反映させるという方法もこれは是認されるというように考え方が徐々に変わっていったわけです。

私はそういう投資的経費算入の考え方の切り替えの時期に担当しておりましたから、古典的な地方交付税の議論をする人からするといかがなものかという意見もありましたが、現実はもうそうせざるを得ない状況になっていました。そのことで投資的経費も次第に執行しやすくなっていったわけです。

初めのうちは必要に迫られてその限りにおいて特定の費目ごとに算定方法を変えていったんですが、地方交付税のトータルの額が増えてくると、それを理論的に整理する必要があるということになりました。私は昭和四一年度の交付税率の引き上げまでを担当し、そのあと岡山県に赴任したものですから、後の担当者が私が在任中に持っていた問題意識を整理してくれたのだと思います。

それで投資的経費と経常経費を分けて、補正係数も経常経費に対する補正と投資的経費に対する補正に分けてすっきりさせた。それまでは両方の要素が混在しておったわけです。地方交付税の基準財政需要額の算定の理論的な整理ができたという意味で、大きな進歩だと思います。

——ところで地方財政計画のつくり方はどのようなものでしょうか。

石原　地方財政計画は地方団体の現実の決算をにらみながらつくっています。経常的経費では人件費がいちばん大きく、地方公務員数と、国家公務員の給与単価を参考にして想定した地方公務員の給与単価とを計算しているのが給与関係経費です。投資的経費で言えば、公共事業費では国の予算と結びついている補助事業ならば一般公共事業の補助裏である一般財源を地方財政計画に積むことになります。

それに対して問題になるのは、経常経費について言いますと維持修繕費だとかその他の単独の施策です。初めは額として大したことはなかったのですが次第に大きくなっていきます。環境とか福祉関係の単独事業がそれに当たります。特に福祉関係については、生活保護という財政需要は初めからはっきりしたものでしたが、保育だとか老人福祉だとかそういう系統は後の時代になって制度化されるんですが、その前に一部の団体が先行的にいろいろな施策をやっていました。それをどこまで地方財政計画に反映させるのかという点や維持修繕費をどこまでカウントするのかは理論的に難しいところがあります。

投資的経費も単独事業費をどこまでカウントするかは理論的にはなかなか積み上げきれないところがあります。そこで結局は地方団体の決算をベースにしてそのなかで明らかに過剰であったりぜいたくだと言われるような要素はなるべく外して算定します。

経常経費の単独施策では、政府としては例えば当時は老人医療の無料化などはむしろ厚生省は反対しておったわけですからそういう系統のものを除外して、残った単独施策は現実に地方団体が実施しているものをそのままとまではいかなくとも、ある程度はそれが必要な額としてそれを前提にせざるを得ないではないかとして積み上げたわけです。

地方財政計画では投資的経費についてはおよそ減価償却費などという概念はないんです。ただ普通交付税の基準財政需要額の算定は便宜上減価償却方式を取り入れて投資的経費についても算定しているという建前にしたことはお話したとおりですが、実際は基準財政収入額で（留保財源として）二割なり三割を計算外においておりましたから、各団体が支出するのは、そのなか（留保財源の範囲）でやってくださいよ、という発想なのです。したがって減価償却方式は普通交付税の単位費用のなかだけでのことでありまして、地方財政計画では現実の事業費をマクロでつかまえて地方財政計画の歳出に取り込んだということなのです。

地方財政平衡交付金法のときは個々の団体ごとに、あるべき財政需要を計算し、また収入すべき税収を地方税法に基づいて計算して、差し引きの合計額を国の予算に計上しなさいと法律に書いてあるんです。でも、これはおよそ現実には不可能なわけです。

そこで、「あるべき財政需要とは何ぞや」となります。例えば義務教育であれば、教員配置の基準があって基準どおりに人件費等の算定をある程度できますが、地方の財政事情の全般についてあるべき財政需要となると、そもそも積み上げるのは無理だったんです。無理だったんですが、シャウプ勧告に基づいてこうしなさいということを受けて法律をつくってしまったわけです。だから法律で想定している財政需要と地方財政計画は直接の関係はなかったわけです。

「地方財政計画とは何ぞや」と言われると、地方交付税法第七条で歳入歳出の概要を説明することが義務付けられていますのでそれと同じものだと説明してきましたが、本来はスタートが違うわけです。地方財政計画の方が先なのです。地方財政計画は戦後の混乱状態のときに地方配付税をどれだけ確保したらいいのかの目安のためにつくったものです。

それではどのようにつくったのかというと、当時の都道府県や市町村の決算をもって、それをベースにして不純要素を除いてつくったんです。そういう意味で、スタートは地方交付税法に定める歳入歳出の見積りとは別なのです。別なのですが、便宜上地方財政全体の総額の計算は地方財政計画によらざるを得なかったということです。地方交付税法の前身の地方財政平衡交付金法が想定した、あるべき財政需要とあるべき財政収入の差額を積み上げることは、これは「いうべくして」であって現実の計算としてはできなかったわけです。

――地方交付税の具体の算定の問題に戻りますが、投資的経費の算定に当たって、現実の事業費を基準財政需要額の算定に用いる事業費補正方式が拡大しています。河川改修や港湾、海岸保全などが事業費補正の起源ですね。

石原　そうです。河川改修費については初めは河川の延長で計算していたんです。

例えば利根川の河川改修費でいえば、利根川の河川流域の延長でいうと最長は群馬県です。ところが、直轄事業の河川改修費、特に治山治水対策の直轄事業の負担金がいちばん重いのは茨城県なのです。茨城県も利根川の流域ですが、河川延長からいうとあまり長くなくて群馬県の方がずっと長いのに、です。

昭和二二～二四年ごろにキャサリン台風(1)とかキティ台風(2)とかがありました。あのころの大水害で下流地域の茨城県がたいへんな被害を受けたんです。そのときの被害額がベースになって利根川の治水ダムの直轄事業負担金が災害の被害を受けた流域の県に割りつけられたんです。そうしますと、利根川の河川改修費のいちばん大きな負担がくる茨城県の財政需要を河川の延長を基に算定することはできないんです。しかも利根川の治水を守るということは東京をはじめ関東地方全体を守ることですから、それを茨城県が負担することに対して財源措置をしなくていいのかという問題が出てきたのです。

河川改修事業は各団体が好き勝手にやっているわけではなくて、その流域の住民の生命財産を守るためにやっているわけです。しかも河川の流域全体をにらんで事業費が決まるものです。その財政需要の算定を河川の延長で行うと、どうにも実態に合わない。そういうことで地方交付税の基準財政需要額の算定で現実の

（1）**キャサリン台風（カスリーン台風、昭和二二年九月）**「一五日に駿河湾の南方を通過、さらに房総半島の南端を横切りました。台風が接近する以前に、本州には停滞した前線が一三日から大雨をもたらし、台風の影響とかさなり、特に南東に面した山岳斜面では三〇〇～五〇〇m／mにも及ぶ降雨量を記録しました」「利根川では上流域の群馬県内の赤城山系の沼尾川、白川等で土石流が発生し、多くの犠牲者を出しました。また、河川では埼玉県東村（現・大利根町）新川通地先において本川右岸堤が破堤したのをはじめ、茨城県中川村（現・岩井市（編注：現在の坂東市））、渡良瀬遊水池周辺等で破堤しました。なかでも東村新川通では延長三四〇mの破堤が生じ、その濁流が埼玉県下にとどまらず東京都葛飾区・江戸川区にまで達し、その浸水面積は約四四〇㎢にまで及びました」（国土交通省関東地方整備局のホームページより）

（2）**キティ台風（昭和二四年八月～九月）**「八月二八日に南鳥島近海で発生し、三一日一〇時頃八丈島を通過後、進路を北寄りに変え、一九時過ぎ神奈川県小田原市の西に上陸した。その後東京西部、埼玉県熊谷市付近を通って九月一日〇時頃新潟県柏崎市付近から日本海に進んで、温帯低気圧となった。／この台風により、八丈島（東京都八丈町）では最大風速三三・二m／s（最大瞬間風速四七・二m／s）、横浜で三二・五m／s（同四四・三m／s）を観測するなど、東海、関東、北日本の日本海側で暴風が吹いた。山岳部では降水量が多くなり、小河川の氾濫が多く、群馬県東村沢入では土砂災害で三二名が生き埋めになった。また台風の通過が満潮時刻と重なったため関東地方では高潮となり、横浜港では推算潮位より一m以上高くなって、浸水や船舶の被害が多数発生した」（気象庁ホームページより）

財政負担をある程度反映せざるを得ないということになったわけです。

同じように港湾費もそうなのです。港湾費も初めは港湾の護岸の延長を基に算定をしていたんですが、それでやると、維持補修費を需要に捕捉する感じになります。そうすると、すでに港湾施設が整備されている横浜市や神戸市などでは問題がないんですが、鹿島開発のように砂浜に掘り込んで大規模な港湾事業をやる場合は、基礎数値がゼロになってしまいます。港湾施設の延長で算定するのは新たに浚渫する団体にとってはナンセンスなわけです。

ところが、新産業都市や工業整備特別地域などで日本の国土全体を開発する際に、大規模な港湾整備事業が行われる団体については、当時の地方交付税の算定方法では開発需要にかかる財政負担の適正な算定はできない。これも現実の公共事業の財政負担を普通交付税の基準財政需要額の算定に反映させるしかないではないかと。しかも港湾施設の整備は、その団体の地元を潤すだけではなくて、後背地やひいては日本全体に寄与する面があるのだから、共有財源としての地方交付税で算定しても不公平にはならない。現実に港湾の施設の延長だけを元にした基準財政需要額の算定では新規開発費用について財源措置できませんので、これもやむを得ないだろうということです。

海岸も以前は海岸線の延長で計算していたんですが、海岸の形状によって護岸堤防を必要とするところと、そうではないところとがあります。例えば三陸海岸をみると、入り込んで後背地があるようなところは必要ですが、岩山のようなところには何もいらないわけですから、海岸線の延長で海岸の経費を計算することにはやはり限界がある。国土保全上の必要性に基づいて必要なところに投資をするのだから、その公共事業費の補助金の裏負担を地方交付税で算定することもけっして不公平にはならないということで、河川費とか港湾費とか海岸費については、現実の公共事業の裏負担を一部反映させるように踏み切ったわけです。そこで当面は地方債を発行して、元利償還金を事業費補正で普通交付税の基準財政需要額に一部算入する方法に徐々に変わっていきます。

いずれにしても、当初は非常に理想主義的な地方交付税の算定方式を考えていたんですが、それは静態的な状態ですでに同じ条件のもとに全団体で整備が進んでいるような場合には問題ないのですが、これから整備する団体とすでに整備されている団体とがあるときには、減価償却方式のようなかたちではこれから整備する団体には不利となって駄目なのです。経済成長も著しく、世の中が大きく変化しているときに、その対応策として公共施設を整備するようなときには、国の計画に基づく現実の財政負担を共有財源である交付税でフォローしてもけっして不公平だということにはならないという考え方で割り切ったわけです。私は地方交付税の財源保障機能というものを全うするためにはこの割り切り方は間違いではないと思います。

――地方交付税の算定の問題だからということで、大蔵省はあまり反対しなかったのでしょうか。

石原　大蔵省は、総額論ではありませんので反対はしません。各省の事業が円滑に進めやすくなるという意味では大蔵省もどちらかといえば歓迎で、各省も大賛成です。

各省は公共事業を受けてもらわないと困りますから。それまで財源的な手当が十分ではなくて公共事業の執行がネックになっていたような地方団体の裏負担を自治省でバックアップしてくれるというので歓迎なわけです。財源が起債ですと、将来にわたってその償還費の問題が出てきますから、各省が自治省財政課にやってきて、地方交付税で財源手当をしてほしいという要望は結構多かった。建設省や農林省は言うに及ばず、厚生省や文部省などでも、ほとんどの事業官庁は補助事業をスムーズに受け入れてもらわないと困るものですから。財源の裏打ちを地方交付税ですることに関しては、当の地方団体だけではなくてそれぞれの所管省も一緒になって要望に来られるケースが多かったですね。

——政府が五か年計画を設けているような事業から始めましたね。

石原　ええ。ただし一般論としては特に自民党政府のつくる五か年計画は、要するに土建国家だという批判から、地方交付税がそういう政策のしもべになってよいのかというような若干観念論的な反対論はありました。ただそれは理屈の世界での抽象的な反対であって、個々の団体の課題への対応となるととことん反対する意見はなかったのです。

財政局で直接所管した主なできごと

——昭和三〇年代だけでも、ずいぶんいろいろな仕事にかかわられました。

石原　私は昭和二八年から三一年まで財政課で見習いをし、その間は地方交付税の担当でした。地方交付税法の起案や決裁をさせていただき、地方財政平衡交付金から地方交付税に切り替えたときのいろいろな制度改正を経験させてもらいました。また地方財政再建促進特別措置法もこの時期です。この二つは直接かかわったものです。

地方交付税では特別態容補正、つまり未開発補正を手がけましたが、奥野さんが財政部長になられてストップをかけられたので、私が赴任していた鹿児島県でもそのダメージを受けたわけです。

昭和三五年に鹿児島県から自治省財政局に帰ってきまして、四一年の交付税率の引き上げまで私が担当しました。当初はいわゆる地域開発立法が華やかなりしころの制度改正を担当しました。

地方交付税制度について言いますと、昭和三〇年代の財政再建過程で交付税率が少しずつ上がっていくのですが、仕上げになったのは昭和四一年度の交付税率の三二％への引き上げです。あれは私がまさに担当したわけです。それを終えて岡山県に赴任しました。それまで財政課の見習いとしては大体三年間、課長補佐では足掛け八年でした。地方交付税制度のスタートのころからある程度の完成期までの制度改正にかかわったと言えます。

昭和四五年に岡山県から帰任して、市町村税課長を拝命しました。財政局に戻ったのは昭和四七年です。その後地方債課長から財政課長に異動して、昭和五一年に財政担当の審議官、それから税務局長と官房長を経て、五七年から財政局長をやりました。昭和四八年の石油ショックのころは財政課長でした。

――昭和三八年の財務会計制度の改革は所管が行政局ですから直接にはかかわっておられないのですか。

石原　財務会計制度は財政運営の基本ですが、地方自治行政の組織の問題として行政局が担当しています。財務会計は地方自治法に規定がありますので、その改正は行政課が担当しました。ただ財政運営とかかわるものですから財政課と共管のようなかたちです。

当時、行政課では、宮元義雄さんが財務会計制度を初めから手がけておられてとても詳しかった。あの方は財務会計制度でいろいろな解説書も著しておられます。最後は全国知事会の事務局次長をされて、そのあと郷里の宮崎県の日南市に帰られて市長をされています。

私は財政の観点から財務会計制度の実態調査に行ったり、見直しの議論にも加わったりしましたが、制度の立案そのものは行政課の所管でした。今もそうですが、当時でも問題になっていたのがいわゆる複式簿記、企業会計方式に改めるという議論です。しかし、そうは言っても実現はなかなか難しくて、まずは公営企業からということでした。公営企業ではある程度、企業会計方式が定着したと言っていいと思いますが、普通会計の場合はこれからですね。国の方にも顕著な動きはない。企業会計は損益計算が基本になるわけですが、公会計はそうではないですからね。企業会計がいいという意見はあっても現実になかなか進まないのは切実さが違うからだと思います。

不交付団体の国庫支出金の交付制限

――義務教育費の国庫負担金ですが、シャウプ勧告で一度廃止して復活させるときに、大蔵省が東京都に交付制限をかけて国庫の負担率を通常の二分の一よりも引き下げています。本来それは筋悪であると言えます。

石原　戦前から義務教育関係の経費は、もともとは市町村の支弁だったんです。ところが財政難で教員の給料を払えないような団体が出てきた。農村不況のころです。このままでは日本の義務教育が維持できなくなるという危機感から三好重夫さんなど当時の内務省が乗り出して、義務教育の教員の給与を道府県の負担にして、その半分を国庫が補助するという制度をつくったわけです。

それが一つのきっかけになりまして、社会保障費も含めて重要な政策については国と地方団体が共同責任でこれを実施するという考え方ができたんです。いわゆる負担区分論という戦前の内務省が提唱した考えです。その考え方が戦後まで続いておりまして、義務教育の年限の延長などもありましたから地方の負担が増えました。

そういう状況のときにシャウプ使節団が来日して、アメリカは連邦国家ですから州によって事情は違うんでしょうけれど、少なくとも地方団体は地域の住民にかかわる行政について全面的に自らの責任で行うべきだと。その代わりその団体には税源を配分し、課税権を認めるという発想なのです。

シャウプ勧告は、「重要な地域の行政について国と地方が責任分担するという発想はおかしいではないか、国の責任に属するものは全部国が財源を持ちなさい、地方の責任に属するものは全部地方が財源を持ちなさい、そして、それぞれに対応して税源を振り分ける」という考え方を示しました。だから義務教育にしても社会保障関係でも地方が実施するものは全額を地方の負担のもとにやるべきだと。そうしてそれにふさわしい地方税が配分されるべきだと。

しかし現実には税源の偏在がありますから、それを調整するために地方財政平衡交付金をもって足らざる分は全体を通して計算して、それに必要な額を国が予算計上しなさい、とした。そういう体系からしますと義務教育は地方の仕事ですから、二分の一の国庫負担は邪道となりますので負担を停止しました。昭和二五年度と二六年度は廃止されたわけです。

しかし我が国が独立を回復するときに、義務教育は国も責任を持つべきものだという考え方が従来からありました。当時は自由党ですが、その考えが強くて国庫負担を復活することになったわけです。そのときに地方財政委員会・地方自治庁は、地方の責任として地方財政平衡交付金でやると言っていたのですが、自由党政権は国庫負担を復活するという方向をとりました。財政課長は奥野さんですが、それならば実額への補助にしてほしいと主張した。普通、補助金は国が決めた補助単価で計算してその二分の一とか三分の一の額に対して補助金を交付するわけですが、義務教育については実質支出の半分を持つということにしてほしいと。そうして国が半分、地方が半分とすることになりました。

ところがそうしたときに地方財政平衡交付金の不交付団体についてどうするかが問題になった。国庫負担の金額が大きいですからね。当時の不交付団体は東京都と大阪府、神奈川県、それから愛知県の四団体でした。不交付団体について同じく実額での国庫負担では不交付団体を優遇しすぎるのではないか。ただそうした団体だけを二分の一の例外というわけにもいかないので、半々ではあるが不交付団体については実額ではなく政令で教員の給与単価を決めて、その単価の半分を負担金として交付する特例を設けたんです。これを法律で書いたわけです。

その当時、不交付団体は豊かでしたから教員の給与単価も高い。田舎の県はそうでもなかった。国家公務員と比較して不交付団体は高かったので、高いものをそのまま追認して国が実額負担するのはおかしいではないかということで、大蔵省は強くそこを主張しました。それではというので不交付団体については政令で定める額の二分の一と、そういう規定を入れたわけです。(3)

地方自治庁も初めは、復活するのであれば二分の一ということで分かりやすくいきたかった。あとでいわゆる直轄事業負担金が問題になりますが、義務教育についてはもうそういう問題がないように実額負担だということを主張していたのですが、不交付団体の給与が高かったということも事実でしたから最終的には妥協したわけです。

――自治省は伝統的に、財政調整として国庫負担金の補助率を不交付団体だけ引き下げることは、基本的によくないことだと考えてきました。

石原　ええ。それはやるべきではないというのが基本です。大蔵省には通常の団体は二分の一であっても不交付団体はそこまでやる必要はないではないかという基本的な考えがあるんですが。自治省の場合は、負担区分論と同じ思想がありまして、事務の性格によって国と地方が一定の割合で負担し合う以上、団体が交付

(3)　義務教育費国庫負担法第二条ただし書に基づく。平成一五年に改正され、一六年度からは不交付団体も実額に対する交付に切り替わっている。

団体か不交付団体かで取り扱いを異にするのはおかしいと。不交付団体といっても不交付の状態が絶対ではなくてその時々の税収の状況で変わるわけですから、やるべきではないというのが自治省のそもそもの考えなのです。けれども義務教育費の場合は金額が大きく、正直に言って不交付団体の給与が高かったものですから、それで最後は政令単価で折り合ったわけです。

――教員配置に関するいわゆる標準法（公立義務教育諸学校の学級編制及び教職員定数の標準に関する法律）が昭和三三年にできています。

石原　地方財政平衡交付金のときには「標準法」はなかったので、地方財政平衡交付金では義務教育の教員給与を教員数ではなくて学級数と学校数で計算していました。これらは学校の基本調査で数字が分かりましたから。

それに対して学級編成人員は終戦後はそれこそ六〇人とか五五人学級でいわゆるすし詰めと言われる時代があったのですが、それでは教育の水準が維持できないというので標準的な学級編成の基準を決めようとしたのが標準法の趣旨です。初めは五〇人でした。段階的に減らして四〇人学級が定着するようになるんですけれども。学級編成と教員配置の基準を標準法で決めたわけです。学級編成基準を超えたら学級担任と学科担任を置くというような考え方で教員をどう配当するかなどを決めています。

標準法ができたことで、地方交付税の算定も義務教育費の計算は、人件費については標準法による教員の定数を測定単位に使うようになりました。それ以前は学校数と学級数で計算していたんです。そのときの学級数は現実の学級数であって、もちろん指導基準はあったのでしょうが、学級編成の基準に関する法律のようなものはなかったのでそれに拠らざるを得なかった。国庫負担金は標準法ができた後も実額に対する二分の一負担でした。不交付団体についていては特例として政令に基づく単価で計算しましたが、交付団体の場合は実額負担です。これは初めから絶対条件であったわけです、当時の自治省がそれに賛成する上でですね。

――生活保護費の国庫負担も同じですよね。地方交付税上は種別の保護費の交付税上の単価を適用するものの国庫負担金は実額に対して一定の補助率で交付されます。

石原　生活保護費も実費に対する国庫負担です。当初の補助率は一〇分の八で実支出額に対する補助です。内務省時代は、国が負担金を出す場合には実際に地方団体が使った額に対していくらという精算払い的な負担であるべきだと考えていました。それが国の責任を果たす所以だという思想がありました。内務省以来の言葉では、「補充費途」と言います。

ところが生活保護費は実額負担だったのですが、児童保護費や保育所運営費は生活保護よりあとから制度が整備されたものですから実額負担ではないのです。いわゆる「国の基準によって計算した額」とされています。それが実態と合わなくなって例の摂津訴訟になるのですが、あのようないわゆる超過負担問題が起こったのは補助金の補助単価の問題が中心にあったからなのです。学校の教員の人件費負担や生活保護費はもともと実額負担ですから超過負担の問題が起こらなかったわけです。

地方財政法第二六条をめぐって

——柴田さんは、地方財政法第二六条で地方団体に節度ある財政運営を求めていることについて、退職後に書かれた論文で、その条文の重要性を指摘しておられます。

石原　地方財政法には、地方団体が財政運営上不適切な財政支出を行ったり、徴収すべき税収の徴収を怠ったりした場合には地方交付税を減額できるという規定があります。(4)それとは別に地方交付税法にも似た内容の規定が第二〇条の二にあるんです。(5)

地方交付税法の第二〇条の二と同様の趣旨の規定は、実は地方財政平衡交付金法のときからありました。義務教育費国庫負担金を廃止して、その全部を地方財政平衡交付金に統合したときに一般財源となったことで、文部省がそれでは義務教育の所要財源が保障できないと主張しました。それで地方財政平衡交付金の計算上義務教育の基準財政需要額の算定額よりも著しく少ない額しか支出しないような団体があったら文部大臣が自治大臣に減額を要求できるという規定を地方財政平衡交付金法に書き込んだのです。それが現在の地方交付税法にも残っているわけです。

当時の廃止前の国庫負担金を所管する大臣から、地方平衡交付金として算定される額との比較で実際の支出を著しく少なくした場合において自分の所管行政が確保されない恐れがあるときは、それに相当する額の

(4)　地方財政法

（地方交付税の減額）

第二六条　地方公共団体が法令の規定に違背して著しく多額の経費を支出し、又は確保すべき収入の徴収等を怠つた場合においては、総務大臣は、当該地方公共団体に対して交付すべき地方交付税の額を減額し、又は既に交付した地方交付税の額の一部の返還を命ずることができる。

2　前項の規定により減額し、又は返還を命ずる地方交付税の額は、当該法令の規定に違背して支出し、又は徴収等を怠つた額をこえることができない。

3　総務大臣は、第一項の規定により地方交付税の額を減額し、又は地方交付税の額の一部の返還を命じようとするときは、地方財政審議会の意見を聴かなければならない。

(5)　地方交付税法

（関係行政機関の勧告等）

第二〇条の二　関係行政機関は、その所管に関係がある地方行政につき、地方団体が法律又はこれに基く政令により義務づけられた規模と内容とを備えることを怠つているために、その地方行政の水準を低下させていると認める場合においては、当該地方団体に対し、これを備えるべき旨の勧告をすることができる。

2　関係行政機関は、前項の勧告をしようとする場合においては、あらかじめ総務大臣に通知しなければならない。

3　地方団体が第一項の勧告に従わなかつた場合においては、関係行政機関は、総務大臣に対し、当該地方団体に対し交付すべき交付税の額の全部若しくは一部を減額し、又は既に交付した交付税の全部若しくは一部を返還させることを請求することができる。

4　総務大臣は、前項の請求があつたときは、当該地方団体の弁明を聞いた上、災害その他やむを得ない事由があると認められる場合を除き、当該地方団体に対し交付すべき交付税の額の全部若しくは一部を減額し、又は既に交付した交付税の全部若しくは一部を返還させなければならない。第一九条第六項から第八項までの規定は、この場合について準用する。

5　前項の規定により減額し、又は返還させる交付税の額は、当該行政につき法律又はこれに基く政令により義務づけられた規模と内容とを備えることを怠つたことに因り、その地方行政の水準を低下させたために不用となるべき額をこえることができない。

返還を命ずるという規定を入れてくれという申し入れがあって、地方財政平衡交付金の本質からすると、そんなことはおかしいではないかという論争がずいぶんあったようです。ですが、特に義務教育費は金額が大きかったものですから結局受け入れたんです。

――地方財政法第二六条も地方交付税法第二〇条の二も、どちらの条文も発動されたことはありません。

石原　地方財政法第二六条では実際に問題が起こったことはあります。佐賀県の脊振《せふり》村という非常に村有林収入が豊かな団体で住民税を軽減することにした。軽減とは言いながら実質ただにするという条例案を提出しようとしたことがあるんです。それでも村有林の木材収入があるから財政運営上の支障はないというのですが、特定の団体が住民税の課税を免除したりしますと周辺の団体が迷惑を被るわけです。住民感情からは、「隣は住民税がただなのにうちは何でとるんだ」となりますので。それで徴収すべき税の徴収を怠った場合に当たるのではないかということで、脊振村に交付する交付税を減額するかどうかを議論したのです。結局実行には至らないで村の方も住民税の軽減を取りやめたはずです。そういうケースはあるんです。地方財政法第二六条を発動するかどうかの議論をしたことはあります。

――ところで地方財政法第二六条は必要なのでしょうか。

石原　ええ。それは地方団体の財政運営の姿勢を正すという意味でですね。ある団体が放漫な財政支出を行ったり徴収すべき税の徴収を怠ったりしますと、その団体の住民が迷惑するだけではなくて隣近所も迷惑するんです。例えば老人医療の自己負担を全部町が肩代わりしてただにするという施策を講ずるような団体が出てきますと、お隣の団体でも老人が「うちはどうしてやらないんだ」ということになりますから。団体間の財政運営に他に累を及ぼす恐れがある場合は、それに対して地方財政法第二六条で地方交付税の返還命令を出すという規定なのです。

昭和四一年度の交付税率三二%への引き上げ

――昭和四一年度の交付税率の引き上げについて、それまでの数次にわたる引き上げもそうですが大蔵省は財源が不足しているから法定率を上げたとは表向きには言っていません。

石原　地方交付税法ができたときの交付税率は国税三税の一〇〇分の二〇でした。一九・八のあとに端数がつくんですけど(6)。それで平年度は一〇〇分の二二だったんです。前にもお話しましたが、その後警察費の算定ミスなどが分かってきたので二五%に改定するわけです。そのあとも少しずつですが上がっていって、昭和四一年に三二%にする前は二九・五%というところまでいった。徐々に交付税率を上げていったんです。

当時は所得税や法人税の減税が主な理由だったのです。経済成長に対応して所得税や法人税の減税を大蔵省はやろうとした。当然それに地方交付税がリンクしていますから減税を行えば交付税率相当分は地方の財源が減ることになるので、その分を交付税率に乗せたんです。

これについては三好さんがもっとも強硬なご意見でして、要するに一定率ということは地方の取り分なんだから、その元を国が政策で減らすならそれによる減収分だけは交付税率で調整しろ、という議論なのです。その議論を私共も主張したんですが、大蔵省はそれをやると減税のたびに交付税率を上げなければならないので絶対にのめないと。

なぜ減税するかというと、減税することによって個人消費や企業の設備投資が拡大して経済成長につながり課税ベースが大きくなるからです。だから減税した分はいずれ経済成長で税収増となって戻るんだからそれを埋めるのはおかしいというのが大蔵省の論理なのです。ですから徐々に交付税率を引き上げたときもその理由として、「地方財政全体の状況を総合的に勘案して引き上げました」という答弁をしているんです。減収補塡という言葉は使っていないんです。

つまり大蔵省とすれば地方交付税は地方の取り分であるということを認めたくないわけです。国、地方の相互の財政全体をにらんで交付税率は決まっている。少々の変動要因があってもそのなかでお互いにやっていく。そして所得税や法人税の減税をした場合もいずれは経済成長が実現するから手取りでは減らないのだという議論をしていますので、減税に伴う減収分を交付税率に跳ね返すと地方の取り分がどんどん増えてしまうという理屈なのです。

昭和四一年度に三二％にしたときも正式な引き上げ理由は減税補塡でもないし、交付税法第六条の三第二項のただし書によるものでもない。要するに国、地方の財政全体を総合的に勘案して引き上げたんだと、そういう説明になっているんです。大蔵省は地方の権利として当然に引き上げたという論理にはのりたくないわけです。自治省側は、国税三税の減税をした場合には地方の取り分に手を加えるわけだから常に交付税率で跳ね返せという議論をした。もちろん地方交付税法第六条の三第二項は「引き続き著しく不足する場合」ですけれど、自治省の論理はそうではなくて、国税三税の減税をするのであれば地方の取り分だけは地方に返せという議論ですから、厳密に言うと第六条の三第二項のただし書ではないんです。要するに税源配分論なのです。

しかしそれには大蔵省としては絶対にのりたくないし、第六条の三第二項による「引き続き著しく」というのにものりたくない。それにのってしまうと、後々必ず要求されるという心配からでしょうね。だから最終的には、国と地方双方の財政を総合的に勘案して引き上げるという説明で落ち着いたわけです。

(6) 昭和四一年度までの交付税率の変遷は次のとおり。

昭和二九年度：所得税・法人税の一九・八七四％、酒税の二〇％

三〇年度：国税三税の二二％

三一年度：国税三税の二五％

三二年度：国税三税の二六％

三三年度：国税三税の二七・五％

三四年度：国税三税の二八・五％

三五〜三六年度：国税三税の二八・五％＋〇・三％（臨時地方特別交付金）

三七〜三九年度：国税三税の二八・九％

四〇年度：国税三税二九・五％

四一〜六三年度：国税三税三二％

――直近でいうと平成二七年度のときに限って第六条の三第二項に基づいて法定率を引き上げていることになっています。

石原　今回は、所得税の三二％に対して法人税は三四％であった交付税率を税体系全体の改正のなかで見直した。法人税の税率引き上げや消費税率の引き上げ、酒税やたばこ税の改正など国税のいろいろなやり繰りがあったので変えたんです。所得税分は昭和四一年度に三二％に引き上げてからずっと変えなかったんですけれども、平成二七年で初めて手を加えて三三・一％にして法人税もそれに揃えたわけです。法人税は景気変動を激しく受けますから三四％を三三・一％に下げて、その分所得税の方を上げた。変動幅はわずかですが、それぞれの税の特質を踏まえた非常に賢明な考え方で、地方交付税財源の安定化に寄与するいい制度改正だったと思います。

――柴田さんは、交付税率を昭和四一年度に三二％に上げたときに、三分の一ぐらいが限界で三分の一をあまり超えない方がいいと書いておられます。「三分の一」とする理由は何かあるのでしょうか。

石原　あの当時に「三分の一」といって柴田さんの頭にあったのは、地方配付税率が三三％だったことです。そのあたりが国と地方の税源配分からして一つの妥当な線だという考えが根底にあるんです。もとよりほかの税制との絡みもありますが、それが柴田さんの考え方だと思われます。あの当時大蔵省は、交付税率はその時々の状況を勘案して変えてきたけれども、三〇％以上にはすべきでないという議論を展開しておったんです。

あのとき税制のプロである山中貞則さんが三〇％・マッハ論、音速は超えられないという意味のことを言ったんです。当時の自治省は三五％を要求したわけですが、私は鹿児島県の関係で山中さんと懇意だったので、山中さんに交付税率の引き上げについて、「鹿児島県もこれによってメリットがあるんだからお願いします」と言ったら、「君、国・地方の全体を考えたらやはり三〇％がマッハだよ」とおっしゃっていました。結局、大蔵省は三〇％の線で防ぎたかったわけです。

当時は福田赳夫さんが大蔵大臣で、自治大臣が永山忠則さんという福田派の先生。広島の亀井静香さんがその後継者です。永山さんは古いタイプの政治家で、軍人恩給の問題などを非常に熱心にやった人です。自治大臣になったものの地方財政の話はまったく分からない人で、国会答弁も地方財政計画なり地方交付税の話になるとほとんど答弁できなくて、大蔵大臣が全部答弁したわけです。

福田さんとすれば、自分の子分である永山に花をもたせなければならないということもあったし、ご自身も、「そもそも国と地方は車の両輪であるから片方だけがよければいいというものではない、両方の車が同じように回らなければ経済も財政もうまくいかない」と考えておられたのです。

もちろん、大蔵省内部では官房長の村上孝太郎さん（後の事務次官）はじめ引き上げには絶対反対だったわけです。この人たちが戦後のドッジ・ラインでやめた国債の発行に再度、踏み切ったわけですが、それに関連して地方の財政負担は増えてしまいます。だから地方としては何としても交付税率を上げてもらわないとついていけないと主張した。福田さんは国と地方は車の両輪だということで両方をうまく回していくためには三二％が妥当だと言う。これは大蔵大臣の裁定のような感じなのです。そういう意味では画期的でした。

振り返ってみますと、ドッジ・ラインで削減されたことで地方の一般財源がずっと足りない状態が続いていて地方財政の困窮の原因だったのですが、昭和三一年度に二二％から二五％にして、それからはかなりよくなっていったんです。神武景気があり、岩戸景気があって、そしてさらに福田大蔵大臣の決断で三二％にしたことで、ほぼ国と地方の財政バランスがとれたと思うんです。いわばドッジ・ラインによって失われた交付税財源をようやくとり戻して、本来あるべき水準まで戻ったということではないかと思うんです。

昭和四一年度以後は日本経済が非常に伸びたものですから、それとの関係で交付税率の引き上げ論はまったく影をひそめて、むしろ大蔵省側は地方にやりすぎたという考えが強かったわけですが、地方からすればこの改正によって初めて交付税制度が安定したと言っていいと思います。三二％にしたというのは、そういう意味で非常に大きな意味を持つ改正だったんです。

――昭和四一年度の引き上げの際に、「国は建設国債を発行しているが建設国債を発行していなければ所得税はこれぐらい入っていたはずなので、所得税の失われた部分を交付税率にカウントすると三五％になる」ということを国会議員にうまく説明されたのが石原会長でした。

石原　あのとき私はフローチャートみたいなものをつくって国会議員を説得して回ったんです。要するに、ドッジ・ラインによって国の方は超均衡財政になった、非募債主義で一切借金をしていません。ところが地方は苦しくて、ずっと借金をしているわけです。

そういう状態が続いたわけですけれども、昭和四一年度に日本経済がこれからずっと伸びていくという状況のなかで福田先生がいわゆるフィスカル・ポリシー論を展開された。財政の役割は、経済が停滞したときには借金してでも財政支出を増やす。その代わり経済が好転して税収が増えた場合には過去の負債を繰上償還することで、経済成長率を財政政策でもって調整しようとするものです。これはアメリカのニューディール政策でやったフィスカル・ポリシーと同じで、それを日本の財政にも本格的に導入すべきだとして国債発行に踏み切ったわけです。

それまでは国は非募債主義ですから、税収でもってまかなえる範囲で予算を組んでいた。地方は地方債を発行してバランスをとっていた。そこに新たに国が国債発行によって歳出を膨らますわけです。その場合は、当然公共事業やその他の施策を増やすので、それに伴う地方負担が出てきます。その新たに生じた地方負担は従来のバランスから外れるではないか、その分は何らかの手当が必要である、というので、それが交付税率の引き上げの根拠でした。地方税法の改正はなかったのですから、交付税率の引き上げでバランスをとるべきだということになりました。

それに対して、「国が借金して地方が交付税をもらうのはおかしい、足らないなら地方も借金すればいい」と当時の大蔵省は言っていました。ところが地方は、そもそも国の財政がたいへんなときに足りない交付税を地方債で埋めたわけです。それだけ地方財源は少なかったわけですから。だからさらに地方債をとはいかない。国は国債でやってもいいけれど、地方はもともと地方債でもって不足している財源をまかなっていたんだから、新たに生じる地方負担分は交付税率の引き上げによって補うべきだと。それを地方財政計画ベースで三五%ぐらいになると計算したわけです。そのフローチャートで論争をやったわけです。

これが結構受けて、大蔵省は初め変なものを出してきたと言っていたんですが、国会議員は、「なるほど、たしかにそうしなければおかしい」と、どちらかというと自治省サイドではない人もそれはそうだという話になったんです。それで、国は国債で歳出を増やすんだから地方負担分も地方債を増やせばいいと言っていた大蔵省はあわてましてね。

結局、それが一つの要因で福田大蔵大臣が裁定したんです。そのときは鳩山威一郎さんが主計局次長でした。鳩山さんは柴田さんと同期で非常に仲がよかった。そんなこともあって最後は鳩山さんも、大臣がそう言われたのだから三二％でいいではないかと言ったんです。それに村上孝太郎さんが激怒して、「鳩山はどっちを向いてんだ」と大論争になりました。大蔵省のなかはたいへんもめたらしいですが。

鳩山さんは、私の印象では地方財政のよき理解者でした。福田大臣の「国と地方は車の両輪」論もおそらく鳩山さんたちがサポートしたんではないでしょうか。大蔵省主計局の人たちは地方財政というと目の敵にした連中が多かったんですが、鳩山さんは理解者でしたね。

あのときのコンビは、鳩山次長に主計局長は谷村裕さん（後の事務次官）。その谷村さんがまた奥野さんと仲がいいんです。奥野さんと同級生で個人的にも親しかったので、谷村さんは「地方財政は担当の鳩山君に任せる」ということになって、それで鳩山さんが大蔵大臣の意向も受けて交付税率の引き上げを決めたら、官房長の村上さんはもともと大蔵省の考え方をもっとも強く主張していた人ですから、「とんでもない話だ」と激怒したという話が伝わってきました。

――交付税率を三二％に引き上げた昭和四一年度の予算編成は、いわゆる四〇年不況を受けての異例の事態でした。

石原　昭和四〇年の山一証券の危機を日銀の特融で救済するということがありましたね。あのときの大蔵大臣は田中角栄さんなのです。オリンピックが終わったあとの反動で一時的に景気が後退して税収が落ち込んだんです。税収が落ち込んだのだから、大蔵省の論理で歳出を削るんだという話になりました。

各省に対して、「予算の執行を抑えろ」という通知が来たんです。そのときの政治の話は私はよく分からないのですが、途中で大蔵大臣が福田さんに変わったんです。そうしたら福田さんは、景気が冷えているときに歳出削減したら首吊りの足を引っ張るようなものではないか、むしろ逆だと。こういうときは国が借金してもいいから財政出動すべきだという、いわゆるフィスカル・ポリシーの議論を展開されたんです。あの人は財政に詳しいですから。

それで風向きが変わりまして、昭和四〇年度に実は特例公債を出したんです、歳入欠陥分に初めて特例公債を充てた。そして昭和四一年度から建設国債の発行を開始して、いわゆる国債を抱えた新しい財政、「財政新時代」なんて言われたものです。これからは景気の状況によっては常に国債を増やしたり減らしたりすることでやっていくんだと。それで経済の安定成長を維持するという議論を福田さんが唱えられたわけです。

そうすると地方財政はどうなるのかということになりました。そのフィスカル・ポリシーに地方もついていこうとすると国と地方のバランスが一回崩れるわけですから、その崩れたバランスを修正した上で協力しなければならないというのが、私が書いたフローチャートなのです。交付税率を二九・五％から三二％に、一挙に三二％ですからたいへんな引き上げ幅なのです。それでもって国と地方ともども安定軌道にのせるんだという説明になったわけです。

昭和四一年の地方公営企業法の改正

――昭和四一年にはもう一つの大きな出来事として、地方公営企業の経営悪化を背景にした地方公営企業法の改正があります。繰出基準を明確にし、地方公営企業単体の再建規定を設けました。

石原　公営企業の再建ですね。あれも柴田さんが主導でやっていました。私は直接の担当ではなかったんです。あのときは佐々木喜久治さんが公営企業を担当されました。柴田さんが非常に熱心でした。

公営企業は独立採算という考えでしたが、公営企業が本当に採算がとれるのなら民間がやればいいわけですから、公的な主体である地方団体が公営企業を行うのは、何がしかの非採算部分が住民サービスとしてあって、そうだとしても地方団体が安定的にサービスを提供することの方がよい、そういう分野があるのではないか、それが地方公営企業だというわけです。

典型的な例が水道です。上水道は住民生活に不可欠なものですから。それがいろいろな地理的条件によって非採算なところもある。

それから病院です。病院も民間で提供できるところはいいけれど、民間も手を出さないような地域では地方団体が病院を経営するのは必要だし、その限りにおいては採算にのらない分はある程度一般会計が負担することがあっていいんではないかと。

ただし、漫然とやると経営理念が後退して地方公営企業は赤字ばかりになってしまうから、そこはけじめをつけて、公営企業の事業の性格に応じて本来の性格上採算にのらない分があってもよく、それについては一般会計がサポートする。

基本的には公営企業ですから、料金でサービスの対価として住民が直接負担すべきだけれども、特定の場合には一般会計がサポートすることを認める。その基準をはっきりさせようというのが、あのときの地方公営企業法に盛り込まれた再建の考え方です。その議論を私は脇で聞いておりましたが、もっともだと思いました。

それまで公営企業の位置付けは必ずしもはっきりしていなかったわけです。もともと公営企業は、東京都などの旧五大市などが市民サービスを向上させるためには市も企業をやってもいいんだということで始まったものなのです。その典型が水道です。水道事業はもちろん民間がやってもいいんですが、市民生活に不可欠なものだからということで地方団体が手がけておったわけです。

それからもう一つは鉄軌道。これも都市内の交通手段の確保という意味でです。市電や東京の都電が発達したんですが、地方に行くと熊本や岡山は今でも民間がやっています。だから民間がやってもいいし地方団体がやってもいい、その地域の状況によってそれぞれでしたから、そもそも地方公営企業として採算を採るべき事業なのかどうかの考え方を整理する必要があるというのが、あのときの地方公営企業法の再建の考えだったと思います。

地方公営企業法は創設が昭和二七年ですが、私が財政課に帰ったころは財政課が所管していました。そのころは法律はなくても東京都などが公営企業をやっていました。その経営のルールを決める法律が必要ではないかというので地方公営企業法ができたんです。

地方公営企業法の創設時には、本来どういう事業が公営企業として行われるべきかとか、一般会計との間の負担区分をどうするかという議論はあまりなかったんです。要するに企業的な経営をしている部分を地方団体がやっているんだから、それなりに経営基準を明確にする必要があるというので法律をつくったんです。

そのうちに経済成長が進むにつれて公営企業の守備範囲も広がっていきますが、料金の引き上げは直接住民の負担となって跳ね返りますから敬遠されるわけです。仕事は増えてコストも上昇しているのに料金負担はあまり増やせないという状況になって赤字の問題が出てくるわけです。それがかなり深刻になったので昭和四一年には、一般会計の方の交付税率の問題と並行して公営企業の再建の問題も議論されたわけです。

それから公営企業ではもう一つ、労働問題がありました。公営企業関係の職員は、普通会計の職員とは別に、民間企業と同じような考えで労働者の権利保障をしてもいいではないかという思想があったんです。

一方では公務員としての身分保障もあります。企業と同じように経営がよくなったら給与を上げてもよいという議論がありまして、現に企業会計では初めは経営のよかったところは給与が上がったんですが、逆に経営が悪くなったからといって公務員ですからなかなか給与を下げられない。それで公営企業職員の給与をどうするかが問題になって、「地方公営企業等の労働関係に関する法律」が一般職の公務員とは別にできたんです。「団体交渉権を認める」とかといった規定がありましてね。ただし公務員としての給与水準は公営企業の職員も共通でしたから、そのへんの扱いが難しかったのです。

――昭和四一年の地方公営企業法の改正で繰出基準を定めて一般会計との負担区分を決めたときに日本社会党はもっと繰り出すべきだという意見でした。

石原 ええ、それはもちろんそうです。要するに一般会計負担でサポートしろと。住民負担をなるべく軽くするという議論で。公営企業が提供するサービスもシビルミニマムだと。住民の基本的なサービスに対する住民の基本的な権利だというような議論を社会党はしていましたね。

第三章

財政課長から審議官（地方財政担当）、財政局長、自治事務次官として

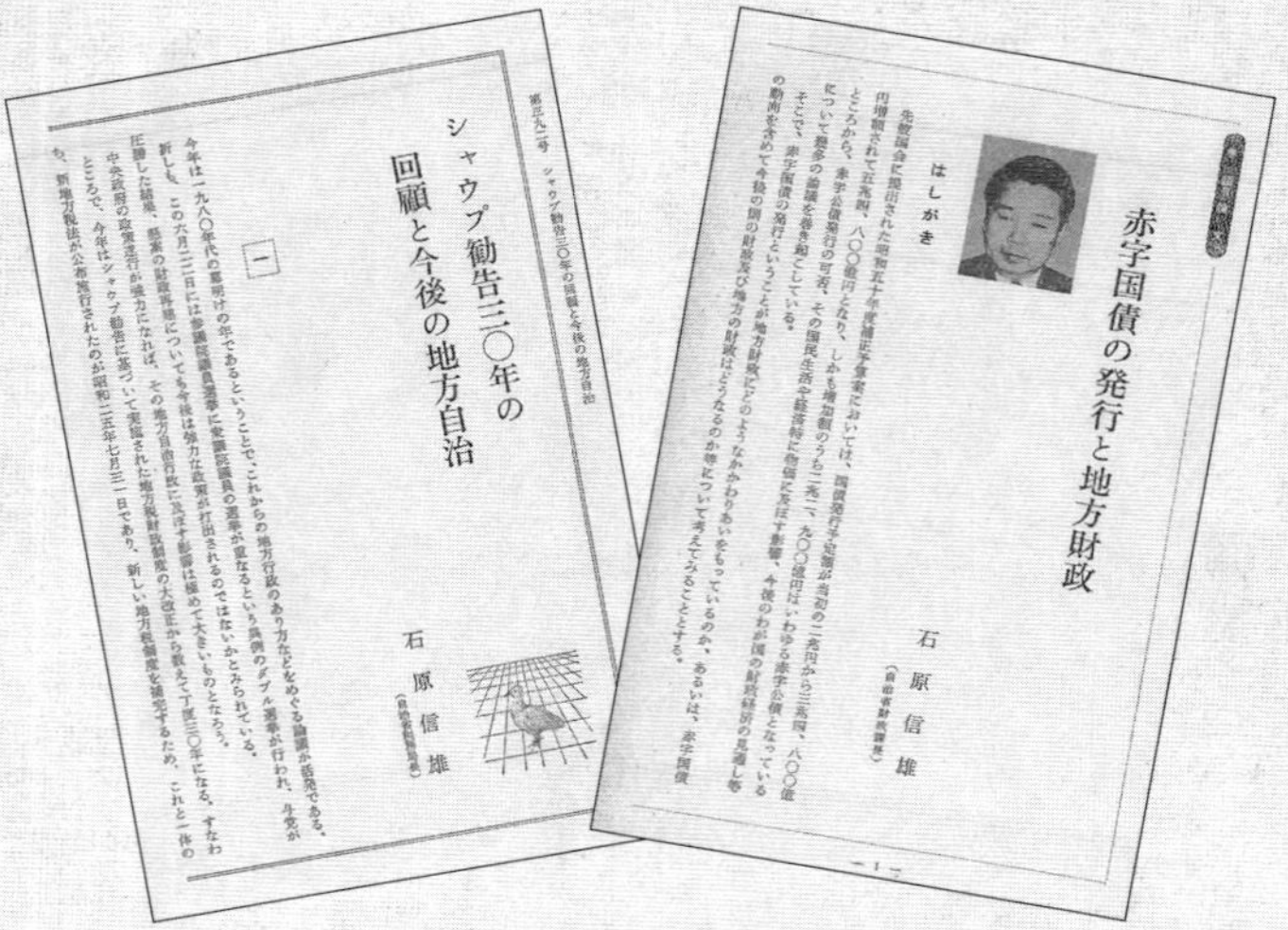
シャウプ勧告三〇年の回顧と今後の地方自治
石原信雄

赤字国債の発行と地方財政
石原信雄
はしがき

雑誌へ論考を多数寄稿
(左:月刊「地方自治」昭和 55 年 7 月号、右:月刊「地方財務」昭和 50 年 11 月号)

――交付税率の引き上げを見きわめて岡山県に赴任、帰任されて市町村税課長に、次いで地方債課長から財政課長になっておられます。昭和四八年の財政課長のときに、いわゆる摂津訴訟が起きています。当時の摂津市長の井上一成さん、のちに日本社会党の代議士をされましたが、補助金の超過負担の問題を世間に強くアピールしました。

石原　あのころは大阪市の行政レベルが比較的高かったものですから、大阪市の周辺都市はいろいろな意味で影響を受けたんです。もっとも影響を受けたのが給与の問題で、いわゆる衛都連、衛星都市連合会という労働組合が強烈に当局と給与交渉をやりました。大阪市の財政状態が当時は非常によかったし、経済成長もあって、地価の高騰や諸物価の高騰が顕著だったんです。

衛星都市の場合は児童数の増加に伴って、特に保育所の建設にたいへん苦慮していたわけです。保育所建設費の補助単価は厚生省が大蔵省に抑え込まれてしまった結果、当時の実態に全然合わないような単価で計算されていたんです。児童保護費の補助率は一〇分の八で補助率は高いのですが、ベースとなる事業費が当時の実勢をまったく反映していない価格で計算されておったものですから、おかしいではないかとなっていたのです。

一方で地方財政法には、国庫支出金は必要かつ十分な額を基礎として算定するという規定が第一八条にあるんです。(1) 地方財政法に書いてあるとおりになっていないではないかと、これを直してほしいと摂津市が主張していたんですが、厚生省はなかなか直さないわけです。それで最後は摂津市が国を相手に訴訟を起こし、裁判で決着をつけようということになりました。

もちろんいきなり裁判というわけではなく、それ以前に市側はずいぶんと要望をしているわけです。それでも一向にらちが明かないので井上一成市長さんが訴訟に出たわけです。おそらくあの訴えは自治労傘下の、当時の衛都連に協力する学者とか弁護士さんがサポートしたんではないかと思うのです。

大阪市の衛星都市だけではなくて全国の地方団体みんな同じ悩みを持っていましたが、あえて申し出るだけの元気が摂津市にはあったということでしょう。それまでは「なあなあ」でやってきていたわけです。しかし、超過負担の解消が一向に進まない。井上一成さんは、はっきり自己主張する方でした。国会議員になってもなかなかの論客でした。あの人の個性もあったのではないでしょうか。

訴訟に踏み切ったら、各市町村とも同じ思いでいたでしょうから、「それはいいことだ、是非やるべきだ」と、当時は全国市長会も心情的には全面サポートです。自治労系の学者の先生方も全面的にサポートしていました。

――大阪府は間に入ってたいへんだったようですが。

石原　衛星都市の人たちからすれば大阪府の姿勢は飽き足らなかったでしょうね。当時大阪市は完全に府と対立していまして、税制改正の問題その他でも独自の行動をとっていましたから。

――摂津訴訟は結果的には原告の摂津市の敗訴でした。判決は門前払いで、国庫負担金の単価設定に係る超過負担問題には判断を示しませんでした。

石原 いえ、あの判決は、仔細に判決理由を見ますと、原告の主張に対してかなり理解を示していると思います。(2) だけれども具体的な請求権の問題として考えると、地方財政法第一八条の規定をその根拠とすることはできない。補助金適正化法の規定でいう一般法と個別法のような感じなんです。補助金の請求権は補助金適正化法による交付申請と交付決定によって初めて発生します。交付申請では当時の厚生省が示した基準で申請しなさいとあったので、それに基づいて交付申請をし、その一定割合として国庫が負担するものが請求権の根拠になり、それを国は摂津市に払っているわけです。

原告の訴えの内容は、「市が実質に支払った額に対して一定割合で払え」というものです。地方財政法第

---

(1) **地方財政法**

(国の支出金の算定の基礎)

第一八条　国の負担金、補助金等の地方公共団体に対する支出金(以下国の支出金という。)の額は、地方公共団体が当該国の支出金に係る事務を行うために必要で且つ充分な金額を基礎として、これを算定しなければならない。

(2) 昭和五一年一二月の東京地裁の判決では、国が負担金を交付するに当たり、国庫負担の対象となるべきものか、市町村が支弁した経費のうち国庫負担金算定の基礎となるべきものの範囲、客観的に是認される金額等について確定させる交付手続きが必要であり、摂津市は交付申請の協議の段階における補助金適化法上の交付申請を行っていないことから国庫負担金の支払い請求を求める摂津市の主張を退けている。多くの地方団体が超過負担により財政負担が過重になっており、人口急増都市の摂津市では保育所整備を急がざるを得ない事情があることは司法当局にも認識されており、「本件負担金問題を右超過負担の顕著な事例として、これの是正を求める摂津市の意図は理解するに難くない」と判決理由に書かれている。

一八条の規定はいわば訓示規定ですから、それを根拠として実際に市が支払った分の一定割合を請求するという個別的な請求権は発生しないのです。補助金適正化法による申請手続きに基づいて国庫支出金が交付されているんだから、そうした性質の請求権の問題ではないという判決です。だから棄却なのです。

しかし、「事情はよく理解できる」と判決理由に書いてあるんです。摂津訴訟では直接の請求権は棄却されたのですが、それを契機にこの問題は放置できないという気運が非常に盛り上がりまして、国会でもたいへんな論争になりました。政府も、確かに地方財政法第一八条の規定のように補助単価はその時々の実勢単価に即して見直しを行うべきだという答弁をしているんです。

それであの訴訟が起こったときに大蔵省と自治省と厚生省の三者で共同調査を実施したんです。保育所の単価だけではなくて、義務教育とかいろいろ当時超過負担が問題になっているような施設については、三省の共同調査の結果として明らかに低すぎるものについては改めるということになって、その後に補助単価がかなり改められたのです。あの訴訟は、補助金の積算根拠の改善に取り組もうとする政府の姿勢に与えた影響という意味では非常に効果があったと思っています。

――この問題をめぐって当時は相当激しい運動がありました。

石原　全国革新市長会というのがあったんです。社会党の飛鳥田一雄横浜市長（全国革新市長会会長を務め、後の日本社会党委員長）を筆頭に革新系の市長さん方が集まっていた。この人たちが摂津訴訟をサポートしたわけです。

私が財政担当の審議官のころだったでしょうか、鎌田要人事務次官室に飛鳥田さんが中心になって革新市長会の市長の皆さんが、自治省は超過負担解消を確約しなさいと座り込みをしたことがあって、私もそこに立ち会ったんです。自治労の組合員が自治省が入っていた人事院ビルの庭で騒いだこともあるんです。要するに直ちに補助単価を実勢のものに直せと、自治省に対して言っているわけですが、実際は大蔵省であり厚生省あるいは文部省の所管なのです。しかし飛鳥田さんたちからすると自治省が窓口なんだからと、強く要求をしてきたのでしょう。それはたいへんな勢いでした。当時はそういう熱気みたいなものがありました。

――公共事業や生活保護費などは超過負担がありませんでした。

石原　昔からそうなのですが、公共事業と生活保護費などはいわゆる補充費途です。実質的に実績単価を基準に交付するんです。公共事業などはそうしないと事業が進まないですから。

超過負担問題が出てくるのは基本的にいわゆる箱ものです。箱ものの建設については、もともと国などが設定している単価が無理なものなのか、それとも実際に地方団体が建設した際の単価がぜいたくなのかという問題があります。大蔵省なり補助金所管省は、地方団体がやっているものは必要最小限を超えて当該団体独自の判断でよりいいものをつくっている、そういうぜいたくなものについてまで国がつきあう必要はないという論理なのです。

ところがあのころの高度成長期は物価が上がってましたから、箱ものの方は設定された補助単価が実勢価格に追いつかないわけです。補充費途の方は、これはもともと実績ですからそのままです。それが予算の要求の基礎になっていますから超過負担問題は起こらないんです。箱ものの超過負担問題が非常に深刻だったわけです。

――大蔵省は、実態が分かっていても見て見ぬふりをするところがあります。

石原　大蔵省にしてみれば予算の枠がありますから、実際の単価が上がっていてもなかなか認めないわけです。地方からすれば、国の営繕費は上げているではないかというわけです。ところが国の方は、地方は補助単価でやれるはずで、それ以上やるのは地方の勝手、要するに「ぜいたくだ」というわけです。そうは言いつつも実際は彼らも分かっているわけです。しかし補助単価がなかなか追いつかない。そういうハザマで摂津訴訟が起きて、見直しが進みました。

直轄事業負担金をめぐって

――補助金制度に対して直轄事業負担金があります。直轄事業負担金は公共事業だからそもそも単価差はありませんでしたが、後になって経常のところの積算単価がおかしいという話になった。

石原　土木事業系統は実績ベースです。例えば河川改修などについても、補助事業として行う河川改修と直轄事業として行われる河川改修とがあって、規模はもちろん直轄事業の方が大きいのですが、単価の面であまり差がなかったのではないでしょうか。だから公共事業系統ではあまり超過負担の問題は起こらないんです。起こるのはもっぱら文部省とか厚生省の所管する箱もの関係です。

経常経費については途中から問題になったんです。直轄事業負担金として事務費まで含んで地方団体に請求がくるわけです。そうすると事務費の単価が補助事業のそれと違うではないか。いうなれば直接の工事に関係ない人件費までそこに突っ込んで、国は直轄事業負担金の請求をしているんではないかという議論はありました。

——直轄事業負担金の課題はいつごろから浮上したのでしょうか。

石原　そもそも直轄事業負担金については、地方財政再建法のころに未納問題が起きました。あのころはたいへん苦しい時代でしたから。それで各省が困ってしまった。その打開策として交付公債、要するに直轄事業負担金は現金ではなく交付公債で払うというスキームに切り替えて、それで一応当時としてはかなりよくなったんですが、新たに負担するのはそれでよいとしても未納分はどうするかが問題になりまして、結局未納分も最後は交付公債を認めました。

財政再建法の関係で未納分も交付公債を認めるしかないとしたのは確か柴田さんのときで、それをできるように地方財政法の附則のなかに書いたことを私は覚えています。

村上孝太郎さんが当時主計局の総務課長で、「柴田いるか！」と大きな声で電話をかけてきて、不在なので私が電話に出たら、向こうは本人かどうかの確認もしないで、いきなりガンガンと「けしからん」とか何とか怒鳴るんです。しばらくして「課長はいません」と言ったら、「君は柴田君ではなかったのか」と言われました。

未納分についても、交付公債で認める規定を地方財政法の附則に書き込んだことを、あとになって大蔵省が気がついて、村上さんが不公平ではないかと怒ったわけです。真面目に納付した地方団体があるのにさぼった団体を救済するのはけしからんという趣旨で、えらい剣幕で怒鳴られたことを覚えています。あとで柴田さんが戻ってきて電話の経緯を話したら、「放っておけ。国会はそれで通ってしまうから大丈夫だ」と。結局そのとおりになったことを覚えています。

——直轄事業負担金も、あとになっていわゆる事業費補正のように交付税算入がされます。昭和四〇年代に補助事業の起債についての事業費補正が拡充していく際に公共事業の直轄事業負担金の事業費補正も並行して出てきました。

石原　いわゆる裏負担は補助事業だけではありません。直轄事業の負担も事業費補正のベースに入っています。あとになって直轄事業負担金を交付公債で対応することはやめました。不明瞭だという理由で。それに代わって事業費補正がされるようになりました。

特別会計借入の決断

——昭和四一年の建設国債発行時に交付税率の引き上げをしましたが、昭和五〇年代の交付税財源の不足に対しては特別会計借入でしのぐ決断をされ、赤字国債を国が発行するときには交付税率の引き上げはしませんでした。

石原　いわゆる第一次石油ショックが昭和四八年の後半になって起きました。中東戦争が勃発して石油価格が急騰してインフレになったわけです。

昭和四九年度の予算編成時は田中角栄内閣でしたが、狂乱物価と言われるくらいに物価が上がりました。ただ、名目的な経済成長率は上がりますので、租税弾性値が働いて税収は大幅に増えたわけです。

あまりにインフレが激しくなったので、田中総理が頭を下げてライバルである福田赳夫さんに大蔵大臣への就任をお願いして、財政の問題は全面的にお任せするということになりました。福田さんも国の危機だからということで引き受けられて、そのときに田中さんが提唱してきた列島改造論も凍結したわけです。そして各省の予算執行を抑えたり、当時私は地方債課長から財政課長に代わったころですけれども、一度地方債の許可をしたものでも例えば建替えなど古いものについては認めますが、それでもまだ借入れをしていないものや事業に着手していないものなどに対してはストップをかけたんです。

今でも忘れませんが、岩手県庁は木造で非常にひどい状態だったので県庁の建替えを単独起債で認めたんです。しかし、たまたま着工していなかったのでストップをかけてしばらく遅らせたんです。気の毒なことをしたと思いますが、そんなことまでやって狂乱物価を抑えこもうとしたわけです。

そういうわけで昭和四九年度はかなり高いレベルで税収増の見込みを立てたのですが、反面、歳出の方もインフレで物価が上がりましたから人件費も上がったわけです。今でも忘れませんが、あのときは国家公務員の給与改定率が三二・八％というたいへんな引き上げ幅でした。当時は民間賃金も上がっていますし、物価も上がっているわけですから。そんな時期があったんです。

ところがその後財政の引き締め策がきいてきまして、昭和五〇年度になりましたら、今度は日本経済が急速に落ち込むわけです。戦後初めてＧＤＰがマイナスになるんです。その結果が昭和五〇年度の税収に跳ね返ってきました。

昭和五〇年度の当初予算は、四九年度の後半に景気が落ち込むことは想定されていない前提で編成されていますから、国税も地方税もかなり伸びる見込みだったのです。ところが結果的にインフレ抑制のためのブレーキがききすぎて、昭和四九年度の経済成長はマイナスになるわけです。その影響がまともに出てきたのは昭和五〇年度に入ってからなのです。特に法人関係税を中心に国税収入が大幅に落ち込むことが明らかになってきました。

そこで昭和五〇年度の補正予算で国税収入の減額補正を行うわけですが、そうすると地方交付税も減ってしまうことになる。しかし、普通交付税は八月の本算定で各団体ごとの金額が決まり、その結果をすでに通知してあるわけです。各団体とも通知を受けた地方交付税の額を前提に財政運営をしているわけですけれども、その根っこの地方交付税が減ってしまうものだから、本来ならば予算上は地方交付税を減らさざるを得ないわけです。私が財政課長から審議官（財政担当）になったころです。大蔵省の地方財政担当の主計官が藤井裕久さんでした。彼が私のところに相談してきて、「大穴があいてしまうんで、どうするか」という話になりました。

すでに交付決定したものを減額すると、地方団体が大混乱に陥りますから、それはできない。国税三税の一定割合としての地方交付税は減ることになるんだけれども交付決定は変えないと。落ち込んだ分については、自治省としては国の方で補填してくれと。必要があれば特例債を発行してでもとにかく補填してくれという話をしたんですが、大蔵省の方とすれば国の財政も大穴があいてしまったわけですから、全部国が肩代わりすることは当然できないので、「地方の分は地方で対応してくれ」という話になりました。

それで初めて交付税特別会計で借入れをして交付税原資を確保する。要するに補正予算で落ち込んでしまった分を緊急補填するために交付税特別会計の借入制度を決めたわけです。それまでの地方交付税制度の考え方では、年度間調整としての交付税特別会計からの借入れはやっていなかったわけです。制度というものがなかったんです。ただ地方譲与税については、特別会計法でその規定がありました。地方譲与税は一般会計を通さずに、国税収納金整理資金から地方譲与税分が特別会計に直接入ってきます。すると年度ごとに地方譲与税の配分の関係で一時的に資金不足が起こることがあるので、特別会計では一時借入れができる規定があったんです。

それに着目しまして、昭和五〇年度の補正予算のときに不足分は交付税会計で借り入れると。すでに交付額が決まっていた地方交付税額は減額しないで借入れで対応することを決断したわけです。その代わりに借入額の返済については、本来国が責任を持つべきではないかと自治省側は主張したんですけれど、「返済については協議する」としました。(3) 昭和五〇年度の補正予算では国の方もいわゆる特例公債、赤字国債を発行したわけです。その赤字国債の発行によって一時的にしのいだのですが、五一年度になっても同じような状態が続いたんです。そして、田中内閣は三木武夫内閣に交代するわけです。

福田さんは三木内閣でも副総理で、経済担当の大臣。大蔵大臣は大平正芳さんでした。大平大蔵大臣は、赤字国債についてはあくまでも緊急措置だから一〇年後には全額返済すると国会でも答弁されています。要するに一括返済すると。国が返すわけですから交付税会計の借入れも同様に返済すると、そういう取り決めになったと記憶しています。

交付税会計が借入れを始めたのは五〇年度の補正予算のときの穴埋め対策からですが、その当時は、あくまでも緊急措置であるので、早く本来の姿に戻そうという意識で対応しておったんです。実はその後も元に戻らないで、第二次石油ショックが起きたときも結局国は赤字国債で対応し、地方もいわゆる赤字地方債あるいは交付税会計の借入れで対応するということになり、そういう状況がしばらく続くわけです。

そういう状態から何とかして脱却したいと思い、それができたのは私が事務次官のときです。昭和五九年度になって、こういう状態は将来的に断ち切ろうと、それまで特別会計が借り入れた額の返済については、その二分の一を国が一般会計から繰り入れることを決めるわけです。国会でも論戦になったんですが。

つまり、昭和五九年度にこういうアブノーマルな状態はやめようということになりまして、特別会計による借入措置をやめ、必要な額は毎年度一般会計から繰り入れるということに切り替えるわけです。それまでの借入額の半分は地方が交付税会計で返し、あとの半分は国庫が負担すると決まっておりました。新規の借入れをやめようと決めたときに交付税会計には借入れの一括償還の力はありませんでしたので、法律の附則でもって各年度ごとの返済額を決めました。国庫は二分の一を負担するという約束でしたから、そのときの交付税会計の借入残高のうちの二分の一相当分はそっくり国債整理基金で引き取ったんです。昭和五〇年度の補正予算で行った緊急措置は、その後もだらだらと続いたわけですが、いつかやめたいという思いは大蔵省にも自治省にもありました。それをやめたのが五九年度なのです。

――話が少し戻りますが、昭和五一年度の地方財政の予算折衝で交付税率の引き上げについて厳しい対立がありました。

石原　実際は昭和四九年度が実質マイナスになって、地方財政の立場でいうと五〇年度から穴があいて、五一年度も続いて、五二年度も穴があきそうだと。そうなりますと、地方交付税法第六条の三第二項の「引き続き著しく地方交付税が不足すること」に該当する事態なんだから交付税率の引き上げを認めるべきだと、自治省として正式に要求したんです。当時は鎌田要人さんが事務次官でした。

柴田さんら先輩方の考え方でいけば、法律上の建前があるんだから要求すべきだということです。ところ

（3）　地方交付税財源は、国税の減額補正の影響で地方財政計画の四兆四二九六億円に対して一兆一〇〇五億円が減額されることとなった。地方交付税の減額分は全て交付税特別会計の借入れで補い、その償還は、昭和五二年度まで元本償還を二年据え置き、六〇年度までの一〇年で償還することとした。この借入れについては、国税収入の減少に伴うものであるので償還金の金利は国の一般会計の負担とし、元本償還については、大蔵・自治両大臣の覚書のなかで「両大臣は、毎年度、国、地方おのおのの財政状況を勘案しつつ、交付税特別会計の借入金の償還について、協議の上必要があると認めるときは、その負担の緩和につき配慮を行う」とした。その他に地方財政の健全な運営に資するための臨時地方特例交付金の交付や地方税減収などに対する地方債による減収補塡措置などが講じられた。

が同じ先輩でも奥野さんは、国が大赤字で特例公債でしのいでいるときに地方が交付税率の引き上げを要求すべきではない。地方も臨時的な措置で対応するしかないという立場をとられました。

自治省としては柴田さんのお考えのように、地方団体全体の意見を代弁する立場にありますし、制度上もそういう建前になっているんだから国の財政が厳しいのは分かるけれども地方財政の立場からはやはり要求すべきものはするということで、交付税率の引き上げを要求したんです。引き上げ幅は当時の不足額に見合う分を交付税率で反映させるような率にして要求書を出したのを覚えています。

そうはしたのですが、国の方だって大赤字ですから、緊急事態で臨時措置をやっているのにいくら要求されたからといって恒久措置として地方交付税率だけ変えるのはバランスがとれないというので、いろいろ議論したもののやはり無理だということになって、特別会計の借入額の返済額の半分を国で対応するということを法律の附則で書くことにしました。単年度の措置として国が二分の一を負担することを法律の附則に書くことが地方交付税法第六条の三第二項の規定の趣旨に合致するという説明をしたわけです。もちろん自治省からそう言ったのではなく、大蔵省がそれしかないと言うので国会への対応では自治省と大蔵省が違うことを言うわけにいきませんから、結局「これも制度改正です」という答弁にしたわけです。

当然国会審議では日本社会党の議員から、「それはおかしいではないか」と。第六条の三第二項のただし書には、「引き続き著しく地方交付税が不足するときには、これに対応して制度改正をする」とあるから、その制度改正は恒久的なものであるべきだと。単年度限りの手当は制度改正とは言えないと大反対されたわけです。

その点に関して内閣法制局に対して、「地方交付税法の立場からどうなんだ」「地方交付税法の規定に反するのではないか」という野党側の質問が出ました。答弁を求められた内閣法制局は、「制度改正とは、理想的に言えば将来にわたって効果がある恒久的な制度改正を想定しているように思うけれども、しかしそのときの財政状況全般を、国と地方それぞれの財政状況を考えた場合には単年度の手当であっても制度改正に含まれる」という答弁をしまして、押し切ったわけです。

――内閣法制局は、そういうときには柔軟に考えるところがありますね。

石原　内閣法制局は、各省の持つ制度全体の立場で法解釈、特に憲法解釈をしているところですから。今は、安全保障の問題がしばしば問題になっていますが、内閣法制局は法体系全体をにらんで、個々の法律の改正の趣旨とか解釈の仕方はどうあるべきかというサイドで結論を出すわけです。

そこで例えば地方交付税法について言えば、直接運用に当たる自治省側の見解と対する大蔵省の見解とが往々にしてぶつかるわけです。その場合に何が法律の正しい理解、解釈の仕方になるかを、最後は内閣法制局に持ち込むわけです。内閣法制局は法体系全体のなかで予算も含めてどう理解すべきものかという判定を下すわけです。争点は、第六条の三第二項に関して、「法律で単年度ごとの手当をすることが地方財政制度の改正と言えるのか」ということですが、あの法律の書き方からすると、「引き続き著しく足りないことを想定しているのだから、必要な処置というのは将来に向かって恒久的な改正を想定しているようにも思えるけれども、ただ財政状態全体が非常に混乱していて将来まで見通せないような状況においては、とりあえずその年度の対応策を法律で定めることも当該条項でいう財政制度の改正と言えないことはない」という答弁なのです。それで押し切ったわけです。

——内閣法制局にそういう答弁をしてほしいと働きかけるのでしょうか。

石原　大蔵省は当然それはするでしょう。国全体の財政の要ですから、その立場でですね。自治省は地方交付税制度の運用を任されているところですから、地方交付税の世界からすれば引き続き著しく足りないんだから、将来も足りなくなることのないようにするのが法律が求めている制度改正ではないかと主張する。だから交付税率の引き上げを要求したわけです。内閣法制局とすれば国全体の立場で、これから先の経済がどうなるか分からない状況では恒久的な制度改正を実現するだけの客観条件が不分明なわけです。だから当面の措置でしのぐしかないという大蔵省の側に立ったわけです。

——特別会計の借入金は基本的には政府資金である運用部資金であるはずです。

石原　地方交付税法で「借入れ」と決めたわけですから、単年度で返さないで長期で返すわけです。本来財政投融資資金できちんと手当すべきだという議論は当然にあったんですが、財投は財投で資金繰りが厳しいわけです。そこで、地方交付税の特例措置は法律に書くけれども、資金手当は特別会計のいわゆる短期借入でやるということにしたわけです。三月三一日に借り入れて四月一日に返すんです。そしてあとは毎月転がすわけです。

本来なら長期債で借り入れるべきなのですが、短期の転がしでやる。長期債であれば当然財投計画に出てきますが、それが出てこないわけです。少し分かっている人なら邪道ではないかと言うでしょうね。国会ではあまり議論にならなかったのですが。

初めは短期借入で何とかやっていたんですが、私が次官を辞めるときには特別会計の借入れをなしにしたんです。中曽根内閣のときでした。私が次官を辞めたあとはしばらくそれでやっていたんですが、いわゆるバブルがはじけて、また経済がおかしくなると、借入れを再開せざるを得なくなりました。

内閣で言いますと、村山内閣のときは何とかそれでやっておったんですが、橋本内閣から小渕内閣になるとてもそれでは対応しきれなくなって交付税特会の借入れを再開します。再開はしていくのですが借入額が大きくなりまして、特別会計の資金繰りを担当する者は銀行との話し合いで資金をかき集めるわけですが、それがまたたいへんで次第に難しくなってしまった。私が自治省を去ったあとなのですが、嶋津昭君が事務次官で、小渕内閣で宮澤喜一大蔵大臣のときに資金繰りがつかない事態になって、自治省側から提案して平成一三年度からいわゆる臨時財政対策債を開始します。

特別会計借入の方法によれば、地方団体には地方交付税のかたちでいきますから、交付税原資が足りないとはいっても地方団体にとっては地方交付税が増えたのと同じなのです。ですから地方財政に対する危機意識が湧いてこないわけです。

しかし、そういう状況は問題ではないかという議論がありまして、それで嶋津君のときに地方団体にも厳しい状況を認識した上で危機感を抱いてもらうために特会借入制度をやめまして、資金不足分については臨時財政対策債として地方団体が赤字地方債を発行することでまかなうことに切り替えたんです。

これによって、特別会計が一括して借入れしていたときと違って、地方団体にとっては地方交付税がたいへんなんだと実感するようになりました。臨時財源対策債はその元利償還金を一〇〇％普通交付税の基準財政需要額に算入しますから、実質的に地方交付税の交付と同じではないかということで、地方もそれなりに納得しておったんです。

しかしその後、臨時財政対策債を各団体ごとに配分するときに、財政規模が大きな団体ほど一般的に市場での資金調達力が強いですから、同じ財源不足が出ても臨時財政対策債で対応する分がこういう団体に集中したわけです。田舎の小さな団体はなるべく生の地方交付税でいくようにする。そうなりますと、大きい団体が次第に悲鳴を上げるようになって、臨時財政対策債を毎年減らすことが地方財政対策の非常に大きな柱になっていったわけです。

もとよりこういうものはない方がいいんですけれども、財源不足の際に交付税会計が借り入れるかたちで特例措置を講ずることが限界にきていたので、臨時財政財源対策債という赤字地方債に切り替えた。地方財政の実態を各団体が議会も含めて正しく認識するという意味では、私は嶋津君がやった措置はいいことだと思うんです。それを減らすために国も地方も努力していかなければならないということを皆さんが認識しますから。

――特会借入を昭和五九年度に停止していますが、バブル経済で税収が伸びてくるのはもう少しあとのことですね。なぜあのタイミングで決断されたのでしょうか。

石原　一つは借入れがどんどん増えてきて、このままでは際限がなくなるのではないかということから。もう一つは、借入れは、財政投融資で支えていないんです。地方交付税の総額の特例だけは法律があるけれども、その財源手当としての借入れが短期資金の借入れですから、交付税特別会計の予算だけに出てくるんです。

こういうことから、地方団体を含めて世間一般が地方財政の現状に対する十分な認識を持つに至らないのではないか、しかもそのことによって安易な財政運営につながる危険性もあるという問題意識を自治省も持ったし、大蔵省も持っていたんです。

昭和五九年度の予算編成をするときは、ちょうどその前にプラザ合意があって、その後金融が放漫になって地価上昇などがありました。若干インフレ気味の傾向になって税収もある程度伸びたんです。なんとかやめることができるような状況になった。特会借入はやめたのですが、臨時財政対策債などの特例措置は多少やっています。

国の方もある程度は税収の見通しがついたものだからこの機会に特会借入をやめて必要なものは予算措置で可否を論じていく方が歯止めになると。借入れだとどうしても安易になってしまうからという考え方が私ども自治省の側にも大蔵省の側にもあったと思います。

漫然と借入れには頼らないということで、国会では理解を得られたと思います。あまり反対はなかったです。むしろそうあるべきだという評価をいただいたように思います。

——大蔵省におけるカウンターパートナーは山口光秀さんでしたね。

石原　ええ、山口さんです。特別会計借入の償還額の半分を将来の予算編成で国が面倒を見ることとしたわけですが、本当に国がやってくれるのかという一抹の不安がありましたので、山口さんに頼んで国が負担すべき額相当分を国債整理基金に引き取ってもらったわけです。そして残った半分についての各年度の返済額を法律の附則に書いたんです。そうすることで「もう特会借入はやりません」と明確に打ち出しました。私は財政の節度をはっきりさせるという意味では非常に前進だったのではないかと思います。

——地方六団体も含めて反対はなかったのでしょうか。

石原　特会借入自体がいわば緊急避難としての便法でスタートしたわけですから、それをいつまでもだらだら続けるのはよくないということは、関係者は腹で思っていたわけです。

当時国税がそれなりに伸びて、財政の筋を通す改革ができる程度の税収が確保できる状態になったということも言えるわけです。もし税収が落ち込むようなときは、いくら理想論を言っても現実には対応できませんから。そういう意味では少し状況がよくなっていた。だからこの機会に漫然と特会での借入れを続けることはやめようとしました。交付税特別会計で借り入れますと、地方財政が財源不足の状態にあることを個々の地方団体が実感しないんです。そういう意味で地方財政の置かれた状況を一般国民も地方団体の関係者も地方議会の関係者も認識していただけるようにしようという気持ちがあったわけです。

一般消費税導入時

――少し時代がさかのぼって、大平正芳内閣で一般消費税を導入しようとして実現しませんでしたが、一般消費税を導入するときに地方の取り分をめぐる議論があったのでしょうか。

石原　一般消費税の導入論のときは、地方分をどうするかはあまり詰めていなかったのです。私は昭和五三年の福田内閣のころは財政担当の審議官でした。翌年福田さんのあと大平さんになるわけですね。大平内閣のときに私は税務局長で、当然税の議論はしたわけですが、具体的に地方税でどうするかというところまではいっていなかったです。要するに国税として一般消費税を導入することの是非の議論がもっぱらで、地方をどうするかの議論までには至らなかった。

そこまでいくのは竹下内閣になってからです。私は事務の官房副長官として官邸に移っていました。消費税を導入するとなると、国税では物品税やそのほかの間接税を廃止して消費税に統合するわけですが、地方税にも消費行為に対して課税しているものがあるわけです。例えば電気税とかガス税とか、それから料理飲食税とか。

こうした地方税として課税しているものも消費税として統合することになります。そうなると消費税に統合された地方税相当部分は地方の取り分のはずですから、それを含めて新しい消費税の国と地方の配分をどうするかの議論が初めて出てまいりました。この議論をしたのは、竹下内閣になってからです。ただ私は竹下内閣の官房副長官でしたから、地方税としてどう仕分けるかの議論には直接タッチしておりません。

大平内閣のときは、ヨーロッパではすでに付加価値税が一般化してきておりましたし、経済成長率が落ちていきますと、所得税や法人税といった直接税にあまり依存し過ぎる税制構造ですと、財政が立ちゆかなくなる。ヨーロッパがそうなっていて日本もいずれそうなるだろうとされていました。

一方、社会保障費は増えてきますから、ヨーロッパと同じように付加価値税を日本も導入せざるを得ません。当時は財政学者や租税学者で比較的勉強しておられる先生方は日本でも当然導入すべきだという議論が主流になっていたんです。私は当時税務局長でしたから、当然に税の議論として直接税を間接税にシフトしていくことが日本でも必要だということに賛成でした。ただ当時はもっぱら国税の枠組みのなかで議論されておりました。

公営企業金融公庫の改組問題

――臨時三事業を融資対象に加えた公営企業金融公庫の改組問題では、担当の松本英昭さん（後の自治事務次官）が津軽海峡冬景色の替え歌をつくって、それがＮＨＫニュースで報道されてしまったという話がありました。

石原　あれは、私が財政担当審議官で、鎌田さんが次官のときです。財源不足対策の議論をしているなかで、地方も地方債で対応する分野を広げざるを得ないということになったわけです。そうすると地方債の資金調達先が一般の金融機関だけでは困難になるだろうから、公営企業に対する資金融通を行う公営企業金融公庫に普通会計についても対応させるべきだという議論を自治省が持ち出したわけです。

三好重夫さんが戦前から地方団体中央金庫構想を持っておられまして、そこでの対象は公営企業だけではないんです。地方団体全体の地方債の資金調達機関としてつくれという議論でした。そうした構想はもともとあったわけですが、いろいろな曲折がありまして、昭和三二年に公営企業金融公庫が誕生するときに融資対象を公営企業だけに限ったわけです。当時の大蔵省からすると普通会計を融資の対象とするなんてもってのほかだという考え方だったんです。

それに対していかに突破口を開くかという問題意識を自治省は持ち続けておりました。そこであのときに地方財源の不足対策として地方債の発行が増えるんだから公営企業金融公庫の業務範囲を普通会計に拡大してもらいたいという話を持ち出したんです。

大蔵省は強い反発を示しましたが、これは理財局の方です。一方で地方財政対策では主計局とは比較的協調的でした。大蔵省の主計局とは話ができた。当時の主計局の地方財政担当は山口光秀さんでした。山口光秀さんと私との間で一般会計の方の話はスムーズにいったんですが、公営企業金融公庫の話は当時の理財局の担当審議官である加藤隆司さんが強硬に反対しました。

山口さんは加藤さんと同期なのですが、加藤さんがあまりにも強硬に反対するので困っておられたんです。議論の過程で山口さんが、「全面的には無理だとしても、ある程度臨時的なものなら政府も景気対策として地方にもやってくれと言っているのだから、時限的に認めてもいいのではないか」と言い出したわけです。地方財政全般では大蔵省は自治省に協力してもらわないといけないという配慮が働いたのだと思います。最終的には臨時三事業に限って融資対象を認めることで決着したわけです。

対象を道路、河川、高等学校の三事業にしたのも、まさに景気対策として行う必要があったからなのです。河川とか道路は毎年度継続的に行うものですから、本来地方債ではなく恒久的な財源で対応すべきものなのです。道路は道路財源がありますが、河川改修であれば道路のような特定財源はないけれども借金でなくて毎年度の一般財源で対応すべきものだという考え方がずっとあったのです。しかし景気対策として地方に急いでやってもらうということになると、その分一般財源の調達が必要になりますから地方もなかなか対応できない。

そこで道路について言いますと、県道や市町村道の単独事業をやってもらおうということになった。なぜかと言うと、道路の拡幅とか改修は当時は地価が高くて土地買収に時間がかかってしまうんです。そこで現道舗装といいまして、道路を改修しないで現状のまま砂利道を舗装することを地方債の対象経費に認めたんです。地方もすごく喜んだわけです。

というのは、現道舗装は用地買収がいりませんからすぐにできるわけですね。しかも業者もすぐ仕事ができる、測量なんていりませんから、建設土木の業界も喜ぶ。それから何よりも道路舗装すると一般住民も喜ぶわけです。

これに強硬に反対したのは建設省道路局です。本来、道路というものはきちんと改良して本格的にやるものだと。そのために補助金をつけてやっているのに現道舗装をしてしまうと、しばらくはそれで用が足りてしまうものですから、本来の事業費の予算を削られてしまう、と言って建設省は反対だったんです。しかし、全国知事会も市長会も町村会も、現道舗装は大賛成ですから早くやってくれということです。

景気対策効果はすぐ出るわけです。それでこれを認めようとなったのですが、財源には単独地方債を認め、その代わり普通の資金調達だけでは地方は対応できないから公営企業金融公庫に手伝わせようと。それで公営企業金融公庫の融資対象に臨時三事業を加えることになりました。

自民党はもちろん野党も含めてそれはいいとなった。山口さんら主計局の方は国会対策もやっていますから、地方と与野党が喜んでいるのに大蔵省だけがブレーキをかけるわけにはいかんという気持ちがあった。それで理財局を主計局が説得したようなかたちで認めたんです。

臨時三事業について「臨時」という位置付けにしたのは、自治省として、もともと公営企業金融公庫ではなくて地方団体金融公庫にしたいという気持ちが根底にあったのですが、それを前面に出すと大蔵省と全面戦争になってしまうものですから、公庫の名称は変えないで、これらの事業を臨時的に扱えるようにするということで実質的な業務拡大につなげようとする思惑があって「臨時三事業」とした。改組問題をもち出すと元も子もなくなってしまいますから。「臨時だからいいだろう」と、主計局が理財局を説得したような面があるんです。

特別交付税の減額問題

――特別交付税を減らす・減らさないの話が浮上して、一二月交付分と三月交付分のルール分とそれ以外に分けたときには直接手がけられました。

石原　ええ。あれは私がそういう意見だったのです。財政課長のときでした。

特別交付税は、実は地方平衡交付金制度ができたときはまだ算定方法が十分に確立していなかったんです。当時は普通交付税が全体の九〇％、特別交付税一〇％でした。しかし、地方交付税制度になったときに算定方法もそれなりに精緻になったということもありまして、特別交付税の割合を一〇分の二減らして八％にしたんです。

それでずっとやっておったんですけれども、これを続けているうちに地方交付税の総額が増えてきます。特に昭和四一年度の改正で三二％になりましたから、その一定割合ということで特別交付税の額が多すぎるのではないかということになった。普通交付税は客観的な算定方法で計算するんですが、特別交付税は個別問題を取り上げるから、ある意味裁量行為が多いんです。特に大蔵省からすると自治省財政局の実権が強くなりすぎるという懸念があったんです。だから大蔵省は特別交付税の八％というのは多すぎるんではないかと言っていたんです。

結局六％にするわけですが、それには次のような経緯があります。

私が財政課長になったころ、経済は非常なインフレだったものですから、地方団体のなかには期末勤勉手当の支給率を国より多くするところが出てきたんです。

特に多かったのは衛都連といいまして大阪市並びにその周辺の都市で、自治労の力が強くて期末勤勉手当のプラスアルファというのを支給するようになったんです。初めは金額で一万円とか二万円とかだったのですが、次第に多くなりまして目に余るようになったんです。一部の団体がこれをやりましても、概して多くの地方の団体は財政的には余裕がないからやらないんですが、それでもそういう団体の職員組合にすれば、都市部の組合にはプラスアルファがあるのに俺たちにはない。自治労などがはっぱをかけてプラスアルファを増やせとなって、看過し得ない状況になってきたわけです。自治省は給与制度の適正化ということで、地方公務員の給与は国家公務員に準ずるべきだという指導を公務員部がやっておったんですが、公務員部がいくら声をからして是正指導をしてもなかなか実効が上がらないんです。

そこで何かいい知恵がないかと、話が財政局の方にきました。柴田さんから言われましたので、それなら特別交付税でやりましょうということになった。特別交付税は、普通交付税の算定では見きれないような特別の財政需要があるとき、つまり災害とか伝染病が発生するとか大火があったとかですね、そういう臨時の財政需要を中心に算定しているから、ほんとうに財政状態が厳しいところに配分するものです。

そうしたなかで、国の基準を上回るプラスアルファを出すようなところは結果的には財政に余裕があるとみなすことができるので、それで特別交付税の減額項目にプラスアルファの支給額を立てたのです。

効果てきめんで、議会で、「特別交付税が減らされているのにどうしてプラスアルファを支給するんだ」という話になって、組合も責められるわけです。一方、国会では、自治労系の議員を中心に、「これは自治権の侵害だ。地方交付税とは本来地方団体の行財政運営に対して中立であるべきだ。税源が乏しいところを補う制度なのに給与行政の指導の道具として特別交付税を使うのはけしからん」と、猛烈な反対が起こったわけです。

　そういうことがあったものですから、坊主憎けりゃ袈裟まで憎いという類で、次第に特別交付税があるからそういうことがやれるんで、特別交付税を災害とか限られたものにしか配分できない程度に縮小すればそんなことはできなくなるだろうという思惑があって、それで特別交付税率の引き下げを強く言うようになったんです。

　そういうこともあり、柴田次官のときに地方交付税法の改正の機会に八％の特別交付税を六％に引き下げたんです。もちろん実質的な引き下げの理由はトータルで増えたからだったのですが、それで一応静まったんです。

　ところがその後、今度は不交付団体が給与のプラスアルファをやめないんです。特別交付税はもちろんわずかで、不交付団体に対しても交付されていたのですが、それだけじゃ効き目がないということになった。そこで次は地方債だということになりました。

　地方債は、地方財政法の第五条で本来地方団体の財源は地方債以外でやりなさい、しかし特定のものについては例外的に地方債を発行できるという規定になっているんです。そこに着目し、プラスアルファを出すような団体は財政的な余裕がある、余裕があるから余計なことをする。だから地方債をその分は抑えよう。不交付団体も地方債は絶対にいるんです。これはものすごく効きまして、それでまた国会で自治権の侵害だといって大騒ぎになりました。それが美濃部東京都知事の起債訴訟の一つのきっかけになっているんだと思うのです。

そういうこともあって、今度は六％に下げた特別交付税を、さらに四％まで下げるという議論が国会から出てきたんです。自治省のなかにも、例えば松浦功さん（後の事務次官）は特別交付税は少ない方がいいという意見だったんです。しかし財政局の先輩の奥野誠亮さんは違っていた。そもそも八％を六％に下げたときも私はずいぶんと奥野さんに「何ということをするんだ」と叱られたんです。「個々の団体のいろいろな特殊事情が発生したときに特別交付税は最後の頼りなのにどうして減らしたんだ」と叱られたんです。

さらに今度は六％を四％にするという話が出てきて、私には実際自分で交付税制度を運用する経験からして、六％まで下げるのは必ずしも間違いではないけれども、それをさらに下げるとなると大きな災害が起こったときなどに対応しきれなくなるという心配がありました。

そこでいろいろ考えたんです。特別交付税は普通交付税でなかなか算定しにくいような要素を財政需要として取り上げるという運用をしていましたから、特別交付税で対応しているものも、ある程度まで理論計算できるようになれば普通交付税に移し替えることができるわけです。そうすると特別交付税の方が楽になるわけです。

そこで特別交付税の税率引き下げ論との関連で私が考えたのは、ある程度算定がルール化しているものは普通交付税にもっていく代わりに、一二月に交付しようということです。それまでは特別交付税は二月交付だった。二月に交付額を決めていたものを一二月と三月に分けて、大体二％相当を一二月に配る。運用としてです。残り四％を年度末ぎりぎりに配る。それまで特別交付税で算定していた項目のなかにある程度ルール的にやれるものがあるんです。

一つの例は災害です。災害では、災害の規模、倒壊家屋数や被災者の数などいろいろな事象で特別交付税の算定をしておりましたので、そういう特別交付税のなかでもある程度ルール的に毎年度算定しているような項目は一二月にする。個々の団体の特殊要因だけは三月に配る。率で言うと大体二％相当は一二月に配って、四％相当は三月にすると。一二月の二％相当は普通交付税的な配分をしておりますから、いわば普通交付税に移したのと同じだと。本来、特別交付税は三月に配分するわけですから、それは四％にするということで国会をのり切ったわけです。

地方の人たちも、トータルの特別交付税が減るわけではなくて、配分を変えるということなので、とりたてて異論もなく今日に至っているわけです。

しかし、民主党内閣のときに片山善博君が総務大臣になりました。彼は役人が裁量権を持つのはよくないという、独自の考えを持っているようでして、六％を四％にすべきだという意見から平成二三年に法律改正をして四％にしたわけです。実際は経過措置でそうしていないのですが、本則は四％に下げたんです。

ところがその後東日本大震災が起こったり、毎年大雪が降って除雪経費がかさんだりして対応しきれなくなりまして、平成二八年の通常国会で恒久的に六％に戻す法改正をしたわけです。

それには与党も野党も異論がなかったのです。役人の裁量で配分されると言いますが、大部分はルールで決まっているわけです。特に年度後半に大雪が降ったり、災害が起こったりした場合に、補助金だけでは対応しきれない問題があり、そうかと言って、地方団体としては住民に対する支援等をしないわけにはいかないというときに、特別交付税で対応するのは国全体としても助かるわけです。

かつて特別交付税率を広げることに反対していた大蔵省も、大きな災害のときに特別交付税で対応することで、何もかも補助金で対応してくれということをある程度防げますから、最近は特別交付税の守備範囲を広げることに反対しないんです。

各省は当然所管の補助金で対応できない分を特別交付税でやってもらえれば助かるわけですから、平成二八年の六％の恒久化については私が承知している限りどこにも異存はなかったようです。

そういうことで特別交付税については、ほぼ二％を目途に一二月にルール配分して、四％を個別団体の特殊事情を中心に配分するかたちにしたことで、それなりに制度として安定しているんではないかと思います。

――一二月分と三月分に分けられたときに、一二月分の内容は時代によって変わるものと見ていいのでしょうか。

石原　ええ、それは変わります。というのは、算定の重点がその時々の状況によって変わるからです。最近は地方公営企業の一般会計負担分を増やしています。公営企業会計は独立採算と言いながら、個々の事業内容によっては採算性のないものも、公営企業としてやった方がいいものがあるんです。そこで公営企業の健全化をずいぶん議論して一定の方向ができましたので、それを裏打ちするかたちで特別交付税が重要な役割を果たしています。

算定要素では公営企業関係が今いちばん大きいのです。災害はもちろん中心ですから災害の大きな団体は別として、そうした変動性の大きいものを除きますと、公営企業関係の算定科目が最大です。あとは地域政策です。これもルール算定でやっています。

――奥野先生のイメージですと、特別交付税の配分は財政課長の判断でフリーハンドをもってやれるというものです。

石原　昔は制度も安定していなかったですから、各都道府県が管内市町村の事情を説明して、いわばその説明に基づいて額を決めるようなことが結構あったのです。離島補正だとかへ
き地補正もそうです。のちに普通交付税の補正に吸収されたものがたくさんありますけれども、初めのころは全部特別交付税で配分していました。

一二月交付と三月交付を分けたことで、意識的に配分のルール化が進められるようになったんです。昔はいわば込み込みだったと言えるかもしれませんが、そういうふうに分けたことを契機にしてルール化できるものはきちんとルール化しようという機運が高まりました。

東京都起債訴訟

――美濃部亮吉東京都知事時代の東京都起債訴訟に直接かかわられました。

石原　東京都はもっとも富裕な団体の代表とみられておりまして、終始一貫して普通交付税の不交付団体です。ただし地方債は別で、オリンピックだとかいろいろなこともありまして、地方債への依存度は結構高かったんです。

美濃部さんが昭和五二年の憲法記念日に突然、「地方債の許可は本来自由であるべきで、それを許可制としているのは地方自治の侵害であって憲法違反だ。起債許可制度は憲法違反だ」と、これを取り消すように訴訟を起こすんだと宣言されたんです。

非常に大きな問題になりまして、国会でも地方債の許可制度については、給与水準の是正指導との関係がありまして、特に日本社会党をはじめ革新系の人たちには反対論が強かったわけです。

今は規定が変わりましたが、昔は地方債の発行について地方財政法でいろいろ要件を絞っておりましたけれども、地方自治法では「歳入調達手段として地方債を起こせる」という規定があったんです。しかし一方で、地方自治法第二五〇条の規定で[4]、「当分の間、許可制とする」としていました。

そういう建前になっていましたから、地方自治法上も本来借金はそれぞれの団体の議会が判断する問題であって、国が許可制で縛るべきではないという考え方が根底にあるんです。ただ調達すべき資金全体の事情もあって、当分の間は許可制度だという建て方になっていた。もうそろそろ「当分の間」はやめてもいいの

---

(4)　地方自治法第二五〇条に、「地方債を起し並びに起債の方法、利息の定率及償還の方法を変更しようとするときは、当分の間、政令の定めるところにより、所轄行政庁の許可を受けなければならない」と定められていた。同規定は、当分の間とされながらも、地方債発行の協議制度が実施される平成一八年度まで継続された。

ではないかと誰かが知恵をつけたんでしょうね。それで美濃部さんが憲法記念日のときにぶち上げたわけです。

当時東京都は美濃部都政の末期でありまして、やたらに職員を増やしたり、給与を上げたり、いわゆる単独福祉もやったりしたものですから、財政的には非常に苦しくなっておったんです。当時、私は財政担当審議官でしたけれども、通常の団体ならとても起債を認められないようなものまで、東京都は申し込んでくるんです。「問題あり」なわけです。

――適債性が疑われるようなものがあった。

石原　ええ、もう法解釈上ぎりぎりで。地方財政法第五条の規定や地方債の許可方針に照らすとこれはどうかなというものまで都は申請してきたんです。起債しないと赤字団体になってしまうんです。美濃部都政を赤字団体で終わらせるわけにいかないという事情もありました。

都の事務担当は当時、佐藤さんという財務局長でした。副知事が磯村光男さんで、著名な学者の磯村英一の弟さんでした。副知事も財務局長も困っておられた。美濃部知事は「子の心、親知らず」というのか、都の財政の実態はご存じだったのかどうか分かりません。

部下は苦労して、通常ならばほかの団体ではとても認められないようなものまで起債したいと持ち込んできていたわけです。例えば今の警視庁を建て替えたときに、建設費は国費でやっていますからいいんですけれど、引越代などに相当お金がかかるんです。建替えの起債で事務費も一応認めるんですが、引越代まで含めて認めてくれと言ってきたんです。厳密に言うと、引越代は経常費でまかなうべきものですから、起債対象にならない。そこを事業費のなかで認めてくれと。そこまでやらないと回っていかないぐらい財源手当の方途が詰まっていたんです。しかし知事は下々の苦労を知ってか知らずか、派手にぶち上げたわけです。

自治省とすれば起債訴訟を起こされると逆に起債の許可ができなくなります。許可行為そのものが違憲だという訴訟を起こしているわけですから、そういう東京都の論理からすれば許可を求めるための申請などあり得ないことになります。するとその途端に国の許可のない東京都債は銀行が引き受けないわけです。許可制度でもって担保されているわけですから。そうなると都政が回らなくなるんです。

起債訴訟の提起は昭和五二年ですが、その前に石油ショックがありまして、猛烈なインフレになったものですから、インフレ抑制のために地方団体の投資を抑える必要がありました。地方債についても、学校とかそういう緊急のものはもちろん認めたのですが、例えば庁舎などのいわゆる箱もの系統やその他は一般的に投資的経費を抑えるためにストップしました。その関連で全国的に地方債の許可基準を厳しくしました。当然東京都もそれは一緒ですから、国の都合で起債が抑制されたと感じてもおかしくない、そういう背景があったんです。

美濃部さんとすれば、起債を全体的に抑制するという政府の方針に沿った自治省のやり方に対して被害者意識を感じて「革新いじめ」と映ったわけです。そこで地方自治の侵害であるという背景の下での訴訟提起だったということなのです。一方、都の事務方は事情をよく知っていますから、「可能な限り特別な配慮をしてくれ」と頭を下げにきていました。

訴訟を起こすときは議会の議決がいります。都議会では与党側の日本社会党とか、公明党とか共産党とかが革新都政を守れと、これをサポートしていました。それで都議会が訴訟案件を議決するかしないかという問題が起こりまして、与党である日本社会党と共産党と公明党は賛成する。自民党と当時の民社党は反対。迷ったのが新自由クラブです。新自由クラブが賛成すれば可決、反対に回れば否決という状況でした。

それで新自由クラブの代表の方が私のところに「真相はどうなんだ、都議会でいろいろ説明を聞いているけれども、本当に自治省は美濃部都政をいじめるために許可制度に固執しているのか、実態を説明してくれ」と言ってこられたんです。自民党からもありましたが、特に新自由クラブから自治省の考え方に対する照会があった。

私は直接都議会の勉強会みたいなところに行って、ほかの団体と東京都との財政の現況の比較や地方債の許可の運用の実態を説明して、決して東京都に不利益な差別的な査定はしていない。特に東京都はぎりぎりの状況にまできていて、今後どうするかの相談をしている。ここで訴訟など起こしたらいちばん困るのは東京都ですよ、という話をしたんです。新自由クラブは「そうだったんですか」ということで、訴訟には反対すると決められたようです。それで結局否決されたんです。

――当時のマスコミや学者の論調はどんな感じでしたか。

石原　マスコミでは、朝日新聞が美濃部与党みたいな論調で、自治省はけしからんという論調でした。自治労系の学者さんも同じ。東京都が綱渡りの財政運営をしているという実態を、学者もマスコミもあまりご存知ではなかったんです。

余談になりますけれども、それより少しあとの話ですが、東京都はほかの団体より給与水準が高かったのです。いわゆるラスパイレス指数が高いわけです。それから退職手当の基準も国家公務員の場合は退職時の給与の七〇か月が上限でしたが東京都の場合は実に九〇か月。しかも東京都は職員の退職時に職級を一つ上げるんです。

それが問題になったのは、当時役人の代表みたいな鳩山威一郎さんが大蔵省の事務次官を辞めたときに、鳩山さんの退職金よりも東京都の局長さんの退職金の方がかなり上回るということでした。どこかの新聞が書いて、いったい何だと話題になりました。

起債訴訟は東京都が引き下がることで決着がついていましたから、自治省は予定どおり地方債を許可する流れになったわけですが、逆にそんな給与の高い、浪費している団体に起債を認めるのはおかしいではないかという意見が今度は出てきたんです。東京都をどうしてそんなに優遇するのだという意見です。

それで困ってしまいまして、私はせめて昇給ストップをやってくれと伝えました。東京都の起債許可に当たって、あたかも優遇措置を認めるかのように給与水準が高いことに目をつぶるわけにはいかないという話です。ところが、当時は都労連の宮部さんという委員長が絶大な力を持ってまして、宮部さんの前に行くと都知事以下何も言えないくらいなのですが、昇給ストップとなると都労連の了解が当然必要になります。それで私に都労連を何とか口説いてくれという話になって、当時の都議会議長までもが何とか協力してくれと言われた。

私は東京都担当だということから都労連の宮部さんに昇給延伸をのんでほしいという話をしに行きました。宮部さんも大人でした。都の財政の状況について「あんたの言うような、しっかりとした説明が都側からねえんだ、だから組合員とすればとんでもないという話になるけれども、言われてみれば東京だけがわがままを言うわけにいかない」「それが起債の障害になるんであれば、俺も美濃部を支える立場だから、それは分かった」と言われて、昇給延伸をのんだことがありました。東京都の執行部は組合に対してまったく無力だったのです。美濃部都政そのものを革新勢力、とりわけ組合が支えているという構図ですから、都の執行部はビビってしまうわけです。本当に異常な状態だったのです。

――美濃部さんは自治省に起債訴訟をつぶされたという恨みを持っておられた。

石原　そうです。美濃部さんは「自治省が革新いじめをしている、自分は革新の代表だ」ということで、とにかく自治省に対する敵愾心《てきがいしん》は相当なものでした。

――東京都が財政的に暴走しているなかで起債訴訟には無理があった、都議会が否決したところでノーサイドですね。

石原　あのとき起債訴訟をすれば、当然地方債の発行許可はできなくなるわけです。自由発行でいったら銀行は貸さないのです。都は仮に訴訟に勝っても財政面ではストップしてしまうわけです。その辺を美濃部さんは知ってか知らずか。

訴訟を否決した以上は、美濃部さんの個人的な問題ではなく、東京都という首都の問題ですから、所定の手続きを踏んで、起債申請があれば法的に可能な範囲で許可するという立場に戻ったわけです。最後はずいぶんと細かいところまで、これは適債事業になるんではないのかと、自治省側から協力したんです。自治省、特に財政局は、東京都をいじめようという気はまったくなかったんです。何とかして東京都には財政難の状況を打開してもらいたいということでしたね。

自治医科大学の設立

――ところで、自治医科大学の設立を地方債課長のときに手がけられました。

石原　自治医科大学の構想が始まったのは、鎌田要人さんが官房長で、秋田大助さんが自治大臣のときです。私はあのころはまだ岡山県でしたが、その動きは知っていました。

当時各省とも「一日○○省」というのをやっていて、自治省も「一日自治省」を高知でやったときのことです。秋田大臣は旧高知高等学校のご出身でお医者さんなのです。地方のいろいろな悩みごとを聞こうという集まりなのですが、いちばんに出てきたのは医師不足でした。

地方の市町村では診療所はあっても医者がいないんです。戦前の台湾統治時代の軍医経験者だとか、いろいろな人を連れてこないといけないくらいに困っていた。本土復帰前の沖縄ですと、昔の衛生兵の人たちが、医者ではないんですが代わりに診療所をやっていた時代です。

当時市町村の最大の悩みは医師不足だったのです。高知県も医師不足では最たるものでしたから切実な訴えが出てきまして、秋田さんが「これは何とかせないかん」と、医師不足の解消を自治省としてやろうとした。通常の医科大学は金がかかるから地方団体が共同で医専をつくって、正規の医者でなくてもいいから地方の診療所に勤めてくれるような要員を養成しようという案を一日自治省でまとめたわけです。

鎌田さんが中心になってそれを実現しようということになったのですが、実施段階になったら、医師問題はまず医大ですから所管は文部省です。文部省は、自治省が医師の教育の問題に口出しするのはけしからんというわけです。厚生省も医師の問題は自分のところの所管であって自治省ではないと、文部省と厚生省がともに大反対なのです。しかし、全国知事会や市長会、特に町村会などは切実な問題だという認識でしたので、最後は全国知事会が中心になって都道府県の共同設立で大学をつくろうということになりました。大学でなければ駄目だと文部省が強く言うものだから医科大学をつくろうとしたわけです。

では、費用はどうするか。まずは都道府県の分担金でということになったのですが、当時はまだ沖縄が復帰しておりませんでしたが、沖縄の市町村でも医師不足は非常に切実でした。東京都でも伊豆七島を抱えていましたから非常に熱心だったんです。それで全国知事会全体として進めようという機運になったのです。

当時の全国知事会長は木村守江さんという福島県知事で、お医者さんでした。福島県には福島医大がありましたので、医師は自前で何とかなるんです。木村さんは、今のところ十分間に合っているのにお金を出してまでそれをつくる必要はないと消極的だったんです。

しかし、ほかの知事はみんな何とか進めるべきだというご意見で、木村さんが汚職事件で辞めたあとの全国知事会長は鈴木俊一（東京都知事）さんで、それで大分気運が盛り上がって進めようということになりました。

全てを都道府県の分担金でまかなうわけにはいかないので、ある程度は財源を別途考えなければならない。そのころ私は岡山県から市町村税課長で帰ってきたのですが、鎌田さんから言われたことは、当時はまだギャンブルの調子が非常によかったものですから、「ギャンブル団体から援助してもらえないか」ということでした。競馬とか競輪とか、競艇とか、それぞれの所管省からです。当時、競馬は農林省、競輪は通産省、競艇は運輸省でした。それぞれの省に足を運んで協力を取り付けて、かなりの額をそういう団体から支援してもらい、残りを都道府県の負担金として、つくることにしたんです。

場所はどこにするかということになり、いちばんの問題は用地でした。栃木県が林業試験場の跡地をそっくり提供するということ、かつ場所が小山市の近くで比較的便利なところだったこと、施設・土地の提供のほかにも地元として協力するという話があったんです。実は栃木県には医学部がなかったんです。そういうこともあって、土地の問題は栃木県の協力でうまくスタートしたし、お金の面ではギャンブルの所轄省庁のご理解もいただいて、公営競技施行団体の協力も得られるということでスタートしたわけです。木村守江さんがあのまま知事だったらどうなっていたか分からないのですが、知事会長が替わって実現に至りました。

地方団体の共同の力でつくる学校ですが、性格は私立大学なのです。文部省も最終的には認可する。その代わりに短大は駄目だというので大学にした。いろいろ細かい技術的な問題はあったのでしょうけれど、いずれにしてもスタートすることができました。私はもっぱら財源調達の方で走り回ったんですけど、地方団体全体からたいへん喜ばれました。

各県とも一定の推薦枠を決めまして、その推薦した者について奨学金を貸し付けて、九年間へき地勤務をやったら償還金は全部免除するというかたちでスタートしました。各県ともへき地で勤務する意欲のある若者を推薦してきたのですが、学生の諸君はみな非常に優秀でして、当時私立の医科大学のなかには医師免許取得のための国家試験に通らない学生がたくさん出ていることが話題になっていた時期ですが、自治医科大学は第一期の卒業生から全員が国家試験をパスして、非常に成績がいいということでした。

自治医科大学は、各県のご理解がいただけたことと、もう一つは中尾喜久さんという東京大学の内科の大家が初代の学長を引き受けてくれたことがよかったのです。中尾先生が東大の若手のいい先生方をたくさん連れてきてくれたんです。それがかなりレベルの高いかたちで自治医科大学がスタートできた大きな理由です。もちろん財政的には四六都道府県全体がサポートしたわけですけれど。

スタートした直後から東大の医学部で紛争が起こった。いわゆる東大紛争で、かなりの医学部の先生方が嫌気をさして東大を離れたんです。あのころ自治医科大学にずいぶんいい先生が来てくれました。中尾先生というたいへん立派な学長がいらっしゃったこと、東大紛争で優秀な先生方が自治医大へ来てくれたこと。学生も優秀だったし先生もよかったから、国家試験も全員パスするし、非常にいい医師が育ったわけです。この人たちがみんな率先してそれぞれの出身県に帰ってへき地での勤務をやってくれました。自治省の政策のなかではヒットではないでしょうか。

――ギャンブルの所管省庁はすんなりと自治省のためにお金を出してくれたのでしょうか。

石原　ギャンブル団体は裕福でしたから。当時は各県の公営競技の黒字が非常に大きかったんです。ですから余裕もありました。それで売り上げの一定割合をそれぞれの団体が、例えば競馬であれば地方競馬の監督団体が、競輪にしても競艇にしても、そういう団体が納付金のなかから自治医科大学に補助してくれるというかたちです。

しかし各競技団体は初めから「どうぞ」というわけではなかったのです。本来公営競技の施行にはそれぞれ目的があるわけです。例えば競輪であれば自転車業界の振興という目的があったわけです。競馬であれば各畜産事業の振興を応援する。競艇であれば各地域の教育だとか福祉だとかの分野の仕事に幅広く補助しているわけです。それに対して地方団体の共通の設立の自治医大に出すことには初めは難色を示していました。個々の団体に補助金を出すのではないんですから。自治医科大学に出すわけですからね。

そこで、地方団体全体が非常に潤うんだと。住民が感謝するんだから、収益還元としてふさわしいではないかということでずいぶん説得して協力してもらったわけです。何といいましてもあの当時はまだまだ公営競技の経営状態がよかったんです。どの施行団体も懐が暖かかったから結局理解を示し、協力してくれたんです。今ではとても考えられないです。

第四章

地方財政制度を振り返って

撮影：五十嵐秀幸

投資的経費に対する算定

――投資的経費に対する地方交付税の算定は大きなテーマですが、ここがいちばん誤解が多い部分であり、また時代を追って考え方が大きく変わってきた印象が強くあります。

石原　昭和二五年の地方財政平衡交付金のスタートのころは、経常経費の財源不足を補塡することが中心でしたので、投資的経費についてはほとんど起債だったわけです。ですから普通交付税の基準財政需要額の算定上も単位費用のなかで、例えば学校とか庁舎とか想定される公共施設の建設費については減価償却費を算入するということにとどまっていた。

一方現実の投資的経費については、国庫補助のあるものは国庫補助の残りについて地方債を充当する。考え方としては、地方債の元利償還金の財源は単位費用に含まれている減価償却費で対応するとしました。一方、当時は基準財政収入額は標準税収入の七割でしたから、三割部分についてはその団体が自由に使える、カウント外の部分でした。そのなかでは経常経費についても基準財政需要額で把握されていない部分への対応、あるいは単独施策に充てている部分とさらに投資的経費に充てている部分とがあって、それらはそれぞれの団体の問題であると割り切って、地方平衡交付金の算定上はそこには立ち入らないという考え方だったんです。

そういう考え方が根底にありまして、それは基本的には地方交付税制度のスタートのときもそう変わっていないんです。基本的には、地方財政平衡交付金時代の投資的経費の考え方はそのまま地方交付税制度でも踏襲されています。ですから地方財政平衡交付金と地方交付税との違いは、要するに収入面で総額を積み上げ方式でやるのか、それとも国税の一定割合として総額を決めるかなのです。それ自体はたいへんな変化でしたが、基準財政需要額の算定方法は基本的には変わっていなかったわけです。

そうしたなかで次第に問題になってきたのは人口増加です。特に都市部で人口増加が激しかったものですから、その人口の増加部分については初期費用がいるわけです。減価償却は長いスパンで考えるわけですけれど、人口急増団体ではそれでは間に合わないわけです。そこで結局人口急増補正を適用するようになったんです。その人口急増補正においては、いわゆる数値置き換えをする。国勢調査の人口から年限がたつほど現実の人口は増えていますから、人口を測定単位とする場合にはその増えた分の人口はカウントされていないわけです。

平均的な人口増加ならいいが急に増えている場合、算定上は無視できませんので、人口増加部分の経常的経費の追加算入が必要になります。それからその団体においては、減価償却ではなく現実に建設費用がいるわけです。

もちろん起債もあるわけですが、ある程度地方交付税でもそれをカウントする必要があるので、人口急増補正のなかには、いわゆる「数値置き換え」という、経常経費をカウントするのと、臨時的な投資的経費の分も算入するという二つの要素が混じって人口急増補正としたわけです。しかし全体としてはその当時もまだ減価償却方式で行っていたわけです。

――昭和三〇年代前半ごろまではそうだったのでしょうか。

石原　そうです。昭和三〇年代の初めのころです。特に昭和二〇年代から三〇年代初めのころまでは現実の投資的経費はほとんど起債でまかなっていたのですが、結果的に税収の少ない団体はその元利償還が現実に始まりますと、それの償還の財源に事欠くようになったわけです。

ですから、いわゆる後進地域の団体はその他要因も加わって赤字団体が続出して財政再建となりました。財政再建についてはもちろんその団体自身の改善努力が求められます。経費の節減ですとかあるいは地方税の増収、超過課税等による増徴などです。

もう一つは基準財政需要額の算定に当たって、後進地域については社会資本の整備が遅れているがゆえに投資的経費の必要性が高いということで、いわゆる未開発補正を適用していました。これには経常費ではなくて社会資本の遅れを取り戻すための投資的経費の財源を与えようという意図があったわけです。

ですから、そのときには例えば道路であれば道路の未改良率とか、あるいは交通量とか、そういう客観的な指標で算定しています。道路だと交通量は道路の維持管理費などの経常経費にも関連性がありますから、両方に適用したんですけれども、主として投資的経費にカウントすることとしました。

それから、昭和二一年度以降に起こした公共事業の地方債の元利償還金についてもカウントする。これも一種の投資的経費の後追い的な算定になりますけれども、その償還費をカウントするということに変わっていくわけです。

しかし、基本的には地方交付税では、公共事業などの地方負担をストレートに財政需要で算定するということは避けておったんです。ただ費目によってはそれでは実態に合わないものが出てきた。特に河川改修です。

戦後大きな台風災害がありまして、治山治水事業を緊急にやらなければいけない。治山治水事業のうち大規模なものは直轄事業でしたが、その直轄事業の負担金が必ずしも河川の延長とは合わないわけです。かつて台風災害が大きかった地域ほど受益が大きいという考えで直轄事業の負担金が割り振られたものですから、基準財政需要額を河川の延長で計算していたのでは辻褄が合わないんです。

要するに平均的に算入したのでは不都合になる。そこで河川改修費については、直轄事業の負担金とかあるいは現実の河川改修事業の裏負担を加算するという、事業費補正として加算することを現実にやらざるを得ないということになったわけです。

しかもその金額が非常に増えてきたのは、全国総合開発計画によって国土の均衡ある発展を図るために計画的に社会資本の整備を進めようということになってからです。日本経済の発展の基盤をつくる意味もありました。財政負担が特に大きくなったのは、港湾費や河川費、道路費なのです。道路はいわゆる補助裏ではなく、道路の延長・面積という測定単位にして、交通量や未開発度などの要素も勘案することである程度は対応できたんですが、河川費や港湾費、海岸費は、結局現実の地方負担額を反映させるしかないということになりました。

従来地方交付税は中立的であるべきだという考え方がありまして、その時々の政府の方針によって左右されるべきものではないのです。さはさりながら、全国総合開発計画という全国的な計画に基づいて行われる公共投資については個々の団体が自分の選択で行う単独事業とは違います。

国民経済に必要な全国総合開発計画のために社会資本整備を進めるわけですから、その地方負担について共有財源である地方交付税の上で基準財政需要額を算定するということは、地方交付税の配分の公平性を害することではない。むしろ逆にその団体、その地域の住民だけが重い負担に苦しむことの方が不公平ではないかという考え方に変わっていきました。それで昭和三七年度から補助事業の一部の経費については補助裏の一部を事業費補正というかたちで算定するように変わったわけです。

交付税率は、その後毎年度の税制改正などのたびに少しずつ上げてきて、最終的に昭和四一年度から抜本的な税財源配分見直しの一環として従前の二九・五％から三二％に引き上げました。それで地方財源トータルとして国の財政に対してバランスがとれる状態になり財政状況がよくなりました。

地方交付税の算定も、従来はその総額が少なかったために、経常費に重点をおいて、投資的経費はいわば付加的に算定していたんですが、昭和四一年度以降は国が建設国債を導入して計画的に公共投資を行ったということもあって、投資のトータルの量も増えて、交付税財源も増えてきましたから、全体として従来の経常経費重点に対して、投資的経費についても地方交付税の算定における算入分をトータルで増やそうという流れになってまいりました。

そういう流れのなかで、それまでは単位費用は経常経費と投資的経費をいわば込みで計算しておったんですけれども、適用される補正係数によっては、投資的経費を念頭に置いた事業費補正のようなものがあるし、人件費その他の経常経費の差をカウントする補正もあるので、単位費用そのものを経常勘定と投資勘定とに分けて補正を適用する方がより正確な算定ができるということになりました。

実はそういう問題意識は私自身も持っておったんですけれども、それが実現したのは私が岡山県へ出た後です。

経常勘定と投資勘定を分けて整理して非常にすっきりしたかたちに変えたのは昭和四四年度からで、横手正さんが交付税課長のときです。私自身もやりたかったことなのですが、地方交付税総額の制約があるものですからなかなかできなかったんです。地方交付税が増えたことからそれができるようになりまして、それであいうかたちにしたわけです。単位費用そのものを経常経費と投資的経費に分けたことで、補正係数の適用関係が非常にすっきりしたかたちになったわけです。

投資的経費について言いますと、そういう経過をたどって公共事業のなかでも測定単位の数値で把握しにくいような河川費とか港湾費、海岸費を中心に算定内容がより充実していきます。

また、地方の単独事業の財源を、それまではもっぱら標準財政収入の二割ないし二割五分の留保財源でやるんだという考えだったんですけれども、それだけでは特に税収の少ない団体については不十分だという声がありましたので、単独事業についても積極的に投資的経費の算定のなかでカウントするということになっていくわけです。

人口を測定単位とする、いわゆる包括算入の場合が多いんですが、投資的経費の包括算入は昭和四一年度の地方交付税が増えた後ごろから、そういう計算ができるようになりました。いわゆる包括算入によって投資的経費であれば単独事業の財源を確保するという図式なのです。

それからもう一つは、投資的経費については地方債を充ててその代わりに元利償還金を普通交付税の基準財政需要額にカウントするということが次第に増えてくるわけです。初めは公共災害復旧費の裏負担について充当率九割で地方債を充て、その元利償還金の九五％を普通交付税の基準財政需要額にカウントしました。単独災害復旧費については算入率は三割としています。九〇％充当の三割だから、二七％ということです。その後次第に地域整備のための事業債を算入するようになりますと、地方債の償還費を算定するという分野が増えてきます。さらにそれと同時に償還費を算入する場合においても、例えば地域総合整備事業債の系統についてはいわゆる財政力補正を適用して、財政力の低い団体は算入率を高めるという扱いをするようになります。

——そのような投資的経費の算定に対し、それが地方交付税の性格に照らしてどうかという逡巡は常にあったのでしょうか。

石原　地方交付税は経常経費中心だということを正面から言ったことはないんです。ただ理屈はともかく現実問題として、地方交付税総額と投資額との関係からいって、制度発足の早い時期においては当面は経常費の捕捉をしっかりやらなければいかん。投資が必要なものは地方債で対応する。だから地方債というものが、当初の流れではかなりの程度財源付与の一翼を担うような感じだったんです。単に資金繰りを助けるというよりも、地方団体に対する財源付与の一手段という面が強かった。そこで地方交付税の方は経常費に重点をおいて、災害復旧やその他一部の経費に充てる地方債についてだけ元利償還金の一部を基準財政需要額に取り込むということだったんです。

しかし次第に地方交付税の懐が大きくなりますと、地方の単独事業債的なもの、例えば過疎対策事業債や辺地債、さらに合併特例債ですね、市町村合併を促進する意味の。あるいは新市町村整備のための地方債の元利償還、こうしたものも地方交付税に取り込んでいこうという流れが出てくるわけです。

私が財政局長あるいは事務次官のとき、地方交付税に多少ゆとりができたものですから、地方団体が独自に行う単独施策について起債を認めて、その償還費を一部地方交付税の需要に取り入れるという制度をやってみたわけです。

ただこれについては、単独事業を人口その他の客観的な数値で計算するのはいいけれども、現実の地方債の償還費を算入するのは地方交付税の中立性を害するのではないか、という意見がありました。しかしそうしたことに踏み切った理由として、それまではいろいろな地域整備の分野について各省がそれぞれの立場で補助金を出していて、いわば補助金主導型だったんです。

そうしますと、当然各省の目からみて必要な事業を採択しますから、どうしても内容が地方主導ではなくて各省主導型の投資になる。その裏負担を地方債で一部みておりましたので、それだとどうも地方団体の地域整備が国にリードされたり、国を頼ったりとか、そういう傾向が強かったことがあります。

しかしそれは本筋ではない。むしろ地方の地域整備というものは、まず全地方団体をにらんで基本的な考え方を整理して、それに沿って各団体が地域整備を行う場合にその償還費をみていくということがいいのではないか。その方が地方主導、地方主体でやるから地方自治の立場からすると望ましいのではないかという考え方をとったわけです。

その場合にも各団体がやりたいものを好きにやってもらうのでは不公平になりますから、やはり地域総合整備事業債などといった名前で一定の枠をはめて、そのなかで地方団体がアイデアを生かして行う事業についてその償還費を交付税に算入するということにすれば、補助金の裏をみるよりは地方の主体性が出てきていいんではないかとして始めたわけです。

始めたときには各地方団体は大賛成です。補助事業の場合は国の基準に合わないと採択されないわけですから、どうしても国主導になりがちだということと、いわゆる補助単価や補助基準の問題があって、超過負担問題がついてきていたからです。これは保育所やそのほかの施設整備でも問題が起こったわけです。

例えばごみ焼却場の整備ですと、厚生省の補助基準はなかなか実態に合っていないのです。ごみ焼却場とか火葬場といったものをつくるときには周辺住民が嫌がるわけです。いわゆる迷惑施設なのですから。そうしますと、周辺住民対策としてかなり広い面積を確保して、そこにたくさん木を植えてあまり住民の目から見えないようにせざるを得ない。

ところが補助基準では施設本体の最小限度分しか補助対象になりませんから、実際地方団体はそれだとつくれないわけです。そういう系統のものも地域総合整備事業債であれば補助基準もないわけですから、各団体が計画したものが一定の枠内であればそれを認めてやろうということになる。地方のアイデアが生きて、かつ超過負担も出てこない。要するに、トータルとしての執行額の一定部分に起債を充てるのです。

そういう意味で、地方自治の建前からいって補助裏を単純に追いかけるよりは投資的経費の財源を保障する手段として、地域総合整備事業債の方がいいということで、地方団体はみんなそれにのってきたわけです。地域総合整備事業債で財源確保をするわけです。

当然各省からすると、それをやられるとそちらの方が使い勝手がいいですから補助金は減少する。それで各省の地域整備政策の妨害だといって反対論も出てきました。

大蔵省は大蔵省で、また地方財政は放漫なことをやり出すと言う。総額で枠をはめただけでは歯止めがきかなくなるんではないかとおそれて、非常に強い反対がきました。しかし結局それは、かたちを変えて今でも続いているはずです。

――地域総合整備事業債は財政力補正をかけて算入率を引き上げていますが、災害の九五％が特段に高く、辺地債八〇％、過疎債七〇％、合併特例債七〇％あたりが最高ランクで、地域総合整備事業債はその次のランクの扱いになっているように感じます。

石原　算入率の違いは、事業の客観的な必要度や団体間の公平性などが根底にあるわけです。

災害復旧ですと、新しくするのではなくて受けた災害から回復させるという一種の保険です。これは算入率を高くしても誰も異論はないわけです。災害復旧は当該団体のやるやらないの選択ではなく、被害からの救済ですから。

それに対して単独事業系統のものは、その団体のいわばイニシアチブで事業を行うわけですから、その算入率をあまり高くすると不公平になるということがある。しかしその場合でも、いわゆる地域格差を是正するという視点で行われる場合には、団体の財政力によって差をつけてもいいという考え方が入ってくるわけです。

したがいまして、災害以外の地域振興的な地方債の元利償還金を算入する場合においては、財政力が乏しい団体ほどいわばその遅れを取り戻すための投資の必要度が高いのに対して、元利償還に耐える力が弱いわけですから、財政力補正を適用してバランスを取ってもおかしくないということで財政力補正を適用しているわけです。

地方債の性格によっても同じことが言えます。例えば過疎対策事業債とか辺地債は、もともといろいろな生活条件に恵まれない地域に対する手当であって、該当するところは財政力の低い団体が多いものですから算入率をある程度高くしても不公平にならないという思想があります。そういう考え方をもとに、ものによって起債の元利償還金の算入率を変えていたり、財政力補正を適用しているものと適用していないものとが出てくるという違いがあります。

――未開発補正については、需要の算定に収入要素が入っていることがおかしいということでなくなりました。しかし地域総合整備事業債で財政力補正を適用する際には問題にならなかったということでしょうか。

石原　当時、奥野さんが未開発補正について特に厳しく言われたのは、地方財政平衡交付金制度をつくられたときに、財政力要素は基準財政収入額でカウントしているので、基準財政需要額は純粋に歳出要素を客観的に捕捉することでよいということです。財政力要素を考慮することは基準財政収入額の算定で足りている、という考え方なのです。

財政力要素は基準財政収入額の算定で、財政需要の要素は基準財政需要額で、とせっかく分けたのにその財政需要の計算にまた財政力要素を取り込むのでは、せっかく一度は割り切ったものをもう一度入れることで二重計算になるのではないかという考えです。理論的にはそういう議論は成り立つんです。

さはさりながら、地方財政再建促進特別措置法、いわゆる「再建法」を実行しようとすると、現実問題として財政力の豊かな団体はみんな黒字で、赤字団体は軒並み税収の乏しい団体だったわけです。そういう団体ほど公共事業の地方負担額について起こした地方債の償還費が多かったわけです。

元利償還費を算入しないで、財政需要の算定が豊かな団体と、そうでない団体とが同じでは赤字団体の赤字は減らないんです。その原因は、基準財政需要額の算定に際してその総額が少なかった点が一つ。それと当時のいわゆる基準税率が府県が二割で市町村が三割でしたので、市町村の留保財源の比重が大きく財政力の格差が償還能力の差に結構きくんです。基準税率は同じでも地方税収の絶対額が違いますから。財政力の高い団体は留保財源の絶対額が多く、財政規模に比べても大きいわけです。

それから財政力が乏しい団体は、財政規模に比べて留保財源の割合が少ないですから。現実問題として過去の負債の償還に財源が回らないんです。それで未開発補正をやむなくやったわけですが、奥野さんの主張で「それはおかしい」となってやめた。ところが再建計画が成り立たなくなるんです。もちろん特別交付税で一部加算等の激変緩和はやったんですけれど。

そういう現実があったものですから、奥野さんは公共事業の後進地域の特例法を出したわけです。その経緯を申しますと、再建団体については公共事業について事業費を減らした分に対応して補助率を引き上げるという宮崎仁主計官のご提案がありまして、それが再建団体の非常に大きなメリットになるんです。

いずれにしても財政力補正を適用した理由は、税収の少ない、財政力の弱い団体においては、留保財源の絶対額が小さいことと過去の負債が非常に大きかったこと。さらに言いますと、公共事業についてやはり当時は道路、河川、港湾などのように国土全体の整備を進めるための投資が多く、それがまた後進地域に非常に多いという事情がありました。

公共投資も、次第に経済が発展してくると、都市的な整備、市街地改造的なものが増えていくんですけれども、かつてはそうではない。昭和二〇年代の末期から三〇年代の初めのころは、まだまだ食糧増産とか国土整備といったインフラ整備では都市圏以外の地方にウエイトをかけたものが中心でしたから、大都市圏以外の地方の投資的財源をある程度バックアップしてやらないと現実の財政運営ができなかったわけです。そういう現実が投資的経費の計算には跳ね返ってくるわけです。

私どもは、理屈は理屈としても現実の地方団体の財政運営がうまくいかなくなったのでは制度として十分ではありませんので、地方交付税の理論は、現実をにらみながら軌道修正してきたということだと思います。

――単独事業と言うといわゆる箱ものが中心になります。

石原　地域総合整備事業債で単独事業を実施するということになったときに、初めは箱ものは極力避けるようにしたんです。しかし、結局地方団体からの要望も多いし、次第に箱ものが増えていったわけです。箱ものを対象にすることで弊害が起こる最大の理由は、市町村合併特例債です。市町村合併した場合には、その新しい市町村としての一体性を強化するための投資的事業が必要だろうということで合併特例債を認めて、その起債の元利償還金を普通交付税の基準財政需要額に算入する方法をとったわけです。

これは一種の単独事業債と同じですから。市町村合併のときにはそれを円滑にするために住民受けするいろいろな箱ものをつくることを認めたわけです。ところがその後、時が経つにしたがってあまり利用されない施設ができたり、それから維持管理費が重荷になったりということで、最近はいわゆる箱ものについては批判が強いんです。当時箱ものに対する起債の償還費が増えた最大の理由は合併特例債だと思うんです。

合併特例債を使う場合でも、箱もの以外の本当の意味での合併市町村の地域振興に役立つ産業とか地場産業の振興とか何かそういった将来無駄にならないような投資にウエイトを置くべきだったのに箱ものが非常に増えた。だから反省すべき点でしょうね。

かつて昭和の合併のときも財政優遇措置はありましたが、いわゆる合併特例債というようなかたちではなかったんです。一般単独起債の枠で対応したわけです。それから昭和の合併の町村合併促進法のときには、補助金も若干ありましたが、財源手当はあまり前向きではなくて、合併によって市町村が不利にならないようにする程度の特例でした。あのときは、財政手当は十分でなかったんだけれども、地域の必要性が高かったから合併が進んだんです。町村合併促進法の前の市町村数は全国で約一万ぐらいで、非常に小さな町村が多かったものですから。これから新しい地方行政を展開する上ではやはり小さすぎるという意識があったので、国が旗を振らなくても合併を進めていこうという機運が結構あったんです。

——昭和三〇年代の昭和の大合併のときには合併に対する財政措置は限られていた。

石原　当初は地方財政平衡交付金時代なのですが、合併をしたときには段階補正が下がって交付額が減少するんです。これはむしろ合併の阻害要因になるんです。それで早くから合併を自主的にしようとする団体から、「合併したら地方交付税の手取りが減る」と指摘され、それはおかしいとなった。

段階補正が下がるのは、合併すれば効率化によって経常経費が減少するという理屈からなのです。例えば合併すれば、早い話、町村長の数が減ります。議員の数も小さな団体ほど多いんです。人口に対する議員の比率は大きな都市に対して小さな村の方が高くなっています。合併すると新しい団体では議員数が減るわけです、トータルで。そういう管理部門は減るんですが、しかしそうかといって、合併しますと道路を整備するとか、新しいまちづくりをやるといったことが必要になる。だから合併団体の足を引っ張るのは酷ではないかということになった。

私がそのころやったのは「段階補正の特例」です。段階補正の特例では合併市町村については五年間は元の町村のものを適用します。それぞれ適用した段階補正係数と一本で計算した補正係数とが違ってきますから。他の補正はやらなかったんですが、段階補正だけは合併しても五年間はそれぞれの団体が別々に存在すると仮定した場合に出てくる係数をそのまま使うという方式をとったのです。

段階補正の問題はそれで収まったんですが、もう一つ障害が出ていたのは、豊かな団体が周辺の団体と合併する場合です。例えば不交付団体が交付団体と合併しますと、収入の上で財源超過額部分は帳消しになる。そうするとその地域全体としての取り分が減ってしまう。これはやはりまずいということで、町村合併促進法ができるときに、普通交付税の算定上の手直しをするために合併算定替を導入したんです。

当時私はまだ見習いでしたが、柴田課長に合併算定替を考えるよう言われて、合併しても元の団体ごとに分割計算する方式を確立しました。合併算定しますと、当然段階補正の特例と同じあるいはそれ以上にいろいろな補正をそれぞれ元の団体で計算します。合併後の一本算定の場合ともともとの合併前の場合とを比較するといわゆる態容補正係数は下がるんです。態容補正は規模が大きくなると都市的形態が進むという理屈で補正係数が上がります。

そうすると、態容補正のプラスと段階補正の落ち込みとを相殺するかたちと、財源超過団体とその他の交付団体との帳消し部分と、この二つが合併算定替によって解消されるわけです。そこでいわゆる分割計算である合併算定替方式を考えて、町村合併促進法が適用されるときからそれを適用するようにしました。初めは五年間だけとしていたんですが、五年の期限が来たときに激変緩和としてしばらく経過措置を設けるようにして、この合併算定はしばらく続きました。

これらは投資的経費の問題ではなく、合併の判断に対して財源計算上の不利益を回避するための特例です。

――最近は過疎対策事業債をソフト事業に充てることを認めて、投資的経費とは言えないものも対象事業にしています。

石原　もともと過疎対策事業債は、過疎になった原因を地域整備の立ち遅れや道路事情が悪いとか交通が不便だからといったところに求めて、その問題に対応するという発想でした。過疎団体については公共施設を整備すれば、過疎化の進行が止められると考えられていましたが、現実はそうではなかったわけです。日本経済全体の産業構造から来ているわけですから。そうしますと、道路を整備したからといって人口減は止まらないわけです。

それで初めは投資的経費についてのみ過疎対策事業債を認めていたんですが、過疎の根本原因を是正するためには産業振興が伴わなければ駄目だとなった。要するに地域の活性化のために必要な事業は狭い意味での投資的経費に限定しないでもっと幅広く認めなければいけないのではないかということになって、例えば産業振興のための施設などにも過疎対策事業債の適用を認めるようになってきたわけです。

過疎対策事業債は私が担当していた時期はかなり狭い範囲でやっていたんですが、次第に対象が広がってきたんです、産業振興まで手当しないと過疎は止められないという、これは現実ですから。そういう実態に押されるかたちで過疎対策事業債の対象範囲を広げてきたのだと思います。

――投資的経費の起債として、地方交付税の財源不足を補うための財源対策債があります。

石原　もともとは第一次石油ショックのときに経済が減速して税収が落ち込み、地方団体全体として財政が赤字になってしまった。そのときに地方交付税の落ち込む分については交付税特別会計の借入れでしのいだわけですが、次年度以降も税収が戻らないわけです。そこで地方財政計画上財源不足をまず計算して、その対策として交付税会計が負担すべき額の半分を国庫が負担し、残り半分を地方団体全体で返していくということになったわけです。それは今でもそうです。

投資的経費については本来、通常ベースでもその財源は地方財政計画上は地方債を充てております。そこで通常であれば地方債の充当率が七割のところ、財源が厳しくなると八割にするなど公共事業の裏負担についてその一部を地方債で肩代わりすることも、財政的にそう不健全ではないという考え方があります。財源不足分は財政状況を勘案して充当率を少し引き上げるというのが財源対策債なのです。

そして一方で、経常費を含めた地方交付税で本来対応すべきものと考えられる部分で交付税が足らない分は、かつては交付税特別会計の借入れで対応していたわけですが、今は一般会計の負担と臨時財政対策債で対応している。臨時財政対策債は経常経費までを対象にした起債で、これはまさに文字どおり国の赤字国債と同じ赤字地方債なのです。

財源対策債は、財政事情が厳しくなったから一般財源でやってもいいような投資的経費の一部を地方債の充当率を上げて対応するというものです。財源対策債の償還費は、半分を事業費補正方式で、半分は単位費用に入れることで対応していますが、その扱いをしたのは私ではなく後輩たちです。

その考え方は、投資的経費に係る償還費といえども、その算定はなるべく客観的な方法でやった方がいいという単位費用への算入方式と、金額が大きくなると理論計算だけでは実態に合わないのでそれに対応する事業費補正方式と、その二つの妥協だと言えます。

法的にはもともと投資的経費に属する財源不足は建設地方債で対応できるわけです。その分について財源対策債として通常よりも充当率を上げて地方債発行を認め、その償還費は単位費用へ算入するのがいちばん中立的です。そうは言っても金額も大きいし各団体の置かれた状況もあるから、半分は起債の償還費をカウントするという折衷的な考えだと思います。逆に単位費用がなくて、元利償還金の算入方式だけですと、国への依存度が高まるという気持ちもあると思います。

補正係数の種類

——地方交付税の補正係数にはいろいろな種類があります。

石原　地方団体の置かれている状況ごとに単位費用をつくれば、極論すると補正係数は別にいらないんです。補正係数はそれをしないために設けたものだと言ってよいのです。

各地方団体の置かれた都市化の程度によって、行政の質や量、あるいは権能に差があります。特に政令指定市と中核市、特例市、一般市とでは行政権能に差があります。事務配分が違いますから。

義務教育費は別ですが、それ以外の行政権能の差は補正係数の一つである態容補正係数でカウントしています。例えば政令指定都市になりますと、一般市町村にない負担があり、それは態容補正係数のなかでカウントしているんです。いわゆる権能差補正です。

もう一つ質量差もあります。都市的形態が違いますと、都市行政のコストに差が出てくるんです。いちばん典型的な例が地価です。都市計画行政費の算定では地価が決定的な影響を及ぼしますから。このような地価の差やあるいは人口密度、経済構造の差もあります。

地方財政平衡交付金の時代は態容補正で人件費の差を反映させていたんです。というのは職員に学歴差があったんです。当時は政令市には大卒の人たちが多いが、一般の市や町村だと専門学校を出た人でもわずかで、中等学校出身者が中心でした。町村になると高等小学校出身とかですね、職員に学歴差があったんです。その学歴差によって行政の質に違いが出てくるから、それに応じた人件費の算定をする必要があるという割り切り方で、実態調査した都市の類型ごとの人件費の差を係数化していたんです。しかし地方公務員法が昭和二五年にできてから、地域手当の差は別にして、本俸については地方公務員は国家公務員に準ずるべきとなったものですから大都市の方が給与が高くなって、それは大都市は大卒で町村は小学校卒業だからという説明がしにくくなったわけです。

そこで態容補正係数のなかで給与差を扱うわけにはいかなくなって、地価や経済構造、人口の市街化区域の割合といった指標で行政の質の差を反映させるように変わっていったわけです。それが態容補正なのです。

しかし態容補正についても初めはそうだったんですが、昭和四一年ごろになりますと、態容補正のなかに投資態容補正が入りました。市街化するほど投資的経費が割高になる現実がありましたから、投資態容補正というかたちでそれを反映させるようにしたんです。当時、投資的経費と経常経費の二つに単位費用を分けたものだから、投資補正のなかでよりすっきりしたかたちになりました。いずれにしても態容補正はそういう変化を遂げています。

一方、段階補正は、地域が広くなるほど行政コストが割高になるところに着目したものです。ところが団体によっては、人口が多くても人口密度は非常に低いところがあります。人口密度の高いところの方が行政コストは割安なのです。だから面積というのは、投資的経費を含めてそれで算定する要素はあって「その他諸費」に反映させているんですが、それだけでは十分でないので「密度補正」を使って、人口密度によって経費に差が出てくるもの、例えば清掃費が典型なのですが、そういうものについて人口密度の要素を取り入れています。密度補正によって人口密度による経費の差を見るようにしました。

初めのころは公共事業の裏負担も密度補正を使って算定していたわけです。本来の密度補正の概念からすると異質ですが、当時は投資補正はありませんのでほかに持っていくところがなく、密度補正のなかで補助裏を算入する方法をとっていたこともあるんです。しかし基本的に密度補正は人口密度の差による経費の差をカウントするという制度です。

そういう一般的なものの他に、生活保護費では旧産炭地域を中心に全体人口に対する被保護者の割合が非常に高い団体がありましたので、早い段階から人口に占める被保護者の割合を密度補正で反映していました。密度補正はその後次第に対象範囲が広くなってまいりまして、最初は人口密度だけに着目したものでしたが、老人福祉関係では老人数によってカウントする場合や児童福祉関係でも対象児童の差を反映するなど、人口に対する行政対象の密度の差を反映させるように広がっています。

地方財政平衡交付金時代から適用していたのは「態容補正」「段階補正」「密度補正」と「寒冷補正」です。「寒冷補正」の場合は、寒冷地における寒冷地手当ができて、これを算入する必要があることと、寒冷地の場合には暖房経費がかかるので暖房費の経費を入れる。さらに雪の多いところでは雪の重みで建築物が傷むので償却年数を短くする必要があるという話が出てきました。そこで寒冷補正に寒冷地における経常経費の差と減価償却費の割り増しのような要素も入れるようになるんです。

いちばん問題があったのは除雪費です。これは雪が降る年と降らない年とでは全然違うんです。統計上積雪量は気象統計で分かりますから、初めは寒冷補正で「積雪の多いところには多く」算入していたのですが、雪は毎年同じようには降ってくれないんですね。そこで積雪の部分については除雪経費はほどほどに算入しておいて、例年以上に降ったときには特別交付税で対応するという方式に切り替わりました。寒冷補正は、内容はその後変わりますけれども、補正の適用としては、地方財政平衡交付金時代からずっとあった補正なんです。

――種別補正は他の補正と比べて少し性格が違うように思います。

石原　種別補正は、もともとは測定単位を増やせばよいところをそれをしたくないために行う補正ですが、測定単位のなかの違う種類、例えば老人対策費の算定では人口数を測定単位にして老人が増えてくれば密度補正で対応することもできますし、種別補正でやるという手もあるわけです。早くから適応していたのは農業行政費です。農業行政費では、今はなくなりましたが、かつては開拓経費のウエイトが結構高かったんです。開拓地域に電灯を引き込む電気導入費などいろいろな経費がありましたので、開拓地については面積補正のときに一般の農地面積のうち開拓地の面積については種別補正で割り増ししたんです。

数値のなかに含まれる性格の違う要素で、割増計算や割減計算をする必要性があるものについて種別補正を適用するということは早くからありました。ただこれは測定単位の数値をあまり増やしたくないという計算上の理由もあったんです。

留保財源とは何か

――地方交付税制度の理解が難しいことの一つに留保財源をどのように考えればいいのかがあります。

石原　基準税率、標準税収入に対する算入割合は地方財政平衡交付金制度のスタートのときは道府県分も市町村分も七〇%でした。その当時なぜ七割にしたのかについては明確な解説とか説明はないんです。

当時の関係者の話を聞きますと、その前の地方配付税のときは、財政力要素と財政需要の要素の両建てで計算していたわけです。そうしますといわゆる富裕団体にも何かしらがいくんです。ところが地方財政平衡交付金方式になりますと、標準的な財政需要を計算して、それからその団体の標準的な収入、地方税法の規定によって各団体が収入し得るであろう標準的な税収入の差し引き計算をすれば、普通は税収の多いところはゼロになってしまいます。そうすると地方配付税に比べて財源調整効果が劇的に変わるわけです。そういう激変に対する一つの配慮という面もあったと思います。

それからもう一つは技術的な理由で、財政需要を一定の測定単位を掛けて計算するという基準財政需要額の算定方式ではあらゆる要素を加味することができなかったわけです。財政需要を一〇〇%、パーフェクトに把握するのは技術的にも難しいという事情があります。そうであれば標準税収入に対するカウントをある程度控えて、それに対応して財政需要の計算も標準的なものを算定することで基準財政需要額の算定技術上の限界というか制約を考慮する。

さらに言いますと、基準財政需要額で算定するものは、法令に基づいて実施を義務付けられているような事務は極力正確に反映されるけれども、各団体がそれぞれの地域の状況に応じて実施する、いわゆる独自施策、単独事業系統のものについては、そもそも基準財政需要額で把握することに限界があるわけです。そこで標準税収入の算入割合の方を少し下げることによって、各団体が自由に選択できる余地を残す。そうすることで自治権に対する配慮もするという面があったと思います。

したがいまして結論から言いますと、当初は標準税収入の七割を基準税率としました。算入率を七割としたのは、一つには基準財政需要額の把握の限界、技術的な限界を考えたということ、そしてそもそも各団体の独自の施策については基準財政需要額で把握することに限界があることからそれは収入の方で一部留保財源を残すことで対応するという理由があったと思います。ですから七割が絶対に正しいかどうかは別として結局そのときの総合判断で決めたのだと思います。理論的に「七割が絶対」とか「悪い」とかという話ではないわけです。

表向きの説明としては、基準財政需要額の算定に技術的な限界があるのと、単独施策についてはそもそも基準財政需要額で把握し得ない部分が残りますから、収入の方も一〇〇％算入はしないこととなりました。それから何よりも地方配付税時代の団体ごとの配分実績と地方財政平衡交付金による配分で非常に大きな差が起こり得ますので、そういうことに対する配慮もありました。こういうことは、当時の公式記録を見てもはっきりと書いてないんです。ただ関係者の話を総合しますとそういう考え方が背景にあったようです。

したがって標準税収入に対する割合は、地方財源が総体としてより豊かになればトータルが大きくなりますから留保財源の割合は下げてもいいわけです。また基準財政需要額の算定内容がより精緻になれば基準税率は引き上げてもよいということになります。その辺の兼合いで決まってくるのだと思います。

地方財政平衡交付金のスタートのときには、道府県も市町村も七割だったんですが、昭和二七年度に義務教育国庫負担制度が復活すると、かなりの金額が地方財政平衡交付金から国庫負担金に振り替わったものですから、地方財政平衡交付金のトータルの枠がきつくなった。

それから都道府県のいちばん大きな義務教育の教員の給与費が半分は国庫から直接支出されますから、留保財源を三割にしておくのは、配分技術上も考え方としても必要ないのではないかというので、国庫負担金が復活したときに道府県分については八〇％に引き上げたわけです。私が地方交付税法を起案したころは、地方交付税制度移行当時の基準税率、都道府県分は八割、市町村分は七割のかたちで引き継いだわけです。

都道府県と市町村の違いですが、都道府県の方が行政事務の内容が団体ごとに異なる場合が少ないんです。都道府県と市町村の団体の性格にもよるんですけれど、都道府県の事務は比較的簡易な事務が多いし、事務のかたちが全国的に相当均一なのです。だから財政需要の捕捉がしやすいわけです。

それに対して市町村は千差万別、大都市と田舎の町村では全然行政の内容が違いますので、市町村の方が基準財政需要額で把握しきれない部分がより多いという考え方がありました。それで地方交付税制度のスタートのときも市町村分は留保財源を三割にし、都道府県分は二割にするということでしばらくやっておったわけです。

しかし経済が発展していきますと、それに伴って地方財政の規模全体が大きくなり、地方税の総量が増えてきて、留保財源部分の団体間の格差が大きくなるわけです。地方団体の根底には、特に財政力の弱い団体では基準税率が府県の二割に対して市町村の三割というのは大きすぎるのではないか、むしろ算入率をもっと高めて基準財政需要額の算定内容を増やしてほしいという空気が広がってきます。各団体の単独事業費も基準財政需要額でより高い割合で見てほしいと、そういう要求が強くなってまいりました。

そうしますと、税収の多い団体にすれば自由度が落ちるわけです。いわゆる富裕団体と貧困団体、後進団体との利害の対立が先鋭化してくるわけです。その扱いをどうするかいろいろ議論があったんですけれども、初めの段階ではいきなり基準税率を変えるということには抵抗も大きかったものだから、投資的経費の算定内容でいわゆる後進地特例というような考え方を基準財政需要額に算入するようにしたわけです。

基準税率を引き上げればそうした議論はいらないいんですけれども、基準税率を据え置いたものですから留保財源の差が無視し得ないことになってきましたので、その差をある程度調整する意味でいわゆる後進地補正のような考え方が出てきたわけです。ですから、例えば公債償還費の一部を基準財政需要額に算入する場合に財政力補正をかけていますが、基準税率を引き上げればそういうことはいらないんです。そうではなくて基準税率は据え置いて、財政需要の面で団体間の格差を少しでも縮めようという扱いをしたわけです。

留保財源はシャウプ勧告にはなかったもので、地方財政平衡交付金の制度設計をするときに決めたんです、地方自治庁の判断で。昭和二四年当時、地方財政委員会の奥野誠亮企画課長が地方自治庁の財政課長を兼務しておられたんですが、奥野課長の指導の下で具体的な制度設計がされたんです。それを補佐したのは立田清士さんでした。それから山本晴男さんというたいへん有能な「特進」の方が中心になって行ったわけです。

そのときの話を聞きますと、基準財政需要額の算定技術上の制約条件と、もう一つは単独事業要素を一〇〇%把握できないということから留保財源を残したんだということなんです。さらに地方配付税から地方財政平衡交付金になる際の激変緩和的な配慮があったことも先ほど述べたとおりです。


――算定が精緻にできる条件が整えば留保財源率は下がることになりますが。


石原　いや、そうとは限りません。算定技術上の制約があって留保財源を残したということが一つの理由ですが、本来地方行政にはその地域の住民が自分たちが受け取る行政サービスに対する対価として負担すべきだという、いわゆる受益者負担の考え方があるわけです。行政サービスは地方税で負担するのが本来の姿だと。

しかし現実問題としては地域間の差が非常に大きいものですから、ある程度の部分は地方税で行うけれどもある程度は共有財源でまかなうというのが実際の姿になっているわけです。その場合、各団体は地域経済の活性化に努力してその地域から上がってくる税収を増やす、税源涵養努力をすべきであると。それが本来の地方自治ではないかと。

そうしますと、基準財政収入額への算入率を高めるほど地域の経営努力の結果として地域経済が発展して税収が増えた場合のメリットが少なくなるわけです。極端に言えば留保財源率をゼロにして、収入を一〇〇%

算入したら企業誘致をして税源涵養をするメリットがないわけです。それでは地方自治のいちばん大事なところが失われてしまうんではないでしょうか。

地域経済を活性化することは地方団体にとっても非常に大きな使命なんだから税収が増えた分の何がしかはその地域にメリットが残るようにすることが必要ではないか。経済が発展する過程でそういう要請が次第に大きくなってまいりまして、留保財源率を下げるべきではない理由となります。

地方の過疎県では、地方交付税額が増えるんだから算入率を上げるべきだと。こういう議論が強くなってくる一方で、地域経済が発展しているところでは、自分たちの日頃の企業誘致努力、地域経営努力の結果として企業がたくさん来てくれて税収が増えたんだから、それを丸々調整財源に持っていかれたんではメリットがないじゃないかと。そうすると「地方自治とは何ぞや」という話に立ち返りますので、その辺の兼ね合いが今の基準税率と言えます。

その後、算定技術もよくなってまいりましたので、府県分と市町村分ともに七五%とした。県はかつては八〇だったのを七五にして、市町村は七〇だったものを七五にして、今それで収まっているのは両者の兼合いと言えます。

要するに地域経済の振興努力をした結果、税収が増えた分のメリットをある程度残すような配慮をしておくべきではないかという反論が必ず出てくるわけです。特に官庁で言うと、経済産業省などは地域経済を活性化させたい気持ちがありますから、経済発展に伴う地方税収の増加を地方交付税で帳消しにしたのでは地方団体が熱心にならないので、地方税収が増えたら増えた分の何がしかのメリットが実際に帰属しなければならないという考え方を持っているようです。

その両方の意見の収まりどころが七五％だと私は思います。事業費補正やその他で基準財政需要額の算定に当たってかなり財政力要素というものを取り入れることで、基準税率を据え置く代わりに、税収の少ない団体への配慮がなされているということだと思います。だから今の基準税率は比較的税収に恵まれた団体の主張と恵まれていない団体の主張のちょうど接点の七五％であるということです。

現在これを変えるという議論は、地方団体の関係者の声としてはあまりありません。ただ底流としては、税収の乏しい団体は基準税率を引き上げて、その分基準財政需要額の計算をより精緻にすれば、交付税の手取りは増える反面、相対的に税収の多い団体は手取りが減りますので、そこに財政力の高い団体と低い団体との意見の食い違いはあるわけです。そこら辺のバランスが七五％ではないかと思います。

――三位一体改革のときの税源移譲分と消費税率を八％に上げたときの増収分を基準税率に全額算入していて、ツギハギの印象がありますが。

石原　税源移譲の結果、そのままの七五％でいきますと団体間の財政力格差が拡大してしまいますが、それは誰も歓迎しないので、地方とすれば一〇〇％算定してもらいたいわけです。それに見合って仕事が増えているわけですから。そういう事情であああいう特例をやったんだと思います。本来は特定の部分だけ一〇〇％算入するのは地方交付税の考え方には馴染まないのであくまで経過措置だということだと思います。地方交付税の算定の理論的な明快さからすればそういう特例措置はなるべく早く整理した方がいいですね。

――基準財政需要額は標準的な財政需要であって、それ以外が留保財源対応だと説明しています。

石原　基準財政需要額は各地方団体が標準的な水準で行った場合の経費だと説明してきています。例えば人件費ですと、地方公務員法で地方公務員の給与はその地域の民間の給与と国家公務員の給与とのバランスで決めなさいとされています。

一方、国家公務員の給与は民間企業とのバランスを考慮して決めるようになっていますから、地方公務員の給与は国家公務員の給与に準ずることで結果的に地方公務員法の要請を満たしているんだという指導をしているわけです。ただ現実には民間の給与は田舎と都会とで非常に違うわけです。地方交付税ではどうしているかというと、標準的で平均的な団体の額で計算しておいて、民間企業の給与水準が高い地域は地域手当の差ということで態容補正で計算しております。

――事業費補正ですと、過疎対策事業債ならば元利償還金は七割算入で三割は留保財源対応ですが、七割分だけが標準的経費というわけではありません。

石原　七割という場合の元になるのが標準的経費だという意味です。ただし、基準財政需要額にカウントするのが七割なんだから標準的経費を圧縮しているという考え方ではありません。基準財政需要額は要するに標準的な経費である。ただし、それは算定対象となっているものについては標準的経費だということであって、標準的な経費であっても、算定対象外の部分があるという考え方なのです。

高率補助金の補助率引き下げ問題

――高率補助金の補助率引き下げ問題では、自治省側は仕掛けられたという印象が強くあったのではないでしょうか。

石原　昭和五九年七月、六〇年度の予算編成に関連してなのですが、第二次臨時行政調査会の後に設けられた臨時行政改革推進審議会で、経費の節減や合理化をもっとやるようにという話が出ていたなかで、地方向けの高率補助金は経費の無駄遣いであって、地方財政、地方団体の放漫財政の原因になっているのではないかと指摘する識者が出てきたのです。

これは大蔵省が振り分けたのかどうか。補助金は二分の一がいわば本来の姿で、あまりに高い補助率を適用すると歳出のインセンティブが強くなりすぎる。だから高率補助は見直して原則二分の一程度にして、それ以上の高率補助金は二分の一程度まで下げるべきだという行革審意見が出たんです。

昭和六〇年度の予算編成では国の財政が苦しかったものですから、大蔵省が概算要求基準を示したときに補助率二分の一を超える高率補助金については一律に二割減、一定割合を減額して要求書を出せとしたんです。これは行革審の答申が背後にあるんです。

それに対して自治省は地方に負担を転嫁するようなものはいかん、むしろ零細補助金は補助申請から始まって手間ばかりかかるからやめろという逆の主張をしておったわけです。大蔵省は自治省に十分相談しないまま、概算要求基準のなかで高率補助金については一律二割削減して要求するようにと各省に言ったわけです。自治省としては、それはとんでもないということになりました。

いちばん問題になったのは生活保護費なんです。生活保護費の国庫負担金は負担率が一〇分の八と高率ですから。大蔵省は、生活困窮者の救済は国と地方が共同で当たるとしても、それは地域の住民対策でもあるのだから国の負担が八割というのは高すぎるのではないか、これを一律下げろと言う。そして厚生省が七割に下げて予算要求をすることになって、自治省としてはもうとんでもない話だった。

自治省も一部の補助金が無駄遣いの原因になっているという考え方については賛成だったわけで、だから零細補助金は廃止しようと言っていたんです。それから人件費補助というのがあるんです。農業改良普及員とかですね。義務教育職員は別として、各省には職員の設置に対して人件費の補助を出すというものがあるんですが、これが単価が低いことと格付けについて国がいろいろ注文をつけてくるので、地方の人事行政上よろしくない。

このため自治省は、人件費については国の補助をやめて一元的に地方が一般財源でまかなうと。その方が人事管理がしやすいという事情がありましたから。

だから人件費補助を廃止し、零細低率補助金についてもこれを残すなら補助率を二分の一以上に上げろという主張をして、各省にはそういう方向で改善してほしいと要求していたわけです。だから真っ向から対立したわけです。

そういう状態で予算編成の大詰めになったんですが、そうしたなかで最後までもめたのが生活保護費でした。先ほど言いましたように、厚生省は大蔵省の意向に沿って一〇分の七で要求したわけです。厚生省とすればシーリングで予算枠が決まっているなかで、生活保護費に多くの財源を食われてしまうものだから、その補助率を下げる方が他の補助事業の要求枠が増えるメリットがあるわけです。おしなべて補助率を下げることに各省とも必ずしも反対ではないのは、下げた分で新しい補助金を要求できるという事情があるからです。

そういうこともありまして、各省とも大蔵省の方針だからと言って補助率を下げた額を概算要求したんですが、地方団体とすれば何も状況が変わらないのに地方の負担だけ増えるわけですから、それはおかしいのではないか、苦しいのは国の財政だけではなくて地方財政も同じだと猛反発したわけです。それでほんとうに財源が苦しいならば小さな補助金をやめたらどうかと提案をしたわけです。

しかし、小さな補助金といえどもそれをやめるとなると、各省の抵抗が激しいのです。各省の抵抗というのは自民党の各部会の意向も背景にしています。族議員が反対するのですね。自治省や地方が主張したものの結局零細補助金の整理はほとんど進まないで、最後まで生活保護費の引き下げの問題が残ったわけです。

これは金額が大きいものですから概算要求した一〇分の七で整理したものを一〇分の八に戻すということになると予算全体の締めができないという状況になりました。大蔵省は承知の上でやったんでしょうけど。それでどうしてもこれは自治省に協力してくれと言うんで最後までもめました。当時は藤尾正行さんというタカ派の人が自民党の政調会長で、あの人たちは「まぁ、そうだ」と。

当時の厚生族には、橋本龍太郎さんとか年金に熱心な議員さんが多数いたんですが、この人たちも事業量が増えるのなら補助率を下げてもいい、地方の負担が増えるのは我慢すると、そういう姿勢なのです。一方、地方行政族は「とんでもない」という話で、自治省としても「これは絶対譲れない」。それで予算の最後までもつれ込んだんです。

そんなことで藤尾政調会長から私に直々に電話があって、「君、何とか協力してくれないか」という話だったんですが、「一方的に大蔵省の言い分だけとおすというようなことでは困る」と私は言って、「とても地方団体は納得しませんよ」とお断りしたんです。しかし最後までそれがデッドロックに乗り上げました。あのときはもちろん他の地方行政関係の先生方も反対だったのですが、絶対駄目だと言ってとことん反対されたのは奥野先生だったのです。

というのは、シャウプ勧告のときに社会保障系統の児童福祉などの補助金を全部やめて一般財源にしたんですが、生活保護だけは国民の最低限度の生活を保障する憲法上の義務が国と地方にあって、特に国の責任が重いということから、その補助率は大蔵省の河野一之さんという主計局長と奥野さんとで「これで行きましょう」と合意したものだと、奥野さんが言うんです。

義務教育とか生活保護といった基幹的な事業は、国と地方が共同して責任を負う。憲法上の規定もあっていわば共同責任で実施すべきもので、その場合の共同責任の負担の度合いはその行政に対する国のかかわり方、関与の程度によって差がある。義務教育の場合は、学校教育はもともと明治以来地方の責任でやってきたものだから国庫負担率は二分の一で定着していた。地方にも国にも関心があるという意味でそれぞれが半々という水準で定着しておったわけです。

アメリカは学校区制度ですから、教育は学校区がやるわけです。だから連邦政府が負担するということはないのです。そこで連合国総司令部の方針もあって義務教育費は地方財政平衡交付金の創設時に一度は統合されてしまうんですけれど、後に復活する。一方、生活保護だけは国民の最低生活の保障は中央政府にとっても重要な関心事であるということで、一〇分の八の補助率は当時の大蔵省と地方財政委員会との話し合いで決まったんだそうです。そうした国が八割、地方が二割という負担が前提になって当時の税源配分をやったわけです。

奥野さんに言わせますと、生活保護の国一〇分の八、地方一〇分の二という負担割合が先にあって、それをベースにして国と地方の税源配分が行われ、地方財政平衡交付金ができたんだ。その根本のところが変わらないのに負担割合だけ変えるのはおかしいではないかということです。

奥野さんが生活保護の負担率引き下げには絶対反対で、何としてもこれは駄目だと言うので、われわれも先輩がそういうふうにおっしゃるわけですから、これはもう「それで頑張ります」としか言いようがないんです。

それで藤尾正行政調会長が困ってしまった。藤尾さんは奥野さんを尊敬しているわけです。しかし政調会長ですからまとめなければならない立場にある。「それじゃあ、俺が奥野さんと話して説得してくる」と奥野さんのところへ行ったんです。そうしたら奥野さんが、戦後生活保護制度ができたときの経緯から始まって、当時の大蔵省との話し合いのことから国税と地方税の税源の話まで体系的に説明されて、「税源配分を変えないで負担率を変えることはできないんだ」と言われたんで、藤尾政調会長はすっかり奥野説に感銘を受けて帰ってきて、「あれは君の言うとおりだな」と。「奥野君に話したらやっぱりそうだよな」と言って、政調会長が自治省の主張にのったわけです。

そこで大蔵省は慌ててしまう。実際予算が組めないと言うわけです。額が大きいですから。今度は竹下大蔵大臣が奥野さんのところへ行って、理屈はともかくとして現実問題として予算が組めないので「今年だけは七割でいかせてくれ」と頼んだのですが、奥野さんは「うん」と言わなかったらしいんです。

三塚博さんが政調副会長で藤尾会長を支え、実際を仕切っていたんですが、三塚さんが私のところに来て、「どうしたらいいんだ」「予算が組めなくて困った」と言う。地方行政のわれわれの大先輩も「絶対駄目だ」と言うのを事務方が「結構です」と言うわけにはいかないのです。国の予算編成ができないという事情は分かるけれど、自治省は全地方団体の立場を背負っているわけだから「結構です」とは言えない。私は「自治省の次官ですから、私がいいなどと言うわけにはいきませんよ」「しかし国全体としてどう仕切るかという話なんですから、最終的には政務調査会なり総務会なり全体で相談して決められたらどうですか」と言いました。そうしたら、「奥野先生は恐らく賛成とは言われませんよ。奥野先生が賛成と言ってくれないと総務会は通らないですよ。奥野先生をどうしたらいいだろうか」とおっしゃいました。

「大蔵大臣が言っても政調会長が言っても駄目だというならもう与党自民党の責任でこれはやらせてもらうしかない、そう言って頭を下げるしかないのではないか」と、私は三塚さんに言ったんです。当時は中曽根康弘さんが総理でしたが、結局、将来どうあるべきかは、これから引き続き検討することとして、今年度についてはこの原案で自民党として決めさせてもらいたいという話になりました。

その最終の総務会に奥野さんは欠席されました。奥野さんは「自分は信念として賛成できない」と。それは先ほどのような経緯があるから。しかし自分が出れば反対するので総務会の決定ができない。奥野さんは口にこそ出しませんでしたが、実際その日は欠席されたんです。

それでようやく総務会で決めることになったのですが、その代わり、新しい情勢の下で生活保護費などの主要な事業については国と地方の負担割合がどうあるべきか、自治省、大蔵省、厚生省と学識経験者とを交えて一年間研究しよう。その上でどういう負担割合がいいのかを決めるということで決着したわけです。

したがって、この話はもともと戦前から内務省が主張していた「負担区分論」がポイントでした。義務教育とか社会保障とかという重要な事務については、国と地方が共同して責任を負う、共同責任で行われるべきで、その場合の経費の負担割合はあらかじめ事務の性格に応じて決めるべきだと。これが負担区分論という考えなのです。

そしてその負担区分を前提として、地方の負担分に見合って地方税源を与え、国の負担分に見合って国の税源を決めるという、税源配分と負担区分論とはセットだ、負担区分が先にあってそれをにらんで税源配分を決めるという考え方でいるわけです。だから小さな補助金は別ですけれども、基幹的な行政について負担区分を変える場合には税源配分まで含めて議論しなければいけないという論理があるわけです。

奥野先生がお考えになっていたそもそも論というのは実はこういうことなのです。国に金がないからといって単に目先の高率の補助金を引き下げるという話ではなかったわけです。特に生活保護のような社会保障の根幹部分に触れる、国と地方の負担割合を変えるのであれば、国と地方の税源配分までにらんで議論すべきだということなのです。本来そういう原点に返って議論すべき問題だったのです。

大蔵省も臨調もしきりに無駄遣いが多い、経費節減をしろという話ですよね。やたらと補助金が多いことが無駄遣いの原因なのではないか。補助金があると自分の腹が痛まないで仕事ができるわけですから。高率補助金は行政の無駄の原因になるという発想があるんです。特に大蔵省にあるわけです。

ところが地方からしますと、補助率とか負担率というものは事務の性格によって国と地方の責任の分担の割合において決まってくるもので、無駄遣いが多いとか少ないとかではなくて、事務の性格上国が高度な関与を要するものは負担率が高くあるべきだし、地域の問題で個別の状況を考慮しながら国も然るべく援助をするというものは補助率は低くてもいい、そういうものではないかというわけです。

典型的な例が環境整備です。清掃費やごみの焼却施設とかですね。もともと厚生省所管の環境費用は、清掃法でいう地域の環境整備は地方団体の固有の責任だけれども、施設整備に金がいるから国が奨励的に補助金を出しますという考え方によっていますから、清掃関係費は補助率が三分の一なのです。義務教育は共同責任だから二分の一で、社会保障費は高度に国が責任を持つべき分野なので、大体三分の二とか一〇分の七とか一〇分の八となっている。社会保障系統の方は国の負担割合が高く、環境問題は一般に国の負担割合が低いのです。そこには、そうした事務の性格について中央政府と地方団体との責任の持ち方が違うという思想があるわけです。

特に自治省は伝統的にそういう考えを非常に重視するわけです。ところが大蔵省は、やたらに補助率を高くすると要求のプレッシャーが強くなる、極端に言えば補助率は低い方がいいという考え方なのです。その方が財政の節約になる。自治省は、小さな補助金は結局わずかなお金で地方団体が国の指図で動くようになるから好ましくない。手間ひまがかかるわりに地方の主体性がなくなりますから。低い補助率の補助金こそやめて単独事業として地方の判断でやらせろという主張になるわけです。

高率補助金の国庫補助率引き下げ論争は、端なくも大蔵省をはじめとする各省と自治省とが、補助負担事業に対するものの考え方、根本的な思想の違いによってぶつかったわけです。

国庫負担金と国庫補助金

――国庫負担金と国庫補助金について各省にはそもそもそういう感覚がなく、大蔵省は伝統的にその区分を避けてきた印象があります。

石原　地方財政法では国庫補助金と国庫負担金とを峻別しています。本来、地方団体が実施する事務は全額を地方団体が負担すると地方財政法の第九条(1)に書いてあるんです。地方団体が負担する経費は基本的には地方税と地方交付税である一般財源でまかなうのが大原則ですが、ただし特定の経費でその実施について国が重大な関心を持つものについては、国がその実施を担保するために経費の一部を負担するという建て方になっているわけです。それが第一〇条であり、第一〇条の二、第一〇条の三で定めている国庫負担金ということなのです。

一方、国庫補助金は、地方財政法第一六条でいう補助金のことです。地方団体に実施を奨励したいような事務がある場合は、その所管省として奨励的な補助金を交付するというインセンティブを与える。地方団体にすれば、そのインセンティブを受けるか受けないかは自由である。ただ受けたことに伴う裏負担は地方交付税ではフォローしません。

また、国庫負担金の対象となるような事務、例えば義務教育ですとか社会保障系統の経費とか地方財政法に列挙されている仕事については、地方団体が自分で取り扱う事務であっても中央政府として絶対これはやってもらわないと困るものであって、一定割合を国庫が負担するわけです。ですから国が負担する残りである地方団体の負担分も、政府としては責任を持って財源保障をしなければならない。そこで地方財政法第一一条の二で普通交付税の基準財政需要額に正確に算入するという建て方になっているわけです。

国庫負担金と地方交付税という両建てで財源的にそれぞれの事務の実施が担保されているという考え方なのです。地方財政法の立場からすると、国庫負担金はいわば国庫が義務的に負担するものであり、国庫補助金は国が奨励的に交付するものだ。だから国庫負担金は基本的にはその事務を行うのに必要かつ十分な経費を必ず算定しなければいけないと。それに対して奨励的補助金は奨励効果が生ずる範囲で決めたらいいと峻別しているわけです。

ところが、この考え方はいわば地方財政法の世界だけの話で、国庫の世界では国庫負担金も国庫補助金も差を付けていないんです。例えば補助金等適正化法では国庫負担金も国庫補助金もまったく差を付けずに、交

(1)　地方財政法

（地方公共団体がその全額を負担する経費）

第九条　地方公共団体の事務を行うために要する経費については、当該地方公共団体が全額これを負担する。ただし、次条から第一〇条の四までに規定する事務を行うために要する経費については、この限りでない。〈条文を一部簡略化〉

（国がその全部又は一部を負担する法令に基づいて実施しなければならない事務に要する経費）

第一〇条　地方公共団体が法令に基づいて実施しなければならない事務であつて、国と地方公共団体相互の利害に関係がある事務のうち、その円滑な運営を期するためには、なお、国が進んで経費を負担する必要がある次に掲げるものについては、国が、その経費の全部又は一部を負担する。

一　義務教育職員の給与（退職手当、退職年金及び退職一時金並びに旅費を除く。）に要する経費（以下、略）

（国がその全部又は一部を負担する建設事業に要する経費）

第一〇条の二　地方公共団体が国民経済に適合するように総合的に樹立された計画にしたがって実施しなければならない法律又は政令で定める土木その他の建設事業に要する次に掲げる経費については、国が、その経費の全部又は一部を負担する。

一　道路、河川、砂防、海岸、港湾等に係る重要な土木施設の新設及び改良に要する経費（以下、略）

（国がその一部を負担する災害に係る事務に要する経費）

第一〇条の三　地方公共団体が実施しなければならない法律又は政令で定める災害に係る事務で、地方税法又は地方交付税法によつてはその財政需要に適合した財源を得ることが困難なものを行うために要する次に掲げる経費については、国が、その経費の一部を負担する。

一　災害救助事業に要する経費（以下、略）

（地方公共団体が負担すべき経費の財政需要額への算入）

第一一条の二　第一〇条から第一〇条の三までに規定する経費のうち、地方公共団体が負担すべき部分は、地方交付税法の定めるところにより地方公共団体に交付すべき地方交付税の額の算定に用いる財政需要額に算入するものとする。〈条文を一部簡略化〉

（補助金の交付）

第一六条　国は、その施策を行うため特別の必要があると認めるとき又は地方公共団体の財政上特別の必要があると認めるときに限り、当該地方公共団体に対して、補助金を交付することができる。

付申請、交付手続き、交付決定という交付の経理基準を決めています。国庫負担金と国庫補助金に違いはありません。各省は国庫負担金と国庫補助金の区別はあまりしていないんです。

もちろん自治省は当然地方財政法上の非常に大事な原則ですから、どちらであるかを重視します。それで地方交付税上の計算でも、国庫負担金の交付対象となる事業の地方負担分は、基準財政需要額に正確に算入します。奨励補助金の方は別にフォローする義務はない、それは地方の一般財源のなかでお付き合いしたらいいでしょうという考え方で対応しております。

歴史的に見ますと、シャウプ勧告のときに、それまであった国庫負担金を廃止して、全部一般財源に切り替えたんです。ところがあのとき生活保護の国庫負担金は残っても、建設省とか農林省の公共事業は別建てだったんです。普通の国庫補助金や国庫負担金の方は、地方財政平衡交付金に切り替わって、公共事業系統のものは残ったわけです。その結果、地方交付税の算定のなかに正確に算入することにいちばん熱心だったのは、厚生省、労働省、文部省です。要するに国庫補助負担金を所管する省庁は、従来国庫補助金なり国庫負担金でコントロールしていたものが地方交付税に移ったものだから、そのなかにきちんと算入してもらわないと指導ができないということです。

今でも大まかには残っておりますが、単位費用の積算内容を見ますと、旧厚生省所管事務事業系統の単位費用は非常に細かいんです。細かい事務ごとに全部書いてあります。

それに対して旧農林省とか旧建設省の系統は非常にアバウトなのです。公共事業費系統は事業費で算定しているものですから、単位費用のなかの積算内容ではないんですね。当時は国費の裏は地方債でまかなって、その地方債の元利償還金を見ていますから。系統によって違うんですけれど、いずれにしても地方財政法の考え方を中心に今の地方交付税制度はできあがっていると。一方、国庫補助金や国庫負担金を担当する財政当局はそこをあまり分けて考えていない、そういう食い違いがあります。

――シャウプ勧告は国庫負担金の割り勘的な考え方に否定的で、勧告後に義務教育の国庫負担金をいったんやめています。割り勘の負担は国と地方が協力するという大陸系の考え方で、日本では戦前からドイツを中心とした大陸型の財政制度でした。しかしシャウプ勧告はアメリカの考え方で、いったんアメリカ寄りに振ったけれどもあとでまた戻ったという印象です。

石原　そういうことです。シャウプ勧告は、住民生活にかかわる仕事で市町村ができるものは全て市町村にやってもらうという市町村優先の原則を打ち出しています。市町村ができないような広域的あるいは大規模な事務は広域団体である府県で、府県の区域を越えて全国で統一してやらなければいけないような事務は国が、という事務配分の大原則を立てていたわけです。そうして、それぞれの原則にしたがって市町村が負担する分については、地方税と地方交付税でまかなう。道府県は道府県税と地方交付税でまかなう。国はその責任で自分でやりなさい、地方に付けを回すとか負担を求めるのはやめなさい。

これがシャウプの考えなのです。そういうことで国庫負担金を整理したわけです。ただ災害復旧事業は全額国費でやるという仕分けになったわけです。

ところが、それは日本の従来の伝統的な考え方とは違います。例えば義務教育について言えば、子どもの教育は地方団体にとってもっとも重要な仕事であると同時に、国としても義務教育を確保するということは重大な責務ですから、いわばこれは両方の共同責任である。共同責任だから半々ずつ持つんだというのが負担区分論なのです。それをシャウプは全面的に否定したわけですけれども、日本の事情に合わないというので講和条約発効後、昭和二七年度からは昔の負担区分の考え方を復活しようということになりました。しかしそのまま戻ったのではなく、部分的に戻った。その最たるものが義務教育なのです。

そういう歴史的な経過を経て今日に至っておりますけれども、戦前とは微妙に違うんです。戦前は中央の省庁が地方団体にどんどん仕事を押し付けたわけです。それでは地方がたまらないというので、押し付けるのであれば事務の性格によって、両方に関係があるなら半分は持つ。国の責任が重いというのであれば国が高い割合で持つ。事務の性格や責任の度合いによって負担割合を決める、というのが当時の内務省が各省の地方に対する事務の委任をコントロールするために立てていた論理です。だから負担区分論は一種の地方財政防衛論なのです。共同責任だから共同負担だということで、やたらに地方に仕事を押し付けるなという意味があったわけです。

いずれにしても、重要な事務については、その実施を担保するために国庫も負担するし、地方も負担すると。それで地方の負担分については地方交付税でカウントする、そういう立て方になったわけです。

税制は地方税も国税もシャウプ税制で切り替わったわけですが、財政制度の改正についてはシャウプ勧告で国庫負担金などは一部やめたけれども、農林省では食糧増産という問題があったものだから、結局シャウプの考えどおりにならなかったわけです。建設省関係も同じで、国土が非常に荒廃しており、戦災復興その他の問題があったので、シャウプの理論で割り切れないものがあったんです。公共事業官庁はシャウプの理念にのっかっていないという違いがあります。

――地方財政法第一一条の二では、裏負担を基準財政需要額にカウントする場合、全額算入しなくてもいいという割り切りになっています。

石原　第一一条の二は、地方負担分はカウントしなさいということだから、それは少なくとも算入する費目については必要なものは全部入れなさいという読み方です。全額かどうかまでは書いてはありませんけれども、「七割でいい」とかそういうものではないのです。基準財政需要額で取り上げた費目については必要額を全額算入している。しかし取り上げていない分があるから地方税収入の一定割合を地方交付税算定上カウントしない基準税率というものがあるわけです。

投資的経費の国庫負担金の裏負担は主に起債です。起債は充当率が一〇〇％のものもありますが、大体は七割とか八割。経費の性格によって充当率が高いものも低いものもあります。災害復旧なんかは高い。一〇〇％ですから。経費の内容や事業の重要度というのか、その地域の団体の責任でやらなければならないものというのは本来は単独事業です。

一方全国的な視野でどうしてもやらなければいけないものは国庫負担率を引き上げているわけです。その差は事業の性格によって出てくる。本来地域の選択で行うような事業と国全体の立場から国土を守るためにやるようなものとで補助負担率に差が出ているんです。

起債の元利償還金は、基準財政需要額に公債費を事業費補正のやり方で算入する場合と単位費用で算入する場合とがあって、測定単位で比較的把握しやすいものはそのなかで捕捉します。バラつきの大きいものについては事業費補正でやっているものもあります。

地方財政計画と地方交付税の経費区分の違い

――普通交付税の基準財政需要額の算定は、市町村分だと消防費から始まる目的別分類に近いですが、地方財政計画は性質別分類に近い。

石原　これは算定技術上の問題によるものです。経緯を言いますと、戦後猛烈なインフレになって地方の財政需要がものすごく増えるわけです。そのときに地方がいくら足らないのかという議論は水掛け論になるわけです。大蔵省当局は抑えたいし、地方は現実に増えていくものは要求しますから。それで昭和二三年に地方財政法をつくったころ、地方財政全体としての収支見通しを把握する必要があると、当時の内務省その後の地方財政委員会は感じたのです。

地方財政をトータルに把握する方法としては、まず人件費が重要です。公務員の給与には毎年ベースアップがある。そこで公務員数を捕捉して、理論単価でまず人件費を把握する。それからいろいろな事業費は国から補助金が出ていますから補助金の負担割合で補助裏が出てくるし、単独施策については当時の決算統計から見れば単独事業の総量も分かる。それを年度ごとに、猛烈な勢いでインフレが進みますから、新年度にどれだけ増えているかを把握するには性質別がよかったんです。

当時の地方財政計画は今のような立て方ではないんです。まず根っことして既定の財政規模があります。要するに今までの実績です。それに対して新規の財政需要がどれだけ増えるかというやり方をしたんです。新規財政需要の把握は人件費が基本でした。人件費と公共事業の裏負担と補助事業の裏負担、それにその他を加算した。地方財政の需要トータルの把握は性質別が便利だったわけです。そういうことで地方財政計画は地方財政平衡交付金法第七条でいう地方財政の状況報告（歳入歳出総額の見込額）なのです。

歴史的に言うと、地方財政計画は地方財政対策を講ずる一つの目安として、地方財政全体の状況を把握する手段としてできたものですから、性質別でやらざるを得なかったと思うんです。そこで地方財政平衡交付金法で各団体ごとのあるべき財政需要はいくらなのかということを計算しなさいということで、一万近くあった団体について計算するわけです。

地方団体の予算は、都道府県・市町村ごとに昔の内務省令で予算の立て方が全部決まっておったんです。歳出項目はどういう款項目節に基づくかを全部決めてありまして、それに基づいて各団体が予算を組み、その結果として決算が出てきます。そこで地方財政平衡交付金制度がスタートしたときに地方団体のあるべき財政需要を、何によって把握するかというときの手がかりとして、地方団体の決算を用いたんです。

具体的な作業としては都道府県の場合、当時の人口の平均が一七〇万人でした。岡山県、宮城県、このあたりがいろいろな意味で平均的な県だったので、決算を分析したわけです。決算は内務省令で定めている款項目節で決まっておりますから、それぞれごとに数字が出てくるわけです。それを分析して主要な項目ごとに積算した。教育費から始まり、衛生費とか主要な費目ごとに決算分析の結果をもとに、標準的な財政需要の計算をしたわけです。それが今の単位費用の基になっています。だから単位費用は目的別分類のかたちででき上がっているのです。

あるべき財政需要を算定する拠り所としては、地方団体の決算しかありませんでした。そこで決算でまず押さえて、その決算を基にして地方財政計画で全体として新年度にどれだけ増えるかというものをカウントして、これを各費目の単位費用に落としていくという作業をしたわけです。毎年度地方財政全体の財政需要の増加状況を把握するには性質別がいいし、それしかなかった。それをベースにして今度は、団体ごとの財政需要に落とす場合には、決算統計からくる費目分類に従うことが現実的だったんです。

――地方財政状況調査、いわゆる決算統計がスタートしたのもそうした経緯があったからでしょうか。

石原　ええ、もともとそうです。当時旧地方自治庁の調査課というところで決算を調べていました。当時は赤字再建団体の問題があって、まず赤字要因の分析をする必要がありました。各団体の決算統計を調べて、どうして赤字になっているかを調べないと、対策が立てられませんから。幸い決算の様式は昔の内務省令で決まっていましたから、全団体が同じ様式で予算をつくっていましたのでそれを手がかりにしたわけです。

私が役人になったころの決算統計は、今ほど精緻なものではなかったのです。もっとラフなものでした。ただ決算書というものは各団体の会計年度が終わった後、翌々年度までに議会の承認を得なければいけませんから、これはどこの団体にも必ずあるんです。統計としてはとりやすかったんです。決算統計も、初めは非常にシンプルなものだったんです。次第にいろいろな分析要素が加わってきて、性質別と目的別のクロス表などよいものができるようになりました。

――目的別分類では人件費は総務費に一括計上されますが、普通交付税の算定では人件費は各費目に振り分けられます。

石原　各費目に振り分ける必要があります。例えば教育費だったら、教育費は人件費が主ですから教員の人件費を抜きにしたら考えられない。予算上は人件費は総務費にまとめていますけれども、普通交付税の計算上は単位費用の各費目に人件費を振り分けるわけです。そういう意味では決算と同じではないんです。

それは地方財政平衡交付金法の初めからそうでした。主要な費目について、人件費を割り振って、最後にその他諸費で人件費をまとめていましたが、可能な限り各費目に割り振りました。費目ごとに傾向が違いますから、それぞれ人件費を分けておかないと正確な算定ができないのです。奥野企画課長の下で計算は山本晴男さんが、法令は立田清士さんが担当でした。

そのときに留保財源率をどの程度にするかとか、あるいは各基準財政需要額の算定の費目で測定単位の数値を何にするのかとか、そういう議論をやったわけです。決算統計がベースにはなっているんですが、統計上客観的に把握できる数値で、財政需要の計算上何がいちばんいいかということをずいぶん議論しました。それも次第に変わっていって、初めから今のかたちではないんですけれど、それぞれの財政需要をいちばん的確に反映できるような測定単位は何かを考えました。いろいろな測定単位を当ててみて相関係数分析をやったんです。その結果、この数値を測定単位として採用しようと決めていったわけです。その辺の作業は昭和二五、六年のころは試行錯誤でどんどん変わっていきました。

経常収支比率

――決算統計が次第に精緻化されていくなかで経常収支比率という分析指標が出てきました。

石原　経常収支比率の考えは、地方財政再建促進特別措置法の関係で出てきています。今ほど精緻ではありませんが、トータルで漠然と議論しても仕方がないのです。ポイントで、ある人件費を抑えて、それを中心とする経常経費について、どういう実態になっているのかを把握しないと、建設事業その他の政策的な経費に振り向ける財源が決まってこない。

建設事業は起債との兼合いですが、金がなければやめてもいい。しかし経常経費はそうはいかない。教員の給与費は財政再建計画のなかでどうしても計算しなければいけません。地方行政では人件費が非常に重要ですから、その計算を正確にしなければならない。そこで個々の団体の決算を分析する場合に、経常経費と経常的な財源の対応関係がどうなっているかを分析したわけです。だからこの考えは、昭和三〇年の地方財政再建促進特別措置法のときからずいぶんと議論してきて次第に固まっていったと思います。当時、調査課長に地方財政平衡交付金制度の設計で中心となった山本晴男さんがなられて、その辺の決算分析を指導されていました。

経常収支比率が今ほどの正確なかたちになるまでにはいろいろ変化がありますが、考え方は同じです。人件費をはじめとする経常的に必要となる経費が将来どのようになるか、それに対して地方税なり地方交付税なりがその財源として耐え得るものとなるかどうか。経常収支比率の動向がどうなるかは、もっとも重要でした。

地方公営企業の会計基準

——昭和二七年に地方公営企業法が制定されました。そのときに発生主義会計の会計基準を立田清士さんがご担当で作成されました。

石原　地方公営企業法は、財政課の課長補佐だった立田清士さんが担当されました。当時、東京都がいちばん進んでいたので、都の公営企業関係の人の話を聞きながら、制度化を図ったのだと思います。こと公営企業については、東京都の公営企業の経理の実態をにらみながら制度をつくった面が大きいのです。当時の自治庁は基本的には普通会計しか扱っていませんでしたから。公営企業が次第に重要性を増してきたので公営企業法という法律をつくる必要がある。そこで立田さんが担当して、東京都の公営企業を参考にしながら法律をつくっていったのです。

そのうち公営企業の赤字が増えてきたので、その再建が課題になるんですが、普通会計とは違って公営企業会計の場合には料金で費用をまかなうことが基本ですから、公営企業の再建とは結局どこまで一般会計がバックアップしたらいいかという問題です。それが次第に固まっていくわけですが、初めから確立していたわけではないんです。

社会保障財源の確保

――社会保障関係経費に対する財源手当が今や地方財政では最大の問題です。

石原　国民健康保険の皆保険は昭和三六年。その当時の議論を私もよく聞いておりましたが、初めは一般会計は一切タッチしていません。国民健康保険は加入者の負担金と国庫補助金と本人負担の三者で完全にやれるから、と当時の厚生省は説明して、自治省に協力を求めてきた。一般会計から補塡することは初めから「あり得ない」ということでした。私は当時財政課の課長補佐でしたから、直接の担当ではないものの、その議論を聞いておりまして、とにかく国保会計は普通会計とは別の世界の話だということで初めは割り切っていたんです。

しかし次第に高齢化が進んでくると、そうとばかりは言っておられない。普通会計の方も放っておけない変化が出てくるわけです。スタートのころはまだまだ日本社会全体が若く、高齢者の割合が少ないですし、十分独立でやれるという見通しで厚生省はスタートした。年金も同じです。しかし高齢化が進み、かつてのような高い経済成長も見込めないという経済情勢も変化してきますと、次第に様子が変わってくるわけです。制度が始まったころと、その後の状況とではかなり変わってきています。

——公立病院など公営企業も、最初は「独立採算性だ」と言っていたのが、次第にもたなくなってきています。

石原　そうなのです。公営企業にもそういう傾向があります。例えばかつての田舎は、水道事業なんかやりません、井戸ですから。水道事業は主に都会だけの事業で、料金を取ってやれたわけです。しかしその後は地方の団体でも水道を引くようになってきましたし、下水道もそうです。下水道も都市施設として不可欠なものになってきていますから､公営企業とは言いながら実態が変わってきているんです。都市の形態変化､社会の成熟化、こういったもののなかで公営企業の位置付けも変わってきていると思います。

典型的な公営企業としては、地下鉄であり路面電車であり、もともとはそこから始まったわけです。それから水道ですね。これも完全に料金でまかなえるという前提でした。

昭和四一年の公営企業法の改正のときに一般会計との負担区分を定めて、一般会計からの繰出しを制度化した。当時公営企業の再建のために国の補助金を要求しました。地方交付税は公営企業にはお付き合いしないのが大原則だったんです。今はかなりの部分に地方交付税がかかわるようになった。

それに世の中の変化に応じて公営企業の守備範囲も変わってきていますね。例えば下水道について言いますと、昔は都心部だけの下水道で、料金でまかなえましたが、今は郊外まで含めて不可欠な都市施設としての役割を果たしています。そのための財源として都市計画税もありますし、それだけでまかなえない分はその他の普通税でも対応する必要があるというように変わってきています。

――人口減少社会で供用人口が減ると、公営企業の独立採算性はセットバックすることになります。

石原　これはまた新しい要素なのです。昔は人口が増えていく過程で下水道の供用区域が広がっていくときにはフィットしたものが、人口が減ってくると施設が過剰になってしまって、結果的にまかなえなくなるわけです。現実問題として公営企業も人口減少社会と人口増加社会とでは違うんです。人口が減っていきますと施設が不要になって、借金でつくった施設を利用する人が、極端な話、いなくなってしまうと借金だけが残ってしまう。特別会計や企業会計についても放っておけない事態が起こってくるのです。

交付税法改正法案を日切れ扱いに

――地方交付税法の改正法案は、かつては現在のような予算関連法案で日切れでの扱いではありませんでした。

石原　私が担当しているころは、国の予算と並行して地方財政の見積りを行っていました。地方財政計画の細かい内訳については、国の予算が国会に提出されたときに、その審議に間に合うようにつくっておりますけれども、予算折衝のときは同時並行でいくわけです。税制改正案が決まりますと、国税と地方税の現行制度による税収見込みが決まります。大蔵省の予算原案を決めるときにはそれをベースにします。

一方、歳出要素の変動は大蔵省の査定方針があると分かりますから、彼らの査定の概要をつかんで地方負担がどうなるかを概算して、最終的に他の省の予算査定が終わった後で、いちばん最後になって地方財政の内容を固めるのです。いわば締めくくりですから。そこで最終的に地方交付税をどうするかを決着させる。地方財政の枠が決まって初めて予算の政府原案が決まるわけです。ですから細かい数字的な整理は後になりますけれども、少なくとも大枠は国の予算編成と地方財政の枠組みは最終的には同時決着なのです。

地方財政計画は、年が明けて国の予算が出たときに後から出てきます。なぜそうなるかと言いますと、各省の補助金の明細が決まるまで、予算査定を受けてから各省の原局が全部整理するのでひと月くらいかかるんです。予算折衝で地方財政計画の大枠を決めるときは概数で決めてしまうわけです。

国の予算が決まり、各省の補助金の細目も決まり、そして地方財政計画も決まりますと、そこから普通交付税の単位費用の積算作業をやるわけです。各省の予算の補助金の細目が決まらないと、単位費用の積算内容ができません。多くの場合、国の予算が一月の二〇日過ぎに国会に提出され、それからそんなに遅れないかたちで地方財政計画がだいたい二月の上旬に国会に出されます。それを踏まえて二月中くらいに地方交付税法の改正案を出すわけです。ただし地方交付税法は予算関連法案ですから、最終的には地方税法も地方交付税法も国の予算も国の税法も三月末までに成立させるということが原則なわけです。

地方税については改正内容によって新年度からすぐに適用されるものがありますから、三月中には成立させていないといけません。ところが地方議会の定例会は二月末に開いて三月の末に終わるんです。そうすると、多くの場合、地方議会の開会中には地方税法が成立していないんです。そこでどうしているかというと、地方税法の改正法案がぎりぎり年度末に成立しますと、地方へすぐ連絡しまして、その日のうちに各地方団体の税条例の改正案を専決処分するわけです。議会を開くいとまがないということで、専決処分をして四月一日に間に合わせている。それが現実なのです。今もそれでいっています。ところが私が担当していたころは、国会で結構日本社会党が強くて、予算も年度内に成立しないことがよくありました。予算が年度内に成立したとしても、地方交付税法の改正法案の成立が年度内に間に合わないことはよくあったんです。普通交付税の算定は七月ですから、地方交付税法改正の成立は四月に入ってからでも構わないんですけれど、いちばん困るのは地方税法なのです。

地方税法は三月中に議決してもらわないと四月一日から適用できないですから。それでいつも地方税法の改正法案だけは何としても年度内に成立するようお願いして、日本社会党も課税の技術上の問題があるものだから協力してくれて、地方税法改正法案は三月末までには通していました。

昔は、地方交付税法の改正法案に対しては日本社会党等の反対が強かったんです。それは地方公務員の給与の問題がからんでいるからです。普通交付税の算定を通じて地方の給与水準が財源的には決まりますが、自治労などの要求で、地方団体のなかには結構いろいろなことをやっているところがあります。それを自治省としては改めさせようとするわけです。その手段として地方交付税の算定根拠を引用するものだから、自治労系の日本社会党の議員は、そういう指導をやめなければ地方交付税法の審議に協力しないというようなことで、いわば地方交付税法が人質になることはよくあったんです。

ひどいときは七月の算定ぎりぎりの、通常国会の会期末まで地方交付税法の改正法案の議決を引っ張られたことがありました。ぎりぎり間に合うタイミングなのは、地方公務員の給与改定財源が出てこないとそれはそれで困るからです。私がやっていたころは必ずしも年度内に成立しないで、そのときの改定内容によっては大もめにもめて、五月、六月まで引っ張られたことがあります。

内務省解体

――内務省が心ならずも解体されてしまったことは、功罪両方を考えたときにどういう意味があったのでしょうか。

石原　私は講和条約発効後に役人になったわけですから、内務省解体当時のことは先輩から聞く程度ですけれども、その当時の経緯を見ていますと、戦前の内務省は官庁のなかの筆頭官庁だったわけです。例えば各省が地方に仕事を出すときには全部内務省と協議しなければできなかったわけです。さらに言えば、地方関連の各省の人事も、内務省の人事課が管理したぐらいに人事の面でも予算の面でもにらみをきかせていた。予算の面で言うと、地方に対する補助金は内務省の会計課を通さないといけないというようなたいへん強力な役割を持っていたわけです。ですから戦前の内務省はこと内政についてはナンバーワンだったわけです。もちろん大蔵省が財政面で責任を持っていたけれども、内閣における地位は内務省の方が上だったわけです。そのため、占領軍ににらまれ、昭和二二年に解体されたのです。

内務省が解体されたときに、日本の行財政制度の改正も行われました。典型的な例が地方配付税率の引き下げです。昭和二四年にドッジ・ラインでインフレを退治するために歳出の大幅カットをしたわけですが、カットの最大のターゲットは地方配付税だったわけです。地方配付税は配付税率を半減されてしまいました。

理屈はないわけです。とにかく歳出を削る必要があるということで、いちばん大きな歳出項目である地方配付税が半分にされたのですが、もちろんこれは連合国軍総司令部というオールマイティによってやられたんですけども。その当時、悲しいかな内務省はすでに存在していないわけです。

地方財政を守る役割を担った内務省がなくなって地方財政委員会ができました。もちろん地方財政委員会の委員長は国務大臣が担当していたわけですけれども。委員会は独立行政機関です。内閣からある程度独立した機関なのです。委員長は閣僚ではあるけれども、閣内における発言力は著しく低くなっているわけです。それが地方配付税率の引き下げを許した一つの原因ではないかと思います。

もちろんドッジさんの指示の下にやったけれども、当時は大蔵省の意見を聞きながらやったわけですから。内務省の解体は地方行財政にとっては非常にマイナスだったと思います。地方の立場が著しく国政に反映しにくくなったという意味でマイナス面が大きかった。

旧自治省の先輩のなかには、地方団体にとっては内閣とは独立して意見を言える方がいいと言う人もおります。例えば長野士郎さんはそういうご意見だったんです。しかし私は、内閣にもいた経験からしますと、内閣のなかで大きな発言権を持った閣僚が地方財政を担当する方が地方団体にとってはハッピーだと思います。地方の立場からすると、内閣の政策決定を内部で直接チェックできますから。内閣でいったん決めたことを第三者機関が批判してもなかなか変えられないですよ。だから政策を決める段階で発言できる閣僚を出しているということがきわめて大事だと思います。そういう意味で内務省解体は地方行政、少なくとも地方財政にとってはマイナスだったと思います。

――内務省解体を側面から促したのは大蔵省だったというのは誤解でしょうか。

石原　大蔵省が、ということよりもアメリカの占領政策ですね。戦前の国家総動員体制は内務省が主導したものです。それは当時の軍部とのタイアップですが。だからアメリカからすれば内務省が日本の侵略体質の元凶であると見ていたわけです。それがいちばん大きな要因なのです。ですから内務省がターゲットになった。それともう一つは、アメリカは合衆国ですから連邦政府に地方行政を担当する省はないんです。それも私はマイナス要因だと思うんです。

戦後、シャウプ勧告のときに日本の自治制度をどうしたらいいか、総司令部にどう説明したらいいかを当時の荻田さんとか鈴木さんとか先輩たちが頭を悩ませました。そこで、当時全米の市町村の共同機関である全国市長会、全国町村会のようなものがシカゴにあったんです。そこへ行って相談したわけです。ワシントンにはなかったわけです。

占領軍からしますと、連邦制であるアメリカにない制度は日本にはいらないんではないか。内務省は地方を押さえ込んだわけですから、地方自治を妨げている存在だとそういうふうに映ったんだと思います。だから大蔵省が仕掛けたというよりも占領軍自身というか、アメリカの占領政策の当事者自身が地方自治を統括する役所の存在を全然評価していなかった、むしろ有害であるとの感覚だったからではないかと思います。

――書かれたものを読みますと、最初に内務省がターゲットになりましたが、その後法務省もターゲットになって、やがては大蔵省に影響が及ぶ予定だったものの大蔵省はうまく立ち回って、内務省だけが解体されたと。そういうことはあったのでしょうか。

石原　それはあるんです。当時の先輩たちの話を聞くと、アメリカと違って日本の場合は、市町村の健全な自治を育成するためには、中央政府にそれを担当する役所が必要だということを総司令部に訴えたんですけれども、悲しいかな理解されなかった。

それから、旧内務省には英語を話せる職員が少なかった。だから内務省解体に異議のあることを総司令部に対して英語でうまく説明できなかった。ところが大蔵省では昔から在外勤務経験者が多く、省内には英語を自由に操れる職員がいたものだから、彼らは「大蔵省を残さないと戦後の経済復興ができません、占領政策にも支障がありますよ」と上手に説得したわけです。そういう立場の違いと英語能力の違いとが総司令部に対する説得力にかなり影響したと先輩たちは言っています。

これは事実だと思います。当時内務省にも例外的に英語を話せる人はいたんでしょうけれども、総司令部とのコミュニケーションがうまくいかなかったことは間違いありません。大蔵省にしてやられたというよりは、大蔵省には英語を自由にしゃべれるスタッフがそろっていたのです。大蔵省のようにもう少しうまく立ち回るべきだったが、それができる者が幹部にいなかったんです。もちろん若い人には英語がある程度できる者はいたんでしょうが、幹部にいなかったんです。

占領政策で内政を担当したのは民生局です。民生局はかなりドラスティックに日本の民主化をやりました。一方、大蔵省の担当は経済科学局、こちらはエコノミストで日本経済の復興のためには大蔵省のパワーを使った方がよいという考えの人が多かったようです。

総司令部のなかでもセクションによってかなり考え方が違っておりまして、大蔵省を担当した経済政策を担当するセクションは大蔵省の力を使った方が日本経済の混乱を避ける意味でベターだという考え方に立っておったんです。日本側の省庁間の英語力の違いもありましたが、総司令部におけるセクションの考え方の違いもあったようです。民生局の考えはドラスティックな民主化であって、彼らのなかには帰国後にマッカーシー旋風で追放されてしまうような人がいたわけですから。その後のアメリカ国内では危険視されるような人物が民生局には多かったんです。そういう人たちが日本の民主化を徹底的にやったわけです。

――民政局長のホイットニー少佐など、憲法の起案で出てくる人も民生局にいましたね。

石原　そうです。民政局にはラジカルな考え方の人が多かったんです。経済復興を担当した方とは逆なのです。

――占領統治が終わると、内務省復活とまでは言わないまでも地方自治のためにもう一度バラバラになった省庁等を集めて内政省という確固たるものに再興する気持ちは強かったのでしょうか。

石原　講和条約が発効して戦後体制をどう再構築するかは、田中二郎先生（東京大学教授、行政法）が入った政令諮問委員会で分野ごとに議論しました。地方行政を所管する機関はバラバラになっていましたから、それを旧内務省の地方局系統のものだけでも一つにまとめようというのが自治庁なのです。私が役人になったときはまだバラバラで共同採用されたんですが、入ってから旧地方局の関係部署が一緒になって昭和二七年八月に自治庁になったんです。

その後、昭和三五年七月の自治省発足前には、内政省と言って、建設省なども含めたもっと大きいものをつくろうと内政省設置法案を閣議決定したのですが、国会で審議はされませんでした。講和条約発効と同時に実現したのは最小限度旧地方局の系統のものを一緒にした自治庁でした。

厚生省は戦時中に社会局から分離して厚生省になっていました。土木局は戦後建設院になって、その後建設省になりました。建設省系統は技官の力が強かったんです。内政省設置法案ができたときに旧建設省の技官系統の人たちが反対して、結局国会で審議されなかったんです。

東京都の都区財政調整制度

――東京都の都区財政調整制度は、どのように運用されてきたのでしょうか。

石原　経過を言いますと、地方自治法は昭和二二年の新憲法と同時にスタートして、地方財政平衡交付金法ができたときに東京都の扱いをどうするかということになりました。東京都はほかの道府県と違い、二三区の旧東京市の区域と東京府が一緒になって東京都になったんです。

昭和一八年に戦時体制の一環として、首都というものの特殊性から市と府を一体化していました。それをどうするかという議論はあったようですが、終戦直後はおそらく都から特別区を分離する暇がなかったんだと思います。

そのまま都制度として地方自治法に引き継いだんです。私は正確には知りませんけれども、地方配付税のときは、おそらく旧東京市の分は市分として計算したのではないでしょうか。府分と市分とそれぞれ計算して配分したんではないかと思うんです。少なくとも地方財政平衡交付金制度のときには東京都は二三区を抱えている一つの団体ですから、便宜上二三区の旧東京市の分は一つの市とみなして地方財政平衡交付金の計算をしたわけです。それ以上のことは地方財政平衡交付金制度では触れていなかったんです。後は東京都自身の問題だと。当時の二三区はあくまでも東京都の内部組織であると。地方自治法上は普通地方公共団体ではなく、特別地方公共団体という位置付けで一人前の団体として扱っていなかったわけです。

さはさりながら、東京都としては困るものですから、初めは地方自治法のなかに規定を置いたんです。地方自治法の施行令で都区財政調整の仕組みをやっておったわけです。だから地方財政平衡交付金法や地方交付税法には何も書いていない。

連合国軍による占領統治が終わった昭和二七年当時は任命制、正確には都知事の同意を得て区議会が選任する議会選任制になっています。一方、特別区議会の議員は公選だったんです。戦前の府県制度も、知事は内務省が任命して、府県議会議員は公選なのです。

東京二三区はまさに特別地方公共団体、東京都のなかの内部組織だけれども、議会を設けて選挙で議員を選ぶ、そういう組織だったものですから、旧東京市の区域を一つの地方団体とみなして算定し、その具体的な配分は東京都がやるけれども、そのやり方は便宜上経過措置として地方自治法の施行令で書いたと、そういう位置付けなのです。

しかし二三区で区長公選制の議論が起こって、美濃部都知事のころ、昭和五〇年に区長公選制に踏み切るわけです。区長公選制になると首長も議会も選挙で選びますから、普通の地方団体と同じではないかという声が高まりました。

そこで地方分権の流れのなかで特別区の主体性を強化していこうということになりました。都の仕事もなるべくなら特別区に下ろしていこうと。例えば保健所を特別区に下ろすように変わっていったわけです。そういうこととの兼合いで、特別区の性格が従来の特別地方公共団体から普通地方公共団体に近づいたことを背景に、都区財政調整交付金制度についても、地方自治法本則のなかで位置付けようと改正したんです。平成になってからです。(2) 地方分権改革で特に特別区の権限強化の一環として都区財政調整交付金制度を地方自治法で法定化して、各特別区の自主性を財源的に担保するようにしようという考えだったのです。

従来の特別区は都の内部団体、内部組織として都の判断で都が予算査定した額を各特別区の財政需要として計算するようなやり方でした。そうすると、特別区の都への依存心が高まるわけです。区長は予算編成時に都の財務局にお百度を踏むようになって、それでは地方団体としていかがなものか、都の附属機関と同じではないかという反省がありました。

特別区は普通の地方団体と同じように財源は特定の都税の一定割合として決めて、その配分については地方交付税に準じて基準財政収入額と基準財政需要額の計算でやっていく。都が査定するようなことをしないで法律に基づいてきちんと計算したものが保障されるようにしようというのが今の制度なのです。昔はそうではなく、かなりの部分は都の査定で、独立の地方団体としての扱いを受けていないという不満が特別区側にありました。

かつて地方自治法の附則で対応していたころは、二三区のなかでも団体間の財政力の差が大きいものだから、納付金制度がありました。計算上財源超過が出ますと超過額は都に納めさせたんです。その代わり、財政需要は都が査定したとおりやるということで、特別区の主体性、独立性は弱かったんです。地方自治法の改正に併せて、この納付金制度は廃止されました。

普通地方公共団体と同じように、特別区側で計算するということにしたわけです。限りなく普通地方公共団体に近いかたちで算定されるようにしたんですが、都民にとってもっとも重要な都市計画とか下水道とか消防とか主要な行政は東京都が直接担当しておりますから、特別区を他の市町村と同じように扱うのは無理でしょうね。

納付金制度は廃止されましたが、市町村税である市町村民税（法人分）と固定資産税については都が課税し、その一部が特別区財政調整交付金の財源になっています。特別区側がそれはけしからんと言っても、主要な都市行政は都がやっているんですから、やむを得ないと思うんです。

固定資産税の課税標準は都市計画と裏腹なのです。だから都市計画の権限が都に残されている以上、固定資産税を調整財源にするのはやむを得ないと思うんです。そういう意味で特別区は特別地方公共団体であって、実質的に内部団体という位置付けは変わっていないんです。

（2）平成一〇年五月の地方自治法改正時

従来に比べれば特別区の独立性は強くなりましたが、普通地方公共団体ではありません。特別区を普通公共団体にすることは東京都の実態から言って無理だと思うんです。例えば都市計画とか下水道とか消防行政を区ごとに分けて実施したらうまくいかない。東京という大都市の生い立ちからして、今はしようがない。大阪だって横浜だって、府県と政令市は別々にやっているではないかと言っても、大阪や横浜は市という一つのまとまりを持った団体です。仮に東京市を復活させれば話は別でしょうが。

国の財務会計制度との整合性

――借入制度や財務会計制度について、国と地方は基本、共通の仕組みであるべきと考えられてきました。

石原　地方の財務会計制度は、地方自治法で財務規定が決められております。地方自治制度のなかでも非常に重要な部分ですから、予算の様式とかあるいは会計年度など全部地方自治法に書いてあるわけです。地方財政法ではありません。地方財政法はいわば地方財政の運用面についての基本法なのです。制度面の基本法は地方自治法ですから、そのなかの財務会計規定で予算様式などは規定されている。予算様式も基本的には国の予算様式とまったく同じではないですが、ある程度パラレルになっております。

――地方自治法の財務関係の規定を地方財政法に移管することは考えていないのでしょうか。

石原　制度面は地方自治法です。地方財政法は地方財政の運用法ですから、運営の指針、基本原則を定めているものです。地方財政の枠組みは地方自治法の体系で決めており、その運用面を地方財政法なり地方交付税法なりあるいは地方税法なりという個別法で内容を決めるという建て方なのです。

地方税も課税の根拠は地方自治法にあります。歳入調達手段として地方税を賦課徴収できるという規定は地方自治法にあって、「別に法律に定めるところによって賦課徴収できる」と規定していて、「別の法律」というのが地方税法なのです。

地方債も法律の建て方としては、地方自治法のなかで収入の一つとして位置付けられているわけです。税、手数料、負担金、分担金のほかに、歳入不足のときには借入れができるという意味での地方債の規定は歳入の一項目として地方自治法にあるわけです。

そして、その地方債制度をどのようにして運用するかは地方財政法で定める。地方財政法では、基本的には地方団体の歳入は地方債以外の、つまり借入金以外の収入でまかないなさいという原則があって、例外としては災害ですとか長期の建設事業とか地方財政法第五条で列挙するものについては、いわば例外的に地方債を起こすことができると、そういう建て方になっているわけです。別の言い方をすれば、運用面でそういう制約を課しているわけです。地方債については、地方団体の議会の議決を経て起こすことができるということになっておりますが、以前は、地方債を起こすには自治大臣の許可がいると、許可制度でしばられていました。

第五章

自治省財政局を取り巻く風景

聞き手・小西砂千夫氏と（撮影：五十嵐秀幸）

行政局と財政局のマインドの違い

――行政局は内務省の流れをくみ、財政局は地方財政委員会の流れをくむという見方があって、両者には組織風土の違いがあります。

石原　戦前は、旧内務省は国家を規律する非常に重要な役割を持っており、地方制度全体を把握していたわけで、内務省のなかでも行政の方が主流でした。財政は傍流とは言いませんが、地方自治制度を補完するために財政制度が必要という感覚ですから、歴代の内務次官は行政局育ちの人が多かったようです。

ところが戦後は財政のウエイトが高くなってきて、私の先輩のころからもそうなのですが、どちらかというと幹部は財政局育ちの人の影響力が大きく、そちらの方が主流になってきました。もともとは行政局の方が本流だと言われたんです。例えば私たちの先輩でいえば、鈴木俊一さん、小林與三次さん、長野士郎さんなどは行政のいわば本流の人たちです。財政の方は、三好重夫さん、荻田保さん、奥野誠亮さん、柴田護さん。柴田さんは財政、長野さんは行政、そういう流れがありました。

行政局の仕事は制度論ですから、原理原則というものを重んずるわけです。大蔵省をはじめ各省との折衝になっても、地方自治の建前については厳格ですから、どちらかというと行政局の方がきついんです。

財政局は総体としての財源に限りがあるのですから、それを国と地方がどう分け合うかの話なので、理屈よりもその場をどう収めるかという現実主義というか、そういう面がありました。例えば、長野士郎さんは各省から法案協議が来た場合、厳格でなかなか妥協しない。それに対して、柴田さんはこちらの主張は主張で大いにするけれども、収めどころをある程度考えて弾力的に対応するというイメージがありました。

そういう両者の体質はその後も引き続いているようです。行政局の諸君は建前論というか、制度の本質論について非常に厳格である。財政局の方は、ある程度現実に妥協するというか、落としどころを考えて行動するという、弾力性があるということは言えます。担当する仕事の性質の違いから来る面もあると思うんです。

大蔵省との関係

——大蔵省の関係者で印象に残った方はどなたでしょうか。

石原　鳩山威一郎さん、相澤英之さん、塩崎潤さん。それに福田赳夫主計局長……当時、われわれが福田先生にお世話になったのは大蔵大臣としてですが、たいへんなサポートをいただきました。

地方財政の立場からみて、大蔵省の担当者として地方財政のサイドに立ってお世話になったのは鳩山さんです。塩崎さんや相澤さんはもちろん理解者ではあったけれども、鳩山さんほど地方財政のサイドに立ったということでもない。いずれも地方財政問題ではたいへん長いお付き合いだったし、私も当時は見習いでしたが、相澤さんにはずいぶん気にかけてもらいました。鳩山さんは柴田護さんと同期でした。年次で言いますと、昭和一六年採用です。相澤さんは昭和一七年採用で、この年の採用というと自治省では横浜市長をされた細郷道一さんです。細郷さんも財政課長や財政局長をおやりになった。塩崎さんは昭和一六年入省です。

鳩山さんは、もちろん大蔵省のエースです。なおかつ地方財政のよき理解者でした。大蔵省のなかで、例えば村上孝太郎さんなどからは、「どっち向いているんだ」と批判もされたのです。

鳩山さんよりも前の世代の大蔵省の方々は、国の財政を立て直さなければならないという意識が強烈だったものですから、地方財政に対しては厳しかったわけです。当時の自治庁の担当者と大蔵省の担当者は、「柴田—鳩山」ライン以前は、法律案でも予算の面でもけんか腰なのです。お互いの立場を理解し合いながら議論するという雰囲気ではなかった。初めから闘争心旺盛で、火花を散らしたような。私が役人になったばかりのころは大蔵省との関係はきわめて険悪で、激しい議論をやっておりました。

柴田さんになってから、話し合いムードができてきたように思います。それは鳩山さんの姿勢が大いに関係あります。大蔵省のなかでも人によって違っていて、鳩山さんが主計局次長のときに主計局長だった谷村裕さん（後の事務次官）は、奥野さんとたまたま一高で同級生だったこともあって、非常に関係がいいんです。ところが次の年次の村上孝太郎さんは主戦論で、国の財政万能主義者でした。地方財政については、国の財政がもたなかったら国も地方もないじゃないかという発想でしたから、当時の議論は険悪な空気でやっておりました。まさに食うか食われるかのような議論でした。

私のカウンターパートは山口光秀さん（昭和二六年入省）でした。さらにその先輩には、今でもお付き合いがある長岡實さん（昭和二二年後期入省）がおられます。長岡さんには見習いのときからたいへんお世話になった。私がもっとも尊敬している人です。

長岡さんや山口さんは大蔵省のなかのエリートですが、同時に若いときに地方の財政課長を経験されていて、地方のよき理解者だったのです。彼らは地方で苦労も味わってきているものだから、他の大蔵省の幹部とはちょっと違った考え方でした。私としては非常にやりやすかったですね。口角沫を飛ばして議論するというような場面はあまりないんです。先輩方はたいへんな議論をやっていましたけれども、私のときはそうではなくて、お互いに相手の事情も考えながら話し合うというムードでした。

戦後は何とか国の財政を立て直さなくてはならないという時代でしたから、地方のことにまで配慮する余裕がなかったのかもしれません。当時の議論はいつも白熱して、いわゆる協調ムードはまったくなかったのです。取るか取られるかという。

一方、そういう時期でしたから、全国知事会の会長さんをはじめ主な知事が「地方がやっていけないじゃないか」と言って、予算編成のときに総理官邸に座り込んだりしたこともあって、今では考えられないような激しい言動がありました。そういう時代だったのです。役所の方でも、それはもうたいへん激しい議論をしていました。

日本経済が神武景気から岩戸景気へと立ち直ってくると税収も増えてきますから、そうしたなかで国と地方の財源配分について、これでいいのかという見直しが冷静な雰囲気で議論できるような土壌ができたわけです。そのときの大蔵大臣が福田さんなのです。

福田さんは、国の財政と地方の財政は車の両輪だから片方だけよければそれでいいというようなものではないとおっしゃった。昭和四一年度の地方交付税率の三二％への引き上げは、まさに福田大蔵大臣のご裁断なのです。福田さんがいなかったら実現しなかったと私は思うんです。それをサポートしたのは鳩山さん。鳩山さんは当時主計局次長で、主計官が佐藤吉男さんという比較的早く亡くなられた方でしたが、あの方は非常なヒューマニストで芯の強い穏やかな人でした。

佐藤さんは切った張ったの議論はしないで、冷静に対応する人でした。山口光秀さんは課長補佐の手前の主査、僕は課長補佐でした。わが方は局長が柴田さん、主計局長の谷村裕さんも地方財政に理解があった。官房長が村上孝太郎さんで、自治省ペースで全部話が決着したというふうに思っていたらしくて、憤懣やる方なし。鳩山さんについては「どっちを向いているんだ」「国の責任者か、地方の責任者か」といって非難されたんです。そういう環境の下で地方交付税制度は安定基盤ができたと言えます。

時代の変化もありますが、そのときの人間関係、人的配置が利したこともあったと思います。昭和四一年度に交付税率を引き上げた後にいざなぎ景気とぶつかりましたから、地方交付税は当時の三二％で十分足りるようになって、国の方に財源を融通したこともありました。国に融通できるほど交付税率が引き上げられたということも言えます。

昭和四〇年代後半になると、大蔵省内で「交付税率を引き上げすぎではないか」という批判も出てくるんですが、長期的に見ればその後はまた地方が足らなくなるわけですから、昭和四一年度の改正によって、国と地方双方の財政の実態に見合った線がようやく実現したのだと思います。そういう改正ができたのも、当時の両省の人間関係が大いに貢献したからだと思います。

——昭和五〇年代の特会借入の開始時も大蔵省との人間関係はスムーズでした。

石原　あのときもわが方は、建前論としては交付税法第六条の三第二項の要件を満たしているので交付税率の引き上げを押しました。石油ショックの影響で明らかに地方財源は不足するんですから。

しかし国の方もやりくり算段です。交付税率の引き上げは建前論としてはあったのですが、国の財政も火の車で、恒久的に国と地方の財源配分を見直す余裕がなかった。そこで地方交付税の不足分だけは応急的に交付税特別会計で借り入れておいて、ある程度将来の経済の見通しが立つ段階で見直そうと、そういう含みだったわけです。

まさに国と地方の財政のそれぞれの置かれた状況についてお互いに理解し合ったということなのです。その当時、地方の知事さん方のなかには「自治省はどうして借入れでやったんだ」「交付税率の引き上げをどうして取らなかったのか」というような議論をする人も結構いたんです。でも国の方も大赤字で、国の財政が破綻してしまったら地方も駄目ですから、とりあえずは交付税特別会計の借入れでしのいだということなのです。

——小泉政権の三位一体改革の当時、大蔵省との関係はあまりよい感じではなかったように思います。

石原　三位一体改革のときは、大蔵省というよりも竹中平蔵さん（経済財政担当大臣）たちの経済財政諮問会議の雰囲気が「地方交付税制度でフォローしすぎるのはよくない」というもので、自前でそれぞれ努力しなさいという考えが非常に強かったわけです。竹中さんはもともとアメリカのシステムがいいと思っておられますから自己責任を強調されておりました。

三位一体改革では所得税を三兆円減税して住民税を三兆円増やしたわけです。地方交付税については特例的に加算したものを三年間で五兆円減らしたんです。あとは自前でやってくれということですけれども、歳出面の諸制度は変えないで「自前の歳入だけでおやりなさい」と言ったら、地方はもう立ちゆかないわけです。

三位一体改革で交付税財源が実質五兆円減らされたときは各団体とも非常に困りまして、財政調整基金として積み立てていたのを全部はたいたわけです。それでしのいだんですけれども、三年間続けたから吐き出しきってなくなってしまった。それで三位一体改革については言葉こそ聞こえはよかったのですが、やはり見直さなければいかんという空気が出てきたわけです。

各省との関係

――各省との折衝では超過負担が大きな課題となってきました。

石原　各省はそれぞれ所管の行政レベルをいかに高めるかが主眼です。そのために地方団体の財政面は二次的な関心事なのです。

例えば補助金で言いますと、補助単価が適正でないと地方の持ち分が多くなりますから、自治省は補助金の補助率よりも補助単価の方を重視するわけです。補助率は二分の一とか三分の一とかでそれが決まったところで地方の負担は決まるけれども、その積算の根拠になる単価とか数量、面積は実態に即してやってもらわないとつけは地方にいきます。

自治省のサイドから言うと、補助率についてもなるべく高い方が地方負担が少なくて済みますからよいのですが、各省としては予算の枠が決まると補助率を低くした方が多くの補助事業を実施できるわけです。だから各省は事業量を増やしたいものだから補助率を低く抑えようとしたり、補助単価などが実態に合わないものになっていても、それほどの関心を示さない傾向があるんです。大蔵省にすれば国の出し前が少なければいいわけです。自治省としては事業の総量よりも地方の負担に関心がある。補助率の低い補助金で実態に合わない単価がいちばん困るわけですから、そこで各省との関係は厳しい対決になります。

補助事業は多くの場合、大蔵省と各省が手を結んで自治省との対立になる。それは補助率の問題でもあり、また補助単価の問題でもある、そういう傾向があります。「大蔵省プラス各省」対「自治省」、そういう構図がどうしても出てきます。

――大蔵省と各省ですと、大蔵省の方がヒエラルキーが上だと言われます。

石原　それははっきりしています。各省の予算を査定する主計官なり主査は、各省から見ればオールマイティですから、いろいろな相談のときに、主計官は各省の課長では取り合わない、少なくとも局長あるいは次官が説明に来いというようなことがあるんです。ところが、自治省の場合は違うんです。これは先輩たちからの伝統なのです。

国の財政と地方財政をどう構築するか。国民からいただいた税金を中央政府と地方団体がどう分かち合うか、それによって国政を円滑に遂行するためには何が必要かという議論であって、高い次元にあるものですから、自治省の地方財政関係の予算の折衝のカウンターパートは同じランク、課長は課長、局長は局長なのです。

例えば私が局長になってからも主計官に説明に行くということはないんです。局長にしか話をしません。内務省と大蔵省の戦前からのバランス感覚もあったと思います。各省のように、補助金をいただくという感覚ではありません。財源をどう分かち合うかという、いわば対等の議論だという意識が先立ちます。それは日常の仕事を進める上でもそうでした。

――各省との関係では、厚生省とは縁が深いものの建設省とはそうではありませんでした。

石原　シャウプ勧告では税源配分の大原則として地域の問題は地域が責任を持て、その財源も補助金ではなくて地方税と地方財政平衡交付金でやりなさいという改革をやったわけです。その対象になったのは義務教育であり、厚生省所管の環境行政とか社会保障制度、この系統のものは補助金を廃止して地方財政平衡交付金に切り替えたわけです。

そうしますと、文部省とか厚生省は地方財政平衡交付金のなかで彼らの考えている施策を織り込んでもらわないと地方の指導ができないという事情がありました。当時の地方自治庁、地方財政委員会、あるいはその後の自治庁との関係は、止むを得ずというところがあったのでしょうが、少なくとも自治当局との関係をよくしないと地方の指導ができない、そういう状況でした。だから文部省とか厚生省、労働省などは自治庁との関係はよかったというか、連携が密だったんです。

一方、建設省とか農林省はいわゆる公共事業中心です。公共事業は補助金廃止の対象ではなかったんです。公共事業では、補助金制度が残ったので公共事業が中心の官庁は自治省にはそれほど相談する必要がなかったわけです。かつ、地方負担については地方財政平衡交付金はつけずにほとんど地方債でした。だから地方債課だけは建設省や農林省と結構ご縁があったんです。

ところが当時の地方債は、今と違いまして資金がタイトでしたから、限られた資金をどう割り当てるかで大蔵省とし烈な議論をしたわけです。大蔵省が所管している政府資金の配分のなかで地方債にどれだけ割り振るかで、当時の地方財政平衡交付金以上に激しい議論だったわけです。

いずれにしても、事業官庁はあまり自治省の手を煩わすことなくそれぞれに施策ができた。ところが文部省とか厚生省は自治省と相談しないと地方団体の末端までの行政指導ができなかったという、そういう事情があったと思います。

与野党との関係

――与党野党との関係は相当変わってきました。

石原　私の現役時代と今とではだいぶ事情が違います。私の現役時代は、政府与党といっても党がかなり強い影響力を持っておったんです。予算編成のときは、自民党の総務会なり政務調査会が強い発言権を持っていました。したがって、私どもはカウンターパートである大蔵省と議論はしますが、与党の有力議員に説明したり、協力を求めたりといった場面が多く、そういうことに精力を傾けたものでした。

野党との関係は、自治省では、特に地方財政関係は他の省と比べて日本社会党との関係が深かった。日本社会党のなかにおける力関係は、かつては総評とか国労が強かったのですが、次第に自治労が強くなるんです。そのため、地方税法にしても地方交付税法にしても、日本社会党のなかで自治労出身議員の発言力が非常に強くなるのです。法案を提出する際には、日本社会党をある程度クリアしておかないと国会審議はうまく進まないのです。

政府側からみて、国会運営を円滑にするために議運や国対のレベルで与野党の取引があるわけです。そのときに、自治労の言い分をある程度飲んでやれば全体をうまくもっていけることがよくあったんです。地方交付税の問題になりますと、交付税率をもっと引き上げるべきという意見は、与党よりもむしろ日本社会党の方が強かったのですから、私たち財政局にとってみると応援団になるわけです。

――昭和四一年の公営企業法改正時にも与野党の意見が対立しました。

石原　自民党のなかでも主流派と言われる人たちは、公営企業の建前、節度というものを重視するんです。その一方で現場と関係の深い人もいるんです。いわゆる族議員ですね。

例えば病院事業で言えば、もともとは民間と公立の両方があり、本来必置義務があるという意味での必修科目ではないんです。その団体の選択でおやりになることですから、病院会計で赤字が出たらそれを地方交付税でみるということは初めは想定していなかったわけです。地方公営企業は独立採算によるべきであって、現実問題として赤字が出ても、それを無原則に地方交付税で補填するのはおかしいという考え方が根底にあります。財政の節度を云々する人はそれを強調します。

ところが自民党でも、社会労働関係の議員は「現場が困っているんだから何とかしてやれ」ということになって、公営企業として運営している病院の赤字を一般会計で補填するなり、地方交付税で応援したらどうだという議論が出てくるんです。

ただ、公営企業は地方団体が企業的な手法で地域住民にサービスを提供するもので、その団体の選択でやるわけですから、本来、受益者が料金で企業活動を支えることが建前であって、地方の共有財源である地方交付税でサポートすることは前提にはなっていないわけです。公営企業制度がスタートしたころは、いわば地方交付税とは別世界の話で、そちらで問題が起これば、補助金を増やすなり手数料を引き上げるなりで解決すべきだという考え方が原則だったわけです。

それが崩れてくるのは、例えば下水道事業ですと、事業を実施する地方団体を取り巻く環境の変化やその性格が変わってきたということがあります。昔は東京とか大阪とか都市的形態が進んだ団体だけがやっておりましたから、料金や一部自前の繰入金でやれていて、地方交付税とは縁がなかったんですね。

しかし、都市化が進むと、大都市圏ではないところでも、都市としては下水道の整備は必須のものではないかということになってきて、それをまかなう財源として都市計画税を目的税で認め、さらに、これは道路と同じではないかという議論が出てまいりました。本来都市施設として必要なものは一般会計で対応する、雨水の処理を下水道では一般会計の負担でやってもいいではないか。し尿処理ですと、昔はくみ取り料で払っていたわけですから、下水道の運営は料金でいいではないかという議論が出てきました。

そうなると、昔は「全部料金でやりなさい」と言っていたものの、全国的にその整備の必要性が広がってまいりますと、必要な都市施設として少なくとも雨水を処理する経費は税金でまかなうべきだということになって、一般会計からサポートすることが制度として確立されました。そして、今は普通交付税のなかで下水道経費を一般会計からの繰出し分に対応させることで計算しております。

公立病院事業も同じです。従来は民間あるいは大学でやっていますが、地方団体が病院をやることは義務制ではないんですね。あくまで選択制なわけです。公立病院でも、あくまでも診療報酬の範囲でおやりくださいということだったんですが、現実問題として、地方では過疎化が進んで医師不足が深刻になってきますと、民間で病院事業をやれないような地域が出てくるわけです。

その場合、住民の医療を確保するためには地方団体がやらざるを得ないのではないかという議論が出てきます。そこで一定の基準に該当する地方団体が病院を設置した場合には、一般会計で負担する必要に迫られてきて、今は公立病院事業についてもきめ細かな一般会計の負担基準をつくりまして、その負担分は普通交付税で計算しております。

公営企業会計に対する地方交付税の扱いは、時代の変化とともに変わってきておりますし、傾向としては地方交付税でサポートする分野が広がってきています。そういうことを市民団体など革新系の人たちは強く主張してきました。病院事業を公立で積極的にやるべきだというわけです。ですから公営企業会計に対する一般会計の繰出しを地方交付税で対応することに日本社会党が熱心だったわけです。

歴史的に言いますと、老人医療費の無料化とか軽減については、もともと革新首長が取り上げて、それが次第に制度化してきた面があります。社会保障系統の一般会計の守備範囲が広がってきた裏には、労働組合あるいは日本社会党系の市民団体の運動が影響したことは間違いないと思います。

――地方交付税の財源不足に対応するために交付税特別会計の借入れをスタートさせたときに、地方交付税法第六条の三第二項は法定率の引き上げを規定しているのであって特別会計借入での対応はよくないと日本社会党に国会で厳しく迫られたと……。

石原　ええ。当時、私が印象に残っているのは、元大牟田市長で日本社会党の衆議院議員の細谷治嘉さんです。労働運動の経験者ではなく、純粋な地方自治重視派と言うんでしょうか。地方交付税制度をつくったときの経緯から、「引き続き著しく不足した場合」には地方税財政制度、行財政制度の改正若しくは交付税率の引き上げをやるようにと法律にはっきり書いてあるのだから「法律どおりになぜやらないんだ」と厳しく政府に迫ったんです。自治労出身の和田静夫さんも熱心だったし、よく勉強されていました。

特別交付税をめぐっても日本社会党との間で対立がありました。地方配付税制度のときに八%だったのですが、地方財政平衡交付金制度のときに総額の一割にしたんです。特別交付税は普通交付税のような客観的な数値での計算ではないわけです。個別の団体の財政事情を勘案しながら配るという面があります。

これは、私が財政課長のころからやったことですが、国の基準以上の給与、特に期末勤勉手当を国家公務員の基準に上乗せする団体が続出していました。特に労働組合の強い団体、当時いちばん強かったのは大阪の衛都連ですが、ここは財源もあったものですから上乗せをするんです。そうすると財源の乏しい団体は突き上げられて困るので放っておけず、特別交付税の計算上期末勤勉手当を国の基準以上に支出している団体はそれだけ財政的に余裕があるとみなしたのです。

特別交付税は普通交付税では満たされない特別財政需要について年度末に調整的に配るものなので、この場合は余裕があるのだからご遠慮願うとして、差っ引き計算をしたわけです。そうしたら自治労は、「とんでもない、地方交付税は、使途を制限してはならないと法律に書いてある、地方自治を強化するための財源であるはずのものを使って、国が指導監督権を行使するようなことは邪道だ」と、猛烈に反対しました。議論の過程で、特別交付税があるからそういうことをやるんだ、だから特別交付税制度をなくしてしまえということになって、当面「特別交付税率の割合を下げろ」という議論がありました。それに対して自治省のなかでもいろいろ意見があったんですけれど、柴田さんは、自治労の要求だからというわけではないが、裁量的に配る分は少ない方がいいとして下げたわけです。きっかけをつくったのは当時の日本社会党で、自治労の要求が影響をしたことは否めません。

一方、大蔵省も特別交付税の拡大には反対する。大蔵省も予備費の使用とか、いろいろチェックの権限があるのですが、特別交付税の守備範囲があまり広くなるといわば大蔵省の出番がかなり侵食されるので特別交付税は少ない方がいいという議論でした。その点は自治労と大蔵省が結果として意見が一致したわけです。

それで引き下げたんですが、特に奥野さんはそれはとんでもないことだと言われました。地方団体のいろいろなニーズになるべくきめ細やかに対応するために特別交付税をつくったのにそれを自ら減らすとは何事だと、私は奥野さんからたいへんお叱りを受けたんです。私自身も下げることにはあまり賛成ではなかったんですが、国会対策等の事情もあって上層部が受け入れるという判断になったのでやったのです。私はずいぶん叱られました。奥野さんに会うたびに「バカなことをした」と言われたものです。

――総理大臣で地方自治の味方は少なかったのでしょうか。

石原　歴代総理で地方財政にいちばん理解があったのは福田赳夫先生です。本当にご理解があったんです。私は自治省の審議官のときに総理から直々に呼び出されて、「あれはどうするんだ」「これはどうするんだ」とよくご下問されたものです。それほど地方財政について関心を持っておられたんです。

交付税率三二％も福田さんが大蔵大臣だから実現したわけですから。地方財政制度の仕組みをよく分かっておられて、かつ、理解があった人は、総理では福田さんぐらいではないでしょうか。福田さんの次が竹下登さんです。竹下さんは大蔵大臣を五回もやっていますし、あの人も地方の出身ですからかなりの理解者でした。

――そもそも地方自治の味方といってよい国会議員は、与党のなかではそれほど多いとは言えないのではないでしょうか。

石原　地方自治のことをよくご存じの方はおられますが、味方とまで言えるのは少数派でしょうね。

私が財政課の課長補佐をやっているときいちばんお世話になったのは、亀山孝一衆議院議員。内務省の大先輩で厚生次官をやられて、この方が先輩ではいちばん地方財政を親身になって考えた人でしょうね。それから渡海元三郎衆議院議員、この人も地方財政に熱心でした。このお二人と奥野さんの三人は、交付税率を三二％に引き上げたときの地方行政御三家と言われていました。御三家の筆頭が亀山先生、そして渡海先生で、いちばん若手が奥野先生だった。奥野先生が次官を辞めて国会に出られてすぐのころでした。地方行政御三家は、大きな制度改正については中心的な役割を果たされました。

そのあとは細田吉蔵衆議院議員。官房長官をやられた細田博之衆議院議員のお父様です。この方はもともと運輸省の局長から国会に出られたんですが、非常に地方財政に熱心でずいぶん応援してくれたんです。それから少し前にお亡くなりになった「塩じい」ですね、塩川正十郎衆議院議員。自治大臣もやっておられます。お父様が今の東大阪市の前の布施市の市長をやっていて、塩川さんも助役をやりまして国会に来たものだから、塩川さんは地行族だったんです。そういう経緯がありますから、地方財政については独特の感覚を持っておられました。大阪のご出身ですから大阪の衛都連のいい面、悪い面をよくご存じでして、そういう意味での理解者であり、応援団でした。それに直近では野中広務衆議院議員です。

政権交代と地方財政

――官房副長官で官邸におられたころに経験された政権交代は地方財政には影響を与えたと思いますか。

石原　そうですね。私は竹下登内閣のときに官房副長官になって、その後は宇野宗佑内閣、これは短期でした。次いで海部俊樹内閣。海部さんは文教族で地方財政には関心があまりなかった。その次の総理が宮澤喜一さん。この方は大蔵省のご出身で、国際派ですから関心は薄い。

その後に政権交代で細川護熙内閣。細川さんは地方分権論者なのです。熊本県知事をやられましたから、国政を地方のサイドから見直さなければいけない、いわゆる地方が栄えるようなことを実現したいというお考えでした。細川内閣は小沢一郎さんが与党の幹事長として演出したわけですが、そのプレーヤーは細川さんであり官房長官の武村正義君（自治省ＯＢ）だったわけです。細川・武村コンビは、要するに一つの理想としての地方自治、地方分権重視型の国政をやりたいということであの内閣をスタートさせたんです。

残念ながらあの内閣は、選挙制度の改正が終わったところで国民福祉税の問題で日本社会党と別れたものですから短命に終わりました。細川内閣は地方分権を内閣の主要な柱にしようとしたという意味で、短命に終わってしまったのは、地方サイドからすると非常に残念だった。その後の羽田孜内閣も短命でしたね。

自社さ政権として村山富市内閣が誕生したのですが、村山さんはもともと自治労のご出身ですし、これを支えたのは野中さんたちですから、この内閣はやはり地方重視でした。だから村山内閣のときに地方分権改革の流れをつくったわけです。のちの地方分権一括法による機関委任事務制度の廃止だとか、大きな地方自治制度の改正のきっかけをつくったのは村山内閣です。村山内閣で地方分権推進法を成立させ、地方分権推進委員会が設置されているんです。

その後、橋本龍太郎内閣、小渕恵三内閣と続いていきますが、小泉純一郎内閣でドラスティックな郵政改革その他をやった後の自民党内閣はいずれも一年程度続いただけで民主党に政権が移ったのですが、民主党のマニフェストでは地方分権というよりも政治主導、官僚排除にウエイトがあって、地域主権などと言いつつも地方分権は主たるテーマにしなかったのです。

省庁再編と地方財政

——厚生省とは連絡が緊密だったとのことですが、省庁再編のときに旧内務省の系譜を引く厚生省も一緒になるという話はまったくなかったのでしょうか。

石原　省庁再編の議論が盛んになるころになりますと、社会保障費のウエイトが異様に大きくなってきました。省庁再編を主導したのは橋本龍太郎総理大臣です。橋本さんはいわゆる社労族の出で厚生省を非常に重視した人ですから、厚生省と自治省関係を一緒にするという議論はまったくありませんでした。

——地方自治を官邸に持っていき総理直属とすることは、オプションとしてはあったと聞いていますが。

石原　省庁再編の議論のときに自治省をどうするかの議論はあったんです。長野士郎さんはむしろかつての地方自治庁、地方財政委員会のような政府から独立した存在の方がいい、そして地方が独自の判断で運営できるようにした方がいいというご意見でした。

私はこのとき内閣におりましたが、かつての地方財政委員会、地方自治庁は、独立性があるようだけれど実際は財源面での独立性がないんです。そうすると、ほんとうに地方の問題、切実な声をくみ取って内閣のなかで発言する人がいなくなります。そうなると地方への財源配分は結局国の判断が中心になってしまうんです。かつての内務省のように、国政の中心部に地方の声が反映するようにした方が現実的だと。それで私は経験から具申したんです。むしろ自治省は内閣の中枢部に近い位置付けにした方がいいと。

当時の総務庁とかを含めて、国の中枢の管理機能を持っているところがあって、そこが自治行政についても責任を持つ方がいいと申し上げて、総務省というかたちでまとまったんです。自治省の先輩でも宮澤弘さん（自治事務次官、参議院議員、広島県知事）は私の意見に賛成だったんです。長野さんのように、行政委員会のようにして独立した方がいいという議論は建前論であって現実論ではない。実際の税源配分のときは地方が非常に不利になる恐れがある。宮澤さんは、むしろ内閣の中枢部に近いところに置いた方がいいという意見でした。

私がいちばん望ましいと思うのは、総務大臣はナンバーツーの副総理級が担当することです。今は財務大臣がやっていますが、総務大臣が副総理になってくれればいい。実際にはそうはなっていませんけどね。

印象に残る首長、学識者

――印象深かった政治家、官僚、首長、学識者はどういう方々でしょうか。

石原　地方税財政制度の今日までの経過、発展を見てまいりますと、地方自治のために非常に貢献していただいた、理解していただいたという方は、国会議員で言うと、福田赳夫先生や亀山孝一先生、渡海元三郎先生、奥野誠亮先生、塩川正十郎先生とか、たくさんおられます。日本社会党で言うと細谷治嘉さん、和田博雄さん（衆議院議員、日本社会党書記長）などは、野党として今日の制度ができ上がる過程で一定の役割を果たされました。

官僚で言いますと、何と言いましても今の財政調整制度の生みの親というか、いちばん初めにこの問題を提起されたのは三好重夫さんです。三好さんが戦前から戦後の一時期この基礎をつくられた。それをサポートされたのが荻田保さん。それからシャウプ以降の新しい戦後の地方税財政制度の体系をつくられたのが奥野誠亮さんです。奥野さんの後をかたちづくっていかれたのが柴田護さん。

こういう方々が今の地方税財政制度、特に財政調整制度のいちばんの功労者というか、基礎をつくられた方だと思います。もちろんその他大勢の先輩や同僚、後輩がかかわっていますが、強いて挙げれば財政関係の自治官僚の先輩ではその四人です。

それから地方団体で言いますと、何と言っても印象に残っているのは私がお仕えした茨城県知事だった友末洋治さん。この人は戦後の制度改正のときに全国知事会を代表して国会でも大論陣を張られたし、地方制度調査会でもたいへん熱心な議論をされた内務省の先輩です。

友末さんのほかにも、地方関係者の人で熱心にいい議論をしている人がいました。例えば大阪市の助役をした道廣一實さん。この人は税制の問題なり財政の問題を、都市の立場から熱心に言っておられました。地方交付税制度、地方財政平衡交付金制度を通じて、地方から熱心に議論をしていたのは北海道庁の人たちでした。北海道の地域特性もあって、北海道の財政課のみなさんは非常に理論家が多かった。

学者で言いますと、いちばん印象に残っているのは大阪大学教授で財政学者の木下和夫さんです。木下先生は地道によく勉強されていたし、傾聴に値する意見を言われました。あの先生は抽象論ではないんです。現実論でした。自治省の地方財政審議会の会長もしていただきました。

ほかにも、関西学院大学教授で財政学者の橋本徹さんなどが印象に残っています。研究心が旺盛な方で、適切な意見を開陳されていました。左系の先生のご意見は、われわれとしては何かついていけないような面が多かったんですが、橋本先生は大都市やその周辺の都市の実態を踏まえて、地方交付税をどうすべきかとか、超過負担の問題をどのように解決するかなどで、実現可能性のある実証的な議論をされました。初めから全然取り上げようもないような議論ではありませんでした。現実的な着眼点で議論しておられたので、われわれとしては非常にありがたかったし、参考にもなったんです。

――木下和夫先生は政府税制調査会会長の後に地方制度調査会の会長をされました。地方財政審議会は内部組織ですが、自治省にとってどのような存在なのでしょうか。

石原　財政制度審議会は大蔵大臣の諮問機関で、大蔵省の立場をフルに代弁して国の財政を中心に議論を展開しているんです。地方財政審議会は地方自治の立場、地方財政の立場から議論していただくということですから、どうしても両者の意見は食い違います。政府なり財界は財政制度審議会の方に傾きがちですが、地方団体のみなさんは地方財政審議会を非常に頼りにしておりました。われわれ自治省関係者は、当然のことながら地方財政審議会に期待するところが大きかったわけです。

ただマスコミ報道は全体的に見ますと、経済界なり政界なりの関心もより強いということなどから、財政審の主張が中心になります。例えば日経新聞とか読売新聞とかは、どちらかと言うと財政審の方にシンパシーを持っていますが、毎日新聞や朝日新聞は必ずしもそうでもないんです。われわれからすれば、財政審の意見だけがまかり通ったのでは困るような事柄について、地方財政審議会が発言していただくことは、非常に心強かったし、やはり全体として偏りなく見解が提示されているという意味で、バランス論として私は意義があると思います。

――地方財政審議会はもともと地方財政委員会の流れをくんで今のかたちになっています。

石原　地方財政委員会は執行機関で、行政委員会としての性格が与えられていました。それが廃止になって、代わりに政府に対して大所高所から意見を具申する機関として、地方財政審議会を設置したわけです。財政審も、国の財政制度について大所高所から意見を述べるという意味では同じです。それとは別に、地方制度調査会は地方制度全般にかかわって、内閣に対して意見具申をするわけです。地方の立場を比較的代弁していただいてきました。同じように地方財政審議会は、地方の立場で地方財政問題についてのご意見をいただく。それに対して財政制度審議会は、国の財政の立場で意見を述べるという役割分担と言えます。

地方財政審議会は単に意見を述べるだけではなくて、かつては地方債の許可などでは報告して了解をいただくという一種の決裁機能も持っていました。地方交付税の交付額決定のときも、必ず地方財政審議会に説明した上で大臣が決定するという、一種のお目付け役的な機能も期待されています。飾り物だと言う人もいますが、ご意見番的な立場で意見を言う組織も僕は必要だと思います。

地方財政制度の完成度

——地方財政制度の形成の歴史に鑑みると制度はおおむね完成したと言えるでしょうか。

石原　私は自治省での勤務のあと内閣におりましたから、政府全体の立場と地方自治の立場と両方を考えた場合に、今の地方財政制度は落ち着くところに落ち着いたんではないかなと思っております。

例えば地方交付税について言いますと、地方の取り分というものを峻別して、それで足りても足らなくても変えないという議論もかつてはあったんです。例えば三好重夫さんはそういう意見でした。しかし現実問題として、この日本の社会経済全体のなかで中央政府と地方国体というものは、それこそ唇歯輔車《しんしほしゃ》の関係、一方が駄目になると他方もだめになるので、互いに支え合うという関係だと思うんです。

福田赳夫先生が言われたように、国と地方が別々に動くわけにはいかないんです。そうすると今のように地方と国の役割分担に対応して一応税源配分をするが、独立税だけでいかない部分は地方交付税を地方団体の共通財源として割り振ることとし、その分を法律で特定国税の一定率として決めておく。ただし、それは絶対不変ではなく、状況の変化によっては変動もあるべしとする。これが今の地方交付税制度ですね。落ち着くべきところに落ち着いたのではないかなと思います。運用は別ですよ、そのとおりにはできてないんですから。制度の建て方としては私は日本の国情に合っているんではないかと思います。

特に申し上げたいのは、今のように一七〇〇ほどの市町村を含めまして、個々の団体の財政事情を曲がりなりにも全部把握して、それぞれの団体の税収入を差っ引き計算して差額を補塡する。一応建前としてそうなっておりますが、こういう制度をやっている国はどこにもないんです。財源調整をやっている国でも中途半端なかたちでしかやれていないんです。でも、日本の場合は、かなりの程度徹底しているわけです。もちろん、そのことがかえって地方団体の自主性を損ねているという批判もあります。国に甘えるというか、それが財政支出の放漫化の原因につながっている、というような見方をする人もいるわけです。例えば竹中平蔵さんなんかはそうだと思うんです。

しかし、私は今の地方交付税制度はそれほど地方に甘くはないと思うんです。今の財政状況のなかでそれぞれ議論し合って、落ち着くところに落ち着いていると思います。そういう意味では日本の実情にもっとも合っているし、国際的に見ても私はいちばん進んだ制度ではないかと思います。財政調整の程度をほどほどにという意見もありますが、私はそれはどうかなと思うんです。

さらに言いますと、今、地方創生が言われておりますが、経済のグローバル化のなかで国際競争をしていかないといけないから、競争条件のいいところにある程度資源や経済力を集中するのは必要だと思うんです。しかしそうかといって、そういう立地条件の恵まれたところだけが豊かになって、それ以外のところが放置されるようになったら、今の過密過疎現象はもっとひどいことになります。

いわゆる条件不利地域を切り捨てるようなことをやったら、やがては国の疲弊につながります。だから富の地域的な偏在を、財政面である程度調整するという今の地方交付税制度は、私は日本の社会経済全体を支える上で非常に有効なものであると思うんです。

一般の国民生活の場合に当てはめて考えてみれば、言うなれば国の富というものを国民にどう分配するかという話と同じです。それは一応労働者との関係で言えば、経営者と労働者の労使関係で労働分配率をどうするのがいいのかという議論があって、これが今問題視されているのは、企業が将来に備えるために内部留保を少し取りすぎていて労働者の賃金への配分が少ないと、そのことが長い間デフレから脱却できない原因になっているわけです。

だから政府が主導してでもある程度賃金を引き上げて、労働分配率を高めようと言う。そうすることが一定の消費を確保することになって、それがまた回り回って企業活動にも貢献しているという図式が描かれるわけですから、同じことが行政の面でも言えると思うんです。

本来の地方分権や地方自治論からすれば、それぞれの地域の行政サービスはその地域の独立税でまかなうのが理想だということではあるんですが、実際上地域偏在が避けられないとすれば、それを制度的にある程度ならして、経済的に恵まれない状況におかれている地域についても、一定の行政サービスが確保されることによって、それがまた日本経済全体を支える効果もあると思うんです。だから個人生活における社会保障と同じように、地方行政の面でも財源のある程度の均てん化を図ることが日本経済や社会全体の支えにもなっていると思います。

いろいろ考えてみますと、諸先輩が努力して今日の制度ができたんですけれども、これは落ち着くところに落ち着いているんではないか。「根本的にこれはこうすればよかった」というようなところは私はないと思います。地方交付税制度についてはいろいろな議論があるんですけれども、全体としては私はこの制度はよくできていると思いますし、やはりこれからもこれは維持していくことがいいと思います。竹中平蔵さんのような発想には、私は賛成できないんです。

地方行政、地方税財政が今日の制度にでき上がるまでにご貢献いただいた地方国体の首長さんとか、職員とか、あるいは関係する研究者とか、たくさんおられます。地方交付税制度は特にそうなのですが、制度創設当時はほんとうに喧々諤々の議論で、地方のみなさんのご意見、それから学者のご意見、あるいは国会の論議、こういったものを集約しながら次第に今の制度に定着してきたわけです。もとは奥野さんの指導の下でつくったわけですが、その当時は試行錯誤でした。今日、この制度が地方財政制度として不可欠なものになったんですが、ここに至る過程では多くの地方のみなさんの意見が集約されているわけです。

これからの人に心がけてほしいこと

――最後に、今もっとも大切だとお考えのことをお聞かせください。

石原　地方交付税の算定が電算化したものですから、地方交付税の算定について、額が多い少ないの議論ではなく、技術的な面での建設的な意見があまり地方のみなさんから出てこなくなったことは、非常に寂しいことでして、私はそこに問題を感じてほしい。

算定方法が各地方団体の財政運営にきわめて大きな影響を与えていることは間違いないのですから。そうであれば、総額の増減論だけではなく、算定の中身についても、もっともっと地方のみなさんに勉強してもらって、積極的に意見を出してもらう。時代の変化とともにこの制度をさらに進化させていく上では、それが大切なんです。

この制度は、国の制度であるというより、地方団体の共有財源の配分を決めている制度なのです。釈迦に説法ですが、地方交付税は地方固有の財源であり、地方の共有財源なんですから、その配分については方法論の面で地方のみなさんの意見がもっともっと出てきていいと思うんです。ぜひこれからも地方のみなさんに今の制度を勉強してもらって、積極的に改革のための意見を出してもらいたいんです。

私が担当していたころは特にそうでしたが、地方からいろいろな意見が出てきて、その対応に必死でした。それら地方の意見を取捨選択しながら、今の制度はでき上がっているわけですから。役人が頭のなかで考えた制度ではないんです。

地方国体の職員も勉強しなければ意見は言えません。最近は、トータルで足らないかどうかという議論はあっても、配分技術の面での議論はあまり出てこない。特にコンピュータ化して以降はその傾向があって、私はそれが残念なのです。

ぜひ、これからもう一度、地方団体のみなさんにこの制度を勉強していただいて。これは知事さんとか市町村長さんだけでは無理です。現場の担当者の方にもっと勉強してもらって意見を出してもらいたいのです。「こうしたらいいんではないか」という意見がもっとあってしかるべきです。

地方交付税制度の基本的な考え方は変わりませんが、具体の算定方法は世の中の変化に対応していかなければなりません。それをしないと、制度としてもたない。地方交付税制度が制度創立以来六〇年以上にもわたって重要な機能を果たすことができたのは、その時々の時代の変化にある程度対応してきたからなんです。

（了）

（資料）経歴と地方財政運営上のできごと（昭和 27 ～ 61 年）

年（昭和）	月	できごと	経歴
27	4		地方自治庁入庁 茨城県へ
	8	・地方公営企業法制定 ・自治庁設置 ・義務教育費国庫負担法制定	
28	7		自治庁 財務部財政課
	8	・地方財政平衡交付金法改正 ・地方債に関する規定を整備（地方財政法改正） ・交付公債制度創設	
	9	・町村合併促進法制定	
29	3	・28 年度地方財政決算で累積赤字が巨額に	
	5	・地方交付税法制定	
	6	・警察法全面改正	
	12	・戦災都市の宝くじ発売を認める（地方財政法改正）	
30	3	・地方団体の財政運営が極度に窮迫（29 年度決算で全団体の 4 割が赤字、財政破綻寸前に）	
	5	・穴あき地方財政計画策定（141 億円の財源不足を計上）	
	8	・補助金適正化法制定	
	12	・地方財政再建促進特別措置法制定	
31	5	・法定率を 22％から 25％へ（地方交付税法改正）	
	8		鹿児島県 文書広報課長 財政課長
32	5	・年度間の財政運営に関する規定を整備（地方財政法改正） ・法定率を 26％へ（地方交付税法改正）	
	6	・公営企業金融公庫設立	
33	5	・法定率を 27.5％へ、特別交付税を総額の８％から６％へ（地方交付税法改正） ・公立義務教育諸学校の学級編制及び教職員定数の標準に関する法律制定	
	12	・新国民健康保険法制定（国民皆保険制度へ）	
34	4	・法定率を 27.5％から 28.5％へ（地方交付税法改正）	
35	4	・年度間の財源調整を地方団体に義務付ける（地方財政法改正） ・交付公債制度廃止	

	6		自治庁 財政局財政課課長補佐
	7	・自治省設置	
36	2		財政局交付税課兼務
	4	・起債特例の廃止（地方財政法改正）	
	5	・地方公営企業法改正	
	6	・後進地域の開発に関する公共事業に係る国の負担割合の特例に関する法律制定 ・地方交付税法改正	
	11	・災害対策基本法制定	
37	3	・法定率を 28.9％へ（地方交付税法改正）	
	4	・豪雪地帯対策特別措置法制定 ・辺地に係る公共的施設の総合整備のための財政上の特別措置等に関する法律制定	
	5	・新産業都市建設促進法制定	
38	6	・地方自治法改正（地方財務会計制度の全面見直し）	
39	3	・地方財政法改正	
	4	・市町村分基準財政収入額の算定を標準税額の 70％から 75％へ（地方交付税法改正）	
	7	・工業整備特別地域整備促進法制定	
40	3	・法定率を 29.5％へ（地方交付税法改正）	
	12	・石油ガス譲与税法制定	
41	4	・法定率を 32％へ（地方交付税法改正） ・建設国債発行開始（財政法４条）	
	7	・地方公営企業法改正（一般会計との負担区分の明確化、管理者の地位の強化、財政再建措置）	
42	4		岡山県 商工部長 企画部長 総務部長
45	4	・地方財政法及び公営企業金融公庫法改正（公営競技収益の均てん化と地方公営企業の経営基盤の強化を図る） ・過疎地域対策緊急措置法制定	
	11		自治省 税務局市町村税課長
46	1	・自治医科大学構想表明	
	5	・公害の防止に関する事業に係る国の財政上の特別措置に関する法律制定	
47	4	・自治医科大学創設	財政局地方債課長
	5	・沖縄県復帰	

	6	・公有地の拡大の推進に関する法律制定	
48	3	・地方税法改正（特別土地保有税創設）	
	8	・摂津市長が国を提訴（摂津訴訟のはじまり）	財政局財政課長
50	3	・地方税法改正（事業所税創設）	
	5		交付税課長兼務
	10	・昭和50年度補正予算成立（地方税減収補てん債発行と地方交付税の財源不足に対する特別会計借入制度創設）	
51	5	・特別交付税の分割交付（地方交付税法改正） ・財源不足に対して財源対策債発行開始（地方財政法改正） ・公営企業金融公庫法改正（公営企業健全化基金のとりくずし、公庫余裕金の運用範囲の拡大）	
	11		大臣官房審議官（財政担当）
52	5	・東京都起債訴訟問題（～10月）	
53	4	・地域総合整備事業債の開始	
54	10		税務局長
56	6		官房長
	11	・第18次地方制度調査会「地方行財政制度のあり方についての小委員会報告」（国庫補助金の整理合理化、監査制度及び関連諸制度他）	
57	7		財政局長
59	4	交付税特別会計借入金による交付税特例増額方式を原則廃止	
	7		事務次官
60	5	・国の補助金等の整理及び合理化並びに臨時特例等に関する法律制定（補助金の整理、交付金化、補助率引き下げ）	
61	7		自治省退官（34年在籍）

【聞き手略歴】

小西砂千夫（こにし・さちお）●関西学院大学教授

昭和35年生まれ。関西学院大学卒業、博士（経済学）。専門は財政学。総務省地方財政審議会専門委員をはじめ、総務省や地方公共団体の審議会等の委員を数多く務める。

地方財政制度を理解し、その文脈を明らかにするためには、制度形成の歴史的展開を解明することが重要という認識のもとで、最近では歴史に焦点を置いた研究を展開。近著に『日本地方財政史』（有斐閣、平成29年）。そこでは、石原信雄氏をはじめ奥野誠亮氏や柴田護氏などの自治省財政局OBの残した多くの論文や著書を、研究者の視点から読み解いている。

石原信雄回顧談　一官僚の矜持と苦節　第二巻

霞が関での日々―自治官僚として

平成30年4月1日　第1刷発行

編　集　石原信雄回顧談編纂委員会

発行所　株式会社　ぎょうせい

〒136-8575　東京都江東区新木場1-18-11

電　話　編集　03-6892-6508

営業　03-6892-6666

フリーコール　0120-953-431

URL：https://gyosei.jp

〈検印省略〉

印刷　ぎょうせいデジタル株式会社

ISBN978-4-324-10164-3

（5108262-00-000）

〔略号：石原信雄回顧談〕